INTO THE
PHILOSOPHY

走 进 哲 学 丛 书

语言 身体 他者
当代法国哲学的三大主题（修订本）

杨大春　著

北京师范大学出版集团
BEIJING NORMAL UNIVERSITY PUBLISHING GROUP
北京师范大学出版社

目　录

现代哲学进程中的当代法国哲学

黑格尔（Hegel）在谈到 18 世纪法国哲学时说：
"法国哲学比较生动，比较活泼，比较富于机智，简
直就是聪明机智本身。"①其实，17 世纪法国哲学比 18
世纪末和 19 世纪初的德国古典哲学要"生动""活泼"
"机智"得多，因为笛卡尔（Descartes）的意识哲学包含
着许多"非思辨"的成分，在许多问题的处置上不失
"灵活性"，且没有被那些极端的笛卡尔主义者完全荡
去感性的光芒；18 世纪法国唯物论尤其张扬感性，
甚至可以说主要是由感性主义或感觉主义构成的；19
世纪法国哲学虽然主要表现为强调内在情感的精神
论（siritualisme，或唯灵论）和关注科学经验的实证

---

① ［德］黑格尔：《哲学史讲演录》第 4 卷，215 页，北京，商务印书馆，1981。

论(positivisme)，但并没有因此丧失其感性智慧；就 20 世纪法国哲学的总体而言，大多数哲学家都机智地改造了德意志的思辨智慧，在接受其灵感源泉的同时维护法兰西的感性智慧，并因此张扬笛卡尔思想中的"自然倾向"而不是"自然之光"。我们在现代哲学进程中，尤其是在现代哲学的转折进程中来探讨当代法国哲学，从语言（langage）、身体(corps)①、他者(autre)及其相互关系的角度展现当代法国哲学以瓦解意识哲学为目标的感性智慧之旅。

一、当代法国哲学的基本界定

我们在现代哲学的历史演进中考察当代法国哲学②，其实就是把它放到法国哲学自身的主流传统中来理解。独立的法国哲学只有现代史以

---

① 在本书中，凡是涉及法文 corps 或英文 body，除必须译成"物体"和"躯体"的情况外，其他一律译为"身体"而不是"肉体"，引用相关中文译本时，我们也做了如此处理。书中有些地方出现了"肉"或"肉体"两个词，它们对应的是法文 chair 或英文 flesh。同时需要说明的是，与"身体"相应，我们将法文 âme 或英文 soul 译为"心灵"，而不是译为"灵魂"。

② 在最新的一些著述中，我更愿意用"当代"来代替"后现代"。本书的"当代"主要还是一个时代概念，但我在用"当代"替换"后现代"时，尤其强调了时代与时代精神的结合。在我看来，"后现代"具有消极批判的意义，"当代"则具有积极描述的意义。很显然，本书的"当代"范围大于我最新界定的"当代"，因为前者包含了"后期现代"和"后现代"两大阶段，而后者主要用来替代"后现代"。参见杨大春：《现代性之后：福柯哲学与当代性的提问法》，载《哲学动态》，2015(4)。

及后现代史①，而它的奠基者笛卡尔同时也是西方现代哲学之父，法国哲学因此与西方现代哲学及其转换完全同步。在这里，我们首先需要明确哲学意义上的现代概念。就实际情形而言，这里的研究涉及对"近代""现代""后现代""当代"等概念的界定或限定。我们通常所说的近代西方哲学一般指的是自笛卡尔至黑格尔的西方哲学。本书在借鉴国外表达的同时，进行了一些必要的改造，把我们通常所说的近代大陆唯理论和英国经验论哲学、18 世纪法国启蒙哲学、19 世纪德国古典哲学、19 世纪法国精神论和实证论哲学、20 世纪上半叶的英美分析哲学及大陆人文哲学都纳入现代哲学的范畴。我认为，只是在 20 世纪 60 年代以来，由于后现代哲学的兴起，西方哲学才告别了现代性，实现了一种新的哲学转型。换言之，我们通常所说的从近代唯理主义到现代反理性主义或非理性主义的转变(从人本主义角度看)，从近代经验论到现代经验论的发展(从科学主义角度看)，并没有产生实质性的断裂，而是表现为一种内部的关系或张力，但 20 世纪 60 年代以来的后现代哲学则真正导致了重大变化。据此，我把从笛卡尔时代到黑格尔时代的哲学称为早期现代西方哲学(Early Modern Western Philosophy)，把黑格尔之后直至 20 世纪 60 年代初的西方哲学称为后期现代西方哲学(Late Modern Western Philosophy)，而把 60 年代以来的西方哲学称为后现代西方哲学(Post-

---

① 杨大春：《感性的诗学：梅洛-庞蒂与法国哲学主流》，17～19 页，北京，人民出版社，2005。

Modern Western Philosophy)。① 这样的界定明显以定性为主，同时辅以时间规定。

但是，我们在说到当代西方哲学（Contemporary Western Philoso-

---

① 从国外学者或哲学家对大陆哲学的界定中可以看出，这个问题并不那么简单。英美学者通常把"大陆哲学"的范围界定为以康德为起点，主要包括黑格尔哲学、马克思哲学、克尔凯郭尔哲学以及意志主义、生命哲学、现象学、实存主义、解释学、结构主义、后结构主义、后现代主义在内的哲学思潮，它们与英美分析哲学全然不同。20世纪分析哲学家被看作是启蒙运动的直接的合理继承人，而大陆哲学家则被认为是对西方现代和启蒙哲学的主导潮流做出了批判性反应（West, *An Introduction to Continental Philosophy*, Polity Press, 1996, p. vii）。在这些学者眼里，西方哲学的共同历史从苏格拉底、柏拉图、亚里士多德，经由基督教、犹太教、伊斯兰学术的有意义的影响发展现代欧洲哲学的中心人物笛卡尔、洛克、休谟、莱布尼茨、斯宾诺莎和康德，而康德被认为是决定性的转折点，他同时被分析哲学和大陆哲学两个传统所接受，但已经导致了哲学的分化（Ibid, p. 3，同时参见 Critchley, *A Companion to Continental Philosophy*, Blackwell Publishers，LTD, 1998, p. 1）。黑格尔被看作是康德及其他现代哲学家的批判者，是后康德哲学的一部分，而此后的大陆哲学家都差不多被视为"后黑格尔主义者"。分析哲学与大陆哲学的对立是如此尖锐，以至于在20世纪70年代，英美的一些大学并不认为在课程中不提及黑格尔、胡塞尔、尼采、海德格尔、萨特等人是一种缺陷。而一些大陆哲学家或学者似乎也有相同的看法，比如，福柯认为法国哲学在他自己所处时代的主导倾向是辩证思维或辩证理性，而其直接责任人是19世纪的黑格尔（参见本书第二编第3章有关内容），这显然承认了黑格尔与大陆哲学的直接关联。大陆哲学显然没有否认康德哲学的意义，但它对20世纪大陆哲学的影响明显不如黑格尔，这在法国哲学中尤其明显。基于如上理由，我们似乎可以把康德哲学看作是早期现代哲学的集大成者，并因此把黑格尔哲学归入后期现代哲学中（牛津大学开设有"康德""后康德哲学：黑格尔""后康德哲学：叔本华""后康德哲学：海德格尔""后康德哲学：尼采""后康德哲学：尼采、胡塞尔和海德格尔""后康德哲学：萨特和梅洛-庞蒂"等专题课程，很显然它把黑格尔与后来的大陆哲学家相提并论）。尽管如此，在本著作中，我还是认同国内学者的看法，承认黑格尔的转折点地位，而不像分析哲学家或英美哲学家那样否认其总结或整合西方哲学的功绩。原因在于，德国古典哲学的完整性还是应该得到充分的承认，黑格尔对于启蒙理性或传统理性的维护也不应该忽略不计。他与后来的大陆哲学的确有家族相似处，但他们间的巨大差别还是非常明显的。他们之间的相同点更多地在于后来哲学家的创造性误读，而不是其思想体系本身的旨意。

phy)时，似乎单纯涉及某种时间上的限定，因为它与叙述者所处的年代密切相关，也因此难以形成一个统一的界说。① 我们大体上可以把第二次世界大战结束以来的西方哲学算作是当代西方哲学。就法国哲学而言，则主要指的是现象学—实存主义(phénoménologie-existentialisme，本书把法国现象学、法国实存主义、法国哲学解释学涵括在法国现象学—实存主义这一称谓中)的鼎盛期和结构—后结构主义(structuralisme-poststructuralisme，在涉及结构主义和后结构主义的共性时，我们用这一称谓来表达，但并不排斥它们的分别使用)的全部历程、两个传统各自的后续发展以及最后出现的多元综合的时代。换言之，在不那么严格的意义上，当代法国哲学指的是柏格森(Bergson)生命哲学和布伦茨威格(Brunschvicg)新观念论哲学之后的法国哲学。

当代法国哲学主要包括两大传统：现象学—实存主义为一大传统，它大体上隶属于后期现代哲学范畴；结构—后结构主义为另一大传统，它基本上隶属于后现代哲学范畴。需要说明的是，法国科学哲学或分析哲学也有其重要地位。虽然它没有获得足够的承认，但我们在上述两个传统，尤其是在后一个传统中可以看出其深刻的影响。简单地说，巴什拉(Bachelard)和康吉莱姆(Ganguilhem)等人所倡导的有别于英美分析传统的科学哲学观念融入结构—后结构主义传统中。

---

① 正如前面已经说过的，我的最新的著作恰恰要把当代和当代性关联起来，从而克服局限于时间与时代这一缺陷。很显然，本书的当代法国哲学包含了通常所说的部分后期现代法国哲学和随后的后现代法国哲学，而本人在最新意义上的当代法国哲学则不包含后期现代法国哲学。

我们希望厘清和把握两大传统之间的密切关联，而不是简单地断言两者完全对立，甚至武断地认为后者取代了前者。在我们看来，萨特（Sartre）、梅洛-庞蒂（Merleau-Ponty）、马塞尔（Marcel）、列维纳斯（Levinas）、利科以及后来的亨利（Henry）、马里翁（Marion）等著名哲学家无疑是严格意义上的法国现象学家，但该派的范围还可以扩大，结构—后结构主义和后现代主义阵营中的福柯（Foucault）、德里达（Derrida）、利奥塔（Lyotard）、布尔迪厄（Bourdieu）也都可以归属于这一流派。① 当然，后面四位更多地带有"解构"而不是"建构"的性质，他们往往不愿意过多地把自己局限在比较专门或者严格的哲学范围之内，而是借助现象学的某些方法或策略来探讨其他学科，并因此产生了更为广泛的学术影响，为后来的新历史主义、后殖民主义、文化研究等思潮奠定了理论基础。

德里达明显受到了现象学传统的影响，人们大体上承认他可以被归入现象学之列。② 有学者表示，萨特和梅洛-庞蒂通过对对话的经验和知觉意识的兴趣，对现象学做了些许改变，而"德里达的贡献是原创性的"，在"对现象学最终基础的考察"中，他并没有"推导出主体已经死亡的结论"，而是"在一个更加严格的范围内推导出了主体的有限性"③。其实，福柯也与现象学关系密切。他对海德格尔（Heidegger）尤其是对

① ［法］高宣扬：《布尔迪厄》，10～11 页，台北，生智文化事业公司，2002。

② 在《20 世纪法国哲学的现象学之旅》（社会科学文献出版社，2014）中，我把福柯和德里达视为法国概念现象学传统中的物质现象学的主要代表人物。

③ ［法］弗朗索瓦·多斯：《从结构到解构：法国 20 世纪思想主潮》下卷，26 页，北京，中央编译出版社，2004。

《存在与时间》的关注，他对"经验—知识—权力"问题的探讨，他对审美实存论的建构，无不表明他的思想中包含着许多现象学的因子，更为重要的是，他接受了海德格尔的"反人道主义"。[①] 我们可以在比较宽泛的"现象学方法"的旗帜下或者说在与该方法的关系中将一些主要的当代法国哲学家关联起来。

事实上，在现象学—实存主义和结构—后结构主义之间有着复杂的关联。一方面，即使正统的现象学家也逐步朝着后现代哲学转向。梅洛-庞蒂既接受了胡塞尔（Husserl）和海德格尔的影响，又受到索绪尔（de Saussure）的深刻启发；通过评介和讲授索绪尔的结构语言学，他推动了结构主义的诞生，有人甚至将其列为早期结构主义者，他无疑具有转折时期哲学家的性质。以文本解释学著称的利科则表示，他所揭示的叙事语言既是现象学所主张的主体意识的意向性，又是结构主义坚持的预先决定人的主体意识活动的客观结构。他进而承认他自己关于叙事问题的研究借鉴了俄国形式主义、布拉格学派和列维-斯特劳斯（Levi-Strauss）及热耐特（Genette）的结构主义。[②] 此外，列维纳斯、亨利、马里翁等人也接受了后现代哲学中的许多东西，或者，他们至少是在后现代哲学语境中从事现代哲学的事业。另一方面，许多结构—后结构主义哲学家，比如，德里达和福柯从康德（Kant）、黑格尔等早期现代哲学家那里寻找后现代有关主题的源头，更不用说从后期现代哲学家马克思、尼采（Nietzsche）和海德格尔那里获得灵感了，他们也因此与现象学家共同分享

---

①　Moran, *Introduction to Phenomenology*, Routledge, 2000, p. 246.

②　Kearney, *Dialogues with Contemporary Continental Thinkers: The Phenomenological Heritage*, Manchester University Press, 1984, p. 19.

着许多现代性资源。事实上，结构—后结构主义并不完全对立于现象学，因为"结构主义和解构主义运动是从现象学中生长出来的"[1]。德里达明确地承认结构主义与现象学之间的一致："现代结构主义或多或少是在对现象学直接或公开的依赖中成长壮大的，这足以让它服从于西方哲学的最纯粹的传统，这个传统越过它的反柏拉图主义，将胡塞尔重新引回到柏拉图。"[2]在本书的论述中，我们仅仅把萨特视为一个引子，与他同时代的梅洛-庞蒂以及随后的一些人则是我们重点探讨的对象。

这就是我们对"当代法国哲学"的一个大致的圈定。这里的"当代"显然完全排除了早期现代，部分地排除了后期现代，后现代及随后的发展则完全被包含在内。

二、现代哲学进程与主题转换

我们通常认为西方哲学的发展经历了三大阶段：古代的本体论阶段、近代的认识论阶段和现代语言哲学阶段。我们需要探讨的是后面两个阶段的关系，"语言学转向"往往被用来描述哲学在这两个阶段实现的转换。如果我们用前面的界定，"现代语言哲学"应该圈定在后期现代哲学和后现代哲学范围之内。我们的看法是，用语言学转向来表述从早期现代哲学向后期现代哲学进而向后现代哲学的转换，从总体上说是有道

---

① Moran, *Introduction to Phenomenology*, Routledge, 2000, p. 14.
② Derrida, *L' Écriture et la Différence*, Éditions du Seuil, 1967, pp. 45-46.

理的，但还存在着许多有疑问之处。这是因为，在 19 世纪中后期哲学中，语言学转向还只有不十分明显的迹象，在 20 世纪的哲学发展中，逐渐地但并非完全平衡地形成了语言哲学的重要地位。简单地说，科学主义和人本主义两个传统都以某种方式关注语言问题，但出现语言学转向的情形并不同步，而且各有其复杂的内部情形。

在科学主义思潮中，语言学转向在 20 世纪初就出现了，一些哲学家把哲学看作是逻辑分析或语言分析，他们试图以哲学对语言问题的关注来消除形而上学。不过，对语言的这种关注后来也发生了巨大变化，那就是出现了日常语言哲学取代人工语言哲学的情形，最终出现的则是心智哲学逐步占据主导地位的情况。有学者认为语言哲学并不独立，它不过"是心智哲学的一个分支"[1]，另有学者认为，大约在 20 世纪 80 年代，心智哲学的地位开始上升，并"从语言哲学那里夺取了优势地位"[2]。与心智哲学的出现相联系，身体问题（或心身关系问题）和他人问题（或他心问题）也越来越重要。在人本主义传统中，最初的几个派别并不特别关心语言问题或者说语言问题没有上升为中心论题。像意志主义、生命哲学、现象学、实存主义这样的流派，虽然不能说与语言问题无涉，但它们集中关注的应该是存在—实存（être-existence）问题，其核心概念是身体、意志、情感、生命、意识、直观、存在、时间，而非心灵、逻辑、语言、结构、符号、分析。严格地说，只是在海德格尔哲学后期，才开始出

---

[1]　Searle, *Intentionality: An Essay in the Philosophy of Mind*, Cambridge University Press, 1983, p. vii.

[2]　McGinn, *The Character of Mind: An Introduction to the Philosophy of Mind*, Second Edition, Oxford University Press, 1996, p. vii.

现了语言学转向：海德格尔不再从个体的实存而是从语言着手来探讨存在问题。而在解释学、结构主义、后结构主义、后现代主义中，语言上升为中心主题。这乃是 20 世纪 50 年代中期以后，尤其是 60 年代以来的事情。真正说来，在人本主义传统中，身体问题始终有其重要地位，他人问题和语言问题则是相伴而来的问题。我们倾向于认为，真正体现后期现代哲学与早期现代哲学之间的断裂，并且进而向后现代哲学演进的应该有三个方面：首先是身体的渐次显现，其次是语言的不断扩张，最后就是他者的逐步浮现。这种情形在欧洲大陆哲学和英美哲学中都有体现，尽管其表现形式各不相同。在本书后面的三个主干部分中，我们将分别探讨语言、身体和他者三大主题在当代法国哲学中的演进，并在结语部分勾勒三者之间关系的总体图景。我们认为，这三大主题"合谋"瓦解了早期现代以内在性为指向的意识哲学，或者说瓦解了主体形而上学。

早期现代哲学关注的是内在性，围绕自我意识内向地追问人自身的本性和秘密，其目标是为人及其实存确定内在的根据。黑格尔说："现在的一般原则是坚持内在性本身，抛弃僵死的外在性和权威，认为站不住脚。按照这个内在性原则，思维，独立的思维，最内在的东西，最纯粹的内在顶峰，就是现在自觉地提出的这种内在性。这个原则是从笛卡尔开始的。"①早期现代哲学表现为各种以人为中心的学说或主体形而上学。这些哲学虽然名为认识论，但明显不那么关注认识对象的性质，甚至很少关心认识主体与认识对象的关系，而更多地围绕认识主体的性质来展开。套用福柯的说法，所谓主体或人具有"认识对象与认识主体的

---

① ［德］黑格尔：《哲学史讲演录》第 4 卷，59～60 页，北京，商务印书馆，1981。

含混地位：被奴役的君主，被注视的观察者"①。这导向的是反思或自我意识，人返身向内思考他自身。早期现代哲学所关心的不外乎康德提出的三大问题："人能够知道什么?""人应该做什么?""人可以期待什么?"简言之，是"人是什么"这一问题。洛克(Locke)的《人类理智论》、莱布尼茨(Leibniz)的《人类理智新论》、休谟(Hume)的《人性论》、斯宾诺莎(Spinoza)的《伦理学》、黑格尔的《精神现象学》等"人学"著作莫不致力于回答这一问题，最终给出的无非是"人是目的"这样的答案。

撇开经验和理性、经验主体和先验主体之间的表面分歧，我们可以看到，在早期现代哲学中，先验主体无疑拥有绝对优势地位，最终表现为以内在的理性法庭裁定一切。斯宾诺莎说："观念的次序和联系与事物的次序和联系是相同的。"②但是，早期现代哲学最终说来都停留在观念的次序和联系中，事物的次序和联系被悬置一边。唯理论显然维护的是观念的秩序，经验论从洛克开始也逐步朝着这个方向发展，更不用说德国古典哲学的先验论走向了。主体形而上学其实是一种意识哲学、观念论。当然，观念中的秩序或理性的秩序可以向两个方向运用，如果运用到经验的领域，出现的就是"人为自然立法"，如果运用到超验的领域，就形成一系列的"幻相"或"理想"，于是出现了科学的形而上学与传统的形而上学的分化。按康德的意思，传统形而上学涉及三个系列的对象，分别是"思维主体的绝对的(无条件的)统一""现象的诸条件系列的绝对统一""思维的所有一般对象之条件的绝对统一"，简单地说，分别

---

① Foucault, *Les Mots et les Choses*, Éditions Garlimard, 1997, p. 323.

② ［荷兰］斯宾诺莎：《伦理学》，49 页，北京，商务印书馆，1983。

涉及的是"对象意识之全体""自我意识的全体"和"两者综合统一的全体"，并因此分别表现为所谓"理性心理学""理性宇宙学"和"先验神学"三种形而上学类型。①

我们认为，这些类型在前现代哲学和早期现代哲学中获得了充分的展示，但不同时代以其中之一为其核心样式。古希腊哲学大抵上与理性宇宙学联系在一起，中世纪哲学与先验神学密不可分，而早期现代哲学（尤其是唯理论和德国古典哲学）受到了理性心理学的支配。既然形而上学的各种传统类型都已经获得了充分的"实现"，黑格尔之后的哲学也就不再有等待开垦的形而上学的处女地。自此以后，哲学家们面临的是这样的处境：要么全盘抛弃传统形而上学，要么选择其中的一种形式，要么重新改造它们。哲学就是哲学史，哲学具有非常强烈的自身历史意识。事实上，后期现代哲学，尤其是后现代哲学始终寄生在形而上学传统中，以调和折中的方式来获得自身的形而上学表达。于是，世界、心灵、神三大传统形而上学主题通过变形或通过含混的融合构成了新的形而上学主题。按照我们的看法，后期现代哲学和后现代哲学可以被统称为"此在形而上学"，正是一个"此"字克服了以理性心理学形式出现的早期现代哲学在"内在"与"外在"之间的僵硬对立。

此在形而上学关注的是实存性，围绕时间意识来描述人在周围世界、生活世界、文化世界中的处境，其目标是为人及其实存展现当下的根据。在后期现代哲学范畴中，海德格尔的"此在"概念，萨特的"人的实在"概念，梅洛-庞蒂的"肉身化主体"概念体现的都是世界、心灵和神

---

① ［德］伊曼努尔·康德：《纯粹理性批判》，283页，北京，人民出版社，2004。

三者的融通与变形。它们体现为外在和内在的统一，客体和主体的统一，体现为"道"真正变成"肉身"。它们把人锁定在周围世界、生活世界、文化世界之中，或者说人是一种在世存在。于是，早期现代哲学的诸种内在形而上学形式让位于后期现代哲学的各种此在形而上学形式。通过读解从蒙田（Montaigne）经由康德到萨特的哲学史，梅洛-庞蒂得出这样的看法："只存在两种主体性观念：空泛的、与世界脱离了联系的、普遍的主体性观念和充实的、融入世界中的主体性观念。"①这其实从主体性观念的演进角度表达了从早期现代哲学向后期现代哲学的转折。我们注意到，"此在"意味着精神的"外化"，虽然它包含有否定先验论和观念论的尝试，但依然保留了精神性因素的核心地位。不过，这里所说的精神不再是实体意义上的东西，它与人的活动或行为（身体、话语、交往等）联系在一起，与人的意志和情绪体验（焦虑、绝望、畏惧等）联系在一起。此在形而上学因此揭示的是"心灵"或"精神"的物化或物质化（matérialisation），同时伴随的则是"身体"或"物质"的灵化或灵性化（animation），这意味着某种双向融通的进程。

　　就此而言，主体依然是一个中心范畴，但它已经改变了形态。按照德里达的看法，第二次世界大战后法国的主导思潮是人道主义，但已经不同于战前的人道主义。德里达认为，即使人们不打算把萨特思想总结为"存在主义是一种人道主义"的口号，那也必须承认，他在《存在与虚无》中对情绪理论之类的描绘、他的最后概念、最后主题、无法取消的

———————————

　　① ［法］莫里斯·梅洛-庞蒂：《哲学赞词》，134 页，北京，商务印书馆，2000。引文有改动。

视域或起源都归结在"人的实在"这一范畴之内。德里达表示，"人的实在"这一译自海德格尔"此在"的概念初看有些古怪，却非常有意义，因为"人的实在的观念表达了重新思考人的意义、人的人性的计划。用这个中性的、未定的概念替换充满形而上学传统和记录着实体主义动机与意图的'人'的概念，是为了悬搁构成人的统一概念的全部假定，也是对一直统治着法国哲学的理智论和精神论人道主义［布伦茨威格、阿兰（Alain）、柏格森］的反叛"①。人依然以主动性和自主性为特征，依然追求自由，但由于纯粹精神原则被抛弃，由于内在确定性的丧失，人必须在与自己的身体、与他人、与外物打交道的过程中获得自身的保证。

从根本上说，意识主体已经被身体主体取代。"此在"问题于是可以在"感性学的、知觉的身体""欲望的、与他人关系的身体""身体与象征"②这样一些标题下进行研究。感性学身体研究针对的是与本己身体的关系，欲望的身体研究针对的是与他人的关系，而身体与象征系统关系的探讨针对的则是自然表达与约定表达之间的辩证法。很显然，人已经面临着深刻的"身份"危机，"身份"不再具有内在的确定性，它因为与身体、语言、他者的关系而处于某种未定状态中：不同的人有其不同的"此"时"此"地。其实，"此在"一词本身就别有意味。按照德里达的说法，一方面，海德格尔的"此在并不简单地是形而上学的人"③；另一方面，"此在虽然不是人，然而又非人之外的什么东西"④。我们用"此在"

————

① Derrida, *Marges de la Philosophie*, Les Éditions de Minuit, 1972, pp. 135-136.

② Merleau-Ponty, *La Nature*, Édition du Seuil, 1995, pp. 271-273.

③ Derrida, *Marges de la Philosophie*, Les Éditions de Minuit, 1972, p. 148.

④ Ibid. , p. 151.

这一含混的概念，既可以表明后期现代哲学与传统主体形而上学的断裂，又可以见出它们之间的某种牵连：哲学永远无法撇开"人"，但后期现代哲学不再面对纯粹意识主体、超越的绝对主体，而是关注现身于某一处境中的主体。

尽管与后期现代哲学有颇多差异，后现代哲学依然可以归入此在形而上学之列。黑格尔之后的哲学从总体上看都主张某种形式的现象主义，以不同方式抛弃了内在性以及内在与外在的对立。单就人本主义思潮而言，在哲学领域实为现象学一统天下。在法国哲学中，实存主义、解释学、结构主义、后结构主义都从胡塞尔哲学中吸取方法论资源，也都从海德格尔哲学中获得诗意灵感。但是，它们基本上抛弃了胡塞尔哲学中仍然十分强烈地维护的针对经验的先验化或纯粹化的努力，大体上认同胡塞尔对历史和发生的关注；它们同时也都非常赞同海德格尔对于此在在世的探讨，因此它们基本上可以归属于此在形而上学之列。我们不应该把属于后期现代哲学的现象学—实存主义与属于后现代哲学的结构—后结构主义简单地对立起来，它们实际上表现为现象学阵营内的不同立场，体现为关注生活世界或者说文化世界的不同努力。简单地说，现象学—实存主义旨在探讨个体实存与社会、历史、文化的关系问题，看到了个体与社会的某种冲突结构，并因此主张和倡导个体的主动性、创造性和选择权；结构—后结构主义同样探讨的是个体实存与社会、历史、文化的关系问题，同样看到了个体与社会的冲突结构，但更多地强调了个体在上述关系中的被动性和从属地位。

真正说来，不管现象学—实存主义还是结构—后结构主义，两者探讨的都是经验与知识的关系问题，都看到了经验与知识之间的相互过渡，而没有停留在其中的一个方面，至少福柯明确地承认了这一点。他表示，20世纪30年代以后的法国哲学被分成了两种潮流，"一种是关于经验、意义和主体的哲学，来自萨特和梅洛-庞蒂，一种是关于知识、理性和概念的哲学，来自卡瓦耶斯（Cavaillès）、巴什拉和康吉莱姆。主体问题在第一个潮流中始终是核心。不管理论家们是在马克思主义、心理分析还是在语言学框架内工作，提出真理（或知识）与主体的关系问题的笛卡尔式的我思，始终都是出发点。在此关于主体（或者主体缺失）的思考导致关于知识的结论。巴什拉颠倒了哲学的先后次序，一开始就强调知识和知识的各种形构或变形，导致的是关于主体的结论"①。按照德里达的意思，当代法国哲学中的现象学人本主义与结构主义的反人本主义源自哲学家们对以黑格尔、胡塞尔和海德格尔为代表的德国哲学家的不同解读。前者因为其人类学和人本主义指向，形而上学特征更为明显一些，但后者也没有与形而上学脱离干系，两者之间并不存在笔直、僵硬的对立。德里达通过游戏性地读解人本主义和反人本主义共用的"fin"（英文"end"，有"目的"和"终结"双重含义）一词，看到的是两者的相容甚至相通："人的名字一直都被写在这两个fin之间的形而上学之中。"②

　　后现代哲学进一步推进了后期现代哲学开启的对于主体形而上学的瓦解。早期现代哲学将一切都观念化（idéalisation）、精神化（spiritualisation）了，内在意识主宰一切，这是一种推进和扩张纯粹意识的积极努力；后期现代哲学抑制这种倾向，但对于意识之类的东西还牵挂流连，只是把它们

---

① Griffiths, ed., *Contemporary French Philosophy*, Cambridge University Press, 1987, p. 143.

② Derrida, *Marges de la Philosophie*, Les Éditions de Minuit, 1972, p. 147.

处境化了，为它们找到了现实的根基，但它们依然具有积极的意义；后现代哲学在意识处境化的基础上把一切精神性的东西都彻底物化了，这是一种重新理解早期现代主体的命运的努力。有学者表示，笛卡尔的我思或意识主体因为不能够介入世界之中，所以是一个"旁观者"，也可以说是一个"被放逐的主体"，针对这种情形，只有两种方案可以解决，要么把自我和世界重新整合在一起，要么消解自我概念本身。① 按照他的描述，马塞尔、梅洛-庞蒂、波伏娃（de Beauvoir）等人"阐明了结构性知觉和意识中的肉身化的主动力量，因此瓦解了不管对自我还是对世界的经验说明的可能性"；而相反地，福柯等人"让身体扮演了决定主体性的关键角色。他们认为，活的身体是一些强有力、常常冲突的强烈欲望，它们依据器官的内在组织，依据受社会控制的实践和规范的规训效果而产生不同的主体"②。

按照我对上述引文的理解，该学者没有明确地说明但暗含的意思是：现象学—实存主义代表了前一种努力，而结构—后结构主义代表了后一种尝试。这种看法与我们上面所描述的主体形而上学的瓦解进程不谋而合。梅洛-庞蒂等人否定纯粹意识主体，但也阻止取而代之的身体完全变成物质性客体，并因此试图把两者重新整合在一起，由此产生一种灵性化的身体主体（然而，用"瓦解了不管对自我还是对世界的经验说明的可能性"这样的说法明显容易导致混乱）。而在福柯等人那里，很显然，一种物化的身体取代了精神性的自我，也因此极端化了现象学的努

---

① Atkins，ed.，with commentary，*Self and Subjectivity*，Blackwell Publishing Ltd，2005，p. 10.

② Ibid.，p. 3.

力。人不是一种创造性的、支配性的力量，相反地受制于诸多因素：人服从有关生命、生产和语言的规律，我们只有通过他的词、他的机体、他制造的产品才能够理解他。[①] 人依然是在与自己身体的关系、与他人的关系、与语言的关系中获得理解的，但处境意识获得了强化，意识甚至被消解了。因此，后现代哲学更加远离了以超然主体为核心的内在形而上学或意识哲学。无论如何，围绕身体、语言、他者三个角度，后期现代哲学和后现代哲学使"此在"体现出远远超出早期现代哲学意义上的主体的"广度"，却丧失了"深度"（内在性），并因此最终导致了意识哲学或主体形而上学的解体。

三、当代法国哲学的三个时代

延续我们前面关于现象学—实存主义和结构—后结构主义关系的看法，我们在探讨当代法国哲学的时候，大体上要解决的是以现象描述传统与以结构分析传统之间的关系的问题，也可以说是要勾勒现象学在不同时期的差异与分化。这主要表现为两代哲学家之间的张力关系以及这种张力的最终消解。法国哲学家、哲学史家德贡布（Descombes）在描述1933 年至 1978 年的法国哲学发展时表示：在该时期的法国哲学演进中，人们可以勾画出 1945 年以后以 3H 一代著称的哲学家，向 20 世纪 60 年

---

① Foucault，*Les Mots et les Choses*，Éditions Garlimard，1997，p. 324.

代以来以 3M 一代著称的哲学家过渡。① 这是一种非常准确、恰当、精练的概括。我们的描述由于增加了最新的情形，还需要补充两者之后的综合时代。

"3H"指的是以"H"为姓氏第一个字母的黑格尔（Hegel）、胡塞尔（Husserl）和海德格尔（Heidegger）。受到这三位德国哲学家影响的一代法国哲学家，大都在 20 世纪初出生，在第二次世界大战前后产生广泛的学术影响，尤以萨特和梅洛-庞蒂为突出代表。德里达将萨特的现象学—实存主义看作是一种"哲学人类学"，是"黑格尔—胡塞尔—海德格尔式的人类学"②，这表明萨特集中体现了 3H 的影响。我们同时注意到，梅洛-庞蒂及其他同辈哲学家同样接受了 3H 的影响，尽管接受的具体方面并不一致。从总体上看，3H 一代哲学家力图破除心身二元论或观念论，越来越突出身体的地位；他们开始注意到表达问题的复杂性，开始看到语言问题的重要性；他们抛弃了普遍主体的概念，注意到了"我"与他人或冲突或共处的相互关系。

这一代哲学家在不同程度上清算了笛卡尔主义和新康德主义的观念论或意识哲学，与柏格森主义则有着非常复杂的关系。不那么严格地说，通过他们的不懈努力，法国本土的柏格森生命哲学与来自德国的3H 哲学相结合，形成了法国哲学的一个新时期，一个空前繁荣、产生了重大影响的时期。本来属于精神论传统的柏格森却被现象学—实存主义者加以利用，甚至被视为同路人，这显然别有意味。为现象学进入法

---

① Descombes, *Le Même et l'Autre*: *Quarante-cinq ans de philosophie française* (*1933-1978*), Les Éditions de Minuit, 1979, p. 13.

② Derrida, *Marges de la Philosophie*, Les Éditions de Minuit, 1972, p. 137.

国立有头功的列维纳斯承认，柏格森时间理论对他本人有着深刻而持久的影响，并且认为它为法国移植海德格尔式的现象学准备好了土壤。[①]许多研究者都注意到了这种关联：一些学者直截了当地认可了柏格森哲学与现象学—实存主义的密切关系，表示"实存主义的种种起源都发轫于柏格森"[②]，另外一些学者则稍有犹豫地承认了这种关系：一方面，萨特和梅洛-庞蒂对柏格森的批评表明，柏格森观点与现象学观点之间存在着张力；另一方面，尽管萨特和梅洛-庞蒂对柏格森缺乏热情，但他们还是经常考虑他的观点。[③] 我们的基本看法是，萨特和梅洛-庞蒂确实没有完全无视柏格森的存在，然而他们两人对待柏格森的态度也相去甚远，前者的态度更多的是批评，后者则希望从中发展出有利于自己的东西。

萨特批评柏格森的物质观和心身关系理论。柏格森把物质看作是形象，而形象是既非纯粹物质又非纯粹精神的某种东西，由此物质"自然地"实现了心身之间的过渡。在萨特看来，这其实没有解决什么问题，而只是进行了某种调和。当然，他也表示，柏格森"创造了一种氛围，一种看法，一种到处寻找活动性的、有生命力的东西的倾向，而从这方面说，在某种意义上，即在方法论上，柏格森主义代表了第二次世界大战前的一个伟大思想潮流"[④]。萨特显然没有完全承认柏格森哲学的积

① Kearney, *Dialogues with Contemporary Continental Thinkers：The Phenomenological Heritage*, Manchester University Press, 1984, p. 49.

② ［法］皮埃尔·特罗蒂尼翁：《当代法国哲学家》，56 页，北京，生活·读书·新知三联书店，1992。

③ ［美］加里·古廷：《20 世纪法国哲学》，138 页，南京，江苏人民出版社，2005。

④ ［法］萨特：《影象论》，53 页，北京，中国人民大学出版社，1986。

极意义。梅洛-庞蒂的看法与萨特大不一样，尽管他对柏格森也多有批评，但他还是看到了其哲学对于克服笛卡尔主义心身观、心物观的价值。一方面，他承认柏格森并没有建立一种以身体为核心的理论，而是与身体主体理论失之交臂："身体没有成为一个主体——尽管柏格森倾向于给予它这一身份——因为，如果身体是主体，主体就是身体，而这乃是柏格森不愿意为之付出任何代价的事情。"①另一方面，他又表示，柏格森可以把法国哲学引导到一个它事实上能够接受的方向上去："如果我们曾经是柏格森的重要读者，如果我们曾经更多地思考柏格森……如果我们仔细地阅读过他，我们应该已经学会 10 年或 15 年之后由我们当作实存哲学的发现而考虑的某些东西。"②

　　3H 一代的影响在第二次世界大战后达到顶峰。按照德里达的看法，在第二次世界大战后，"人道主义或人类中心论是基督教的或无神论的实存主义、精神论或非精神论的价值哲学、左派或右派的人格主义、经典马克思主义的共同土壤"，而这种共同性源于它们对黑格尔(像科热夫那样阅读《精神现象学》的兴趣)、马克思(赋予《1844 年经济学哲学手稿》以优势地位)、胡塞尔(强调其描述的、局部的现象学，忽视其各种先验问题)和海德格尔(《存在与时间》)的人类学读解。③ 关于 3H 如何与法国本土结合的复杂情形，我在《感性的诗学：梅洛-庞蒂与法国哲学主流》中进行了较为系统的总结，在此不拟详尽叙述，只是要强调，首先，

---

① Merleau-Ponty, *L' Union de l' Âme et du Corps chez Malebranche*, *Biran et Bergson*, Librairie Philosophique J. Vrin, 2002, p. 92.

② Merleau-Ponty, *Parcours Deux 1951-1961*, Éditions Verdier, 2000, p. 253.

③ Derrida, *Marges de la Philosophie*, Les Éditions de Minuit, 1972, p. 138.

3H 一代法国哲人从德国引进的不是强调绝对观念论的黑格尔，而是关注诸如苦恼意识之类的具体经验的黑格尔，他们接受科热夫、华尔、伊波利特等人的影响，对《精神现象学》采取了片面的解释和引用。梅洛-庞蒂写道："黑格尔是一个世纪以来所有堪称伟大的哲学，例如马克思主义哲学、尼采哲学、德国现象学和实存主义、精神分析哲学的源泉。"①其次，他们大多拒绝胡塞尔对先验主体性的追求，并因此注重开展出现象学的历史和社会维度。这样一来，他们往往对他加以创造性的误读，进行各种有利于导向实存哲学的解读。胡塞尔把"意识始终都是对某物的意识"理解为一种内在性，萨特和列维纳斯则把意向性理解为超越性，这就消除了意识的自足性，使之不得不与外物和他人打交道，并因此消解了认识论姿态。在萨特那里，这意味着一种实存论的人道主义，列维纳斯则进入一种为他人的人道主义。梅洛-庞蒂是"现象学的彻底化"的推动者，与此同时，他又是先验现象学的最彻底的批判者，他对语言、历史、文化问题的关注都集中体现了实存论立场。最后，他们往往把海德格尔哲学的重心从存在哲学转向实存哲学，对他进行一种他本人极力反对的人道主义解释。在《存在主义是一种人道主义》中，萨特把他本人和海德格尔列入实存主义的无神论者之列，"主张实存先于本质"，或者说"实存必须从主观开始"②。梅洛-庞蒂围绕"在世"概念展开海德格尔的思想，他有关肉身化主体的观念就是一种实存论观念，尽管他在后期思想中也像海德格尔一样强调所谓存在论立场，但他尤其强调

---

① Merleau-Ponty, *Sens et Non-sens*, Éditions Garlimard，1996，p. 79.

② ［法］让-保罗·萨特：《存在主义是一种人道主义》，6页，上海，上海译文出版社，1988。

的是野性存在。

施皮格伯格(Spiegelberg)告诉我们，法国现象学源于列维纳斯、马塞尔、萨特、梅洛-庞蒂、利科、杜夫海纳等创造性思想家"对于舍勒、海德格尔和胡塞尔(按照这一顺序)的现象学的独特的解释(有时是错误的解释)"[①]。括号中所说的"按照这一顺序"不是可有可无的。这里不仅是一个简单的时间和顺序问题，还是一个学术取向问题，是"独特的解释"或"错误的解释"的重要方面。这种"独特的解释"或"错误的解释"恰恰是法国现象学的活力所在，它对现象学进行了创造性的拓展。梅洛-庞蒂的这句话值得回味："问题不在于注重引文，而在于为我们确定和对象化这一现象学，以便我们的许多同时代人通过阅读胡塞尔和海德格尔，感受到的不是接触一种新的哲学而是认出了他们所期待的东西。"[②]舍勒对情感和价值的关注，海德格尔对在世存在或人的历史维度的关心，无疑更切合法国人对于具体而非抽象的关怀。确实，在最初引进阶段，胡塞尔并不处于法国对现象学感兴趣的中心，因为他几乎被舍勒和海德格尔的声望超越了。[③]列维纳斯对现象学的最初接受其实就带着海德格尔的视角：虽然他最初研究的是胡塞尔，其博士论文和最初译作都关涉胡塞尔，到德国留学也冲着胡塞尔而去，但是他一接触海德格尔的作品(尽管局限于《存在与时间》)，就觉得后者有更大的吸引力，他也因此根据海德格尔的存在论来理解胡塞尔的现象学。列维纳斯在弗莱堡听

---

① 　[美]赫伯特·施皮格伯格：《现象学运动》，59～60 页，北京，商务印书馆，1995。

② 　Merleau-Ponty, *Phénoménologie de la Perception*, Éditions Garlimard, 1997, p. ii.

③ 　[美]赫伯特·施皮格伯格：《现象学运动》，597 页，北京，商务印书馆，1995。

了胡塞尔的最后一期讲课，同时也听了海德格尔的第一期讲课。他表示自己去看胡塞尔，却发现了海德格尔。[①] 他认为《存在与时间》创造了一个奇迹："书中所说的一切都严格地运用了现象学方法，却没有必要回归到构造意识。"[②]列维纳斯是法国第一本评介胡塞尔的专著的作者，同时也是第一篇评介海德格尔的论文的作者，他的这种扬海德格尔轻胡塞尔的倾向显然具有导向意义。事实上，具有历史意识或效果历史意识的海德格尔在法国现象学—实存主义运动中产生了第一位的影响，萨特和梅洛-庞蒂都接受了海德格尔的此在在世理论。

除萨特和梅洛-庞蒂外，马塞尔、波伏娃、阿隆（Aron）、加缪（Camus）等人都属于 3H 一代思想家。阿隆、加缪和梅洛-庞蒂一样，曾经是萨特的密友，但相继与萨特决裂。波伏娃则是萨特的终身伴侣，是萨特的坚定的支持者和捍卫者。波伏娃和加缪因其文学指向和阿隆因其转右的历史哲学所具有的变化，我们在此不拟重点提及，但应该谈到马塞尔在 3H 时代的重要地位。他于 1927 年发表的《形而上学日记》被看作是法国现象学的最早成就，他本人也因此被看作是一位即便不引进德国现象学仍然会导致法国现象学的"独立的现象学家"[③]。也就是说，法国在引进德国现象学的同时有自身的独创性。马塞尔对肉身化问题的论述尤其引起人们的关注。梅洛-庞蒂早在 1936 年发表的针对《存在与拥有》的书评中，就肯定了他对实存现象学或身体主体问题的贡献；在

---

① Robbins（edited），*Is It Righteous to Be? Interviews with Emmannuel Levinas*，Stanford University Press，2001，p. 32.

② Ibid. , p. 140.

③ ［美］赫伯特·施皮格伯格：《现象学运动》，序言，北京，商务印书馆，1995。

1959 年的一次访谈中则从《形而上学日记》等作品中得出这样的结论：马塞尔坚持认为"我就是我的身体"①。我们还需要注意到列维纳斯和利科两位著名哲学家，他们虽然在传播德国现象学方面贡献卓著，而且始终没有完全偏离现象学传统，但问题在于，他们的影响并不在 3H 时代，而是在结构—后结构主义鼎盛期过去之后。他们与萨特和梅洛-庞蒂当然有许多共性，但差异性也非常突出。他们都代表了"最具独创性的思想"，他们"把现象学作为内在的源泉"，但"以各自的方式包含对现象学的明确的批判"②。

继现象学—实存主义之后出现的是 3M 一代。3M 指的是马克思、弗洛伊德（Freud）和尼采（Nietzsche）三位怀疑大师（Maître de soupçon）。3M 一代主要指比 3H 一代稍后出生，并且在 20 世纪 60 年代以后产生学术影响的阿尔都塞（Althusser）、福柯、拉康（Lacan）、巴尔特（Barthes）和德里达等人，他们注意到的是"尼采—弗洛伊德—马克思三位一体"在当代思想中的意义。当然，三位大师也并非完全一致，比如，德勒兹（Deleuze）就认为，尼采"代表着反文化的开端"，因此与马克思和弗洛伊德"全然不同"③。从总体上看，3M 一代哲学家关注三位大师在语言与解释方面的贡献，同时对他们进行非人类学或反人本主义的发挥。福柯针对三位大师的态度具有典型意义。在一次圆桌会议上，他做

---

① Merleau-Ponty，*Parcours Deux 1951-1961*，Éditions Verdier，2000，p. 254.

② ［法］皮埃尔·特罗蒂尼翁：《当代法国哲学家》，68～69 页，北京，生活·读书·新知三联书店，1992。

③ 汪民安、陈永国编：《尼采的幽灵——西方后现代语境中的尼采》，158 页，北京，社会科学文献出版社，2001。

了名为"尼采、弗洛伊德、马克思"的发言，涉及的是"马克思、尼采和弗洛伊德有关解释技术的几个主题"①，他认为"他们实际上改变了符号的性质，变更了一般符号得以被解释的方式"②。也就是说，他们改变了语言符号的纯粹工具性使用，也因此开始关注语言自身的维度。

3M 一代是所谓反人本主义或者提出主体终结论的一代。受晚期马克思思想的影响，他们把人道主义等同于资产阶级的意识形态予以批判，要发展所谓科学的马克思主义而不是人道主义的马克思主义；受尼采重估一切价值的影响，他们从"神死了"演绎出"人死了"，提出了主体终结论；接受弗洛伊德关于无意识的学说，他们否定自笛卡尔以来的理性主体和意识主体。很显然，他们从怀疑的角度来理解早期现代哲学及后期现代哲学的主题，或者说现代性问题，于是导致了当代法国哲学的危机。特罗蒂尼翁（Trotignon）认为，现象学的内部分歧已经导致了哲学的某种危机，但真正引发哲学危机，进而导致哲学变革的乃是马克思、尼采和弗洛伊德三位天才的怀疑哲学家。在他看来，这三位大师"同等重要，同样复杂"，他们的共同之处"是在人类所做的与人类决定要做的之间发现一种矛盾，以及以一些非意识的、非正题化的程序揭示有意识的、正题化的一切"，对于他们来说，"做与说、实践与意识形态、意识与深刻的评价之间的这种联系为一些语言的形式所操纵"③。这似乎强调了当代法国哲学家对他们的消极一面的接受。其实，3M 一

---

① Foucault, *Dits et Écrits I* (1954—1975), Éditions Garlimard, 2001, p. 592.

② Ibid., pp. 595-596.

③ ［法］皮埃尔·特罗蒂尼翁：《当代法国哲学家》，103~104 页，北京，生活·读书·新知三联书店，1992。

代也接受了 3H 的一些积极的方面。比如，就对尼采的接受而言，在福柯那里，有关谱系的清理和道德的质疑当然是怀疑的、消极的，有关生命主义的看法则是积极的、肯定的；在德里达那里，他虽然也涉及尼采的批判方面，但更多地关注其积极的方面，主张提升尼采有关生命满溢的积极形象。

　　我们当然不能说 3M 只是在这个时候才被引进的。其实，随着俄国革命的成功，马克思就开始在法国产生重要的影响，法国引进黑格尔哲学的最初动机甚至是为了更好地把握马克思的思想。萨特和梅洛-庞蒂都在某种程度上调和了实存主义与马克思主义，看到的是具有人本主义倾向的早年马克思，这与结构主义接受科学主义的、反人道主义的晚年马克思完全不同。弗洛伊德有关无意识的理论早就被梅洛-庞蒂等现象学家所接受：在早期，尤其是在《行为的结构》中，他多处引述弗洛伊德的理论，并表示"愿意按照弗洛伊德主义的例子，来明确界定严格的人类辩证法与生命辩证法的关系"①，他的中期关于文化的问题，后期关于野性精神的论述也都很明显地受到无意识理论的影响。萨特曾经一度拒绝弗洛伊德主义：他坚信社会是理性的，坚持纯粹意识的优先性，也因此不愿意考虑无意识之类。但在后来，他因为应约写作一部关于弗洛伊德的电影剧本而熟悉了弗洛伊德的思想，并且在某种程度上接受了这种思想。当然，只是伴随着拉康"回到弗洛伊德"的努力，弗洛伊德才在法国学术界成为广受关注并产生极大反响的人物。其实，拉康早在 1932

---

　　①　Merleau-Ponty，*La Structure du Comportment*，Éditions，PUF/Quadrige，1990，p. 191.

年就完成了有关心理分析方面的博士论文，早在 20 世纪 50 年代就明确主张借助结构语言学重新回到弗洛伊德。至于尼采，应该说现象学—实存主义阶段谈到他的人确实不多，但他获得了肯定性的承认。梅洛-庞蒂在《知觉现象学》导论中告诉我们，现象学在达到完全的哲学意识之前，已经作为一种运动而存在：在黑格尔那里，在克尔凯郭尔那里，在马克思那里，在尼采那里，在弗洛伊德那里都可以发现它。① 华尔(Wahl)在《存在哲学》中告诉我们，克尔凯郭尔是实存哲学之父，但也不应当忘了尼采。在他看来，尼采对海德格尔、雅斯贝尔斯，甚至萨特，都产生了很大影响。② 不过，我们必须承认，如果没有德勒兹和福柯等人的推动，尼采的影响不会像后来那样深广。

我们更不能说 3H 在这个时代就不再产生影响了。实际情况是，3M 时代的哲学家对三位大师采取了与萨特等人不同的读解方式，也就是说，此时哲学从"人类学读解"过渡到了"非人类学读解"。德里达显然深受 3H 的影响，他在访谈中表示："我的哲学训练主要得益于黑格尔、胡塞尔和海德格尔。"③海德格尔的影响仍然很大，他批判抽象的人、技术理性和主体形而上学（人类中心论），这恰恰是德里达等人所要求的东西。萨特把海德格尔的哲学与人道主义联系在一起，而后者则明确地否认这种关联，结构—后结构主义显然认同这种否认，用一个主张主体离

---

① Merleau-Ponty, *Phénoménologie de la Perception*, Éditions Garlimard, 1997, p. ii.

② ［法］让·华尔：《存在哲学》，9 页，北京，生活·读书·新知三联书店，1987。

③ Kearney, *Dialogues with Contemporary Continental Thinkers: The Phenomenological Heritage*, Manchester University Press, 1984, p. 108.

心化的海德格尔取代了坚持主体中心论的海德格尔。德里达的解构方法实际上是对海德格尔现象学方法其中一部分的解构的发挥，其"延异"概念则是对海德格尔存在论差异观念的发挥："延异"就是差异的展开，或者说动态意义上的差异。他本人承认，海德格尔对他有最持久的影响，其克服希腊形而上学的计划尤其如此。① 胡塞尔也是结构—后结构主义的重要思想源泉，比如，德里达的工作在很大程度上源于对胡塞尔的解构阅读，这在《〈几何学起源〉导论》及《声音与现象》中尤其明显。德里达表示，尽管他不赞同胡塞尔对在场现象学的忠诚，但还是从胡塞尔那里得益很多，尤其是学会了有条不紊的谨慎和保留，学会了阐释和表述问题的严格技巧。② 有现象学研究专家表示，德里达"从胡塞尔关于一般含义理论的问题中获得灵感，即使在其后来的工作中也始终是胡塞尔的极端解释者"③。这样说来，缺少对胡塞尔的批判性吸收，德里达的解构或许会呈现出另外的样子。

3M 一代针对黑格尔的态度要复杂一些。从总体上看，在现象学—实存主义时代之后，黑格尔被抛在了一边："后继的一代——后来以后结构主义形成派系的一代人——与他们的前辈相反，结成了反黑格尔主义战线。"④福柯在《话语的秩序》中告诉我们，"我们整个时代，要么依据逻辑学要么依据认识论，要么根据尼采要么根据马克思，都试图摆脱

① Kearney, *Dialogues with Contemporary Continental Thinkers*: *The Phenomeno-logical Heritage*, Manchester University Press, 1984, p. 108.

② Ibid., p. 108.

③ Moran, *Introduction to Phenomenology*, Routledge, 2000, p. 20.

④ ［日］鹫田清一：《梅洛-庞蒂：认识论的割断》，21 页，石家庄，河北教育出版社，2001。

黑格尔"①。而德勒兹在《差异与重复》中谈到，法国哲学界出现了"普遍的反黑格尔主义"②。然而，总体倾向上的贬抑，并没有导致黑格尔时时处处被撇在一边。福柯承认："要真正摆脱黑格尔，必须以准确评价需要摆脱的东西为前提，必须以知道黑格尔在什么地方与我们密切相关为前提，必须以知道在允许我们反对黑格尔的东西中仍然属于黑格尔主义的东西为前提，并且估计到我们借以反对他的东西或许仍然是他对抗我们的一种诡计，他在终点处静静地等待着我们。"③德里达似乎也是这样看待黑格尔哲学的：人们一直试图超越黑格尔，但始终发现黑格尔在前面等着他们，于是，问题的关键是发展"一种没有保留的黑格尔主义"④。这意味着对他的"扬弃"加以扬弃，并因此进行永无休止的解构游戏。

在 3M 时代的哲学家看来，人并不创造历史，也不会在历史中发现真理和目的，这与 3H 时代确实有了天壤之别。这一时期的哲学家们提出主体终结论，同时伴随着一系列的"终结"，并因此导致了哲学的"危机"。有学者这样描述 20 世纪 60 年代中期的哲学现象："再也没有人或者几乎没有人愿意称自己为哲学家，与此同时哲学语言处处受到轻微的讽刺……今天，最严肃的工作与最可怕的玩笑为邻，对此竟然没有任何人认为有丝毫可以指责的，更有甚者，有些人却以此作为一种文化形式。"⑤这其实表

① Foucault, *L' Ordre du Discours*, Éditions Garlimard, 1971, p. 74.

② Deleuze, *Différence et Répétition*, PUF, 1985, p. 22.

③ Foucault, *L' Ordre du Discours*, Éditions Garlimard, 1971, pp. 74-75.

④ Derrida, *L' Écriture et la Différence*, Éditions du Seuil, 1967, p. 369.

⑤ ［法］皮埃尔·特罗蒂尼翁：《当代法国哲学家》，94 页，北京，生活·读书·新知三联书店，1992。

明，哲学正向文化研究转型，于是出现了非哲学取代哲学的情形。3H
时代的某些纯粹哲学努力于是被归于无效，但其中关注文学艺术和文化
的努力则获得了扭曲性的发挥。理性批判和怀疑情绪进一步弥漫，价值
重估的要求再度提出，语言学模式获得了普遍的应用，主体的命运完全
被纳入无情的语言游戏中。这导致确定性的终结，导致某种虚幻意识。
"然而，在所有领域中反映我们这个世纪——在心理学上有弗洛伊德，
在历史上有马克思，在伦理学上有尼采，在人类学上有列维-斯特劳斯，
在语言学上有索绪尔——的这场革命一直而且处处都是严酷的幻灭的开
始。"①而在后期福柯、巴尔特、德里达等人那里，有关话语霸权、符号
分裂、语言通胀的看法，尤其加深了这种幻灭感。

马克思、弗洛伊德和尼采等哲学家的批判性思想，与法国本土巴什
拉和康吉莱姆等人的有关认识论断裂的思想相结合，为哲学向文化研究
的过渡奠定了基础。巴什拉和康吉莱姆曾经是福柯和德里达的老师，他
们对于结构—后结构主义有着深刻的影响。福柯这样谈论康吉莱姆的影
响："如果撇开康吉莱姆，你就不再能够完全理解阿尔都塞，阿尔都塞
主义以及在法国马克思主义者之间发生的整个一系列的讨论……你就会
错过由心理分析学家，尤其是由拉康的追随者所做的理论工作的全
貌。"②其实，巴什拉和康吉莱姆与 3H 时代也有某种牵连，就哲学"从
业"经历来说，他们与 3H 时代的哲学家大体同辈（巴什拉虽然年长萨特

---

① ［法］皮埃尔·特罗蒂尼翁：《当代法国哲学家》，113～114 页，北京，生活·读
书·新知三联书店，1992。

② Griffiths, ed., *Contemporary French Philosophy*，Cambridge University Press,
1987，p. 142.

和梅洛-庞蒂 20 余岁，出道却早不了多少年），只是思想倾向不一样。正如我们在前面说过的，福柯认为萨特和梅洛-庞蒂走的是从主体到知识的路子，而巴什拉和康吉莱姆走的则是从知识到主体的路子。① 巴什拉其实具有过渡性意义，结构—后结构主义者从他那里受益很多，但现象学—实存主义者也从他那里收获不少。施皮格伯格把他的思想看作是那些同胡塞尔没有亲缘关系的现象学之一，并认为它对萨特的实存主义现象学具有重要影响。②

"3H"时代哲学和"3M"时代哲学分别是法国后期现代哲学和后现代哲学的浓缩表达，两者包含了时间上的转换和空间上的扩展。简单地说，从法国哲学自身的演进角度看，两者体现了从笛卡尔主义时代到柏格森之后的反笛卡尔主义时代，再到列维-斯特劳斯以来的后笛卡尔主义时代的变化；而从法国哲学受到的外来影响看，两者体现了法国哲学与德国哲学家康德、黑格尔、马克思、尼采、胡塞尔、海德格尔以及奥地利心理分析学家弗洛伊德的错综复杂的关系。正因为这种情形，20世纪 70 年代末 80 年代初以来，当代法国哲学出现了某种新趋势，出现了一个多元共生的综合时代。真正说来，我们看到的是结构主义、后结构主义、后现代主义、实存主义和现象学在那一时期的杂然共存：列维-斯特劳斯作为结构主义的象征"一息尚存"，托多洛夫（Todorov）、格雷马斯（Greimas）在文学领域和符号学领域的结构主义工作仍在继续；

---

① 拙著《20 世纪法国哲学的现象学之旅》认为他们分别代表的是实存现象学和概念现象学。

② ［美］赫伯特·施皮格伯格：《现象学运动》，55～56 页，北京，商务印书馆，1995。

福柯进入关注审美实存或伦理实存阶段后，似乎从结构主义经后结构主义重新回到了现象学的起点；德里达把他的解构指向政治、法律、社会领域，不断扩大其地盘，他对身体、他者等问题的关注，始终与现象学有着密切的牵连；利奥塔同时接受现象学、结构主义、心理分析的东西，用它们来探讨后现代的知识状况；尽管这个时期的列维纳斯和利科通过接受新东西而与现象学保持了相当的距离，但他们的重新得宠让人觉得现象学已经卷土重来；亨利和马里翁的活跃则意味着现象学在某种程度上的复兴。

事实上，在经历了差不多一个世纪的漫长旅程之后，现象学依然是一个主要的亮点。亨利在 1990 年表示，"随着最近几十年的各种巴黎时尚，尤其是它表面代表了最延伸形式的结构主义的崩溃，随着打算替代哲学但从来都只能提供给人一种外在视点的人文科学重新回归它自己的位置，现象学越来越呈现为我们时代的主要思想运动"，他甚至认为，"现象学之于 20 世纪，就如同德国观念论之于 19 世纪，经验论之于 18 世纪，笛卡尔主义之于 17 世纪，托马斯·阿奎那或邓斯·司各脱之于经院哲学，柏拉图和亚里士多德之于古代哲学"①。列维纳斯、利科、亨利和马里翁代表了现象学的复兴。根据一些学者的看法，现象学在法国的回归始于 20 世纪 80 年代，而这一进程在 90 年代获得加速。② 这四位著名的哲学家都非常关注宗教经验的意义，并因此代表了现象学的神学转向。我们首先应该提到列维纳斯和利科这两

① Henry, *Phénoménologie Matérielle*, PUF, 1990, p. 5.

② Critchley & Bernasconi, *The Cambridge Companion to Levinas*, Cambridge University Press, 2002, p. 3.

位现象学老将，他们经历了非常漫长的旅程，才享受到达目的地的欢欣。列维纳斯从 20 年代末开始，利科从 40 年代末开始致力于评介、翻译胡塞尔和海德格尔的哲学，他们都只是在 60 年代才开始完成由研究向创造的转型。

列维纳斯和同事一道翻译出版了胡塞尔在巴黎的演讲稿《笛卡尔式的沉思》(1931)，出版了自己的博士论文《胡塞尔现象学中的直观理论》(1931)，然后发表了针对海德格尔的研究性专著《从存在到存在者》(1947)和针对胡塞尔以及海德格尔两人的《和胡塞尔、海德格尔一道发现存在》(1949)。这些工作极大地推动了德国现象学在法国最初的传播，然而他在 3H 时代并不那么显眼。自 3M 时代起，他开始陆续发表一些具有独创性的作品，比如《总体与无限：论外在性》(1961)和《别于存在或本质之外》(1974)，但这些作品的影响在 20 世纪 70 年代末期之后才表现出来。他的哲学包含有犹太教的特性：他在前期有意把他的现象学探讨与宗教文献阐释分别开来，在后期则让它们或多或少地结合起来了。列维纳斯关注绝对他性，自称既超越于胡塞尔的现象学认识论，又超越于海德格尔、萨特和梅洛-庞蒂的现象学存在论。他要确立一种形而上学的伦理学，一种"为他人的人道主义"。尽管如此，按照马里翁的看法，他的这种姿态也只是在现象学中"引入和加进"了"大量的根本创新"①而已，并没有真正远离和抛弃作为起点的现象学。在 1981 年的一次对话中，列维纳斯表示，他一直非常欣赏梅洛-庞蒂哲学的强有力的原创性，尽管他们在许多方面都非常不同；他谈到萨特视他为自己的现

---

① *Emmanuel Levinas*，Rue Descartes，No 19，1998，p. 11.

象学引路人，他对萨特的他人理论特别感兴趣，他在私人层面上特别喜欢萨特，尽管他不赞同萨特把他人视为威胁，不同意他把他性消解在同一性中。他最终表示：从哲学方法和训练的角度看，他直至受访问之日仍然是一个现象学家。①

利科在 3H 时代也不突出，但他对雅斯贝尔斯（Jaspers）的研究（1947），在《意志哲学》三卷本（1950、1960、1960）中关于意志现象的思考，对胡塞尔《观念》的译介（1950）都非常有功于法国现象学—实存主义运动。他同样经过了漫长的旅程才获得承认。在 3M 时代，接受结构主义的一些资源，他通过《解释：论弗洛伊德》（1965）、《解释的冲突》（1969）等作品实现了其思想的解释学转向；在我们所说的综合的时代，他的《时间与叙事》三卷本（1983、1984、1985）、《作为一个他者的自身》（1990）等作品则在综合现象学、结构主义和分析哲学方面做出了积极的努力，产生了巨大的反响；他对于宗教现象的解释学分析也非常引人注目。尽管利科接受了多方面的影响，并且始终保持着开放的心态，但他并没有与现象学思潮断绝关系，甚至 1990 年发表的《作为一个他者的自身》依然忠诚于现象学。② 真正说来，他与胡塞尔的现象学完全有别，却没有脱离现象学的总体方向；他与结构主义虽有共同之处，却没有因此与之结盟。利科表示："我的信念是，解释学的决定性特色是由文本产生的揭示世界的能力。解释学既不局限于对文本的客观结构分析，也不局限于对文本作者做主观实存分析，它主要关心的是这些作者和文本

---

① Kearney, *Dialogues with Contemporary Continental Thinkers*：*The Phenomenological Heritage*, Manchester University Press, 1984, pp. 52-53.

② Mongin, *Paul Ricoeur*, Édition du Seuil, 1998, pp. 24-25.

开启的世界。"①

　　我们尤其应该注意到亨利和马里翁在复兴法国现象学方面的巨大功劳。亨利年龄稍长于福柯，他是法国现象学—实存主义运动中的最重要的代表之一。他在 3M 时代开始逆潮流发表现象学作品，但真正产生影响则开始于 20 世纪的最后 10 年。他非常推崇现象学，认为"由胡塞尔在本世纪初创立的现象学引发了这个时代甚或所有时代最重要的思想运动之一"②。他旨在推进现象学的事业，通过在身体问题等方面做出的不懈努力，力图"把现象学态度彻底化"③。亨利也像梅洛-庞蒂一样使用了"肉身化""身体"和"肉"等词，但立场并不完全相同，他尤其不愿像梅洛-庞蒂那样从灵性的身体与返魅的自然角度来理解肉身化，而是通过对肉身化现象进行彻底的现象学解释，来说明基督教和希腊哲学在这个问题上的矛盾以及最终的调和。他最终提出了一种物质现象学，不仅否定意识意向性，而且否定身体意向性，并因此走向了一种非意向性的现象学。马里翁是一位相对年轻的现象学家。作为法国著名的笛卡尔研究专家，他的现象学明显带有笛卡尔研究的色彩。他对现象学评价甚高："从基本的方面来看，现象学在我们世纪担当了哲学的角色本身。"④他的现象学致力于"给出现象"的研究，其中容纳了天主教信仰。马里翁是在 20 世纪 80 年代后期才真正开始其现象学之旅的，但影响越来越大。

----

① Kearney, *Dialogues with Contemporary Continental Thinkers*：*The Phenomeno-logical Heritage*，Manchester University Press，1984，p. 45.

② Henry, *Incarnation*：*Une philosophie de la chair*，Éditions du Seuil，2000，p. 31.

③ Huisman, *Histoire de la Philosophie Française*，Éditions Perrin，2002，p. 106.

④ Marion, *Réduction et Donation*：*Recherches sur Husserl*，*Herdegger et la phénoménologie*，PUF，1989，p. 7.

列维纳斯在 1995 年[①]，亨利在 2002 年，德里达在 2004 年，利科在 2005 年先后告别人世。在法国现象学传统中，年过七旬的马里翁目前应该是最有影响力的现象学家了。

---

① 2006 年正值列维纳斯百年诞辰，世界范围内相继召开了 14 场小型学术纪念会。在中国，由笔者及英国牛津大学 Bunnin 博士和美国新社会科学研究学院 Critchley 教授共同组织的学术研讨会是其中之一。

语言·话语·文本

语言问题是当代法国哲学的一个非常重要的主题，它涉及语言、话语、文本等一系列密切相关的概念。

法国哲学就对待语言问题的姿态而言，存在着从早期现代哲学到后期现代哲学再到后现代哲学立场的变迁。在早期现代哲学中，意识主体的中心地位导致语言居于思想的单纯表象工具之地位，语言没有能够获得论题性的探讨；在现象学—实存主义运动中，存在着从理想语言到实存语言的过渡，对应的是从先验主观世界向生活世界的回归；在结构主义运动中，语言学模式的普遍运用引导人们对社会文化现象进行科学的解释，导致对意义确定性的追求；而后结构主义的语言游戏观则把文化现象的意义推向了不确定性；在结构—后结构主义影响下的后现代主义更是强调了语言的增殖与扩张。

在这样的演化中，我们注意到语言在不同时期具有不同的性质。早期现代哲学时期，作为表象观念的工具，语言自身也被观念化了；后期现代哲学时期，除了具有表象功能外，语言还具有诗意性，表现出观念性与物质性的双重存在，体现了灵性和物性之间的某种张力；在后现代哲学中，语言越来越走向物化，或者说语言开始展示其强劲的物质性力量。

第一章 | 意识哲学与语言的缺位

为了探讨法国后期现代哲学和法国后现代哲学关于语言问题的基本看法，我们须一般性地先行评介法国早期现代哲学的有关立场，只有这样才能够完整地揭示语言在现代性进程中的命运。从总体上看，由笛卡尔开启的早期现代哲学并没有对语言问题进行明确的、论题性的思考。当然，我们并不否认该时期的某些哲学家考虑到了语言问题——虽然他们的有关论述并没有把语言问题确立为核心主题，虽然这些论述往往没有引起充分的注意并因此没有产生足够的反响。确实，语言并不是那一时期哲学反思的核心对象，它不过是表象思想的工具而已。我们注意到，笛卡尔很少关注语言问题，但同时代的英国经验论者洛克在《人类理智论》中以论"词"和"命题"等方式探讨了语言问题，并且明确地表明了语言问题的重要性。在该书第二卷最后一段中，他表示："既然在观念与词之间，在抽象观念与一般词之间有着如此恒常的彼此关系，我发现不首先考虑语言的性质、使用和意义（这是下一卷的事情），就不可能清楚、明白地谈论我们的知识（知识全都是由命题构成的）。"①而在第四卷最后一节中，他还明确地让符号理论在知识体系中占据了一席之地。他把学科分为自然哲学、伦理学和符号学说三类，而所谓符号学说"探讨符号的性质，心灵如何运用它们来理解事物，或者向他人传达关于事物的知识"②。

我们应该注意到洛克对语言学思考的两个方面。首先，他在语言问题上持一种表象论立场。在他看来，词是表象观念的标记，是表达和传达观念的工具："人们对这些标记的使用，要么是记载他们自己的思想以便帮助他们的记忆，要么是说出他们的观念，并置它们于他人的观点面前。"③其次，符号理论是辅助性的，并不占据其思想的核心地位。有学者表示："贝克莱的符号学说不是打开其全部思想的钥匙。"④这句话完全适用于洛克，尽管前者对后者的彻底表象论多有批评。虽然说符号学说在其知识体系中只具有从属性地位，但洛克毕竟还是承认了它的重要性："把观念和符号看作知识的巨大工具，并没有使关于它们的思考

① Locke, *An Essay Concerning Human Understanding*, Oxford University Press, 1975, p. 401.

② Ibid., p. 720.

③ Ibid., p. 405.

④ Winkler, *The Cambridge Companion to Berkeley*, Cambridge University Press, 2005, p. 160.

成为一个令人生厌的部分。"①按照他的说法，"神"把人设计为"社会动物"，不仅赋予他一种倾向，使他在必要的情况下与其同类发生友情，而且把作为"社会的重要工具"的"语言"也赋予他：人的器官适合于发出"有音节的声音"，我们称之为"词"。当然，这还远远不够，因为一些鸟类，比如鹦鹉，我们可以教会它们发出"有音节的声音"，但这并不意味着它们"有语言能力"。问题的关键是，在"有音节的声音"之外，"还需要他能够把这些声音用作内在概念的记号，并使它们成为在他自己心灵中的观念的标记，并因此使它们可以为他人所知，人心灵中的思想由此可以彼此传达"②。观念或思想明显优先于作为表达工具的语言。

在针对洛克基本立场的驳难性著作《人类理智新论》中，德国唯理论者莱布尼茨以对话的方式相应地在第三卷谈论"词"，在第四卷中论及"命题"，也因此对语言问题予以了充分重视。尤其值得注意的是，他在众多哲学论文及通信中都致力于所谓"哲学语言"构想，这乃是他终身为之努力、奔走、呼吁的通用文字理想。莱布尼茨在 20 岁时发表的《论组合的技巧》就已经"包含了占据他余生之思考的通用文字和逻辑微积分计划的萌芽"③。他制定了"各种伟大的计划"，但从某些方面说，"他从其生涯之开始到结束都明显追求的最伟人的计划乃是创立一种哲学语言

---

① Locke, *An Essay Concerning Human Understanding*, Oxford University Press, 1979, p. 721.

② Ibid., p. 402.

③ Leibniz, *Philosophical Papers and Letters*, The University Press of Chicago, 1956, p. 117.

（即一种人工语言），人类思维的结构在其中可以得到完善的表象，或者至少可以比现存自然语言表象得更完善"①。他明确表示没有什么比他"尝试的通用文字更必要的了"②。莱布尼茨和洛克两人的看法应该说是大同小异的，都是一种表象论的、工具主义的观点。

洛克认为与人交谈有三个目的：使一个人的思想或观念为另一个人所知；尽可能容易和快速地做到这一点；借此传达关于事物的知识。他表示，如果没有能够做到其中任何一点，语言要么被误用了，要么是有缺陷的。③莱布尼茨基本赞成洛克的看法，但并不局限于此："我认为没有让我们自己被理解的愿望，我们的确不会创造出语言来。然而，一旦创造出来，它也使人能够独自进行推理，既因为词提供了记忆那些抽象思想的手段，也因为那些符号及无声思维在推理中的好处，如果一切都要解释，并且永远要用定义来代替用词，那就太费时间了。"④主体不仅要独自推理，不仅要把自己的思想传达给别人，而且是思想的纯粹接受者或承受者，"一个人有些时候——比他认为的要更经常——仅仅是思想的传达者，其他人的信息的载体"⑤。他认为言语有三个值得关注

---

① Mates, *The Philosophy of Leibniz*: *Metaphysics and Language*, Oxford University Press, 1986, p. 183.

② Ibid. , p. 344.

③ Locke, *An Essay Concerning Human Understanding*, Oxford University Press, 1986, p. 504.

④ Leibniz, *New Essays on Human Understanding*, Cambridge University Press, 1996, p. 275.

⑤ Ibid. , p. 287.

的标志，即明晰、真实和优美，但他主要关注的却是前两者。① 很显然，他要求语言清楚明白地表达真理或真实的观念。按照他的通用文字理想，设计中的那些类似于数字的符号具有促进发现和推理两大功能，它们能够让各民族之间彼此快捷、准确地交流思想。看起来，莱布尼茨更全面地阐释了语言表象和传达观念的立场。在他眼里，有发声的器官（如猴子）或者能发出有音节的声音（如鹦鹉）并不意味着有语言能力，因为它们"缺少某种不可见的东西"②。总之，理性思维是更为核心的东西，或者说观念优先于语言。

回到法国早期现代哲学。我们虽然只能在唯理论奠基人笛卡尔的著作和通信中捕捉到他有关语言问题的一些零星表述，但还是可以看出，其基本倾向与莱布尼茨及洛克两人的看法没有实质性的不同。有学者这样表示，就"思想与语言的关系"而言，"笛卡尔的立场非常接近于洛克的立场"③。为什么会有这样的共同性呢？这完全建立在他们对人性的共同看法的基础上，建立在人是理性存在者这样一个基本的原则基础上。洛克在谈到符号与命题时表示，"在一个人做出任何命题之前，他就被假定理解了他使用到的词，否则他就像鹦鹉在说话，仅仅是通过模仿而发出噪声，形成某些从别人那里学来的声音，而不是作为一个理性动物，把它们用作他心灵中的观念的符号。当说者使用它们时，听者也

---

① Leibniz, *Philosophical Papers and Letters*, the University Press of Chicago, 1956，pp. 186-187.

② Leibniz, *New Essays on Human Understanding*, Carnbridge University Press, 1996, p. 274.

③ Clarke, *Descartes's Theory of Mind*, Larendon Press, 2003，p. 178.

被假定理解了这些词，否则他就在谈行话，在弄出一些非理智的噪声"①。我们之所以说鹦鹉不拥有语言，是因为它不是理性存在者，没有需要表达和传达的思想。在《谈谈方法》中，当笛卡尔区别人与动物时，语言被看作是一个重要的裁定因素，同样强调的是语言在表象思想中的地位，而其中最为核心的一点就是：人是理性存在者。他甚至和洛克一样表示，鹦鹉学舌并不意味着它们有言语能力。在他看来，不管多么愚钝的人，也比那些得天独厚的动物有能力向别人表达自己的思想。其实，这里关注的不是语言，而是思想，因为语言只是工具。八哥和鹦鹉虽然也在"说话"，却没有要表达的意思，因此比不上先天聋哑的人，后者虽然不能说话，却能够创造一些手势把自己心里的想法传达给那些跟他们在一起并且愿意学习他们这种语言的人。

　　语言因为与理性相关而成为区分人与动物的因素，而最根本的因素则是"我们依靠理性行事"，可以把理性"这一万能的工具""用于各种场合"②。有学者这样表述笛卡尔的观点："来自纯粹知性的思想或观念是知识的唯一可靠的引导，而语言是不会为思想已经提供的东西增加什么的派生的、依赖性的现象。"③当代著名哲学家塞尔（Searle）谈到，笛卡尔"认为在我们和动物之间的关键区分，那种使我们能够确信地告知人有心灵，动物没有心灵的东西，就在于人类有一种借以表达其思想和情

---

① Locke, *An Essay Concerning Human Understanding*, Oxfood University Press, 1975, p. 614.

② Descartes, *Discours de la Méthode*; *Les Passions de l'Âme*, Bookking International, 1995, p. 73.

③ Clarke, *Descartes's Theory of Mind*, Larendon Press, 2003, p. 158.

感的语言，而动物没有语言"①。他显然也是从语言表象思想、传达思想的角度来理解笛卡尔语言观的。语言是一种表达理性或者思想的工具，受制于理性的规则或法则。规则其实是人为的，出于人们的约定，也因此出于理性建构。语言不是自然的，而是约定的，这在笛卡尔那里和洛克那里都是如此。有学者表示，"笛卡尔关于使用约定符号和理性之间关系的评论足以清楚地得出结论：后者是前者的必要条件，而且使用约定符号局限于人类"②。而另一位学者则在评价洛克时说，"洛克相信，词是观念的制度化的或约定的符号"③。确实，洛克明确地谈到这一点，人们使用某些词作为观念的符号，并不是根据"任何自然的联系"，而是通过"一种自愿的接受，由此一个词被任意地构成为了如此观念的标记"④。

早期现代哲学可以归结为认识论哲学，而语言问题在其中并不占据一席之地。认识论更关心的是主体方面，更关心的是与对象意识必然相伴随的自我意识，由此导致了早期现代哲学在语言问题上的不言而喻的结果：既然它关注的重心在意识主体方面，就没有必要强化在主客体之间起中介作用的、表达对象的意义的语言的地位；既然它并不涉及主体间性问题，不关心"我"与他人的关系问题，就没有必要关注作为主体间或者说意识间沟通桥梁的语言的作用。我们当然不是要否认像洛克和莱

---

① Searle, *Mind: A Brief Introduction*, Oxford University Press, 2004, p. 18

② Clarke, *Descartes's Theory of Mind*, Larendon Press, Oxford, 2003, p. 171.

③ Winkler, *The Cambridge Companion to Berkeley*, Cambridge University Press, 2005, p. 131.

④ Locke, *An Essay Concerning Human Understanding*, Oxford University Press, 1975, p. 405.

布尼茨这样的哲学家在反思语言方面的做法，但他们进行的反思不足以构成独立的语言哲学，不足以让语言现象成为哲学反思的中心。有学者在 20 世纪 60 年代评价洛克对语言问题的重视时说："如今不用提醒哲学家们语言学问题对于哲学的意义，但在 17 世纪，给予它们任何特殊的注意是不寻常的。因此，尽管卷三不是该书最有影响的部分，但它在某些方式上是最原创的。"[①]这当然充分肯定了洛克的尝试，但同时也表明，这在当时属于个别现象。我们知道，乔姆斯基（Chomsky）的转换生成语法试图在笛卡尔那里发现某种语言学，或者说认为存在着一种笛卡尔主义语言学。但这样的说法受到了强有力的挑战，有人明确地认为，"名为笛卡尔主义语言学的理智运动不存在"[②]。

虽然该作者并未否认笛卡尔有可能对语法理论产生影响，但他强调的是："不像 17 世纪的其他大家，笛卡尔相对来说对语言不感兴趣，似乎更有可能的是，对语法理论的兴趣来自其他源泉，而不是笛卡尔哲学。"[③]不承认笛卡尔有系统的语言学理论无疑是对的，但他关于语言问题的只言片语会影响大批哲学家和语言学家却并非不可能。退一步说，即使他对语言问题一言不发，也未必不能左右一个时代对语言的基本看法。事实上，笛卡尔在《谈谈方法》中关于语言问题的几句话是非常关键的。按照该作者的概括，笛卡尔的看法可以表示如下："语言揭示思想"，"真正的声音完全不同于自然的叫喊，因为它并不指示身体方面的冲动"，"用在真正交谈中的词并不只是机械重复的音响，而是思想的直

---

① O'Connor，*John Locke*，Dover Publications Inc.，1967，p. 123.

② Butler ed.，*Cartesian Studies*，Basic Blackwell，1972，p. 138.

③ Ibid.，p. 144.

接表达"，"在真正的人类交谈中，一个人的所说符合'他在场时无论说的什么东西'或者'相关于在手的主题'"①。这些话其实是那个时代的语言观的浓缩表达：作为表象思想的工具，语言消失在意识的生动在场中，并因此被观念化了。这种看法与经验论的语言观是相呼应的。与洛克同时代的哲学家几乎都对语言坚持一种观念化的姿态，而洛克最为典型。这种语言观的原则如下：语言的原初目标是沟通思想；思想本身从根本上说就在于存有心灵中的观念；通过被用于意指那些心灵中的观念（由于习俗或约定），词致力于表达思想。②

在法国早期现代哲学中，尽管以笛卡尔主义为核心的大理性主义时代没有太关注语言问题，但在启蒙运动时代，某些哲学家还是比较重视语言问题的，卢梭（Rousseau）和孔狄亚克（Condillac）等人都有专门论述语言问题的著作。然而，我们注意到，论述篇幅的增多并没有导致姿态的实质性变化，换言之，他们的立场并没有真正偏离笛卡尔主义。德里达在《论文字学》中选择卢梭的《论语言的起源》这本不为人注意的小书来读解，借以批判早期现代哲学中的逻各斯中心论。在他眼里，卢梭主义和笛卡尔主义在语言问题上的立场是完全一致的，都是"扬"声音"抑"文字的柏拉图主义的某种形态，都扎根于自柏拉图以来的西方在场形而上学传统。他表示，从柏拉图的《斐德若篇》、亚里士多德的《解释篇》，到伽利略、笛卡尔和休谟对"自然这本大书"的阅读，一直到卢梭的《论语言的起源》，甚至到索绪尔的《普通语言学教程》，到列维-斯特劳斯的自

---

① Butler ed., *Cartesian Studies*, Basic Blackwell, 1972, p. 140.

② Lowe, *Locke*, Routledge, 2005, p. 99.

然与文化的二元对立观念，无不体现出某种形式的柏拉图主义：逻各斯中心论的在场形而上学。卢梭和笛卡尔的一致完全建立在声音中心论及声音的表象功能基础上，尽管前者表象的是感性的或想象的东西，后者表象的是思想或理智的东西。也就是说，他们都强调了声音的中心地位，也都主张一种表象观，尽管表象的对象并不完全相同。按照德里达的看法，17世纪的大理性主义时代，即笛卡尔时代"把绝对在场规定为面向自我在场，规定为主体性"，而18世纪法国唯物论表明的则是以感性的、非自我呈现的方式在场。卢梭在后一种情形中具有"典型性"，"通过诉诸另一种在场模式而重复了柏拉图主义姿态：在情感中，在感性我思中面向自我在场"①。由于这些在场形而上学的指向，早期现代哲学总是以不同的方式"褒"声音"贬"文字。

简单地说，对于笛卡尔主义者而言，语言与心灵的理智部分相关联，我们因此不能够把语言与表达激情的自然动作混淆在一起。② 而在卢梭主义者那里，语言相反地与心灵的情感部分联系在一起。卢梭写道："古老的语言不是系统性的或理性的，而是生动的、象征性的。我们以为第一个开口说话的人的言语［假使曾经存在过］，是一种几何学家的语言，可是在实际上，那是一种诗人的语言。"③他认为语言起源于"精神的需要，亦即激情"，"在简约化和系统化之前，最古老的语言像

---

① Derrida, *De la Grammatologie*, Les Éditions de Minuit, 1967, p. 29.

② Descartes, *Discours de la Méthode*；*Les Passions de l'Âme*, Bookking International, 1995, p. 75.

③ ［法］让-雅克·卢梭：《论语言的起源——兼论旋律与音乐的摹仿》，14 页，上海，上海人民出版社，2003。

诗歌一样，饱含激情"①。卢梭和笛卡尔，一个认为语言表象情感，一个认为语言表象观念，表面上颇有差异，其实根底里非常一致：他们看到的都是心灵相对于外部存在、沉默的声音相对于发音的声音、声音相对于文字的优先地位。乔姆斯基"把卢梭表述为一个严格的笛卡尔主义者"，德里达完全认可这一点，然而，他更希望看到卢梭的独特地位："人们尽管可以在某种意义上谈到卢梭在这方面的根本的笛卡尔主义，但是似乎应该在这种哲学史和语言史中为他保留一个更重要、更原始的位置。"②在他看来，在从笛卡尔到黑格尔这一时期，其他人都没有像卢梭那样密切关注文字引发的问题，没有像卢梭那样强烈地要求从文字到声音的还原："在这个形而上学的时代里，在笛卡尔和黑格尔之间，卢梭无疑是唯一或者说是第一个提出了整个时代所隐含的文字还原主题或文字还原系统的人……笛卡尔和黑格尔都没有抓住文字问题。"③也就是说，其他人并没有进行任何论题性的思考，只是理所当然地认可了声音相对于文字、所指相对于能指的优先地位，因此他们没有像卢梭那样清醒地看到文字构成的威胁并自觉地维护声音中心论。显然，德里达着眼于声音中心论的解构，悬置了知性论与感性论的区分，淡化了在情感表象与观念表象之间的差异。在他眼里，它们都不过是在场形而上学的具体表现形式而已。

如果充分考虑到笛卡尔主义在早期现代哲学中的支配性地位，我们

---

① ［法］让-雅克·卢梭：《论语言的起源——兼论旋律与音乐的摹仿》，15页，上海，上海人民出版社，2003。

② Derrida，*Marges de la Philosophie*，Les Éditions de Minuit，1972，p. 168.

③ Derrida，*De la Grammatologie*，Les Éditions de Minuit，1972，p. 147.

应该承认，法国早期现代哲学从总体上看是意识哲学，在事物秩序服从于观念秩序的意识分析中，意识、语言、表象是三位一体的（其实，这种表象结构在卢梭那里具有完全相同的结构，即情感、语言、表象的三位一体）。在这种类型的哲学中，语言被看作是思想的单纯工具。语言没有获得自己独立的存在维度，它实现的只是充分的表象功能，即表象思想的功能。梅洛-庞蒂表示："根据笛卡尔、康德等人的哲学传统，人们拒绝给予语言以全部哲学意义，人们使之成为一个完全技术的问题。"①也就是说，在意识哲学中，核心的东西是意识、是思想，而语言只是表象意识和思想的工具。如果没有要通达的思想，语言就没有了任何作用。正因如此，语言在意识哲学中根本没有地位，只能归入从属性的技术领域。他进而表示，在笛卡尔主义传统中，"语言是一种被播送的信息，但没有实际的沟通力量。不存在着词自身的力量。于是，最好的语言乃是最中性的语言，在一切语言中最好的语言是科学的语言，是算法，那里不存在可能的歧义"②。很显然，在笛卡尔主义那里，语言被看作是一种透明的、不含歧义的表象工具。

福柯则把表象论和工具论扩展为古典时期关于"词"与"物"关系的一般看法。他告诉我们，在这一时期，"词获得了'表象思想'的任务和能力，但这里的'表象'必须在严格的意义上理解：语言表象思想，就像思想表象它自身一样"，它"不是思想的外部效果，而是思想本身"③。作

---

① Merleau-Ponty, *Psychilogie et Pédagogie de l'Enfant*：*Cours de Sorbonne 1949—1952*, Éditions Verdier, 2001, p. 9.

② Ibid. , pp. 9-10.

③ Foucault, *Les Mots et les Choses*, Éditions Garlimard, 1997, pp. 92-93.

为表象的透明工具，语言其实是被观念化了，它消失在了无边的观念秩序中，并因此丧失了自主自足的地位。福柯进而表示，"语言或词-符号居于由表象其客体的观念所开启的空间中"，于是，"符号理论被置于观念反思的核心中"①。按照他的分析，在古典时期，语言充分体现了任意性原则，即我们无法说明一个符号为什么意指某一个对象，因为"词"与"物"之间不再存在任何相似关系。这同时表明，"符号与其内容的关系不是在事物本身的秩序中确保的"，在认知的内部，"符号是建立在一个事物的观念与另一个事物的观念之间的纽带"②。语言充当的是表象的工具，确立的是观念之间的联系。德里达的看法还要深入一步，他不仅看到了语言的工具地位，而且还注意到了文字的更加从属性的工具地位。他表示，到处都包含有"工具主义和技术主义的文字概念"，意味着语言是一种"工具"，而文字是"工具的延伸"，这是"关于文字对声音、言语对思想、能指对一般所指的外在性的最好描述"③。对语言的这种技术性理解尤其表现在由笛卡尔倡导，由莱布尼茨等人草拟的关于"普遍文字""普遍语言""万能沟通手段""多用文字""通用思想符号"的所有"哲学计划"中，这些计划鼓励人们在文字中发现一种被排除在历史之外的"哲学语言模式"。虽然笛卡尔本人没有进行过实质性的研究，但"在启发莱布尼茨的所有人当中首推笛卡尔"④。他们试图发现一种通用的、无论哲学家还是农夫都能借以判断事物的真理的"哲学语言"。

---

① Foucault, *Dits et Écrits I* (1954—1975), Éditions Garlimard, 2001, p. 772.

② Foucault, *Les Mots et les Choses*, Éditons Garlimard, 1966, p. 78.

③ Derrida, *De la Grammatologie*, Les Éditions de Minuit, 1967, p. 122.

④ Ibid., pp. 112-113.

在这样的哲学背景下，这个时代许多具体的语言思考都深深地打上了唯理论哲学的烙印，都以普遍唯理语法为模式。最典型的形式是波尔-洛瓦雅尔派的"普遍唯理语法"。这是一种与意识哲学关系非常密切，与意识哲学命运息息相关的传统。在理性或知性的绝对主宰中，所谓语言学研究，实际上就是制定一些语法规则，制定一些组合和分解观念的法则。所以，普遍唯理语法"以笛卡尔的哲学为基础"，它"试图阐述语法的普遍原则，揭示存在于一切语言中的语法在表达思想上的一致性"①。一切语言似乎都是符合"普遍语法"的"哲学语言"或"观念语言"，而"说话"就是"使用人类为之所发明的符号来解释自己的思想"②。说到底，这是一种规范语言的日常使用，以达到普遍沟通的"理想设计"。它接受的是这样的引导思想：人类都有一种相同的思维结构，所以人的思想才能够用一种普遍语言表达出来。③ 这种关注静态结构、突出能指与所指二分、强调任意性和表象性原则的语言观，明显类似于索绪尔的思想。人们注意到，《普遍唯理语法》预示了索绪尔《普通语言学教程》中的某些语言学观念，并因此对结构主义运动具有启示意义。与结构主义密切相关的乔姆斯基的转换生成语法，尤其从这种普遍唯理语法中获得了启发，它继承"波尔-洛瓦雅尔以来的语言学传统"，运用了"笛卡尔理性主义"④。早期现代哲学的语言观在 19 世纪初开始发生变化：表象的式

---

① 刘润清编著：《西方语言学流派》，33 页，北京，外语教学与研究出版社，1995。

② ［法］安托尼·阿尔诺、［法］克洛德·朗斯诺：《普遍唯理语法》，1 页，长沙，湖南教育出版社，2001。

③ 刘润清编著：《西方语言学流派》，33 页，北京，外语教学与研究出版社，1995。

④ ［法］弗朗索瓦·多斯：《从结构到解构：法国 20 世纪思想主潮》下卷，9～10 页，北京，中央编译出版社，2004。

微导致透明的理想语言的分化。按照福柯的分析，这种分化主要表现在：首先，语言可以继续充当表象的工具，但它越来越沿着形式化的方向发展，其明显的表现是在数理学科中；其次，语言越来越与阐释性的学科相关，具有一种批判价值，具有某种历史的沉淀，它导致阐释技巧在19世纪的复兴；最后，最重要也是最没有料到的，即文学（文学本身）的出现，这是一种不及物文学，关注的只是语言自身或写作技巧。[①]这些类型的发展表明，19世纪后期已经可以见出20世纪各种哲学传统中的语言学转向的端倪。英美人工语言哲学关注语言的表象功能，重视数理学科的形式化问题，弗雷格（Frege）、罗素（Russell）和早期维特根斯坦（Wittgenstein）的各种努力非常典型地代表了这种倾向；但后来的日常语言哲学通过关注言语行为而抛弃了这种表象观，后期维特根斯坦以语言游戏说取代早期的图像说最为明显地表明了这一转向。大陆现象学传统与语言的阐释传统相关：现象学—实存主义阶段旨在克服文化传统对个体的牵制，解释学阶段则要求与传统对话，但总体倾向表现为关注语言与实存的关系：语言的表象性越来越让位于创造性。结构主义和后结构主义关注文学艺术的命运：结构主义关注社会文化现象的语言性或者类似于语言的结构，而后结构主义更为强调文学语言的游戏性和不确定性。两者的共同倾向表现为关注语言的自主性和自足性，但后者以后索绪尔主义的姿态克服了在前者那里还保留着的表象论的残余。

[①]　Foucault, *Les Mots et les Choses*, Éditions Garlimard, 1997, pp. 309-313.

第二章 | 在世存在与语言的回归

　　就当代法国哲学中的语言问题而言，我们首先要关注的是法国后期现代哲学，尤其是法国现象学—实存主义运动的有关思考和看法。作为一个重要环节，我们不得不经常提及德国现象学家胡塞尔和瑞士语言学家索绪尔，因为两者的有关思想共同预示了法国现象学—实存主义关于语言问题的基本指向。然而，正如我们在随后的评述中将要表明的，在法国现象学—实存主义运动中，语言问题的思考从总体上看存在着从关注观念化的理想语言向关注灵性化的实存语言的过渡，也因此最终说来是对胡塞尔早期的理想化的逻辑语言的突破，是对索绪尔的结构化的静态语言的超越。在法国哲学的这一发展阶段中，语言问题的思考是与实存现象学严格一致的：语言问题成为在世存在问题的一个极其重要的方面，它揭示的是个体实存与社会历史处境之间的张力关系。我们同时需要注意到语言的诗意指向问题，不过，这依然没有脱离实存论范畴，尤其体现了在世存在的自由之维。

一、实存转向的语言之维

现象学在 20 世纪初开始占据欧洲大陆的哲学舞台，但在哲学解释学于 50 年代末兴盛之前，语言问题并没有成为其核心主题。这当然是就现象学传统与分析哲学传统相比较而言的，实际情形并非完全如此。分析哲学家达米特(Dummett)告诉我们，弗雷格是分析哲学之父，胡塞尔是现象学学派的创立者，这是两种截然不同的哲学运动。按照他的看法，两者最根本的不同表现在对语言学转向的态度上："语言学转向提供了分析哲学的规定特征"，而"现象学学派不可能接受它"，原因就在于，在《逻辑研究》之后，胡塞尔"发展了意向对象的看法"，并且为了达到这个看法，他"推广了含义或意义的概念"，而"这种推广排除了语言转向"①。达米特并不想停留在这种差异上面，通过深入考察，他抛弃那些把分析哲学与现象学完全对立起来的看法，认识到了两派创始人的共同哲学语境，也因此认识到了分析哲学的根源与现象学的根源是相同的。② 这样说来，如果不把重点放在意向性问题上，而是主要围绕意义问题展开，我们就会

---

① ［英］迈克尔·达米特：《分析哲学的起源》，26～27 页，上海，上海译文出版社，2005。

② 同上书，2～3 页。

注意到现象学一开始就涉及了语言问题。事实上，胡塞尔有关符号和表达问题的看法成为德里达批判逻各斯中心论的主要矛头。

我们确实有必要厘清语言问题对于整个现象学—实存主义运动的价值与意义，而不是仅仅注意到哲学解释学的相关探讨。哈贝马斯（Habermas）在谈到"从意识哲学向语言哲学的范式转换"时，认为"胡塞尔的意义理论和形式语义学之间也建立起了联系"[①]。胡塞尔在《逻辑研究》中表示："要想保证一般论证的进行，一个重要的条件在于，思想要以恰当的方式借助可区分的、单义的符号表述出来。语言为思想家提供了一个可以在大范围内使用的符号系统，使他可以用此来表述他的思想，但是，尽管这个系统对每个人都必不可缺，对于严格的研究来说，它仍然只是一种不完善的辅助手段。"[②]这里的"区分""单义""表述思想""系统""对每个人都必不可缺"表明，语言是一种表象思想的普遍适用的透明工具，它只有辅助的或派生的地位。胡塞尔是在其纯粹逻辑关注中附带地提到语言的，在他那里，逻辑"明显地预设了语言，而且是一种完全特别意义上的语言"，它是"优先于"它的意义得以表达和沟通的"中介"[③]。这与弗雷格同一时期的看法大体相同，后者把句子看作是思想的图像，认为语言虽然有可能是一种"走形的镜子"，但"它是我们仅有

---

① ［德］于尔根·哈贝马斯：《后形而上学思想》，7 页，南京，译林出版社，2001。

② ［德］埃德蒙德·胡塞尔：《逻辑研究》第 1 卷，18 页，上海，上海译文出版社，1994。

③ Macann, *Four Phenomenological Philosophers：Husserl, Heidegger, Sartre, Merleau-Ponty*, Routledge, 1993, p. 5.

的镜子"①。和结构主义者索绪尔一样，他们都关注语言的静态结构，并以能指和所指二分的方式维护理性主义的语言表象观。

胡塞尔有关语言问题的看法其实是笛卡尔主义普遍唯理语法的某种延续："在一开始，完全就像 17 世纪和 18 世纪的语法学家一样，胡塞尔为现象学提出了这一任务，即通过理解语言的本质而构造一种普遍语法。"②语言是表象观念的工具，进一步说，就像在早期现代哲学中一样，语言本身仍然表现为观念化的形态。但在《形式的与先验的逻辑》和《几何学的起源》等著作中，胡塞尔开始抛弃这种理想性指向，通过关注历史、起源等问题，导致"发生"对于"结构"的突破。这种突破与关注生活世界联系在一起，也因此使语言与实存联系起来，这导致语言问题研究从逻辑学转向实存论。于是就出现了现象学意义上的语言学转向与分析哲学意义上的语言学转向的差异。海德格尔和伽达默尔（Gadamer）关于语言问题的思考都是对这种实存论指向的进一步展开。在法国现象学—实存主义运动中，语言问题更加密切地与实存论联系在一起。这与现象学由意识哲学转向实存哲学分不开，语言现象学也因此是现象学的实存论转向的一个极其重要的方面。我们同时需要注意的是，萨特基本上沿袭了胡塞尔早期的语言观，梅洛-庞蒂则多从胡塞尔后期思想（即胡塞尔的发生现象学，而不是其先验现象学）中受益。这与前者依然维护意识哲学，而后者断然拒绝意识哲学联系在一起。

作为哲学家的萨特没有对语言问题进行过论题性思考。在其哲学巨

---

① ［英］迈克尔·达米特：《分析哲学的起源》，6 页，上海，上海译文出版社，2005。

② Merleau-Ponty, *Parcours Deux 1951—1961*, Éditions Verdier, 2000, p. 103.

著《存在与虚无》中，他没有用哪怕一小节来专门谈论语言问题，甚至连语言这一用词在其中也很少出现。著名的新哲学家列维告诉我们，"20世纪有一个哲学家，好像并不适合开创哲学的'语言学转向'。这个哲学家就是萨特"①。多斯(Dosse)在其洋洋巨著《从结构到解构》中谈及萨特时也表示，"作为一个专门研究意识和主体的哲学家，他把语言学视为不足为训的二流学科，并在实践中处处对其敬而远之"②。尽管如此，我们从其名篇《什么是文学？》中可以看出，他关于语言问题的不多表述承袭了胡塞尔的早期思想，也因此继续着笛卡尔主义关于语言问题的立场。简单说来，语言被萨特视为表达思想的单纯工具。梅洛-庞蒂就此评论说："人们最终贬低语言，只把它看作是意识的外衣，思想的保护层。即使像在萨特这样的作家（他虽然没有忽略他人问题）那里，语言也不可能为思想带来某种东西：词的'力量'不存在，词概括、概述已经存在的东西。思想一点也没有得益于词。"③这样说来，萨特关注的是观念化的语言，而没有注意到语言的物质性层面。

尽管意识哲学指向导致萨特未能论题性地思考语言问题，但他对"诗歌语言"与"散文语言"的区分却构成了语言现象学的起点：语言现象学源于梅洛-庞蒂对这种区分的回应。萨特强调文学语言的透明性并要求作家以介入社会和政治的方式进行写作。在他看来，词本身具有含混

---

① ［法］贝尔纳·亨利·列维：《萨特的世纪——哲学研究》，89页，北京，商务印书馆，2005。

② ［法］弗朗索瓦·多斯：《从结构到解构——法国20世纪思想主潮》上卷，8页，北京，中央编译出版社，2004。

③ Merleau-Ponty, *Psychilogie et Pédagogie de l'Enfant: Cours de Sorbonne 1949—1952*, Éditions Verdier, 2001, p. 10.

的性质，它既是一种符号，同时又是一种事物。作家往往把词当作表象的符号，而诗人看到的却是它的物质性存在。对于一个作家或说话者来说，词是为他效劳的仆人；而对于诗人来说，词还没有被驯化成工具。对于前者，词是有用的规定，是逐渐磨损的工具，语一旦不能继续使用就该把它扔掉；对于后者，词是自然之物，它就像树木和青草一样在大地上自然地生长。① 梅洛-庞蒂不同意进行如此简单的区分。在他看来，任何语言都具有诗意特征，也因此都可以"自然地生长"。如此一来，他不是要求在诗歌与散文之间，而是在"伟大的散文"与"平庸的散文"之间进行区分。语言的诗意使用融合创造与描述于一体，而其平庸使用则以单纯表象为目标。他不赞同萨特贬抑语言的诗意使用的立场，而是以赞赏的姿态看待散文语言向自足性、自身价值方向的提升。他原则上承认："一切语言都是诗，条件是这一语言寻求表达某种新东西。"②也就是说，人们应该关注语言的陌生化使用，而不是局限于它的表象功能。这其实开始把语言引向其物质性存在、其作为事物的方面，并因此淡化了其观念性层面。当然，这有别于后现代哲学主要关注语言的物质性存在。

语言不是一种静态的工具，它本身与人的实存方式联系在一起，它是人的处境意识的表征，原因在于，"语言是我们在世存在的基本活动模式"③。在 20 世纪当代法国哲学中，梅洛-庞蒂率先引进和评论了索绪尔的语言学理论，并把它与胡塞尔后期思想结合起来，强调了历时态相对于共时态的优势地位。他非常强调胡塞尔后期思想中出现的与前期思

① 《萨特文学论文集》，74～75 页，合肥，安徽文艺出版社，1998。
② Merleau-Ponty, *Parcours Deux 1951—1961*, Éditions Verdier, 2000, p. 339.
③ ［德］汉斯-格奥尔格·加达默尔：《哲学解释学》，3 页，上海，上海译文出版社，1994。

想的断裂，认为后期思想包含了胡塞尔论及语言问题时的"起点和终点"。他本人延续了胡塞尔的后期倾向，强调说话主体及其在世处境，强调语言的主体间性价值或者说文化世界的属性。他充分考虑的是"活的语言"，因此涉及的是语言与历史、与实存，而不是与纯粹意识或思想形态的关系。梅洛-庞蒂在其整个理智生涯中都关注语言问题，但不同时期关注的情形并不相同。他于1945年发表的《知觉现象学》已经非论题性地涉及语言问题，而在随后的工作中，他开始了语言问题的论题性思考和研究。早在1951年布鲁塞尔国际现象学讨论会上，他就做了《论语言现象学》的长篇学术报告，于1952年6、7月，又在《现代》杂志上发表了《间接的语言与沉默的声音》这一长篇论文，而后者不过是由未完成手稿《世界的散文》中的一篇经过较大幅度的改写而成的。在《知觉现象学》中，梅洛-庞蒂更多地探讨的是语言与身体经验的关系；在《论语言现象学》和《世界的散文》中，尽管基本的倾向没有改变，他仍然把身体经验作为语言问题的基础甚至实质，但强调的重点明显地转向语言本身，而非直接从身体经验出发；而在其后期思想中，他接受海德格尔"语言是存在的家"的思想，把语言上升到存在论地位，强调了语言与"世界之肉"的关联，谈到了所谓"语言之肉"。从总体上说，梅洛-庞蒂关注的是语言与人的在世存在的关系。

利科对语言问题的思考无疑是非常重要的。他应该说是法国现象学—实存主义运动中可以最严格地被称为关注语言哲学的人，其学术指向尤其以文本解释学著称。特罗蒂尼翁比较了利科和列维纳斯两人与现象学的关系，并得出这样的结论，"利科从对意志的分析出发达到一种存在的阐释理论。这一点意味着：现象学对列维纳斯来说是一个必要的起点，而对利科来说，它是其步骤中一个决定性环节，但并非是反思的起点"①。利科的哲学有一个演进过程，最初探讨的是意志问题，致力于意志的现象学描述，随后它探讨有限或者恶的问题，为现象学扩大了视域和领地。他本人承认，从 1950 年发表《意志哲学》第一卷起，直至 1960 年发表第二卷第一册，这当中他没有特别地考虑语言问题。应该说，在进入严格的解释学阶段之前，利科的哲学与当时的实存现象学并无大的差异，它"并不是一种语言哲学，而是一种意志哲学"②。意志哲学关注"我能"，而"我能"必定以本己身体为起点。当然，情形逐步产生了变化，他先"将对象征的解释，最终是将对象征在其中得以表现的文本的解释当成首要的任务"③。也就是说，随着对象征及其载体的关注，他在思想中实现了现象学的解释学转向，并因此把语言—文本问题提升到了首要地位。

在意志哲学时期，利科并没有意识到解释学问题的真正维度。在当时的他看来，语言似乎与其他活动一样无须解释，它能被我们直接经验到。但在后来的进展中，他还是感觉到了解释的必要性，因为存在着象征问题。但这一切并没有远离实存论维度，因为象征最终是对人的实存处境的一种索引，"我们所需要的是重视象征的原始之谜的解释"，于是最初的解释学"是一种从象征着手，努力形成意义，即通过创造性解释

---

① ［法］皮埃尔·特罗蒂尼翁：《当代法国哲学家》，70～71 页，北京，生活·读书·新知三联书店，1992。

② Ricoeur, *The Philosophy of Paul Ricoeur: An Anthology of His Work*, ed. Reagan & Stewart, Beacon Press, 1978, p. 87.

③ ［美］赫伯特·施皮格伯格：《现象学运动》，816 页，北京，商务印书馆，1995。

去形成意义的哲学"①。象征涉及的不是直接语言而是间接语言，因此他可以把解释学等同于译解间接意义的艺术。但利科最终实现了语言学转向。按他本人的说法，这是由四个契机促成的：首先，他对心理分析结构理论不断反思；其次，哲学舞台发生了重要的变化，即结构主义开始代替实存主义，甚至现象学；再次，他对由宗教语言引起的问题有持久兴趣；最后，他对英国和美国的日常语言哲学学派的不断增长感兴趣。②

利科非常明确地把语言学作为克服意识的自明性的手段，关键的是实存，而不是纯粹我思。所以，他认为自己的哲学立足于"具体反思"，它"直接诉诸抛弃胡塞尔所珍视的笛卡尔式激进主义"③，也即它否定笛卡尔和胡塞尔把一切建立在我思基础之上的做法。利科写道："不存在自我对自我的直接领会，不存在内在统觉，不存在按照意识的捷径而来的对我的实存欲望的体用，而只能通过符号解释的远程操作来实现这一点。简言之，我的工作假设是具体反思，即借助整个符号领域进行间接我思。"④总之，利科与伽达默尔一样，不是把解释学视为对某种方法或技术的关注，而是看作实存领会的方式。我们在后面将看到，《活的隐喻》及《时间与叙事》尤其值得关注。我们同时应该注意到，不管在利科那里，还是在梅洛-庞蒂那里，关于语言问题的思考都不完全限定在现象学视野中，而

---

① ［法］保罗·里克尔：《恶的象征》，368 页，上海，上海人民出版社，2003。

② Ricoeur, *The Philosophy of Paul Ricoeur：An Anthology of His Work*，Beacon Press，1978，p. 88.

③ Huneman & Kulich, *Introduction à la Phénoménologie*，Éditions Armand Colin，1997，p. 168.

④ Ricoeur, *Le Conflict des Interprétations：Essais d'herméneutique I*，Éditions du Seuil，1969，p. 169.

是同时向结构主义保持开放。梅洛-庞蒂的"散文诗学"在承认散文的表象功能的同时关注其诗意之维，维护着语言的灵性与物性在张力中的统一。同样，利科的"叙事诗学"通过融通历史叙事与虚构叙事以达至语言的灵性与物性在张力中的统一。他们两人的看法表明，语言在法国现象学—实存主义运动中具有某种含混的性质：它介于单纯观念性与纯粹物质性之间。

我们还应该考虑列维纳斯关于语言问题的思考。在语言问题上，他显然既不认同建构普遍语法的努力，也不承认语言与个体实存的不可分割。胡塞尔以一种理性主义认识论姿态把语言看作是理解他人的工具，海德格尔以一种情感主义的实存论姿态把语言看作是理解他人的手段，这在列维纳斯眼里并无多大区别。列维纳斯表示，"他人并非首先是理解的对象，然后才是对话者。这两种关系混杂在一起。换言之，对他人的理解与他人的祈求不可分割"①。他人当然不是思想或观念的载体，也不是自我实存的必要中介，我们不应该返身求诸己，而是要听从"他人的祈求"或"他人的呼唤"。也就是说，关注语言问题不是关注"说"，尤其不是关注在心里"说"（内心独白），而是要去"听"，去"倾听"。这就承认了他人对"我"自身的优先性，"话语的本质是祈求。它把针对一种对象的思想同与他人的关联区别开来，因为这种对话以呼唤语表述出来：被命名者同时就是被呼唤者"②。所谓主体应该是一个倾听的主体，即听从他人呼唤的主体。这就把主体从听从良心的呼唤提升到了听从他人的呼唤，甚至是听从他人的命令。在不严格的意义上，语言依然与实

---

① Levinas, *Entre Nou：Essais sur le penser-à-l' autre*, Éditions Grasset, 1991, p. 17.

② Ibid. , p. 17.

存相关，但明显不是关注自身的实存，而是关注他人的实存。

不管从早期现代理性主义者笛卡尔到后期现代修正的理性主义者胡塞尔，还是从早期现代经验论者洛克到后期现代逻辑经验论者卡尔纳普（Carnap），现代语言哲学从总体上看认可的是表象论：语言要么表象观念，要么表象事态。语言的功能尤其在于表象观念，在其表象事态时也需经由观念的中介。而在后现代哲学中，不管源自结构—后结构主义传统还是源自日常语言哲学传统，语言哲学大体上都是否定表象论的，从而走向了对语言自主性、自足性的关注。相比较而言，梅洛-庞蒂和利科的有关思想则处于现代语言哲学向后现代语言哲学转换的中途。他们否定传统的表象观，但并没有因此完全否定语言相对于事物、历史、传统、实存而言的工具性地位；他们在一定程度上承认语言具有自身维度，具有物性特征，但没有完全认同语言的自主自足。他们维持语言的实存论指向的努力是现象学传统的主色调。尽管如此，他们两人的情形也并不完全相同。相对说来，利科的理智背景要复杂一些，其思想倾向也更多元化一些，表现为他在关注实存的基础上更多地接受语言的形式方面。从总体上看，在后现代哲学占主导地位的情形下，利科的文本解释学仍然围绕人的在世存在而展开。在下面两节中，我们将以梅洛-庞蒂为主，结合利科来探讨言语表达的实存之维；我们将以梅洛-庞蒂为引子，围绕利科来考察语言文化的诗意之维。

二、言语表达的实存之维

无论在梅洛-庞蒂那里还是在利科那里，他们强调的都是胡塞尔的后期思想而不是其前期思想；是其生活世界理论而不是其先验观念论。按梅洛-庞蒂的看法，胡塞尔并非始终坚持一种静态的逻辑语言观，相反，其后期著作已经出现了"转向"，远离了《逻辑研究》的最初立场，即特殊语言的存在建立在理想存在、普遍语法、语言本质的基础之上。①后期胡塞尔开始认识到，不应该只关注静态的语言结构或死的语言，而必须回到说话主体及其处境。梅洛-庞蒂写道："胡塞尔称为语言现象学的东西，回到说话主体，并不只是哲学思想的要求，也是像索绪尔设想的那样的语言学本身的要求。客观地对待被给定的语言是不够的，必须考虑到说话主体，必须给语言的语言学补充言语的语言学。"②他对胡塞尔的这种理解，显然是就语言的使用来看语言，因此把语言与实存相关联，而不是囿于意识哲学的范围。利科明显赞同梅洛-庞蒂的这一理解。在他看来，当代解释学的重要转折是以理解的存在论取代解释的认识论，而《欧洲科学的危机与先验现象学》时期的胡塞尔可以为这种存在论奠定现象学基础。这意味着他把后期胡塞尔与早期胡塞尔对立起来。他这样表示："如果说后期胡塞尔被列入这样一种颠覆性的事业内，亦即企图用理解存在论取代解释认识论，那么早期胡塞尔，从《逻辑研究》到《笛卡尔式的沉思》的胡塞尔，则要受到严厉的怀疑。"③

　　在胡塞尔早期思想中，普遍逻辑语法的观念导致他强调语言的制度性方面，这与索绪尔及其影响下的结构主义相一致。就语言与言语的关

---

① Merleau-Ponty，*Parcours Deux 1951—1961*，Éditions Verdier，2000，p. 111.

② Ibid.，p. 112.

③ 洪汉鼎主编：《理解与解释——诠释学经典文选》，251 页，北京，东方出版社，2001。

系而言，语言具有优先性，正因如此，学习语言其实就是接受既有的东西，当我们说人是说话主体的时候，这意味着人是既有语言的产物，或者说人受制于社会的法则和规范。但在梅洛-庞蒂和利科等人的现象学视域中，语言并不具有针对言语的优先性，相反地，倒是言语具有优先性，因为言语行为是构成他的生活或实存方式的一个非常重要的方面。语言的掌握并不是一种简单的接受和习得，关键在于实存活动，或者说语言是在实存活动中形成的。梅洛-庞蒂说："语言的获得不应该局限在最初几年，它与语言的实践本身是同外延的。"①这样的观点否定了语言本质或逻辑语法的中心地位，突出了言语实践的重要意义。在他看来，逻辑语言有着某种"相对的精确优势"，然而"它只是一个元素"，而且"是总体语言中的一个无生气的元素"；因此，哲学家们应该"研究活的状态的语言"，这"不是逻辑学家的语言，而是演讲者、作家和科学家本人借以让自己获得理解的语言"②。与此相似，利科也把重心从语言转向言语，认为言语是一种实践方式，"言语也是人的言语；言语也是有限性的一种方式；言语不是纯粹的沉思，不是人的命运之外的东西；言语不是神的言语，不是创造的言语，而是人类的言语，是人的战斗存在的一个方面；言语产生和创造世界上的某种东西，确切地说，会说话的人创造某种东西和自我创造，但只能在劳动中进行创造"③。他们两个人都明显强调了语言的活动方面，而不是静态结构。

---

① Merleau-Ponty, *Psychilogie et Pédagogie de l'Enfant：Cours de Sorbonne 1949—1952*, Éditions Verdier, 2001, p. 48.

② Ibid., pp. 53-54.

③ ［法］保罗·利科：《历史与真理》，201 页，上海，上海译文出版社，2004。

在梅洛-庞蒂的创造性误读中，胡塞尔关于语言的尝试是双重的：一方面，"语言不是一种实体，它只能存在于说话主体那里"，另一方面，语言并不是说话主体的功能，"参与到说话共同体中的说话主体并不是他的语言的主人，他完全愿意被理解和去理解"，这就突出了"个体与社会关系"的"哲学难题"①。单纯从认识论的角度来看，这的确是一个难以克服的难题；然而，从实存论意义来理解，这一难题是非常容易破解的。语言的活的使用代表着人的实存方式，它尤其体现为与他人共在的方式。也就是说，人借助语言与自己的过去、与他人、与人类的历史联系在一起，借助语言来实现实存沟通。梅洛-庞蒂发现，胡塞尔在那些未刊稿中告诉我们的不是语言的静态性质，而是语言的实存沟通性质，"为了知道什么是语言，首先应该说话。按照它们在我们面前那样，按照历史和文献交付给我们的那样反思语言是不够的。我们必须与它们打交道，重新开始它们，说它们。唯有借助我所是的说话主体，我才能够向自己表象他人的语言之所是，我才能够滑向他们"②。于是出现了人们对早期思想的颠倒，或者说对语言本质的质疑："现在，现实，实现，事实的语言变成理解其他语言会是什么的样式。正是在我们的说话主体经验中可以找到使我们能够理解其他语言的普遍性的胚芽。"③

利科力图把解释学嫁接到现象学之上，但这显然不是要实现与胡塞尔的先验意识哲学的会通，"他不同意胡塞尔的作为真理的绝对领域的

---

① Merleau-Ponty, *Psychilogie et Pédagogie de l'Enfant：Cours de Sorbonne 1949—1952*, Éditions Verdier, 2001, p. 82.

② Merleau-Ponty, *Parcours Deux 1951—1961*, Éditions Verdier, 2000, p. 110.

③ Ibid., pp. 111-112.

意识观念，也不同意作为意识科学的第一哲学观念"[1]。相反，他要求达到一种理解的存在论，其中的一个关键方面是"赋予实存概念一种可接受的意义，一种将表明现象学通过解释学而复兴的意义"[2]。在他看来，解释学并非要实现客观意义的把握，相反，其意向是克服距离和文化差别，让读者适应已经变得陌生的文本，把文本的意义具体化到人关于自身所具有的现代理解之内。这导向的是"我"与他人、与人类历史的实存沟通。问题在于，这种嫁接并不那么简单，不是通过直接断言"此在就是通过理解而实存"就可以实现的。利科承认，理解的存在论是目标，承认"理解不再是认识方式，而是实存方式，是那种通过理解而存在的实存方式"[3]，但他必须先行展开语言学和语义学考察，同时应该进行一种非新康德主义的观念论反思。不管多么迂回曲折，我们完全可以肯定的是，他赞同语言与在世存在的关联，而不是像结构主义那样沉迷于语言的自足性或语言游戏，也不会回到新观念论的观念化主张中去。

在利科看来，语义学考察和反思的分析都应该提升到存在论层次，因为"存在论的确是那起源于语言和反思的哲学的应许之地"[4]。真正说来，在他迂回地展开的解释学中，存在或实存始终是核心，"'我在'所处的地位比'我说'更为重要，更为基本。'我说'是'我在'得以中介化和

---

① Huneman & Kulich, *Introduction à la Phénoménologie*, Éditions Armand Colin, 1997, p. 169.

② 洪汉鼎主编：《理解与解释——诠释学经典文选》，246 页，北京，东方出版社，2001。

③ 同上书，251 页。

④ 同上书，268 页。

反思化的通道；'我说'是为了表现'我在'之根本意义"①。这其实拓展和强化了胡塞尔回到生活世界的努力。在利科所说的迂回之路中，他似乎比较依赖于"有言"，但最终还是要回到沉默的"无言"。"我"与"我"的历史，与他人相沟通，但这不是某种直接沟通，而是间接沟通：必须通过文本的中介，必须克服理解的歧义。然而，无论如何，"解释符号就是解释自己"，而这个解释的主体同样"不再是我思，宁可说，他是这样一种存在，这个存在通过对他自己的生命的注释发现他在放置自身和拥有自身之前，他就被放置在存在中了"②。笛卡尔的我思的确是一个真理，但这一真理过于"空乏"，它"既不能被证实，也不能被演绎"，所以利科主张"反思哲学必须是意识哲学的对立面"③。这就把"反思的我思"变成了一个"沉默的我思"，一个注重实存的"我思"。

利科在这里否定意识，却没有直接提及身体。但依据他对弗洛伊德的解读可以看出，人在语言中指向的是宇宙、欲望和想象，也因此包含着身体指向。他表示，他对心理分析的期待有两个方面：一是"真正避免了主体即意识的古典问题"；二是"恢复存在即欲望的问题"，他同时表示，"语言深埋于欲望、生命的本能冲动里"④。真正说来，意志哲学时期的利科非常关注身体问题，因为他明确表示："伴随非自愿，身体及其一系列困难上场了。"⑤他甚至认为本己身体概念的提出意味着一场

---

① ［法］高宣扬：《利科的反思诠释学》，121 页，上海，同济大学出版社，2004。
② 洪汉鼎主编：《理解与解释——诠释学经典文选》，254 页，北京，东方出版社，2001。
③ 同上书，261 页。
④ 同上书，263 页。
⑤ Ricoeur，*Philosophie de la Volonté* Ⅰ：*Le volontaire et l'involontaire*，Aubier Édition Montaigne，1950，p. 25.

哥白尼式的革命："为了开启一场真正的哥白尼式的革命，意识不再是身体客体的症状，相反，身体客体是本己身体的指示器——意识分有本己身体，就像分有实存本身。"①很显然，正是身体的造反刻画了利科式的反思哲学与传统的反思哲学的根本不同。尽管他在意志哲学的后期实现了现象学的解释学转向，但并没有因此否定其身体现象学或实存现象学。按照施皮格伯格（Spiegelberg）的看法，利科哲学的中心主题是"人与自己、与他的身体，与世界的和谐"②。也就是说，解释学对象征和叙事的分析并没有脱离实存经验或身体经验，"因为文本的述谓结构是建立在前述谓的经验之上的"③。与利科在语言问题上间接地指向身体经验和实存关怀不同，在梅洛-庞蒂哲学中，语言与身体的关系要直接和明确得多：后者反复强调回到活的语言，"回到生活世界，尤其是由客观化的语言回到言语"④。这种要求表明，语言不过是更原始的表达，即身体表达的变种。语言记录的不是"我思"，而是"我能"。语言并不是观念的表象，不是实在的反映，相反，它与人的实存可能性联系在一起，它就是人的某种实存方式，与人的其他身体行为并没有什么实质性的不同。

语言体现的是身体意向性而不是意识意向性。"我"与世界的关系是在某种身体空间中展开的，"我"不需要论题性地把握对象，"我"不需要

① Ricoeur, *Philosophie de la Volonté* Ⅰ：*Le volontaire et l'involontaire*，Aubier Édition Montaigne，1950，p. 120.

② ［美］赫伯特·施皮格伯格：《现象学运动》，805 页，北京，商务印书馆，1995。

③ 同上书，817 页。

④ ［法］莫里斯·梅洛-庞蒂：《哲学赞词》，87 页，北京，商务印书馆，2000。

对这种关系有明确的意识，"我"不需要对它进行反思，因为它于"我"而言是"上手的"。同样，"我所说出的和听到的言语都充满着含义，它在语言姿势的结构本身中是可读出的，以至于声音的一丝颤抖，一点改变，某一句法的选择都足以修正它"①。人与人之间的沟通，或许更多地借助某种前语言的方式，因为身体本身已经是一种"表达"，一种"语言"。在"我"面前经过的一个女人，对于"我"来说并不首先是一个有"形"的轮廓，一个有"声"有"色"的自动木偶，一处漂亮的景致，她乃是"个体的、情感的、性的表达"，是"作为身体而拥有的行走、注视、触摸、说话常规的非常明显的变种"②。一种实存沟通、一种经由身体的沟通于是"沉默无言地"获得了实现。梅洛-庞蒂明确表示，他关于身心关系的描述完全可以用来描述词与其指称的思想之间的关系："一个人的身体和心灵不过是他在世的方式的两个方面，同样，词和它指示的思想不应该被看作外在的两极，词支撑其含义，就像身体是某种行为的肉身化一样。"③

在《知觉现象学》中，语言问题其实就是身体表达问题：语言隶属于"在世存在"结构，也因此与身体、与肉身化主体不可分割。梅洛 庞蒂直到后期都还坚持这一点，认为自己正是在知觉中看到了语言的出生地。④ 在他关于绘画或文学表达的探讨中，理想或升华并没有否定实存和身体的决定性意义，"只是在理解了不存在超人，不存在任何不需要

---

① ［法］莫里斯·梅洛-庞蒂：《哲学赞词》，81 页，北京，商务印书馆，2000。

② Merleau-Ponty, *Signes*, Éditions Garlimard, 1960, pp. 67-68.

③ Merleau-Ponty, *Sens et Non-sens*, Éditions Garlimard, 1996, p. 68.

④ Merleau-Ponty, *Parcours Deux 1951—1961*, Éditions Verdier, 1997, p. 274.

过人的生活的人，理解了所爱的女人、作家和画家的秘密并不在他的经验生活之外，相反，这种秘密是如此紧密地与他卑微的经验混杂在一起，是如此遮遮掩掩地混同于他对世界的知觉，以至于不存在特别地面对面与它遭遇的问题，只是在这个时候，才能真正欣赏他"[1]。一般认为，姿势或表情是自然符号，而言语是约定符号。他明确否定这种区分，把言语也看作是一种包含意义的真实姿势，就像其他姿势包含着自己的含义一样。我们不是与表象或思想进行交流，而是与说话者、与某种存在方式、与说话者指向的世界进行交流："言语是一种姿势，而言语的含义是一个世界。"[2]言语是一种身体行为，是身体姿势的一种，身体与世界密切相关，是在世存在的关键，因此言语与意义的关系，不过就是身体与世界的关系，表现为在世存在的方式。

如果语言仅仅是表象观念或表达思想的工具，那么我们就只会注意词的"概念意义"，而忽视其"实存意义"。然而，真正重要的恰恰是实存意义。在《知觉现象学》中，梅洛-庞蒂表示："我的身体是我的'理解'的一般工具。"[3]身体经验是更为原始的结构，语言不可能优先于身体姿态。在《世界的散文》中，他依然强调了这一点："任何知觉，任何以知觉为前提的行动，简而言之，我们的身体的任何使用就已经是原始的表达。"[4]甚至在《符号》中，他也依然如此说："只要我们期待身体间的交

① Merleau-Ponty, *Signes*, Éditions Garlimard, 1960, p. 72.

② Merleau-Ponty, *Phénoménologie de la Perception*, Éditions, Garlimard, 1997, p. 214.

③ Ibid., p. 272.

④ Merleau-Ponty, *La Prose du Monde*, Éditions Garlimard, 1999, p. 110.

流，语言就可以变化和扩大，它具有与身体间的交流同样的弹性，同样的风格。"①语言终归是作为原初表达的知觉的变形而存在。也就是说，语言与意义相关联，但意义并不是一种先在实体或观念，它源于我们的在世行为或者活动，源于我们的实存态度。我们的一切行为，不管以语言还是姿势出现，都会有其意义，换言之，意义始终与我们的姿态或立场联系在一起："我们因为是在世的，所以注定处于意义中，不能够做或说任何不在历史中获得一个名称的事情。"②我们通过语言而在世，就如同通过身体而在世一样。这其实表明的是一种处境意识。身体知觉是某种前断言的表达、某种无言的表达，语言表达则是其派生的形式。

利科也力图表明这一点。通过阅读弗洛伊德，他"要让人们理解的是欲望在语言的起源中，在语言之前的功能"，也就是说"在说的根基中的非被说者，非说者，非命名者"的功能。③ 他进而表示：欲望是"不可命名者"，它"原初地被转变成了语言"，它"想被说"，它"潜在地是言语"，它"同时是非被说者和想说者，是不可命名者和说的潜能"④。不管"身体在表达"还是"欲望在说话"，语言都远离了观念论：它并不表达思想，它指向实存沟通。语言既是实存沟通的具体形式，也是其升华：它中断了身体的直接表达，把人与人之间的实存沟通提升到了文化共同体的层次，这就触及了文化传承及其载体的问题。我们总是透过文本或

---

① Merleau-Ponty, *Signes*, Éditions Garlimard，1960，p. 27.

② Merleau-Ponty, *Phénoménologie de la Perception*，Éditions Garlimard，1997，pp. xiv-xv.

③ Ricoeur, *De l' Interprétation*：*Essai sur Freud*，Éditions du Seuil，1965，pp. 475-476.

④ Ibid. , p. 478.

文本解释去发现人的实存处境，从而获得相互理解，获得自身理解。利科表示："很显然，一种伟大的哲学的社会和政治处境并不清楚地出现在其文本中；处境没有被提到，也没有被指明；不过，它还是表现出来了。处境通过哲学家提出的问题，以某种非常间接的方式表现出来了；换句话说，处境经历了某种变化，某种重新评价；处境从经历过的处境，变成了一个约定的问题，一个讲述和陈述的问题。"①语言行为和其他行为一样是立足于世的重要方式，原因就在于，它维系着共同体。梅洛-庞蒂这样告诉我们，"人们之间的语言关系应该有助于我们理解更一般的象征关系秩序和制度秩序——这些秩序不仅确保了思想交流，而且还有一切价值类型的交流，确保了人们在某一文化中，以及超出这一文化限度在某个单一历史中的共存"②。

人们往往不是在要沟通的观念中，而是在言语行为本身中加强了理解，在"言语实践本身中""学会了去理解"③。语言直接影响到人的实存，原因在于，人们往往"以言行事"。梅洛-庞蒂在《语言的文学使用研究》讲课提要的结尾处说道："或许最终说来，不管人还是文人，都只是借助语言使自己向世界和他人呈现，或许语言在所有人那里都是这样一种中心功能，它把生命构造为一种作品，它把生命直至我们的各种存在困境都转换成主题。"④这表明语言并不是要表达某种思想，而意味着采

---

① ［法］保罗·利科：《历史与真理》，57 页，上海，上海译文出版社，2004。

② Merleau-Ponty, *Parcours Deux 1951—1961*, Éditions Verdier, 2000, pp. 45-46.

③ ［法］莫里斯·梅洛-庞蒂：《哲学赞词》，61 页，北京，商务印书馆，2000。

④ Merleau-Ponty, *Résumés de Cours*, *Collège de France 1952—1960*, Éditions Garlimard, 1968, p. 30.

取某种立场，"它表达主体在其含义世界中采取的立场，或毋宁说，语言就是采取立场本身。在此，'世界'一词并不是一种说话方式，而意味着精神的或文化的生活从自然的生活中借用其结构，意味着思维主体必须被建立在肉身化主体之上"①。语言不是既有的工具，不是在己的手段，它意味着我们对处境采取某种立场。词与它引起的态度并没有什么不同，我们就像对一个人那样对词产生行为，"这些词一旦被给出，行为随即产生"②。身体是灵性化的，而不是心灵的单纯载体，同样，语言是有意义的，而不是意义的单纯载体。在利科那里，以"言"立足于世更是他本人引以为荣的一件事情。他写道："人的伟大是在劳动和言语的辩证法中；说与做、含义和行动过于相混，以至于'理论'与'实践'之间的持久而深入的对立无法建立起来。"③他表示，自己主要的工作就是"说"，而"说"自有其效果，它会对人的实存产生重大影响。

三、语言文化的诗意之维

我们通常都追求表达的绝对清楚明白：在一种完全理想化的状态中，语言成为表象观念的绝对透明的工具。我们希望没有任何歧义地进行交流，"符号本身并不表示任何东西，它们从来都只表示我们习惯上

---

① Merleau-Ponty, *Phénoménologie de la Perception*, Éditions Garlimard, 1997, p. 225.

② Ibid., p. 272.

③ ［法］保罗·利科：《历史与真理》，9 页，上海，上海译文出版社，2004。

让它们表示的那些东西"①。这样一来，交流只不过是一种表面现象。原因在于，我们并没有提供给别人以新的东西，别人于"我"也是如此，"我明白人们向我所说的东西，因为我事先就知道人们向我说出的那些词的意义"，两个人之间最终发生的一切"仿佛是语言没有存在过"②。这无疑突出了语言的普遍沟通能力，强调了语言的直接性。人与人之间似乎可以进行纯粹的精神沟通，纯粹的思想交流，而语言则在这种交流中自行消失。然而，真正说来，任何表达包括科学表达都不是被动的工具。科学并不简单地表述在己的真理，因为科学语言也具有创造性，"表达处处都是创造性的"③。这种创造性源于语言与观念或实在之间的非直接性，"在从精神中驱逐了语言是其译本和编码本的原文观念后，我们会看到，完整表达的观念等于无意义，任何语言都是间接的或暗示的，如果我们愿意的话，是沉默的"④。我们通常说艺术是沉默的，言语是富于表达的，然而从语言现象学的观点看，"言语像音乐一样沉默，音乐像言语一样富于表达"⑤。这里的表达不同于表述，前者指向创造，后者指向机械模仿或复述。

语言往往是在某种氛围中实现其表达功能的。"我"在说话，但最为重要的却是"我"对周围对象的一种不言明的身体指向，这烘托出某种气氛，意味着身体与周围世界的某种相互性，而没有预设对身体或环境的

---

① Merleau-Ponty, *La Prose du Monde*, Éditions Garlimard, 1997, p. 9.

② Ibid. , p. 14.

③ Merleau-Ponty, *Phénoménologie de la Perception*, Éditions Garlimard, 1997, p. 448.

④ Merleau-Ponty, *Signes*, Éditions Garlimard, 1960, p. 55.

⑤ Merleau-Ponty, *Phénoménologie de la Perception*, Éditions Garlimard, 1960, p. 448.

任何论题化。在说话的时候，含义的确给予言语以生机，这就如同世界给予"我"的身体以生机一样。但这绝对没有先后关系，它们彼此是相通的。含义在隐隐约约的在场中唤醒了"我"的意向，而不是呈现在"我"的意向面前；"我"的言语生产了某种含义，而不是被动地传达它。我们不能指望以某种确定的语言去表达某种确定的思想，尤其是无法完整地把握它，暗示和沉默始终在起作用。真正的交流是通过间接的方式实现的："在无论什么样的语言中存在的都只有暗示。充分表达的观念本身，准确地涵盖所指的能指的观念本身，最后还有完整交流的观念本身都是矛盾的。"[①]这就要求我们放弃追求语言的绝对透明性，并因此看到语言有其自身维度。梅洛-庞蒂这样说道："语言除了与自己的关系外没有别的什么——在内心独白中和在对话中一样不存在着'思想'。言语引起的是言语，而且，在我们最为充分地'思考'的范围内，言语是如此准确地充塞我们的精神，以至于它们没有在此为纯粹的思想或者为不属于语言活动的含义留下空白的角落。神秘之处在于，恰恰在语言如此着迷于它自己的这一时刻，仿佛通过一种增添，它能够为我们开启一种含义。"[②]很显然，语言现象学家并不否定语言与思想、与含义的关系，但并不因此就承认有某种含义等待着作为工具的语言去表达。语言和思想并不是平行对应的两种秩序，相反，它们两者都分身为二，在保持为自身的同时延伸到对方之中。也就是说，它们两者是彼此侵越的，于是，"表达活动发生在能思维的言语和会说话的思想之间，而不是像人们轻率地说

---

① Merleau-Ponty, *La Prose du Monde*, Éditions Garlimard, 1999, p. 42.

② Ibid., pp. 161-162.

的那样，发生在思想与语言之间"①。换言之，思想和言语不是彼此对应的，而是相互包含或相互交叉的。

人们之所以强调能指与所指的直接对应，之所以主张语言是表象的工具，是因为没有注意到语言能够分身为二。也就是说，语言不仅仅具有"散文"属性，而且具有"诗意"属性，这就导致了语言使用中的复杂情形。我们应该区分两种语言：一是能言说的语言（le langage parlante），二是被言说的语言（le langage parlé）②；或者，应该区分两种言语，一是能言说的言语（parole parlante），二是被言说的言语（parole parlée）。③被言说的语言或言语是透明的，在它的词和它的含义之间存在着完全的一一对应关系，而能言说的语言或言语却在传递既有含义的同时，创造新的含义，体现为积淀和创新的统一。前者可以说是平庸的散文语言，而后者则是伟大的散文语言，是诗意的语言。这不是说存在着截然不同的两种语言，而是说任何语言都有这双重属性。梅洛-庞蒂尤其关注能言说的语言，因为它涉及的是语言自身的厚度、密度或物质性方面，但他并没有因此把被言说的语言完全抛弃在一边。语言的这种双重属性改变了它的单纯工具性，使它与观念处于某种交织中。在他看来，"既不存在着思想的物质化，也不存在着语言的精神化，思想和语言不过是单一的、同一的实在的两个环节"④。这句话非常贴切地表明，在语言现

---

① Merleau-Ponty, *Signes*, Éditions Garlimard, 1960, p. 26.

② Merleau-Ponty, *La Prose du Monde*, Éditions Garlimard, 1997, p. 17.

③ Merleau-Ponty, *Phénoménologie de la Perception*, Éditions Garlimard, 1997, p. 229.

④ Merleau-Ponty, *Psychilogie et Pédagogie de l'Enfant：Cours de Sorbonne 1949—1952*, Éditions Verdier, 2001, p. 84.

象学中，语言既非完全物质性的东西，也非完全观念性的东西，它其实介于两者之间，在不断回归自身物质性(诗意性)的同时，在一定程度上依然保持其观念性(散文性)。

真正说来，语言处于物性和灵性之间，"我们可以谈语言与思想所处的关系，就如同我们谈论身体的生命与意识所处的关系那样，我们不能够把身体置于第一位，同时也不能够使身体服从，取消它的自主性(西蒙·波伏娃)，同样，我们不能说语言构成思想，更不能说语言被思想构成。思想寓于语言之中，语言是思想的身体。对于哲学所寻找的客观与主观、内在与外在的这一中介，如果我们成功地、非常接近地处置它的话，我们可以在语言中找到它"[①]。这意味着语言与思想彼此侵越，相互交融。他进而表示，"思想和言语彼此期待，它们不停地彼此替代，它们互为对方的中转站和刺激。任何思想都来自言语并回到言语，而任何言语都产生自思想并在思想中完结。在人们之间、在每个人那里，都有一种令人难以置信的言语增生，思想是这些言语的肋骨"[②]。

语言交流的核心不是观念间的传播，而是身体间的交融。梅洛-庞蒂把身体提升为主体，强调了它的自发性而不是它的机械性。语言同样有其自发性、自主性和自足性：在文化活动中，"我"置身于不属于"我"自己生命的各种生命中，"我"正视它们，"我"一个一个地显现它们，"我"使它们在某一个真实的秩序中成为共同可能的，"我"让自己对它们全体负责，"我唤起一种普遍的生命，就像我通过我的身体的活跃而有

---

① Merleau-Ponty, *Psychilogie et Pédagogie de l'Enfant：Cours de Sorbonne 1949-1952*，Éditions Verdier，2001，p. 87.

② Merleau-Ponty，*Signes*，Éditions Garlimard，1960，p. 25.

厚度的在场一下子就置身于空间中一样"；就像身体的活动一样，"词或绘画的活动对于我来说仍然是模糊不清的：表达了我自己的那些词、线条、颜色就像我的姿势一样来自我，它们通过我所要说的来争夺我，就像姿势通过我所要做的来争夺我一样"①。语言有其自身的密度，也因此是不透明的，"因此存在着语言的不透明性：它在任何地方都不会让位于纯粹意义，它从来都只是受到语言的限制，而意义只是镶嵌在词中才出现在语言中"②。语言的不透明体现的正是语言在物性和灵性之间的地位：一方面，是"语言的不透明，这是它对自己的固执的参照，它向自身的回归与迭合"；另一方面，这一切正是"使它成为一种精神力量的东西"，因为"现在它变成了某种如同一个世界的东西，能够在它那里安置事物本身"，当然，是"在把这些事物转变成意义"之后。③ 对于一个作家，尤其是诗人而言，问题不在于用现存的语言表达某种明确的观念，而是发挥语言的自主性，"语言由其自身是倾斜的、自主的，如果它最终直接意指一种思想或者事物，这不过是一种派生自其内部生命的第二能力。因此，和织工一样，作家反面朝外地工作，他只与语言打交道，因此他忽然发现自己是被意义环绕的"④。作家或诗人无疑关注思想性，但文学性或诗意性更多地源自语言自身的力量。

尽管强调创造，但并不意味着否定语言与世界的最终牵连，这在画家和作家那里都一样，"作品不是远离事物的、在画家拥有且只有他拥

① Merleau-Ponty, *Signes*, Éditions Garlimard, 1960, pp. 93-94.
② Ibid., p. 53.
③ Ibid., p. 54.
④ Ibid., p. 56.

有其钥匙的私人画室中画出的：不管注视真花还是纸花，他都始终参照他的世界，仿佛他用以揭示世界的那些原则始终都是埋藏在这一世界中的"[①]。自主的作品依然以某种方式与真实联系在一起："艺术作品并不出自任意，或者如人们所说的，出自虚构。现代绘画，一般地说，现代思想，迫使我们承认一种并不与事物相似的真理，即它没有外部模特，没有前定的表达工具，然而它却是真理。"[②]梅洛-庞蒂的这种立场否定了完全虚构和单纯表象这两个极端。他无疑承认文学艺术与现实的关系，但这显然不是一种被动写实的、机械反应的关系，于是出现的是一种含混的"诗意散文"。通常意义上的散文语言，那种有用的、没有含混的语言是不可缺少的，但它依赖于另一种远为困难的语言。后者要"说从来没有说过的东西"，这是说"第一句话的问题"，儿童开始说话时面临的就是这种情形，创造者面临的也是这种情形，每一位散文家都重新发明了语言。梅洛-庞蒂试图让一切语言都诗意化："我提出的并不仅仅建立在诗歌的例子的基础上，这是一种可以被普遍化，可以被运用到语言中的观念。"[③]散文语言的诗意化表明的是语言的创造性之维。

在语言问题上，利科与梅洛-庞蒂有许多共同性，但是，由于处在结构主义时代的氛围中，他比梅洛-庞蒂更加关注语言的创造性维度，或者说它的诗意指向和物性方面。伽达默尔告诉我们，"'事物的语言'表述了这样的事实：通常，我们根本不去听取事物本身，事物处在人们通过科学的合理性而对自然进行的计算与控制之下。在一个日趋技术化

---

① Merleau-Ponty, *Signes*, Éditions Garlimard, 1960, p. 68.

② Ibid. , p. 72.

③ Ibid. , p. 342.

的世界里谈论对物的尊重越来越令人不可理解了。事物只是在消失，而只有诗人保持着对它们的忠实。但是，当记住事物真正所是之时，我们仍然可以谈论事物的语言，事物不是被利用和消耗的物质材料，也不是被利用而后置之一边的工具，事物本身即是实存，如海德格尔所言：'不能迫使它做任何事'。人类傲慢的操纵意志轻视了事物本身的存在，它就像语言，我们对之加以倾听是非常重要的"①。这段话旨在维护事物的物性，但它包含的意义不仅限于此。这意味着，语言不单纯是表象的工具，它只有与事物处于某种相互作用的关系中，才会真正捕捉到事物，才能把握事物的物性，并因此体现出自身的物性。就像伽达默尔一样，利科通过其解释学的努力，试图为我们恢复事物及语言的物性。

语言的自足性或物性乃是诗意的创造之源。在利科眼里，创造是至为重要的，一个民族的生机就在于创造，文化传统是在创造中进展的，"与能保存、能沉淀和能积累的工具不同，文化传统只有不断地创新才能保持活力"，而"当一种新的创造产生时，我们也将知道这个民族的文化将走向哪个方向"②。问题不在于简单地重复过去，而在于既扎根于过去，又不断地创造发明。利科的象征解释学是关注这种诗意创造的开始。在对"构成语言的一个部分"的象征进行探讨时，他认为象征包含着三个取向。一是宇宙取向：人最初是根据世界，根据世界上的某些要素或方面，根据上天，根据太阳和月亮，根据水和植物去解释神祇的。二是梦幻取向：在梦幻中，宇宙和精神得以贯通，通过宇宙及万物去表现

---

① 《伽达默尔集》，196 页，上海，上海远东出版社，1997。

② ［法］保罗·利科：《历史与真理》，284 页，上海，上海译文出版社，2004。

神祇和通过心理去表现神祇是同一回事。宇宙和精神是表达性的两端，"我"在表达世界的过程中表达了"我"自己，"我"在译解世界之神圣性的过程中探索了"我"自己的神圣性。三是在这两者的基础上，还有诗意的想象作为它们的补充，它"成为我们语言的一个新特质"，此为象征的诗意取向。利科表示，这三种取向并不完全独立，并不相互排斥，"应当明白，不存在三种不相关联的象征形式，诗意的形象结构也是梦幻的结构，在梦幻结构由我们过去的蛛丝马迹引申出对我们未来的预兆时，诗意的形象结构也是祭事的结构，祭事使神祇显现在天上和水中，显现在草木和石头之中"①。当然，唯有诗意的取向才真正表明了语言符号的自身维度或物性存在。

　　关注象征的诗意取向，很自然地导致了从《恶的象征》到《论解释——评弗洛伊德》，再到《活的隐喻》和《时间与叙事》的连贯演进。从表面上看，利科一步一步地远离实存经验，但在根底里，他却为实存经验做出了越来越好的解释。这些解释显然不满足于直接性，而是要看到实存活动的诗意升华。象征的前两个指向还有比较明显的"表象"意味，物质性的或精神性的符号制约着人们的想象力和创造性，而象征的"诗意取向"却开启了一个新的维度。利科在《恶的象征》中的相关论述因此为集中探讨诗意指向的《活的隐喻》和《时间与叙事》坪下了伏笔。后面两本书的基本倾向是一致的，它们都力主克服语言的平庸化，并因此提升象征的诗意取向。

　　受到俄国形式主义、布拉格学派和结构主义的影响，利科显然很关

---

　　① ［法］保罗·里克尔：《恶的象征》，13 页，上海，上海人民出版社，2003。

注语言的诗意化或陌生化，而象征和叙事都有这种功效。他这样表示："意识到语言的隐喻的和叙事的资源，就是承认其被平庸化、被削弱的力量总是可以为了所有形式的语言使用而恢复。"①按照他本人的说法，前者论及的主要是"语言的创造性"（la créativité du langage）和"语义上的创新"（l'innovation sémantique），后者论及的则是"被叙述行为的情节化"（mise en intrigue de l'action racontée）。② 从表面上看，前者更多地与诗歌语言联系在一起，后者则与一般话语联系在一起。因此，前者涉及创造性问题，后者尤其关注指称问题。然而，真正说来，两者都旨在考虑创造性问题。他明确表示，在这一时期内，他"在隐喻和叙事形式下"集中思索"语言的创造性问题"③。也就是说，任何话语其实都包含着隐喻的成分，关于隐喻的思考也因此可以推广到其他话语类型。

在以"语言的创造性"为题的一次访谈中，利科这样谈及自己的两部重要著作："在《活的隐喻》中，我试图表明语言如何永远地向着极限延伸，以便在其自身内发现新的反响。标题中的'活的'一词非常重要，因为我的目的在于表明，不仅存在着认识的和政治的想象力，而且或许更根本的，存在着语言的想象力，它通过活的隐喻力量产生和再产生意义。《活的隐喻》考察修辞学资源以表明语言如何经历创造性的变化与转换。叙事的作品《时间与叙事》发展了对语言的虚构力量的这种考察……

---

① Kearney, *Dialogues with Contemporary Continental Thinkers*：*The Phenomenological Heritage*, Manchester University Press, 1984, p. 19.

② ［法］高宣扬：《利科的反思诠释学》，序言，1 页，上海，同济大学出版社，2004。

③ 同上书，4 页。

作为对讲故事的范例的建构和解构，叙事如何成为新的表达人类时间之
方式的一种永恒寻求，如何成为意义的一种生产或创造？这是我探讨的
问题。"①显然，两者之间有明显的延续性。

在《时间与叙事》的前言中，利科甚至很明确地表示，这两部著作是
孪生作品，它们一前一后出版，是一同被构思的。尽管隐喻理论揭示的
是"转喻"（或话语的辞格）问题，而叙事理论揭示的是文学的"类型"问
题，但它们两者产生的意义效果都指向"语义创新"这一中心现象。真正
说来，隐喻理论和叙事理论建构的都是某种诗学，都指向实存经验的升
华，《活的隐喻》"提出了揭示世界新特征的隐喻力量，呈现为'看来像'
形式的意义创新"，而《时间与叙事》"用'情节'更一般地显示叙事转化的
对象，揭示世界的重新塑形——它归纳出经验的新结构"②。当然，两
者达至创新效果的方式并不相同，对于隐喻，"创新在于通过赋予一种
不贴切的方式产生一种新的贴切"；对于叙事，"语义创新在于发明一种
本身也是综合工作的情节"，而"正是这种异质的综合使叙事接近于隐
喻"③。无论如何，两种情形都达到了创新的效果：在两种情形中，"新
奇的东西""未被说过的东西""新颖的东西"都"突然出现在语言中"，前
一种情形是"活的隐喻"，即"在述谓中的一种新贴切"，后一种情形，是

---

① Kearney, *Dialogues with Contemporary Continental Thinkers*: *The Phenomeno-logical Heritage*, Manchester University Press, 1984, p. 17.

② Huneman & Kulich, *Introduction à la Phénoménologie*, Éditions Armand Colin, 1997, p. 172.

③ Ricoeur, *Temps et Récit 1*: *L'intrigue et le récit historique*, Éditions du Seuil, 1983, pp. 9-10.

"一种虚构的情节"，即"在偶然事件的安排中的新一致"①。

　　在两种情形中，利科强调的都是诗意的创造性，"在一种和另一种情形中，语义创新可能都与创造性想象联系在一起，更准确地说与作为两者的含义基质的模式论联系在一起"②。不管隐喻还是情节，"两种情形，涉及的都是从诗歌智慧出发，同时说明这些理性学科的自足和它们直接或间接、近或远的亲缘关系"③。诗意的自主和自足是创造性的主要方面，也可以说是语言自身的物质性存在之维，明显否定了把语言看作是纯粹的工具的情况。尽管如此，语言并非与指称毫无关系，无论对于隐喻还是对于叙事而言，都是如此。他这样告诉我们，"语言的诗意功能并不局限于语言针对它自己的庆贺，它依赖于指称功能"，当然，这里维护的不再是"直接的、描述的指称功能"，而是某种"隐喻指称"，揭示的是"更根本的存在论层次上的'仿佛存在'"；叙事同样有其指称功能，"叙事的模拟功能提出了一个完全平行于隐喻指称的问题，它甚至不过是后者在人类行动领域的一种特殊运用"④。他在另一个地方则表示，"隐喻占据统治地位的诗歌语言，并不像逻辑实证主义所论证的那样丧失了指称——逻辑实证主义只赋予科学所阐明的描述性语言以指称"，其实，"诗歌同样可以说及世界"⑤。梅洛-庞蒂在谈到绘画时表达了几乎相同的立场。一幅画或一首诗就是一个世界，但它包含了世界成

---

　　①　Ricoeur，*Temps et Récit 1：L'intrigue et le récit historique*，Éditions du Seuil，1983，p. 10.

　　②　Ibid. , pp. 9-10.

　　③　Ibid. , p. 11.

　　④　Ibid. , pp. 11-12.

　　⑤　［法］高宣扬：《利科的反思诠释学》，5 页，上海，同济大学出版社，2004。

为一幅画或一首诗所缺少的东西，那就是通过人或人的身体而实现的创造性转换。

语言与指称对象的关系在两种情形下都不是直接的，而这种间接关系导致了两者的交叉。利科表示，"隐喻的重新描述与叙事模拟是密切混杂的，以至于我们可以交换这两个术语并且谈论诗歌话语的模拟价值和叙事所虚构的重新描述能力"，正因如此，《时间与叙事》"显示的乃是包括了隐喻陈述和叙事话语的广博领域"[①]。这两种方式都以"再生产"而非"复述"的方式与指称对象发生关系，而这意味着克服简单表象并指向创造，但却没有因此走向纯粹的字词游戏。无论如何，以隐喻为主要探讨对象的诗学（利科还谈到了诗学与同样以隐喻为对象的修辞学的关系）完全可以用到对叙事结构的探讨中，并因此建构一种"叙事诗学"。这其实类似于梅洛-庞蒂意义上的"散文诗学"。这意味着语言偏离了它的常规使用，同时意味着任何语言的使用其实都包含着这种偏离。有学者这样表述利科的核心论点："在讲述某一故事的叙事时，人类时间不仅仅被讲述，而且被经历和构成。但叙事可以同时是历史的和虚构的，分析就在于去重新思考这两种叙事之间的联系。"[②]这无疑是对表象语言观和自足语言观的双重超越。利科是在实存论现象学传统中开展其叙事理论的，他在实存性领会的意义上而不是在技术性解释的意义上来探讨叙事问题，叙事因此被视为生活世界或文化世界的一部分。

---

① Ricoeur，*Temps et Récit 1：L'intrigue et le récit historique*，Éditions du Seuil，1983，p. 13.

② Huneman & Kulich，*Introduction à la Phénoménologie*，Éditions Armand Colin，1997，p. 172.

历史是被人经历的历史，所有历史事件都与人的实存相关，并因此不具有在己的性质。它们一开始就被讲述，而且始终被讲述。历史也因此是被讲述的历史，是话语历史。话语历史克服了历史的支离破碎，克服了时间的悖谬，"人类时间经验（时间性的悖谬多亏了它才不被体验为矛盾）依赖于叙事性，因为后者正好缓和了矛盾"①。讲述不可能只是简单地表象或被动地模仿，它是对被讲述对象的提升或升华。更为重要的是，历史故事最终不在于它的创造者，而在于它的接受者。而接受意味着再创造，再塑形。利科在一定程度上接受了结构主义者和后结构主义者们所谓"作者之死与读者之生"的论点。就所谓虚构事件而言，任何虚构都有其原形，都有其指称对象，不可能完全空穴来风。而且，一旦它成为文化世界的一部分，它就有了自身的厚度和力量，它对其他虚构的东西、对真实的东西都会产生作用和影响。读者对它的接受，与真实的故事并无不同。不管"真实的历史"还是虚构的故事，它们最终都与人类的时间经验联系在一起，而时间经验其实就是人的实存经验，并因此都是"真实的"，都可以纳入人生经历的整体结构中。这样说来，海德格尔关于"先行向死而在"的描述其实就是一种虚构的经验，但同时也是人的真实经验。

《时间与叙事》试图把亚里士多德在《诗学》中对叙事的分析与奥古斯丁在《忏悔录》中对时间经验的揭示进行综合，以便向我们展示虚构叙事与历史叙事之间的一致。最初看来，利科为时间性和叙事性之间的相互

---

① Huneman & Kulich, *Introduction à la Phénoménologie*, Éditions Armand Colin, 1997, p. 175.

性这一论题提供的是两个彼此独立的历史导论。前者致力于分析奥古斯丁的时间理论，后者致力于探讨亚里士多德的情节理论。两者确实有很大的差异，因为奥古斯丁考察时间的性质，却不关心《忏悔录》前九章中的自传的叙事结构，而亚里士多德建构戏剧情节理论却没有考虑其分析的时间含义，把时间问题留给了《物理学》。但利科告诉我们，两种分析的独立不应该成为最引人关注的方面。也就是说，问题不在于从不同的角度出发进行拷问，并得出彼此相反的结论，而在于要发现把两者协调一致起来的途径。他表示："奥古斯丁的分析其实给予时间一种表象，不协调在其间不停地违背心灵构成协调的愿望。亚里士多德的分析，相反地确立了情节塑形中协调对于不协调的优势。正是协调和不协调之间的这种颠倒关系在我看来构成《忏悔录》和《诗学》之间对照的主要兴趣。"①其实，任何叙事都包含着这两个方面，但关注的重心有所不同，因此会造成忽视某一个方面的情形。

在读解《忏悔录》的时候，利科注意到奥古斯丁的这一表示：在没有人问他什么是时间时，他还知道，而当某人问他且他打算做出说明时，他却不再知道了。利科认为，问题的关键是依据什么测度时间。奥古斯丁显然不是以客观的方式测度，他否定亚里士多德《物理学》中的客观时间，认为时间的过去、现在、将来与心灵的感受相关。这种心理的解决导致了时间的吊诡，即实存时间的分散、不协调、不统一。在读解《诗学》的时候，利科注意到的则是，亚里士多德倾力于情节编排，并且在

---

① Ricoeur, *Temps et Récit 1: L'intrigue et le récit historique*, Éditions de Seuil, 1983, p. 18.

诗意活动中突出协调对于不协调的胜利，也就是说，借助叙述或讲述，实存时间的分散、变动被统一和凝聚了。奥古斯丁探讨时间而未涉及叙事，亚里士多德在《诗学》中只谈到叙事，却不愿意谈及时间。利科试图以时间为中介，把奥古斯丁和亚里士德各自的探讨放在平行位置，并因此"建立起在不协调撕破协调的活的经验与协调修补了不协调的明显语言活动之间的关系"①。亚里士多德把情节看作是对活动的模仿，其实就是通过情节的迂回对"活的时间经验"进行创造性的模仿，这就把时间与叙事联系在一起了，即"叙事可以借助时间的不协调与叙事的协调这一对立获得理解"②。利科找寻"活的经验"与"话语"之间的中介，而情节编排和模仿活动成了两个至关重要的概念。

亚里士多德在《诗学》中给予戏剧（悲剧和喜剧）而不是史诗以优先地位，原因在于，前者展示的是可能性、理想性和无时间性，可以克服时间中的不协调。利科把奥古斯丁和亚里士多德结合起来，以便把叙事重新与时间关联起来。他认识到，问题的关键是优先提出"交叉指称问题，即虚构叙事和历史叙事在活的时间经验基础上的交叉"③。亚里士多德的模仿（mimèsis）指的是模仿活动，即模仿或表象的主动的过程。这显然与通常所说的被动写实或简单移印区别开来了。利科强调他所谓"叙事理解"不仅针对历史编纂学中的社会学说明，而且针对

---

① Ricoeur, *Temps et Récit* 1: *L'intrigue et le récit historique*, Éditions de Seuil, 1983, p. 66.

② Kearney, *Dialogues with Contemporary Continental Thinkers: The Phenomenological Heritage*, Manchester University Press, 1984, p. 19.

③ Ricoeur, *Temps et Récit* 1: *L'intrigue et le récit historique*, Éditions du Seuil, 1983, p. 69.

虚构叙事中的结构主义说明具有优先性。按照他的创造性解释，亚里士多德意义上的模仿或情节编排排除了复制、重复意义上的模仿，这就既克服了单纯的表象，也否定了凭空杜撰。模仿展示的是人类行动，体现的是编排艺术。它与情节的严格相关表明，这里的行动不是某种现实的行动，"行动是模仿活动据以组成的构造的'构造物'"，当然利科同时也表示，"不应该过于强调倾向于诗意文本封闭在它自身之内的这种相关"①。亚里士多德在关心诗歌活动的自主性之外，还建议诗人继续在希腊神话或传统的宝库中获取材料，《诗学》因此没有表现出作品与公众沟通的任何兴趣。而利科则认为，作品不仅有其自主性，同时也有其外在参照，更重要的是它有其效果，文本的世界必须与读者的世界相沟通。

利科这样写道："《诗学》不谈结构，只谈结构化，而结构化是一种有指向的活动，它只能在观众或读者那里完成。"②作品有其特有的"愉悦"，而利科"想要证明在何种方式上这种愉悦同时在作品中建构，又在作品外部实现"，这种愉悦"汇合了内部与外部，并且要求以辩证的方式探讨外部与内部的这一关系（现代诗学过快地把它归结为一种分离）"③。亚里士多德只谈到了所谓"理想观众"，而没有真正注意到读者；而在利科看来，作品展示的是一个为读者所占有的世界，即一个文化世界。也就是说，我们在说作品有指称时，更多地指的是诗歌与文化世界的关

---

① Ricoeur, *Temps et Récit* 1: *L'intrigue et le récit historique*, Éditions du Seuil, 1983, p. 73.

② Ibid. , p. 98.

③ Ibid. , pp. 98-99.

系，其指称必须在读者那里获得实现。

利科注意到了三种意义上的模仿，或者说他认为模仿有三个环节。它们分别被命名为模仿Ⅰ、模仿Ⅱ和模仿Ⅲ。模仿Ⅰ涉及的是对活动的预先领会，这是一种实践的而不是推理的领会。他写道："不管诗意编排在我们的时间经验场中如何具有创新力量，情节编排都扎根在对于行动世界（它的理智结构、它的象征资源、它的时间特征）的一种预先领会中。"①这其实是某种"预塑形"。至于模仿Ⅱ，涉及的则是塑形、情节编排，即通过情节把思想和人物综合起来，形成一个有意义的故事。这显然建构的是一个文本的世界，即通过模仿Ⅱ，"仿佛的世界"或者说"虚构的世界"开启了。② 模仿Ⅲ涉及的是一个故事的"应用"或"听众的接受"问题，涉及的是再塑形，"整个叙事塑形在时间经验的再塑形中得以完成"③，"在模仿Ⅲ中，当叙事在产生作用或失效的时间中得以重建时，它获得了它的充分意义"④。在模仿的三个环节中，创造性都是必要的，都不可能仅仅涉及简单模仿的问题。对于利科来说，更重要的是模仿Ⅱ，在这里，他谈到了"创新与沉淀"⑤的关系问题。从总体上看，利科表现出对简单表象和完全创造两极的否定。不管历史叙事还是虚构叙事，涉及的都是对活动的模仿，都是时间经验的升华，也因此是一种

---

① Ricoeur, *Temps et Récit 1: L'intrigue et le récit historique*, Éditions du Seuil, 1983, p. 108.

② Ibid., p. 125.

③ Ricoeur, *Temps et Récit 3: Le temps raconté*, Éditions du Seuil, 1985, p. 9.

④ Ricoeur, *Temps et Récit 1: L'intrigue et le récit historique*, Éditions du Seuil, 1983, p. 136.

⑤ Ibid., p. 133.

诗意的努力。

利科尤其关注虚构叙事领域，这是一个非常广泛的领域，一个与历史叙事领域相区别的领域。他表示，凡被文学体裁理论归入民间故事、史诗、悲剧、喜剧和小说名下的，皆属于这个庞大的亚类，但这个清单并没有包纳一切，也不完全受制于强制性分类。针对有人把叙事塑形与虚构等同起来的情况，他表示这不无道理，因为"塑形行为是生产性想象力的一种活动"，不过，他本人用虚构这个词来"专指那些文学创造活动，它们不像历史叙事那样具有构造真实叙事的雄心"①。利科显然非常关注文学叙事的创造性方面，他表示："文学从不停息地挑战我们读解人类历史和实践的方式。在这一方面，文学叙事包含着常常被科学或我们的日常实存所忽视的语言的创造性使用。文学语言有能力质疑我们的日常实存。"②但这并不意味着排斥历史叙事。

历史叙事与虚构叙事有同有异。从建构的角度看，它们的共同性是非常明显的，"历史叙事和虚构叙事的共同点，即它们表示的都是我们归在模拟活动Ⅱ标记下的那些塑形活动"；换言之，"正像小说家选择一定的情节来把他们虚构的材料整理成一个叙事次序一样，历史学家根据他们选择的叙事结构或情节来整理过去的事件"；但就接受而言，两者则有较大的差异，"它们的不同并不涉及叙事结构中的建构活动，但涉

---

① Ricoeur，*Temps et Récit 2：La configuration dans le récit de fiction*，Éditions du Seuil，1984，p. 12.

② Kearney，*Dialogues with Contemporary Continental Thinkers：The Phenomenological Heritage*，Manchester University Press，1984，p. 24.

及借以界定第三模拟关系的求真奢望"①。不管历史还是虚构，都存在着诗意的升华，因此，在文本的世界中，起源都丧失了意义。然而，任何叙事作品都会有其"应用"，历史叙事和虚构叙事因此可能在接受者那里产生不同的心理效应。但是，利科表示，时间经验的再塑形不再限定在叙事性对人类行为的影响的心理—社会学范围内，而要为奥古斯丁的时间吊诡"提供一种诗意的而非思辨的解决"②。正是在这里，我们看到了利科徘徊在现象学与结构主义之间，梅洛-庞蒂在一定程度上也是如此。

---

① Kearney，*Dialogues with Contemporary Continental Thinkers：The Phenomeno-logical Heritage*，Manchester University Press，1984，p. 12.

② Ricoeur，*Temps et Récit 3：Le temps raconté*，Éditions du Seuil，1985，p. 11.

第三章 | 文本世界与语言的扩张

　　在法国后现代哲学的反人本主义传统中，语言学转向始于结构主义借助索绪尔的结构语言学模式建立符号学体系，并且静态地分析社会文化现象的结构。正如我们在前面讲到的，现象学家梅洛-庞蒂已经引进了索绪尔的语言学理论，他在拓展现象学研究领域的同时也推动了结构主义的发展。然而，结构主义传统与现象学—实存主义传统所关注的索绪尔是不一样的。原因在于，结构主义者把语言问题放在头等重要的位置，而在现象学家那里，语言问题从属于实存问题。从现象学—实存主义占据支配地位向结构主义时代的过渡，意味着结构主义的文本世界取代了现象学—实存主义的实存世界。但在结构主义本身的演进中，很快出现了后结构主义变革。前者是一种强调静态结构分析的"索绪尔主义"，而后者则体现为一种关注文本间性的"后索绪尔主义"。不过总体上看，两者都关注文本世界，看到的都是语言的物性及其极度扩张。

一、从结构分析到语言游戏

索绪尔的结构语言学是针对历史语言学的一场革命。它冻结生动的言语，在制度化的语言基础上，考虑符号的能指对所指的对应关系，以结构描写的抽象性和概括性突破了历史语言学对具体性和特殊性的追求。[①] 法国思想家们最初几乎完全刻板地照搬索绪尔对语言的结构分析，"若干模式、若干发现程序的移植，极大地丰富了梅洛-庞蒂、列维-斯特劳斯、拉康、巴尔特等人的思想"[②]。结构主义者们借助语言学模式来探讨社会文化现象，开展了一种广义的符号学及一种文本理论。我们常说"人是符号动物"，而"这一表述并不仅仅指向他的语言，而且还指向他的全部文化，景致、制度、社会关系和习俗乃是人倾注其经验并使之得以沟通的象征形式。有了社会才有人性，但要补充一句，有了符号交流才会有社会"[③]。所以，重要的不是个体实存，而是作为社会门径

---

① ［意］乔利奥·C. 莱普斯基：《结构语言学通论》，25 页，北京，中国社会科学出版社，1986。

② ［法］A. J. 格雷马斯：《结构语义学：方法研究》，2 页，北京，生活·读书·新知三联书店，1999。

③ Eco, *Le Signe*, Éditions Labor, 1980, p. 185.

的符号，语言是其中最重要的一种。巴尔特表示，符号学既是谦虚的，又是大胆的：说其谦虚，是因为符号学知识只可能是对语言学知识的一种模仿；说其大胆，是因为这种知识至少在构想中，已经被应用于非语言的对象了。① 简单地说，语言学模式被结构主义普遍地运用到了各种社会文化现象的分析中，二元对立结构成为其既简便又有用的分析工具。

结构主义的主要努力就在于建立一种"科学的""客观的"人文科学"叙事学"，任何文化现象都被看作是可以分析的文本，而不只是局限于通常所说的作品之类"单位"。这其实打通了各人文学科或文化领域的自身封闭性，走向了跨学科性、互文性。然而，我们要借助某些理想结构类型来分析社会文化现象的话，不可避免地失于抽象。用哈贝马斯的话来说，这种语言结构分析"陷入了抽象的错误推理"，即"由于结构主义把普遍的语言形式提高到先验的地位，因此，它也就把主体及其言语降低为纯粹偶然的东西"，这意味着，"主体如何言说及其所作所为，应当由基本的规则系统加以解释"②。结构分析把活生生的言语还原为受制于规则的制度性语言，考虑的是形式语义学而不是语用学。德里达是这样谈及结构的："结构首先说的是一种有机的或人造的工程，一种装配、一种建构的内在统一性；是由统一性原理支配的工程，是在特定地点建立起来的、可见的建筑。"③他进而谈到了结构主义者："做一个结构主

---

① ［法］罗兰・巴尔特：《符号学原理——结构主义文学理论文选》，115页，北京，生活・读书・新知三联书店，1988。

② ［德］于尔根・哈贝马斯：《后形而上学思想》，55页，南京，译林出版社，2001。

③ Derrida，*L' Écriture et la Différence*，Éditions du Seuil，1967，p. 28.

义者就意味着对意义的组织，对其自足性及平衡，对每种形式在每一时刻的成功建构的迷恋；意味着拒绝把所有那些不能被某种理想类型理解的东西放逐到反常的偶然之列。"①这样看来，结构主义尽管否定胡塞尔所说的先验主体，却认同他在《逻辑研究》中对语言的先验规定。换言之，它倾向于把索绪尔、雅各布逊（Jakobson）的结构语言学与胡塞尔的理想语言观同等看待。

列维-斯特劳斯早在20世纪四五十年代就发表了他的结构主义代表作《亲属关系的基本结构》（1949）和《结构人类学》（1958），但这些努力似乎被现象学—实存主义的浪潮淹没了，没有能够在学术界产生强大的冲击。但是，伴随他针对萨特的《辩证理性批判》（1960）而发表的《野性的思维》（1962），一场由结构主义取代现象学—实存主义的运动轰轰烈烈地开展起来了。当然，也有人认为，《结构人类学》就已经是一个重要的标志，"据列维-斯特劳斯自己说，在时尚的发源地巴黎，1958年在《结构人类学》出版、'结构'一词一举流行开来的同时，结构主义也开始被人当作一种流行思潮"②。无论如何，各种各样的以结构语言学模式取代主体中心地位的尝试开展起来了。列维-斯特劳斯关于神话结构和亲属关系结构的分析，巴尔特关于符号结构和文学结构的分析，拉康关于无意识结构的分析，阿尔都塞关于马克思作品的"症状阅读"，福柯的知识型理论，格雷马斯的结构语义学等，无不表现为某种"索绪尔主义"。

---

① Derrida, *L'Écriture et la Différence*, Éditions du Seuil, 1967, p.44.

② ［日］渡边公三：《列维-斯特劳斯：结构》，3页，石家庄，河北教育出版社，2001。

　　结构主义启用结构分析方法来替代现象学方法。现象学—实存主义关注的是主体（要么是意识主体，要么是身体主体），而结构主义则关心社会文化现象的结构，主体或人在其间只是一种可有可无的要素，只是某种功能函项。有学者表示："结构主义主张为组织和引导任何符号学研究、任何关于意义的生产和感知的研究提供一个框架，它从语言学这一首要的符号学科派生该框架，并且把它推广到文学艺术的分析、非文学艺术的分析和社会心理学及社会人类学中的'习惯艺术'分析中去。"①这里所说的从语言学中派生的框架，就是所谓语言学模式。毫无疑问，列维-斯特劳斯为结构语言学模式的广泛运用立下了首功，这与他接受索绪尔和雅各布逊的影响有关。但我们应该考虑到梅洛-庞蒂的中介作用。福柯把法国哲学在 20 世纪 60 年代的转折或演进看作是两种哲学倾向争夺与马克思主义的联姻权：人们最初尝试让马克思主义与现象学联姻，随后又打算用结构主义代替现象学与马克思主义配对。他发现，在从现象学向结构主义的过渡中，语言问题的提出是一个关键环节，而现象学家梅洛-庞蒂在这一环节中扮演了极为重要的角色："我认为，这里包含着一个相当重要的环节，即梅洛-庞蒂遇到了语言问题……人们发现现象学不能够像结构分析那样说明可以由语言类型的结构产生出来的那些含义的效果，现象学意义上的主体不能作为含义的赋予者参与到结构中去。因此，现象学配偶由于不能够谈论语言而被认为丧失了资格，结构主义便成了新的配偶。"②

---

① Petit, *The Concept of Structuralism*, The University of California Press, 1979, p. vi.

② Foucault, *Dits et Écrits II*（1976—1988）, Éditions Garlimard, 2001, p. 1253.

　　列维-斯特劳斯本人承认了梅洛-庞蒂对他的影响。他在《野性的思维》中表示，自 20 世纪 30 年代始，他们之间就展开了相关讨论。他在该书扉页上写有"谨以此书纪念摩里斯·梅洛-庞蒂"，并在前言中解释说："近年来，某些接近梅洛-庞蒂和我本人的人不难了解，我将本书奉献给他原本是很自然的事，这本书是根据我在法兰西学院的一些讲稿随意扩充而成的。如果他还在世，这本书无论如何会是我们两人之间继续讨论的成果。"①其实，他们两人有共同的问题意识，但给出的答案并不相同。列维-斯特劳斯告诉我们，尽管梅洛-庞蒂与结构主义保持距离，但还是对它产生了"兴趣和同情"，这是由于他"赞成在结构主义那里找到一种新的看待存在的方式"，这种方式超越经典的主、客体对立，有助于阐明一种消除这种对立的隐藏的层次。也就是说，在梅洛-庞蒂眼里，心理学、人种学等学科对结构的探讨，开辟了某种通向存在论的道路，因此结构主义者"扮演的是旅途同伴的角色"②。梅洛-庞蒂阅读和讲授索绪尔并不是为了开辟出结构分析之途，而是别有用心，那就是拓展现象学的空间，争夺生活世界和文化领域的解释权。问题是，实际效果却是为结构主义者们提供了一种方法论选择，让他们认识到正是索绪尔，而不是黑格尔和马克思能够为文化和历史提供一种客观的解释。

　　结构主义在 1949 年至 1968 年这段时间内占据着法国思想界的统治地位。但这种地位并没有维持太久，在它似乎如日中天，并且向世界范

① ［法］列维-斯特劳斯：《野性的思维》，2 页，北京，商务印书馆，1987。

② *Merleau-ponty*，Les Temps Modernes，No special 184-185，1961，pp. 4-45.

围内扩大其影响之时，结构主义内部出现了严重分歧，进而产生了分化，导致了后结构主义的产生。多斯表示："后结构主义早在结构主义范式衰微之前就已经存在。事实上，后结构主义的成功是与结构主义的大获全胜同步完成的。"[①]结构主义的分化源自其内部的"保守"和"激进"两种倾向的斗争。在 20 世纪 60 年代后期，一部分结构主义者继续肩负结构分析的"科学使命"，仍然像列维-斯特劳斯那样借助语言学模式静态地分析一切社会文化现象，以二元对立的结构阐释文学和艺术，仍然致力于建设结构主义诗学或叙事学。与此同时，德里达、巴尔特、克里斯蒂娃(kristeva)、福柯、拉康等人不满意于静态的结构分析，力主以某种游戏性的方式瓦解结构，否定意义的确定性。德里达于 1966 年在美国约翰·霍普金斯大学召开的学术研讨会上发表了具有强烈解构色彩的《人文科学话语中的结构、符号与游戏》，从而在一场渲染结构主义的会议上完成了后结构主义的出场式。

然而，这并不是说结构主义和后结构主义之间存在着严格的界线。其实，几乎所有后结构主义者都经历过结构主义时期，而两者之间的断裂点显然难以明确地标示出来。比如，就德里达而言，在他于 1967 年发表的三部重要著作中，《书写与差异》的一些篇章与结构主义还有密切关联，而《声音与现象》和《论文字学》则产生了明显的断裂。真正说来，后结构主义者们并不想坚持某种确定的姿态，并不因为批评结构主义就完全弃结构主义的一切于不顾。多斯指出，德里达在《人文科学话语中

[①]　[法]弗朗索瓦·多斯：《从结构到解构：法国 20 世纪思想主潮》下卷，23 页，北京，中央编译出版社，2004。

的结构、符号与游戏》中描述了自己的双重立场：他既是试图超越范式的结构主义者，同时又为这种批判思想辩护，并批评它走得还不够远。① 其实，结构主义是后结构主义的"衣食父母"，是后结构主义得以寄生的载体；而结构主义也在后结构主义的批判浪潮中得到了更为广泛的传播，至少获得了更多人的了解。两者之间的界限十分模糊，不可避免地会出现将两者混淆起来的情况。后结构主义可以被看作是一种"后索绪尔主义"，它指的是一系列以结构主义为前提，但偏离其许多重要特征的事业或运动。后结构主义更激进地批判了正统哲学和文学批评理论，而曾经作为革命形象的结构主义也归入这一正统之列，被看作是逻各斯中心论的最后堡垒。

作为一种"后索绪尔主义"，后结构主义仍然关注语言学方法，但它采取了不同于结构主义的策略。在符号的能指和所指关系中，后结构主义不再强调所指的优先性，而是更加关注能指方面，进而玩弄能指游戏或文字游戏；在对文本的处理上，后结构主义不再关注静态结构，而是着眼于文本的能产性，并因此由规范描述转向文本开放，互文性被发挥到了极致。总之，尽管我们可以说结构主义"生育"了后结构主义，甚至可以说后结构主义仅仅是结构主义的全面展开，但十分明显的是，后结构主义力图贬抑结构主义的科学抱负。也就是说，后结构主义源自对结构主义的批判继承，它突破了结构主义的科学的"结构"观念。当然，不同的后结构主义者是从不同立场、不同角度来突破的。一般而言，拉康

---

① ［法］弗朗索瓦·多斯：《从结构到解构：法国 20 世纪思想主潮》下卷，44 页，北京，中央编译出版社，2004。

前后期并不那么容易区分，福柯的"话语理论"仍然处于"结构"与"解构"的张力中，德里达的整个"文字理论"和巴尔特后期的"文本理论"则是对"结构"的消解。

后结构主义者同样关注语言学与人文科学的关系，但观点却完全不同。后结构主义时期的巴尔特不再研究符号学，而是提出了所谓符号分裂学，在文学作品的读解中他以追求"文本的愉悦"和"话语的片断化"的语言游戏取代了诗学或叙事学的严肃使命；福柯在中后期的研究中关注的是话语霸权与话语的增殖，通过对理性话语的谱系学分析，他揭示了语言的物质性存在和厚度；将语言学革命推向极点的应该是德里达，以至于他对语言本身进行了真正的质疑。德里达写道："不管怎样去思考这一话题，语言问题从来都不只是众多问题中的一种。但它从来也没有像现在这样如此地渗透到最多样研究的全球视域中，渗透到其意图、方法和意识形态方面都最异质的话语中。"①他把这种现象看作是语言一词的贬值，用以表明符号本身的通胀，表明这是语言能指的无限增加的游戏。而这种游戏的结果导致的是"书本文明的终结"和"文字的兴盛"。德里达认可语言的贬值，而且通过自己的游戏姿态大大提高了这种贬值的幅度。由于巴尔特和德里达等人的工作，人们从结构主义的科学迷梦中醒来，开始密切关注语言的具体用法和写作实践。按照哈贝马斯的说法就是，"语用学转向为走出结构主义抽象开辟了道路"②。

受后结构主义语言观的影响，后现代主义思想家鲍德里亚和利奥塔

---

① Derrida, *De la Grammatologie*, Les Éditions de Minuit, 1967, p. 15.
② ［德］于尔根·哈贝马斯：《后形而上学思想》，46 页，南京，译林出版社，2001。

等人推进和深化了话语增殖的观念。比如，在利奥塔那里，通过强调
"语言事实"，尤其是通过强调"语用学方面"①，他从"语言游戏"的角度
为我们展示了后现代的知识状况。他非常明确地告诉我们，"科学知识
是一种话语"，所谓尖端科技"都以语言为其支撑"②。他举了音位学与
语言学理论、通信与控制问题、现代代数学与信息学、计算机与计算机
语言、语言翻译问题与机器语言兼容性研究、存储问题与数据库、通信
学与智能终端的建立、悖论学等"明显的证据"，而且表示这些"还不是
完整的清单"。按照他的分析，在后现代情景中，知识只有被转译成信
息量才能进入新的渠道，才能成为可操作的。因此，一切构成知识的东
西，如果不能这样转译，就会遭到遗弃，新的研究方向将服从潜在成果
变为"机器语言"所需的"可译性"条件。③ 他的语言观最终表述为两个原
则：第一，"说话就是游戏意义上的斗争，语言行为属于一种普遍的斗
争竞技"；第二，"可观察的社会关系是由语言的'招数'构成的"④。利
奥塔认为这是后现代社会的普遍情形，这意味着语言的物质性力量，意
味着语言的极度扩张。

在结构—后结构主义的视野中，由于语言的扩张，文化明显"以纯
粹物质性的形式（它的语言、它的词汇学、它的格律学、它的韵律学）出
现"⑤。正因为如此，人们不再透过语言或文化获得精神享受，而是直

---

① Lyotard, *La Condition Postmoderne*, Les Éditions de Minuit, 1979, p. 20.

② Ibid. , p. 11.

③ Ibid. , p. 13.

④ Ibid. , pp. 23-24.

⑤ Barthes, *La Plaisir du Texte*, Éditions du Seuil, 1982, p. 14.

接享受语言，直接享受文本，就如同享受其他物质性产品一样。巴尔特明确表示："关于文本的愉悦，没有任何'论题'是可能的；任何突然出现的审查（内省）都是徒劳的……我享受文本。"①在本章接下来的两节中，我们将重点评介福柯和德里达对语言和文化问题的有关看法。虽然他们（尤其是福柯）会坚决反对，我们还是要强调他们与结构—后结构主义的密切关联。至少在强调语言增殖方面，他们是这一既有连续又有断裂的思潮的同路人。福柯曾经表示：语言分析"现在与所有其他的可以研究发送者和接受者、编码和解码、代码结构，及信息传送的分析平起平坐。语言理论与全部信息现象的分析联系在一起"②。这样的姿态至少与结构—后结构主义以至于后现代主义的姿态没有实质的分歧。在福柯和德里达那里，语言问题都是在考古学与谱系学方法中展开的，换言之，德里达的解构方法与福柯的考古学方法、谱系学方法其实并没有什么两样。他们两者都试图考察主导性话语支配下的边缘话语的沉默史，都试图让那些沉默话语开口说话，但目的不是彰显主导话语的力量，而是让它们发出自己的声音。它们发出的当然不是"心"声、观念性声音，而是"身"声、物质性声音。事实上，话语就是力量，一种物化的力量。我们在后面会看到，福柯的相关思考更具理论色彩，而德里达的作品则具有明显的游戏倾向，可以被视为考古学方法和谱系学方法的灵活运用。

---

① Barthes, *La Plaisir du Texte*, Éditions du seuil, 1982, p. 48.
② Foucault, *Dits et Écrits I* (1954—1975), Éditions Garlimard, 2001, p. 853.

二、话语考古与语言的物化

在福柯思想的发端时期，话语在他的思考中还不具有独立自主的地位。大体上说，他最初关注的是话语与社会、政治、制度等之间的关系。在这样的情形中，话语显然是某种受动的、受支配的从属力量。在他思想的随后发展中，伴随着考古学方法的成熟，话语的内部关系获得重点描述，话语问题也逐步成为首要的主题。一切关系都被纳入话语领域内进行探讨，社会、政治、制度之类不过是构成话语体系的要素，而话语本身成为积极的、主动的支配性力量，一种物质性的力量。在福柯思想的后期，他启用了一种旨在解释话语实践与非话语实践之间关系的谱系学方法，这种方法与考古学方法没有根本的冲突，只不过强调了描述和解释的结合，强调了话语内部关系与外部关系的结合。在这一视野中，话语被看作是某种事件，它具有与外部事件同样的价值、力量和地位，话语的物质性方面因此得到了进一步的强调。我们不妨以福柯的考古学阶段为重点描述对象，借以揭示话语的物质性层面。与梅洛-庞蒂区分两种形式的散文，开始重视语言的物质性方面，但并没有因此走向极端不同，话语的物质性在福柯那里获得了极度的张扬。

我们通常所说的考古学带有十分强烈的时间指向。它针对时间的既往形态，旨在挖掘历史遗物并对之进行清理和研究，力图让遗物诉说"过去"的故事，即"从这些文献所说出的东西——有时是含蓄地说出的东西——出发，重建这些文献由之发源的、目前已经在文献后面消失久远的过去"①。这明显是要让遗物观念化，或者说让它上升为精神性的东西，让它成为我们与过去沟通的桥梁，成为唤醒集体记忆的力量。而在福柯那里，以知识为目标的考古学却大不相同，"我以文字游戏的方式使用它，指的是对档案的描述，而绝不是发现开端或让过去的骸骨重见天日"②。福柯式的考古学关心的并不是时间问题，就算关注时间，也并不特别指向过去，它完全可以针对当前。也就是说，它冻结了时间，静态地考察某一时间段内的知识状况，让具有观念性的精神产品转变成纯粹物质性的产品。它要让文献显示它们自己的存在，诉说它们自己的故事，而不是说出别的什么来，即它寻求在文献组织自身之内界定某些单位、某些整体、某些系列、某些关系。通常的考古学工作让挖掘出来的"文物"成为会说话的"文献"，而福柯却要让"文献"变成沉默的"文物"③。

在福柯那里，所谓"知识"指的是广义的 savior（一切科学的或非科学的知识都包括在内，但后者更为重要），而不是狭义的 connaissance（主要指科学的知识或规范的知识）。在他看来，知识体现为"词"与"物"之间的复杂关系。这里的"词"当然是指语言或话语，而"物"主要是指各种层次的经验。真正说来，两者之间并不存在截然区分，即一个是表象者，一个是被表象者。相反，两者都具有物质性，都是物质性的存在。正因为如此，福柯认可《词与物》在英文版中采用《事物的秩序》这一标题。这意味着，"词"其实就是事物的一部分。经验要上升为知识，而这

---

① Foucault，*L' Archéologie du Savoir*，Éditions Garlimard，1989，p. 14.

② Foucault，*Dits et Écrits* I（*1954—1975*），Éditions Garlimard，2001，p. 814.

③ Foucault，*L' Archéologie du Savoir*，Éditions Garlimard，1989，pp. 14-15.

涉及它如何被述说的问题。福柯的考古学尤其针对的是人文科学话语，旨在探讨人文知识之所以可能的话语条件。也就是说，它力图重新发现人文知识得以可能的基础是什么，这些知识是在什么样的秩序空间中形成的，具有什么样的话语前提。这其实体现为各种物质性力量的相互作用。由于考古学不指向知识的外部，因此这里涉及的不是外部物质力量，它指向知识的内部结构，主要是知识的话语构成，并因此表现为一种话语分析或话语描述，而话语本身具有物质性的力量。福柯抑制了他最初对非话语实践或社会、政治、制度之类的兴趣，完全转向了话语领域。他并不想评判知识是否真实地表象了外部对象，而着眼于所谓外部对象是如何被纳入话语形态中的。福柯"对所有形式的还原论的质疑和悬搁，表现了他对一部作品或全体作品与其社会、经济和政治语境的关系缺乏兴趣"[1]，他"抑制了他对社会制度的兴趣，几乎完全专注于话语、话语的自主和话语的非连续转换"[2]。

福柯并不着意于人们要用话语来有意识地表达些什么，相反，他旨在揭示话语实践中体现出来的"集体无意识"，考古学探索的就是知识中的这种无意识层次。在《词与物》的英译本序言中，福柯这样写道："我打算揭示知识的某种实证的无意识——这是一个逃避研究者的意识但却构成科学话语的一部分，并且不会质疑科学话语的有效性，不会寻求削

① 张京媛主编：《新历史主义与文学批评》，117 页，北京，北京大学出版社，1993。

② Drefus & Rabinow, *Michel Foucault：Beyond Structuralism and Hermeneutics*, The University of Chicago Press，1983，p. 17.

弱它的科学性质的层次。"①他特别强调所谓"实证的无意识",因为任何一个时代的科学家或学者都无意识地运用某些相同的规则来处理分散领域的"词"与"物"的关系。在他对古典知识的分析中,这一点尤其明显地获得了体现:"古典时代的博物学、经济学和语法学共同拥有的东西确实没有呈现在科学家的意识中;或者说,意识方面是表面的、受局限的,并且差不多是纯粹的虚幻……但是,在没有意识到的情况下,博物学家、经济学家、语法学家们运用了一些相同的规则去界定专属于他们自己研究领域的对象,去形成他们的概念,去构造他们的理论。通过隔离出一个我或许有些任意地称为考古学的层次(作为它们的处所),我要揭示的正是这些形成规则,它们从来没有获得清楚的表述,只能透过极端不同的一些理论、概念和研究对象才能被洞察到。"②

福柯没有选择通常意义上的"物"和"词"中的一方出发进行分析,他甚至自认为《词与物》这一标题完全是反讽性的。③ 另外一个说法是,"《词与物》是一个问题的严肃性的标题,是一项改变问题的形式、转移其材料,最终揭示另一项任务的反讽性的标题"④。通常的问题是,一些真实的"物",如何能够通过话语内部的某些"词"被表述出来?《词与物》并不想探讨这样的问题。他进而表示,他的任务"不在于、不再是把话语当作符号的整体,而在于把它们看作是系统地形成它们所谈论的对象的实践",这样一来,"话语的确是由符号构成的,但它们之所为不再

---

① Foucault, *Dits et Écrits I*(*1954—1975*), Éditions Garlimard, 2001, p. 877.

② Ibid., pp. 877-878.

③ Ibid., p. 804.

④ Foucault, *L' Archéologie du Savoir*, Éditions Garlimard, 1989, p. 66.

是使用这些符号去指称事物"①。他打算分析那些话语本身，也即那些处于"词"与"物"中间的话语实践。只有从这些话语实践出发，我们才能够界定什么是"物"，才能够标记出"词"的使用。也就是说，重要的是确立有关"词"与"物"关系的规则，而不是要么从"物"要么从"词"出发。正因为如此，福柯表示，"从物出发的分析和从词出发的分析自此相对于最初的分析，即话语实践的分析，是第二位的"，《词与物》中"既不存在对词也不存在对物的分析"②。

在某一时期内，不同学科看似毫无关联，但在其考古学层次上则有共同性：不同学科的科学家们实际上在无意识中使用了共同的形成规则去确定对象、形成概念和发展理论，换言之，他们以共同的话语规则去处理"词"与"物"的关系。科学家们确定其研究对象，或者说，把某些经验纳入对象领域，也因此让它们进入认知领域，并理所当然地让它们进入话语实践领域。而这一切都取决于某些无意识的话语规则，或者说知识的形成首先要求的是遵循话语形成的规则。于是，我们看到的是经验在我们话语中的样式，并因此可以对它进行话语分析。我们不应当把重心放在客体方面或主体方面，而应当指向话语的运行规则。福柯以一些非主观性的范畴来排除主体的干扰，从而把一切对象都纳入"话语事件"中进行研究，以便发现它们得以产生的话语条件。不仅如此，在排除主体干扰的同时，对象也不再被视为"在己的东西"。话语分析中的一个重要概念是"陈述"（l'énoncé）。传统中说的"书""作品"之类的单位是一些

---

① Foucault, *L'Archéologie du Savoir*, Éditions Garlimard, 1989, pp. 66-67.

② Foucault, *Dits et Écrits I*（1954—1975）, Éditions Garlimard, 2001, pp. 804-805.

人为规定的"主观"单位。福柯认为，它们其实都是由陈述构成的，而陈述的复杂性导致了话语形成本身的复杂性，并因此打破了"主观"单位的僵硬的边界。

陈述不是一种"主观"单位，它与逻辑学家所说的"命题"，语法学家所说的"句子"，语言分析家所说的"言语行为"都不相同，它比它们要复杂得多。它其实不是一个静态的单位或统一体，而是某种事件，某种与外部历史事件具有同等地位的事件。话语不是对外部世界的被动记录，不是表象外部世界的手段，我们也不能"透过话语恢复主体的意图和他的有意识的活动"，关键"在于重建一种别的话语，在于恢复从内部赋予我们听到的声音以生机的那种沉默的、低沉的、源源不断的言语，在于重建穿行在写下的线条之缝隙中，并且经常搞乱它们的那种微弱的、不可见的文本"①。陈述不是一种透明的工具，它有自身的维度、自身的生命、自身的历史，它处于话语的网络之中，在话语自身的王国里经历其冒险的旅程。福柯写道："一个陈述始终就是不管语言还是意义都不可能完全耗尽的一个事件。一个的确奇特的事件，首先因为，它一方面或与文字姿势或与言语发音相关联，另一方面在记忆的领域或在手稿、书籍及不论什么样的其他记录形式的物质性中为自己开辟出一种暂留的实存；其次因为，它像任何事件一样是独一无二的，然而它可以在重复、转换和恢复中出现；最后因为，它不仅与引起它的处境、与它产生的后果联系在一起，与此同时，根据不同的形式与先于或后于它的陈述

---

① Foucault，*L' Archéologie du Savoir*，Éditions Garlimard，1989，pp. 39-40.

关联在一起。"①上述几点表明，话语并不单纯是"上层建筑"，它也隶属于基础结构，它不体现为观念性，而体现为物质性。一系列语言要素之所以被看作是一个陈述，一个重要的条件是"它必须有一种物质性实存"②。

陈述离不开通常意义上的物质性，因为"陈述始终透过一种物质厚度被给出"③。也就是说，陈述要么需要借助发音活动，要么需要借助写字动作来完成，这已经意味着陈述的物质性。然而，福柯所要着力强调的并不是这种意义上的物质性，"不是以颜色、声音或坚固性形式给出的，由知觉空间一样的时空定位划定区域的感性的、定性的物质性"，而是一种特殊的物质性，是"由其作为物或对象的地位确定"的物质性，这是"一种从来不确定的、可以改变的、相对的、总是容易受到质疑的地位"④。陈述"按其本性能够被重复"⑤，它可以被反复编排和重组。但话语的重复性有其严格的条件，或者说它与特殊的物质性相关联。按照德勒兹对福柯的理解，"一定存在着同样的分布空间，同样的独特性分类，同样的地点和位置秩序，同样的与制度环境的关系，对于陈述来说，这一切构成一种它得以重复的'物质性'"；进而言之，陈述的重复性"不依赖于外在条件，而是根据内在的物质性，这种物质性使重复本身成为陈述的固有力量"⑥。尽管如此，陈述的生产和交流与物质的生

---

① Foucault, *L'Archéologie du Savoir*, Éditions Garlimard, 1989, pp. 40-41.

② Ibid., p. 131.

③ Ibid., p. 132.

④ Ibid., pp. 134-135.

⑤ Ibid., p. 138.

⑥ Deleuze, *Foucault*, PUF, 1986, pp. 20-21.

产和交换并没有什么两样，"它是一种特殊的、荒谬的对象，但它仍然是人类生产、操纵、利用、改造、交换、组合、分解和重组，甚或摧毁的对象"，于是它"流通、被使用、躲避、允许或阻止实现一个欲望，服从或抵制各种利益，参与到各种挑战与斗争之中，成为利用或竞争的一个主题"①。这种情形表明，我们很难把话语与物质性的东西区别开来，也就是说，话语实践与非话语实践不仅相互作用，更重要的是它们具有同样的性质，或者说它们产生同样性质的作用。由此看来，福柯后期有关话语权力的思想绝不是无根无据的。

在关于"词"与"物"关系的考察中，福柯通过描述文艺复兴时期、古典时期和现代时期的知识型，为我们揭示了话语的物质性在不同时期的表现形式。在文艺复兴时期，语言不是一个独立的记号系统，它被安置在世界中，形成世界的一部分，它就像事物一样既隐藏又呈现。也就是说，语言参与到世界的相似之链中，它自己因此被当作自然界中的一个事物，与动物、植物、星辰并没有什么两样。就此而言，"词"与"物"占据着共同的空间，它们不可分割。起透明工具之作用的"词"尚未从"物"中分离出来，也可以说"词"与"物"互相表象，专门起表象作用的"词"根本就没有存在的必要。"物"与"物"之间存在着相似，那么它们之间一定有某种标记，但福柯反问道："然而，对于两个彼此联系在一起的物来说，除了它们相互吸引——就像太阳与向日葵或像水与黄瓜苗一样——之外，除了它们之间有某种亲和性和交感性之外，还有什么其他标记

---

① Foucault, *L' Archéologie du Savoir*, Éditions Garlimard, 1989, p. 138.

呢?"①在古典时期，情况出现了巨大变化，语言或符号挣脱链条，开始作为表象的工具出现。福柯引述普遍唯理语法的看法就是："符号包括两个观念，一是表象事物的观念，二是关于被表象事物的观念，符号的本性就在于由第二种观念唤起第一种观念。"②很显然，"词"与"物"都被纳入观念的秩序中，并因此丧失了它们的物性或物质性，完全受制于观念性。

然而，在 19 世纪初期以来，伴随表象的式微，"词"开始偏离观念的秩序，重新获得其物质性，尽管它还在一定程度上保持着观念性。在 20 世纪中后期以来，伴随语言的空前扩张，文艺复兴时代的"词""物"不分的情形似乎又出现了。当然，此时的情形已经大不相同。与文艺复兴时期由"物"占据主导地位，或者说择"物"为"词"不同，现在是"词"占据着主导地位，"词"本身变成一种物质性的力量，并因此完全排斥观念性，同时挤压一般意义上的"物"的空间。福柯表示，"古典认识是完全唯名论的，自 19 世纪开始，语言走向自我封闭，获得了它自己的厚度，展开了只属于它自己的一种历史、一些法则和某种客观性"③。这种丧失了透明的表象功能的语言在文学语言中尤为明显地展示出来，因为它与"纯粹写作活动"联系在一起，展开的是关于语言自身的叙事：文学"把语言从语法导回到赤裸裸的言谈能力，在此它遭遇到的是词的野性的、傲慢的存在"，它"越来越与关于观念的话语分离开来，把自己密封在一种根本的不及物中"；也就是说，文学既不指向外部实在，也不反

---

① Foucault, *Les Mots et les Choses*, Éditions Garlimard, 1997, p. 43.

② Ibid. , p. 78.

③ Ibid. , p. 309.

映心理实在，它只关心语言自身的实在，它让语言成为一个在己的领域，它"沉默地、小心地把词沉淀在一片纸的洁白上"，它"在此既不会拥有声音，也不会拥有对话者"，它"在此除了谈自己外别无他谈，除了在其存在的闪光中闪耀外无事可做"①。

福柯揭示出来的不是作为原子的陈述，而是陈述发挥其功能的领域及这一功能使不同的话语单位呈现出来的条件。陈述不是句子或命题之类的单位，也不是这些单位之外的一个单位，它没有独立的存在，它既不是藏而不露的，也不是明显可见的："我所谓的陈述乃是符号的一个全体，它可能是一个句子，一个命题，不过是在它的实存层次上设想的。"②陈述其实是支撑着句子或命题之类的一种功能，或者说它仅仅作为一种功能而存在。福柯表示，我们在探讨陈述的功能时，应该遵循三个原则：匮乏原则、外在原则和归并原则。首先，陈述分析考虑的是陈述的匮乏性效果。匮乏原则解释了陈述的非透明性、非工具性：它不是可以不断取出新的、难以预料的财富的宝库，相反，它是稀有的东西，"它作为有限、限定、可欲、有用的财产出现"，这一财产"有它自己的出场规则，也有它自己的占有和运作条件"，它"按其本性乃是斗争、政治斗争的对象"③。其次，陈述分析不是由外而内地进行的，它要求在外在性的形式中探讨它们。我们通常从"内在与外在对立"的角度来考虑语言的地位，倾向于把陈述看作客观事件或主体姿态的外壳和反映，因此应该"从外在性"，从"只不过是偶然性或纯粹物质性的必然性"的语言

---

① Foucault, *Les Mots et les Choses*, Éditions Garlimard, 1997, p. 313.

② Foucault, *Dits et Écrits I* (*1954—1975*), Éditions Garlimard, 2001, p. 806.

③ Foucault, *L'Archéologie du Savoir*, Éditions Garlimard, 1989, p. 158.

"回到内在的核心"①。福柯则认为，陈述是一种独特的事件，是一个自主的实践领域，它与其他事件一样是自足的，它可以在自己的独特运作中被把握，因此陈述分析只面对陈述自身，可以在外在性中探讨陈述。最后，陈述分析指向一些特殊的归并形式。我们通常通过阅读、觅踪、译解、记忆去唤醒沉睡的陈述，从而让它们道出某种事实或秘密。这些努力要求的是连贯和统一。然而，陈述分析只关注陈述本身。也就是说，陈述分析在专属于那些陈述的"存留"中考虑它们，在它们"特有的增补形式"中探讨它们，而且要考虑"循环现象"②。真正说来，陈述之间的关系是多样的，不能够以某种单一的方式，尤其不能以在记忆中统一的方式来归并它们。这就否定了精神维系统一的作用，并因此把一切都纳入"物质的"而非"精神的"逻辑中。

这些被视为对话语的实证性的描述。话语具有不依赖于外部物质性力量或内在精神性力量的自主存在，正是这种自主存在造就了诸如博物学、政治经济学或者临床医学的话语的历经时间沧桑并超越个人作品、书籍和文本的统一性，一种不需要主体来维护的统一性。在话语实践中，我们看到的是把陈述设定为一些事件（它们有其出现的条件和领域）和一些事物（包括它们使用的可能性和领域）的系统，而这个系统就是所谓档案。档案并不指某一文化所拥有的全部文本，并不意指某一文化的同一性。档案首先是那些可以被说出的东西的规则，是支配作为特殊事件的陈述而出现的系统，是陈述形成和转换的一般系统。这是一种指向

---

① Foucault，*L' Archéologie du Savoir*，Éditions Garlimard，1989，pp. 158-159.

② Ibid.，pp. 160-163.

多样性和差异性的系统，它让我们从连续性和主体性中摆脱出来，"它确认我们就是差异，我们的理性就是话语差异，我们的历史就是时间差异，我们的自我就是面具差异"①。陈述或档案概念表明，话语不是理想的、无时间性的存在，它是历史的存在，是历史的一个片断，有它自己的限度、自己的分化、自己的转型、自己特有的时间模式。于是，不存在静态的作为表象工具的话语，我们面对的是话语实践，而且话语实践不应该被混同于表述观念和欲望的表达活动、进行推理的理性活动，或者混同于产生符合句法规则的句子的能力。

话语是属于某个单一话语构成系统的陈述群。于是我们可以谈论临床医学话语、经济学话语、博物学话语、精神病理学话语，如此等等。福柯对话语现象感兴趣，而不拟对话语进行解释，"我不打算在话语下面去寻找作为人们之思想的东西，而是试图在其显示出来的实存中把话语理解为遵循某些规则的实践。遵循构成、实存、共存的规则，遵循功能系统等。我描述的是处于其坚实中，差不多是其物质性中的这种实践"②。于是，他"绝对"拒绝心理学，认为我们可以对话语变迁做一个历史分析，而不用诉诸人们的思想、人们的知觉样式、人们的习惯、人们受到的影响等。话语考古是福柯在相当长的时间内进行的一项重要的研究工作，他一步一步地把话语从一种受动的、反映外部社会或历史的力量提升到自主自足的地位。1969 年发表的《知识考古学》意味着话语考古的总结，意味着考古学方法的定型，但很快就出现了某种转变。在

① Foucault，*L' Archéologie du Savoir*，Éditions Garlimard，1989，p. 172.
② Foucault，*Dits et Écrits* I（*1954—1975*），Éditions Garlimard，2001，p. 800.

1971 年发表的会议论文《尼采·谱系学·历史学》中，他开始推崇尼采式的谱系学方法，但还没有真正地展开。其实，在同一年发表的《话语的秩序》（即福柯 1970 年 12 月在法兰西学院所做的就职演讲）中，福柯在很大程度上还坚持了考古学的取向。应该说，在这段时间里，他的思想的确在酝酿着变化。只是到了 1975 年，伴随着其力作《监视与惩罚：监狱的诞生》的发表，话语考古才不再具有核心地位。自此以后，福柯更多地致力于话语的谱系学探讨。

福柯依然围绕人文科学话语展开研究，但更多地探讨了话语的权力的、社会的和制度的机制。他主要关心的是人文（社会）科学知识如何与社会控制技术不可避免地交织在一起：知识的构成依赖于权力机制。在该书中，福柯详尽地说明了犯罪学实际上源于 19 世纪监狱的发展，而其他学科也分别依赖于诸如学校、兵营、工厂之类控制性社会机制的发展。我们知道，福柯对于权力概念的关注是一以贯之的，但其前后期的理解却是千差万别的，前期更多地强调了其否定性、破坏性方面；后期则认为，权力不仅仅是消极的，同时也具有生产性，是真理、知识、话语之类的创造性源泉。谱系学并不取代考古学，为了揭示构成知识系列的话语规则，考古学仍然是必要的，但谱系学的卓越之处就在于，它通过与权力相关联来解释话语史的形成和变迁。这其实表明，考古学方法必须回到同时描述话语实践和非话语性实践两者，话语有其自身的自足的构成规律，有其自身的历史，与此同时，它又是处于与非话语实践或外部历史的复杂关系中的，任何话语的形成都体现出复杂的权力机制。因此，话语在具有与其他外部因素同样的自主地位、能够施加其作用和影响、产生某些特定效果的同时，也可以从外部因素获得解释。谱系学方法因此要求描述与解释的结合。

　　在《尼采·谱系学·历史学》中，福柯第一句话说的是："谱系学是灰色的；它要求细致，要求耐心地致力于文献，它处理的是凌乱的、残缺的，经过多次重写的羊皮纸文件。"①这要表明的是，谱系学关注的是微观领域，要求的是多线索的、就事论事的工作，否定了对原始起源和最终目标的单线索追寻。某一个词、某一典故有一个出处，但这不一定是其起源：出处是中性的，而起源与某种决定论、目的论联系在一起。福柯认为，尼采至少在某些情形下拒绝研究起源。原因在于，人们总是在起源中去获取事物的精确本质，它最纯粹的可能性，它精心地返回到自身中的同一性，它不变的且先于一切外在、偶然和连续的东西的形式。寻求这样的起源，就是要力图找到"那已经是的东西"，找到一个与其自身完全相似的意象的"那个本身"；这就要把所有本来会发生的曲折、所有计谋和所有伪装当作偶然发生的东西；就是要着手扯去所有面具，以便最终揭示一种原初的同一性。福柯要求的恰恰是去辨认细微、独特、属于个体的标记。个体之间只有家族相似性，于是偶然事件、细微偏差变得非常重要。我们当然也面对古老的遗产，但这不是累积、增长的经验和财富，而是断层、裂缝、异质的东西和不稳定的东西的集结。我们于是产生一种新的历史感，这是一种效果历史意识：这种历史感打乱了在突发事件与连续的必然性之间建立起来的关系。它打破了远近关系，不再关注遥远的起源与归

---

　　① Foucault，*Dits et Écrits I*（1954—1975），Éditions Garlimard，2001，p. 1004.

属，而是关注当下的、切近的东西。这种历史意识坦然承认自己是从某一视角出发的，不再像传统历史那样站在一个超然的位置上去全面俯瞰研究的对象。

福柯关注我们自身的"现在"，但却不得不考虑历史。现在是历史的产物，我们之为我们，依赖于已经存在的启蒙话语，它产生在我们之前，我们自觉或不自觉地接受它们，形成自己的现在，同时又参与启蒙话语的扩张。我们不是历史的起点，也不可能是其终点，知识分子只不过是话语的一个功能。知识分子反对权威，同时却不得不服从权威并制造权威话语。谱系学就是这样一种探讨某一观念的世系的方法，但它强调的是该观念在话语事件与非话语事件的关系中的世系，而不是单纯地考虑话语历史或实际历史。或者说，它主要涉及的是现代性话语的扩张及其演化。一般而言，谱系学方法更具有批判的意味。考古学方法基本上致力于静态结构分析，谱系学则要解释真理的起源及其演变。这往往会发现真理或某一观念的不光彩的历史。福柯认为，我们总是用理性来说明我们的文化和现实，但通过追溯到启蒙运动的开始及更早的历史，我们发现理性本身只是历史上的一个构造，它曾经遭受权威的压制，它反对权威话语，并逐步夺取了权威地位。然而，在随后的进展中，它自己也开始了其不光彩的历史，它压制非理性的东西，而且制造理性是自明的这样一种迷信。因此，我们应当注意历史的关键和要害，以及它在现在中的潜在含义，于是，历史—批判的意蕴就非常明显了。这其实涉及了话语霸权问题，即支配性话语与沉默的话语之间的张力问题。

谱系学方法是对考古学方法的发展，旨在追溯现代合理性话语及其具体制度的历史，以求把握这种合理性和具体制度所包含的微妙的权力关系，进而揭示主体在其中的真相与命运（我们在后面的相关章节进行探讨）。福柯关注真相在话语中的生成，同时考虑到了这一揭示真相的话语本身所具有的物质性力量。这种历史—批判的努力显然不能单纯局限于话语实践，也不能单纯局限于非话语实践，而是要考虑它们两者之间的相互作用，与此同时，还要考虑到伦理实践。这就导向对各种"实践整体"的研究。按照福柯的看法，这些实践整体隶属于三大领域，即"对物的控制的关系领域，对他人产生作用的关系领域，针对自身的关系领域"[①]。这三个领域其实是相互包含的，对其中任何一个领域的探讨都涉及另外两个领域。尽管如此，这里的研究还是应该围绕三条轴线来展开，即"知识轴线、权力轴线和伦理轴线"[②]。这三条轴线都与话语密切相关，前两者与话语的关系在我们前面的相关论述中已经非常明显。这里只简单地提一下话语在伦理实践中的物质性力量。在福柯的分析中，性话语的扩张及其对现代人的影响是非常大的。权力作用于性，目的不是压制，而是生产，它指向性话语的增生，以致人们不再在实际的性经验中享用快感，而是在关于性经验的谈论中享受快感。福柯这样写道，性欲"真理的产生虽然受到科学模式的威胁，但它或许还是增殖、强化，甚至创造了它自己的内在快感"，这是"由快感的真相带来的快感"[③]。显然，重要的不是原始的性体验，而是性知识或

---

① Foucault，*Dits et Écrits II*（*1976—1988*），Éditions Garlimard，2001，p. 1395.

② Ibid.，p. 1395.

③ Foucault，*Histoire de la Sexualité I：La volonté de savoir*，Éditions Garlimard，1984，p. 95.

性话语所引发的快感。我们于是真正体会到了何谓"知识就是力量"或"话语就是力量"。

三、文本解构与文字的命运

德里达以"解构"著称，而解构主要表现为一种方法，一种"读就是写"的文本策略。这涉及他对传统哲学、文学、诗学、修辞学文本的批评性阅读。在他看来，文本有其自足性和封闭性，"一个文本，除非它向第一眼，向第一个人掩饰其组成法则和它的游戏规则，否则就不是一个文本"[1]。与此同时，文本又是开放的，它需要读者来掀开其面纱。但读者不是用心灵去领会它的思想，并因此实现精神性交流，而是用眼睛去"割开"其组织和结构，并经由"伤口"填充某些东西，进行某种物质性交流。有两类读者：一类读者在方法论上过于大胆，认为自己有权力或权利随便增添东西，然而"伤口"显然受不了；另一类读者由于方法论上的谨慎，什么东西都不敢增添，这同样有问题。德里达表示，两类读者同样"愚蠢"，同样"不育"，一个非常"不严肃"，一个则过于"严肃"。文本解构者既不是前者，更不是后者，他实际上是一个"修补匠"（brico-leur）。他利用文本中的一些现成的工具和零星废料，对该文本进行一些敲打或修补工作。任何文本都有一些边缘性因素，有一些可供寄生的"缝隙"，文本解构者挤进去，参与进去，使文本膨胀起来，活动起来，

---

① Derrida, *La Dissémination*, Éditions du Seuil, 1972, p. 79.

既增殖了文本，又削弱了它。

　　解构表现为各种各样的突破逻各斯中心论传统的尝试，目标指向文字的命运问题，即文字相对于声音的地位问题。这其实是一种解放文字，并因此让语言从观念性存在回归到物质性存在的努力。由于突破了非此即彼的二值逻辑，这种文本策略"不存在把文字中心论对立于逻各斯中心论的问题，甚至一般地不存在把一个中心对立于另一个中心的问题"[1]。在解构的进程中，不应该从外部对文本进行颠覆，相反，应该采取某种内部突破策略。这其实是针对体系的矛盾和盲点，在看似尊重文本的基础上进行悄然的变革。按照斯皮瓦克（Spivak）的读解，德里达的策略就是，"找出有指望的文本，揭开难以确定的环节，以能指这一积极的杠杆使其松动，颠覆通常的等级，为的是置换它。消解，以便重构已经记录在其中的东西，坚果壳内的解构"；换言之，"解构出于这一愿望，通过支配文本而重新积极地利用文本，向文本指出它所不知道的东西"[2]。解构要求充分利用文本中的既有资源，唯有这样才能够取得出乎意料的效果。解构并不意味着与传统或历史完全切断联系，因为它虽然指向被批评文本中"仍然起作用的形而上学的和修辞学的结构，但不是为了拒绝或抛弃它们，而是以另一种方式重新描述它们"[3]。更为重要的是，为了解构逻各斯中心论传统，解构必须先寄居其中，即"各种解构活动并不从外部触动结构"，它们"只有寓于这些结构之内"才是

---

　　① Derrida，*Position*，Les Éditions de Minuit，1972，pp. 21-22.

　　② Spivak，"Translator's Preface"，in Derrida，*Of Grammatology*，The John Hopkins University Press，1978，p. lxxvii.

　　③ Derrida，*Marges de la Philosophie*，Les Éditions de Minuit，1972，p. 256.

"可能的""有效的"，才能"击中要害"①。

解构的运作就在于发现文本的自身解构性，发现文本包含着自身的异己，实际上是要让文本自己嘲弄自己，自己瓦解自己。这一切只有通过能指游戏才能够进行，而这意味着，"不是把能指用作开启通向真理之路的钥匙，而是用作干零活者或修补匠的工具——一种实用的手段"②。解构阅读是按这样的方式来操作的：抓住文本的矛盾和歧义进行重写，尤其是要抓住一些有歧义的概念或词语。德里达显然是玩能指游戏的高手。在《柏拉图的药店》中，德里达抓住的是柏拉图文本中的"药"（Pharmakon）这一概念；在《论文字学》中抓住的则是卢梭文本中的"增补"（supplément）这一概念；此外还有其他文本中的"膜"（hymen）、"播撒"（dissémination）、"符号"（signe）、"痕迹"（trace）之类的概念，它们和德里达生造的"原文字"（archi-écriture）及"延异"（différance）具有同等的"修补"功效。传统批评通常也会注意到概念或用词的歧义，但它的目标是消除歧义，恢复单一意义，以求让能指与所指对应，让符号表象观念或指称对象。解构批评相反地迷恋于概念歧义，通过把概念的多重含义一并置入文本，使得文本的单一意义消除了，从而动摇（重写）了文本的结构，也因此取消了符号的表象功能，让它恢复其物质性存在。上述这些概念或用词大多来自有待我们去解构的文本，因此更有工具效用，利用它们可以使文本得到更好的"重写"。

"延异"是德里达生造出来的一个不是词的"词"，不是概念的"概

---

① Derrida, *De la Grammatologie*, Les Éditions de Minuit, 1967, p. 39.

② Spivak, "Translator's Preface", in Derrida, *Of Grammatology*, The John Hopkins University Press, 1978, p. lxxv.

念"，不是符号的"符号"。它其实是对差异（différence）一词的创造性改造，它要表达的是概念或词的意义"播撒"。它代表了德里达对概念或词的一般看法：即任何一个概念或词都具有"延异"的性质。上面所说的"药""增补""膜""原文字""痕迹"都能体现这一点。这些概念具有共同性，甚至是相通的，它们的意义不是固定的、静态的，只有在修补活动中才能体现出来。"延异"意味着意义的不确定性或"播撒"，这是某种一般的说法，在具体阅读作品时，德里达针对不同的文本，运用不同的词来进行解构。针对某个有待解构的文本，德里达把某个包含矛盾和多义的词作为重写的杠杆。例如，在《论文字学》中，他以"增补"及一些相关的词为杠杆，重写了列维-斯特劳斯和卢梭的"原文"。虽然"原文"还可以呈现，其实早已面目全非，而且"原文"也来自其他文本，和德里达重写的文本一样，处于某种寄生链条中。正因为如此，在对具体文本进行重写时，我们不一定需要启用新概念。换个角度看，为了动摇传统，我们不得不依赖传统。德里达启用"符号""文字"之类的概念，但像海德格尔后期对待"存在"一样，他给它们打上杠子或者画个叉，借以提醒读者，我们可以使用某些借自传统的概念或词，但千万不要忘记了，它们在为我们提供方便的同时，始终包含着让我们的解构归于无效并因此重回传统的危险。

德里达这样写道："既然这些概念对于我们来说是如今动摇它们构成其一部分传统所必不可少的，我们就没有必要轻易地放弃它们。在封闭的内部，通过一种倾斜的、始终危险的运动，冒着不停地重新落入它要解构的东西之内的危险，我们必须谨慎、小心地谈论这些批评的概念，指出它们的有效性的条件、环境和限度，严格地指出它们对于它们承诺解构的机器的附属；与此同时，指出难以命名的、超越封闭的微光得以隐约见出的缝隙。"①他针对索绪尔符号理论的解构很好地表明了上述立场。在他看来，符号学的所有姿态都必然是"模棱两可的"：符号概念"既标志着一种限制，又标志着一种进步"，这是因为，"就算从它的根基和内涵而言，它整个地属于形而上学"，然而"它所服从的运作和置换也已经产生了去界限的效果"②。于是，在使用"符号"概念时，我们既要想到它的形而上学归属，并因此随时准备放弃它，同时又必须吸收它的"全部启发性和批判性资源"；这其实表明，诉诸符号概念"成为策略上不可避免的"③。索绪尔的符号概念因此具有双重作用。一方面，这个借自形而上学传统的符号概念具有"绝对关键的批判作用"，它"对立于形而上学传统"；另一方面，"在他继续使用符号的范围内，索绪尔不可能不遵循这一传统；对待这个概念就如同任何其他概念一样，我们不可能对它有一种绝对新奇的使用或绝对常规的使用"④。

针对任何文本，德里达都在其中选择一个如同"符号"那样具有含混地位的概念或词，通过让概念或词所包含的不确定含义充分运转，最终让该文本在通常意义上的主旨归于无效。也就是说，德里达通过在文本内进行一系列概念游戏（词源分析、概念嫁接、一词多义），通过让文本运转起来，从而开启了文本阅读的多种可能性，进而消解了单一意义的神话。真正说来，关键的是词的运作、文字的历险，意义不过是附属

---

① Derrida, *De la Grammatologie*, Les Éditions de Minuit, 1967, p. 25.

② Derrida, *Position*, Les Éditions de Minuit, 1972, p. 27.

③ Ibid., p. 28.

④ Ibid., pp. 28-29.

物。借助传统来突破传统，这在传统批评看来或许是一种悖谬，但解构批评认可这种悖谬。人们通常认为解构是完全摆脱历史的。然而，这种看法实际上是对解构的概念、运作和风格的误解。解构批评家们其实承认，"解构自身并不能完全逃出西方形而上学，它不可避免地遭受到它要解构的文本的同样的问题和错误"①。概念歧义，使得传统含义得以保存，形而上学的阴影也因此始终存在。当然，我们在文本阅读中不仅要看到矛盾的共存，更重要的是要看到其没有止境的运动。德里达并不是要促进对立两极的优劣地位之转化，而是让两者都进入游戏中，颠覆不是目的，它只是一个中间环节，关键之处是通过置换而开启两极之间的游戏。于是，我们看到的是词的物质性力量，而不是它体现的概念性价值。

德里达表示，我们无法为"原文"的内在组织"给出一种线性的、演绎的，反映某种'理性秩序'的再现"，因为我们应该"在写下的那些痕迹中阅读和重读它们"，应该"在描绘和译解一个文本的那些边缘和字里行间去读解它们"②。这其实造成了解构本身的不确定性。也就是说，解构者"自己的文本必然已经被自身解构"，即"进一步的解构会解构了解构"③。德里达自己的著作也是不确定的，比如《论文字学》，就像他的其他著作一样，乃是一个文本，"它无休止地运动，没有绝对的开始"④。他

---

① Merrell, *Deconstruction Reframed*, Purdue University Press, 1989, p. 3.

② Derrida, *Position*, Les Éditions de Minuit, 1972, p. 12.

③ Spivak, "Translator's Preface", in Derrida, *Of Grammatology*, The John Hopkins University Press, 1978, p. lxxvii.

④ ［德］恩斯特·贝勒尔：《尼采、海德格尔与德里达》，50 页，北京，社会科学文献出版社，2001。

的解构对于不同的文本具有不同的游戏（运作）方式，他的整个作品也因此并不构成一本单一的大书，而是构成有关文字问题的一个"开放的系统"，它们之间只具有某种"家族相似"。这就决定了他的作品不具有"积极的价值"，因为它们没有实证的目标。他本人强调，"《论文字学》是一个问题的名称：探讨文字科学的必要性和可能性的条件，是开启该领域并克服认识论障碍所需要的批评工作；但也存在着关于该门科学的限度问题"①。这样说来，他关于文字问题的思考主要是消极的，而非积极的，这是建构未来文字科学的一种消极的批判性工作，与康德在《纯粹理性批判》中的努力相同，后者旨在为未来形而上学提供一种消极的批判性准备。

　　然而，《论文字学》可能会给读者造成某种相反的印象，即德里达要"建立一门名为'文字学'的具有体系的实证科学"，他"似乎从索绪尔的《普通语言学教程》的符号学、结构主义的原则转向了文字文本，以撰写一部《文字科学普通教程》"②。德里达当然不承认这种情形。在他看来，尽管文字科学做出了种种"解放"文字的努力，但这些努力仍然是暗中的、分散的，几乎无法觉察到的。他非常明确地承认："不管这一事业多么必要和富有成果，即使按有利的假设，克服了一切技术的和认识论的障碍，克服了一直限制着它的神学的和形而上学的羁绊，如此文字科学也面临着永远不能如此的、以该名称诞生的危险，有着永远不能够界

---

① Derrida, *Position*, Les Éditions de Minuit, 1972, p. 22.
② ［德］恩斯特·贝勒尔：《尼采、海德格尔与德里达》，50 页，北京，社会科学文献出版社，2001。

定其计划和对象的统一的危险。"①德里达的工作因此具有过渡性作用：他主要致力于让一切既有的文字科学充分展示其革命性的一面，但同时又密切关注它们与传统的不可分割的关联。在他眼里，建构一种未来的文字学，要么遥遥无期，要么根本就不可能。他这样说过："《论文字学》不是对文字学的一种捍卫和阐明，更不是为我们总是称为文字的东西恢复地位。"②他承认，他关于文字问题的描述其实触及了"边沿"或"界限"，却没有建立一种实证的文字科学或文字哲学，这意味着"构成一种关于文字的科学或哲学乃是一种必然而困难的任务"③。

德里达不再从认识的角度来对待文字问题，或者说科学本身应该受到质疑。于是他经济地、策略地诉诸海德格尔的"思想"概念，而不是传统的学科或科学概念。然而，"在某种方式上，思想什么都不想说"，因为"文字学，这种思想仍然被禁锢在在场中"④。与其强说不可说的东西，还不如沉默。文字即沉默。于是，学者们应该在形而上学的历史中开启一种针对"沉默"的考古学。形而上学的历史就是逻各斯中心论的历史，尤其是声音中心论的历史，"形而上学的历史，尽管千差万别，不仅自柏拉图到黑格尔（经由莱布尼茨），还超出这些明显的界限，自前苏格拉底到海德格尔，总是把一般真理的起源归于逻各斯：真理的历史，真理之真理的历史已经是对文字的贬低，是把它排斥在'充分'言说之

---

① Derrida, *De la Grammatologie*, Les Éditions de Minuit, 1967, p. 13.
② Derrida, *Position*, Les Éditions de Minuit, 1972, pp. 21-22.
③ Derrida, *De la Grammatologie*, Les Éditions de Minuit, 1972, p. 142.
④ Ibid., p. 142.

外"①。这显然把从古代哲学直至后现代哲学之前的历史都纳入了声音中心论的历史。在另一个地方，德里达则重点指出了早期现代哲学直至后期现代哲学的情形："在古典的哲学建筑术中，声音首先出现，因为一些无法解释的理由，它在一个从法律上看决定性的点上提出了声音及表音文字在西方历史关系中的优先性问题，就像它在形而上学的历史中，在形而上学历史的最现代、最关键、最审慎的形式，即胡塞尔的先验现象学中表现出来的那样。"②一切文本都表现为书面形式，但我们总是以"某某说"来表达，于是"文字"在喧哗声中沉默了。

逻各斯的本意是言谈，而在实际使用中含义很广泛，尤其与逻辑联系在一起，谈论、说明、思想、理性、公理、判断、概念、定义都包含在内。德里达认为，不管在前苏格拉底意义上还是在柏拉图哲学意义上，不管在神的无限理智意义上还是在人类学意义上，不管在前黑格尔主义意义上还是在后黑格尔主义意义上，真理的全部形而上学界定都与逻各斯的要求或在逻各斯血统中思考的理性的要求不可分割。他尤其关注"言谈"这一含义，逻各斯中心论从根本上说是一种强调声音在表达思想、意义方面的优先地位的西方思维。他认为，这种逻各斯与音素的原初的、根本的联系从未中断过。他解释说："语音的本质直接接近于在逻各斯的'思想'中与意义相关联者，创造意义、接受意义、说出意义、'汇集'意义者。"③亚里士多德是一个很好的例子。他把言语看作是心灵状态的符号，而写下来的词是说出来的词的符号，因为声音作为第一符

---

① Derrida, *De la Grammatologie*, Les Éditions de Minuit, 1967, pp. 11-12.

② Derrida, *Position*, Les Édfitions de Minuit, 1972, p. 13.

③ Derrida, *De la Grammatologie*, Les Éditions de Minuit, 1972, p. 21.

号的产生者，与心灵有一种实质的、直接的接近，"作为第一能指的生产者，它不是众能指中的一个能指。它意指本身通过自然的相似而反映或映照事物的心灵状态。在存在与心灵，事物与情感之间，存在着一种自然的表达或含义关系；在心灵与逻各斯之间，存在着一种约定的符号化关系。最初的约定，那种与自然而普遍的指称秩序直接相关的约定作为口语产生出来。书面语言则将那些在它们之中与别的约定相关联的约定固定下来"[1]。

　　亚里士多德由于唯物论倾向而关注语言与外部实在的关系，而那些观念论者关注的则是理想实在，但德里达置观念实在与外部实在、意义与事物的差别于不顾，断定整个西方思想文化的历史都隶属于逻各斯中心论—声音中心论传统。真正说来，语言表达的是观念，不管观念源自先天还是后天，都处在心灵之中。换言之，心灵本来就是一种自然语言，"心灵的情感自然地表达事物，它们构成一种同时抹去自身的普遍语言"，它是"透明的中转站"[2]。声音与心灵直接相关，从而比文字更接近所指。在德里达看来，"声音最接近于所指，不管人们严格地把所指规定为（被思考的或体验到的）意义，还是更宽松地规定为事物"，正因为如此，"相对于把声音与心灵或把声音与所指意义的思想，甚至与事物本身不可分割地统一起来的东西，任何能指，首先是书面能指，都是派生的"；这一切都依据能指的"技巧"和"表象"地位，索绪尔的"符号"概念依然延续了这一基本倾向，"符号的观念在它自身中始终暗含着

----

[1]　Derrida, *De la Grammatologie*, Les Éditons de Minuit, 1967, pp. 21-22.

[2]　Ibid. , p. 22.

所指与能指的区分，按照索绪尔的说法，在极端情形下，它们是同一片树叶的两面"，它们"因此依然处于声音中心论和逻各斯中心论的血统中：声音与存在，声音与存在的意义，声音与意义的理想性的绝对接近"①。在这种声音中心论中，文字不得不处于劣势地位。

德里达从关于文字的一些隐喻中看到了声音与文字的等级关系。人们往往赞美好的文字、心灵的文字、自然的文字，使之对立于坏的文字、非心灵的文字、非自然的文字。"自然的文字直接与声音、与呼吸联系在一起。它的本性不是文字学的，而是呼吸学的。它是庄严呆板的，完全接近于信仰声明中的内在的神圣声音，接近于我们回到自身时听到的那种声音：神圣的声音面向我们的内在情感的充分而真实的在场。"②这种情形表明，为了维护声音中心论，德里达不得不借助文字的隐喻。这种文字的隐喻被广泛接受，始终维护的是声音与文字的对立，"正像心灵中关于真理的文字在柏拉图那里的情形一样，在中世纪，它仍然是一种隐喻意义上的名字，也即一种自然、永恒、普遍的文字，其尊严获得了关于被指称的真理的系统的认可。就像在《斐多篇》中一样，一种堕落的文字持续地与之对立。我们应该描述这种始终把神圣的或自然的文字，与人类的和加工过的、有限的和人工的铭文对立起来的隐喻"③。德里达举了许多哲学家关于自然文字的隐喻说法，比如，伽利略说，"自然是用数学语言写成的"。笛卡尔说，"去阅读世界这本大书"。休谟说："与任何明白易懂的论述或推理相比，自然这本书是更加

---

① Derrida, *De la Grammatologie*, Les Éditions de Minuit, 1967, pp. 22-23.

② Ibid., p. 29.

③ Ibid., p. 27.

难解的巨大谜团。"凡此种种，都表明了越是靠近心灵，越是直接反映心灵之声或神圣之声，就越是好的文字，也因此是"准声音"。而一切人工之物，都属于技巧之列，只有派生的地位，同时也是值得警惕的颠覆性力量。逻各斯中心论有三个里程碑，分别体现在柏拉图的《斐多篇》，卢梭的作品和黑格尔的《百科全书》中。① 德里达对这些作品进行的整个解构努力，都旨在无限地展现文字既作为助手，又作为颠覆性力量的暧昧角色。

德里达把文字的这种地位纳入一种"增补"的逻辑中。根据他对卢梭的读解，"语言增补在场，取代在场，在希望与它结合的不可毁灭的欲望中推迟在场"，而文字更确定无疑的是一种"增补"，一种"增补"的"增补"，如果"增补是一种必然不确定的过程"，那么"文字尤其属于增补"，因为它"标志着这样一种情形，在那里增补成了增补的增补，成了符号的符号"②。卢梭其实在无意中进入了"增补"的游戏。德里达让这种"增补"游戏无限地展开，最终看到的是"原文字"。这当然不是卢梭本人愿意看到的，他"不可能想到这种出现在言语之前和言语之中的文字"，在其哲学"属于在场形而上学的范围内"，他"梦想的是死对生、恶对善、表象对在场、能指对所指、表象者对被表象者、面具对面孔、文字对言语的纯粹外在性"，但这些对立"无法消除且根植于形而上学之中"；我们"要利用这些对立，就只有通过颠倒才行，也就是说，只有承认这些对立才行"，而"增补不属于这一系列对立中的一项"，尤其是它"既不是

---

① Derrida, *De la Grammatologie*，Les Éditions de Minuit，1967，pp. 145-146.

② Ibid.，pp. 397-398.

能指也不是所指，既不是表象者也不是被表象者，既不是文字也不是言语"，在增补中，"这个系列中没有哪一项在被纳入后仍然能够支配延异或增补的经济学"，而"卢梭的梦想就在于强行让增补进入形而上学之中"①。卢梭想在"增补"过程中"正本清源"，即回到声音的中心地位；但德里达并非针锋相对地树立文字的中心地位，而是要把声音和文字的"增补"游戏无限地开展下去。

我们尤其应该注意德里达对胡塞尔的符号理论的解构。在《声音与现象：胡塞尔现象学中的符号问题导论》中，德里达集中探讨了这一问题，其他诸如收入在《哲学的边缘》中的《形式与意谓：语言现象学评论》等，也围绕该问题展开。他主要关注胡塞尔在《逻辑研究》中的有关思想，认为随后的作品（比如《欧洲科学的危机与先验现象学》和《几何学的起源》）并没有实质性的突破（这显然与梅洛-庞蒂强调两者间的断裂的姿态不同）。他注意到，胡塞尔在《逻辑研究》的第一研究（表达与意义）中的一种根本区分，即"符号"（signe，Zeichen）一词有双重意义。"符号"这个符号可以意指表达（expression，Ausdruck）或指示（indice，Anzeichen）。② 前者与含义（Bedeutung）联系在一起，后者与意义（Sinn）联系在一起。简单地说，前者表达理想的含义，后者外延更广，还指经验的、外在的意义。胡塞尔明显强调前者的优先地位。德里达认为，这

---

① Derrida, *De la Grammatologie*, Les Éditions de Minuit, 1967, p. 444.

② Derrida, *La Voix et le Phénomène*, Quadrig/PUF, 1993, p. 2. 同时参见胡塞尔的《逻辑研究》第二卷第一部分（上海译文出版社，1999），德里达的《声音与现象：胡塞尔现象学中的符号问题导论》（杜小真译，2页，商务印书馆，1999）。倪梁康先生译为"表述"与"信号"，杜小真女士译为"表达"与"指号"。

种区分突出地表现为一种声音中心论，它"让符号服从于真理，语言服从于存在，言语服从于思维，文字服从于言语"①。正是由于这种情形，德里达认为，胡塞尔的现象学依然囿于形而上学中："以符号概念为优先例证，关键是要看到对形而上学的现象学批判被宣布为形而上学确信的一个内部环节。更确切地说，关键是在开始证明，在其历史的成就中，在其仅仅恢复起源的纯粹性中，现象学批判的源泉乃是形而上学计划本身。"②

德里达告诉我们，声音中心论并不仅仅囿于哲学范围内，它已经渗透到了一切科学中。在他看来，"尽管科学实践经常对逻各斯帝国主义提出挑战，例如，它一开始就诉诸并且越来越诉诸非表音文字"，但这一切"只能在逻各斯中心论时代的内部才有意义"③。科学概念是由哲学奠基的，是受制于逻各斯中心论的（作为逻各斯中心论的哲学呈现在每一个科学学科中④），虽然它们一开始且始终都包含着革命性的力量，也就是说始终都诉诸非表音文字，但最终无法摆脱形而上学的结构。德里达的思考显然是在结构主义普遍强调语言的基础上展开的，但他从中看到的是这种语言扩张与逻各斯中心论的千丝万缕的联系。他写道："'语言'这一符号的通胀乃是符号本身的通胀、绝对的通胀、通胀本身。可是，通过它本身的面孔或影子，语言仍然构成一个符号：这一危机也

---

① Derrida, *La Voix et le Phénomène*, Quadrig/PUF, 1993, p. 25.

② Ibid., p. 3.

③ Derrida, *De la Grammatologie*, Les Éditions de Minuit, 1967, p. 12.

④ Kearney, *Dialogues with Contemporary Continental Thinkers: The Phenomenological Heritage*, Manchester University Press, 1984, p. 114.

是一种征候。它仿佛不那么情愿地表明——一个历史—形而上学的时代必定最终把它的有疑问的视域的全体确定为语言。它之所以求助于语言，不仅是因为欲望想从语言游戏中夺取的东西又重新出现在那里，而且因为语言本身同时发现自己的生命受到威胁，失去了控制，失去了缆绳，再也看不到界线，在它的界线似乎被抹去时，在它不再确保自身、不再被似乎超出于它的无限所指所包容和环绕时，它被抛回到它自身的有限中。"[1]

按照斯皮瓦克的解读，结构方法的提出意味着"语言"这一符号的膨胀，也是"符号自身的膨胀"，但这并不是指文字符号的膨胀，而是声音符号的膨胀，是言语成分或作为言谈的语言在意义生产中的作用的膨胀。[2] 尽管语言的膨胀意味着声音越来越"响"，德里达还是希望尽可能多地发掘关注文字因素的方面。他发现："通过一种缓慢的、其必然性难以被觉察到的运动，至少 20 世纪以来倾向于并最终汇集在语言名下的一切，都开始让自己偏离到或至少是总括在文字的名下。"[3]按照他的看法，在这种情形下，文字概念指的不再是一般语言的特殊的、派生的、辅助性的形式，不再是某个主要能指的外在表皮、不可靠的副本、能指的能指，它开始越出语言的外延。也就是说，文字原来被视为声音的派生物，现在却有凌驾于声音之上的趋势。这其实意味着，文字导致了离心运动，导致了能指游戏，"文字的降临也就是游戏的降临。如今，

---

① Derrida, *De la Grammatologie*, Les Éditions de Minuit, 1967, p. 142.

② Spivak, "Translator's Preface", in Derrida, *Of Grammatology*, The John Hopkin University Press, 1978, p. lxvii.

③ Derrida, *De la Grammatologie*, Les Éditions de Minuit, 1967, pp. 15-16.

这种游戏自我放任，抹去了人们曾经认为能够用来控制符号流通的边界，带走了一切让人放心的所指，削减了监视语言场的全部要塞、全部掩蔽所。完全严格地说，这一切都将瓦解'符号'概念及其全部逻辑"①。语言膨胀表明，并不存在言语对于文字的优先性，它们其实都是"原文字"的替代或伪装。这就突出了"原文字"相对于狭义的声音或文字的优先性，尽管这里并不涉及时间或年代问题。

在逻各斯中心论的历史中，文字被限定为一种派生的、工具性的功能，它是"某一充分的言语、充分在场的言语的译本，是服务于语言的技巧，是接受解释的某一原始言语本身的代言者、解释者"，而在语言膨胀中似乎出现了某种新的情形，"一切的发生仿佛是，人们称为语言的东西从其起源和目标上只不过是文字的一种根本而确定的环节、样式，是它的一种现象、一种外观、一个种类"②。德里达当然要充分地利用这种"变化"，但他并不认同简单的颠覆。有学者表示："德里达所关注的并不是要把优越性倒过来，而是要建立一种能够充分地阐明语言的文字性或文本性的并试图对声音相对于文字的优越性进行解构的文字理论。他的目标就是对它们(声音和文字)的相互交织和相互依赖进行更为清晰的分析。"③德里达工作的最为重要的方面就是重新清理声音文字关系的谱系，因此他要完整地再现文字沉默的历史，以及它的悄然反叛。在他看来，西方人只是在一种历险、一种短暂的历险中才忘记

①　Derrida, *De la Grammatologie*，Les Étions de Minuit，1967，p. 16.

②　Ibid.，pp. 17-18.

③　[德]恩斯特·贝勒尔：《尼采、海德格尔与德里达》，56 页，北京，社会科学文献出版社，2001。

了文字，这一历险"与3000年来把技巧和逻各斯中心论的形而上学联系起来的历史相混同"，它"现在正接近于它的活力失去的时刻"①。漫漫三千年，悠悠多少事，在哲人德里达那里都不过是人类的"短暂的历险"。

这种谱系清理要求重新界定语言和文字概念，德里达这样写道："断定文字概念超出并包含了语言概念，当然假定了对语言和文字的某种界定。我们如果不尝试做这一界定，就会屈从于刚才提到的膨胀运动，它也占用了'文字'一词，而且这样做并不出自偶然。"②也就是说，如果我们依然维持旧的语言和文字定义，那么文字的扩张不过是声音中心论的表现形式。在德里达那里，文字一词至少包含"两个意义"：一个是"通常的意义"，这把"表音文字"与它所表象的"言语"对立起来；另一个是"更根本的意义"，它是"一般意义的文字"，它是"文字与言语的共同根基"，即"原文字"，而"这种（原）文字与整个一系列的其他名称一同获得把握——原痕迹、保留、链接、裂缝，增补和延异"③。这里首先涉及的是如何界定文字概念，然后是文字概念与其他概念的关系，进而涉及它们与传统形而上学的关系。德里达在《论文字学》的"致读者"中提示我们：他在"字母之前的文字"中勾勒的是"一种理论基质的粗线条"，同时揭示了"某些历史标记"，提出了"某些批评性概念"，而这些东西在"自然、文化和文字"，即"卢梭时代的阅读，一种概略的阅读"中"获得

---

①　Derrida, *De la Grammatologie*, Les Éditons de Minuit, 1967, p. 18.

②　Ibid., pp. 18-19.

③　Derrida, *Position*, Les Éditions de Minuit, 1972, p. 16.

了验证"①。这其实表明，《论文字学》既包含理论建构的努力，同时也在清理历史，而"卢梭环节"对于检验理论和应验历史都具有重要意义。《声音与现象》《播撒》等作品进行的都是检验这种"理论基质"和应验历史的工作。

德里达表示，人们从前把行动、运动、思维、反思、意识、无意识、经验、情感都说成是语言，而现在则把电影、舞蹈、图片、音乐、雕塑、竞技，甚至军事和政治都说成是文字。② 德里达当然希望从诸多文字要素中发现有利的资源，但并不简单地认同这些泛而言之的文字，因为它们既然仍旧属于语言膨胀的一部分，依然在形而上学的界限内运作，就不可能真正提升文字的地位。所以，应该警惕通常的文字概念，并因此关注"原文字"概念。那么什么是"原文字"呢？斯皮瓦克告诉我们："德里达把痕迹的这种在场和在场的这种痕迹命名为'原文字'。"③那么什么又是"痕迹"呢？在德里达看来，"痕迹"表明的是符号的生成，它既非"自然的东西"也非"文化的东西"，既非"物理的东西"也非"心理的东西"，既非"生物的东西"也非"具有灵性的东西"④。"痕迹"可以说是抹去起源，也可以说是从来都没有起源，因为"痕迹是起源的起源"⑤。我们也可以换个方式来表述：痕迹事实上是"一般意义的绝对起源"，而这无异于说"不存在一般意义的绝对起源"，换言之，"痕迹乃是

---

① Derrida, *De la Grammatologie*, Les Éditions de Minuit, 1967, p. 7.

② Ibid., p. 20.

③ Ibid., p. lxix.

④ Ibid., pp. 69-70.

⑤ Ibid., p. 90.

开启显现和含义活动的延异"①。

文字并不表音，因为它"始终是无调的"②，但它留"迹"。也就是说，它并不像声音那样是在场的，而是游戏或游离在在场与不在场之间的。在《论文字学》中，通过对卢梭的增补链的游戏性解读，德里达认为，"增补"其实是文字的"另一个名称"，它"既不是在场也不是不在场"③。在《柏拉图的药店》中，通过对柏拉图作品做"文字即药"的解读，德里达尤其表明了文字的含混地位。它是一剂性质未定的"药"：可能是良药，不过是药三分毒，它也因此可能产生不良的效果；可能是毒药，但毒药也有治疗作用，就像砒霜在中药中有其良好的效用一样。他这样写道："如果说药是'双义的'，这是为了构成对立面之间彼此对立的媒介，是为了构成把它们彼此关联起来的运动和运作，是为了颠倒它们并使它们其中一个进入另一个之中（心/身、善/恶、内/外、记忆/忘却、言谈/文字）……药是差异的运动、场所和运作（产生）。它是差异的延异。"④

"延异"最能表达文字的含义，因为文字并不忠实于真理，而意味着异质性和差异性的展开。德里达"尝试让延异与文字相通"⑤。那么什么是"延异"呢？他这样回答说："我不知道它意指什么，或许它有些像形而上学称为符号（所指/能指）的生产之类的东西。"⑥德里达非常强调

---

① Derrida, *De la Grammatologie*, Éditions de Minuit, 1967, p. 95.
② Ibid., p. 443.
③ Ibid., p. 442.
④ Derrida, *La Dissémination*, Éditions du Seuil, 1972, p. 158.
⑤ Derrida, *Marges de la Philosophie*, Les Éditions de Minuit, 1972, p. 38.
⑥ Derrida, *Position*, Les Éditions de Minuit, 1972, p. 17.

différance 中的沉默无声的"a"的作用。"a"可以被写下来或被读出来，但不能被听出来。① 简单地说，在法语中"延异"（différance）与"差异"（différence）在发音上并无区别，不同仅体现在书写方面，但意思却完全改变了，静态的"差异"转换成了"差异的展开"或"差异的生产"。正是通过把"a"塞入 différence 中，德里达改变了声音与文字的等级模式，改变了二元对立的思维方式。这是因为，这个杜撰的既非概念又非词的 différance 来自"异质"元素的硬行捆绑，因此它构成一个复杂的网络。更为重要的是，它具有终结声音中心论的功效："a"是一个"沉默无言的标记"，一座"沉默的纪念碑"，它让人想到"埃及金字塔"，宣布的是"专制君主的死亡"②。通过插入"a"，德里达激活了表音文字中的沉默因素。

"延异"其实是"差异"一词的"延误"和"区分"两重含义的充分展开。差异首先指的是活动的推迟进行，意味着有意或无意的经济上的算计，诸如迂回、中转、延误、保留等含义都包括在内。从这个角度说，延误就是拖延，通过诉诸迂回，"把欲望或愿望的满足推后"。差异的另一个含义则较为寻常，指的是"不同，他者，不能辨别"，它与"争论""他性""距离""间隔"相关。③ 符号不是与某种指称对象有着静态对应的东西，它其实处于产生的过程中，始终处于"迟缓""移转""延迟""回缩""迂回""推迟"的运动中，它同时也是由于区分或分化造成的。"延异"的运动，会产生多种多样的东西，即产生分化，比如，可感或可知、直观或含

---

① Derrida, *Marges de la Philosophie*, Les Éditions de Minuit, 1972, p. 4; *Position*, Les Les Éditions de Minuit, 1972, p. 17.

② Ibid., p. 4.

③ Ibid., p. 8.

义、自然或文化的分化，这是对求同的克服；"延异"其实就是"这些差异和区分的生产"，而"差异"和"区分"是"延异的结果"。[1] 符号通常被置于取代事物本身的位置，也就是说，我们在不能把握或证明事物时，通过符号的迂回来意指它，符号从而意味着被延误的在场。德里达所说的事物同等地代表"意义"和"指称"，而这里的符号包括"口头符号"和"书面符号"。德里达充分展示的是时间意义上的延误，而不是要消除时间因素的阻碍，最终为我们展示意义的不确定，或者说在场与不在场的游戏。而在场与不在场的游戏又意味着某种区分的产生。索绪尔所说的任意性原则和区分性原则主要表明了通过区分来确定能指与所指的对应关系。德里达通过强调能指和所指的游戏，突出了区分性原则的非静态化，"一方面，这些区分在语言中、在言语中、在语言和言语的交换中起作用；另一方面，这些区分自身是结果"[2]。

德里达更关注的是延误和区分两者之间的相互推动，或者说"作为延误的延异与作为区分的延异的汇合"[3]；换言之，我们不仅要考虑"延异"在时间上和空间中的分别展开，更应该看到时间的空间化和空间的时间化的"综合"，并因此突出在场与非在场之间的没有止境的游戏。他表示，"延异"是非充分的、非单纯的"起源"，换言之，"起源"这一名称因此不再适合它。他这样写道："延异更为'原始'，但我们不再称它为'起源'或'基础'。"[4]这就避免了对起源的寻求，而这正是"原文字"所要

---

[1]　Derrida，*Position*，Les Éditions de Minuit，1972，pp. 17-18.

[2]　Derrida，*Marges de la Philosophie*，Les Éditions de Minuit，1972，p. 12.

[3]　Ibid.，p. 9.

[4]　Ibid.，p. 38.

表示的意思。德里达把时间上的延误和空间上的区分的综合及其展开称为"原文字、原痕迹或延异"①，而"保留""增补""药""膜"具有同样的意蕴。尽管如此，德里达最终还是认为，这一切并没有真正摆脱形而上学。他说，"对于我们而言，延异仍然是一个形而上学的名称，它在我们的语言中获得的一切名称作为名称都仍然是形而上学的"②。换言之，他所做的工作是无法以现有的语言来命名的，或者说是根本无法命名的，用"延异"及"原文字"等来命名，其实是强而为之。德里达在许多情况下都不用"原文字"，而是简单地用"文字"这个容易造成误会的概念。因此，他在说文字的原初地位时，容易让人想到二元对立关系的一种简单颠倒。事实上，德里达往往有意制造混乱，其结果是造成人们对他的误解。斯皮瓦克评论说："然而面对结构主义的明显的声音中心论，我们选择'文字'是有论战性的。这相反地恰恰导致了人们对他的普遍误解，仓促地认为德里达在研究语言时似乎恢复了文字对声音的优越性。"③如果我们不注意到"文字"在此实际上指"原文字"，就会误以为德里达简单地颠倒了声音与文字两者之间的关系。

　　不论表音文字还是声音都来自"原文字"，"原文字"就是它们的共同"起源"。其实，"原文字"不是某种具体文字，而是指一切类似于"痕迹""延异""差异的展开"等的状态和情形。德里达这样谈到"增补"与"延异"的关联："增补性就是延异，就是同时使在场产生裂缝又延误它，同时

---

① Derrida, *Marges de la Philosophie*, Les Éditions de Minuit, 1972, p. 14.

② Ibid. , p. 28.

③ Spivak, "Translator's Preface", in Derrida, *Of Grammatology*, The John Hopkins University Press, 1978, pp. lxix-lxx.

置之于分化和原初界限内的差异活动。"①德里达用通常的"文字"一词而不用他自己的"原文字"，其实有利于突出差异的展开，从而避免我们只看到静态的对立。这样一来，传统既受到抗拒，又获得了保留。斯皮瓦克表示："德里达选择'文字'或'原文字'不是偶然的。的确，正如德里达在论列维-斯特劳斯部分反复指出的，不能够在狭义的和一般意义的文字间做出严格的区分。一个滑入另一个之中，给区分打上了杠子。文字作为替罪羊具有消极的优势，对它的排斥表达了对形而上学封地的界定。"②

我们也可以说"原文字"类似于某种"共同的根基"，但显然不是就时间或起源而言的。德里达写道："这一共同的根——它不是根而是对起源的窃取，它也不是共同的，因为只有伴随着差异的不那么单调的持续，只有伴随着差异自身不可命名的这一运动（我策略性地昵称为痕迹、保留或延异），它才能够回到同一——只有在历史的封地内，也即在形而上学边界内才能够被叫作文字。"③启用这一概念具有明显的针对性。斯皮瓦克就此指出："如果形而上学的历史有所不同，这种有问题的'共同的根'可以称作'声音'。但是根据我们所知和能知的唯一的形而上学和唯一语言，哲学文本（所谓人学文本，文学文本……）是写成的（我们在书中、在键盘上读它），但文本总是被哲学（等等）规定为声音（柏拉图说，柏拉图似乎说）。'文字''直接（地）被压制'。所写的东西被读为声

---

① Derrida, *La Voix et le Phénomène*, Quadrig/PUF, 1993, p. 98.

② Spivak, "Translator's Preface", in Derrida, *Of Grammatology*, The John Hopkins Unievrsity Press, 1978, p. lxix.

③ Derrida, *De la Grammatologie*, Les Éditions de Minuit, 1967, p. 142.

音或声音的窒息。"①这样说来，如果是另一种历史，需要被解构的可能就是文字，而获得某种程度辩护的则是声音，共同的根则变成"原声音"或"声音"。显然，这里不存在严格的命名，而是一种干零活者的偶然之举。确实，德里达并没有严格的概念使用规则，他"从来不会长期保持某一主要用词，原文字、痕迹、增补等在《论文字学》中是重要的概念，在后面的著作不再是如此"，他的词汇"始终是运动的"②。德里达不会认同回家的努力，但他也没有采取一种颠覆的策略，他要展示的乃是以文字或写作活动为例的一种无止境的能指游戏。这其实表明了文字或语言的物质性和自足性。

---

① Spivak，"Translator's Preface"，in Derrida，*Of Grammatology*，The John Hopkins University Press，1978，p. lxx.

② Ibid.，p. lxxi.

中篇

主体·身体·经验

　　身体问题是当代法国哲学的一个重要主题，它与主体问题密切相关，而主体问题经历了从早期现代哲学意义上的普遍理性主体观，到后期现代哲学意义上的个体实存主体观，再到后现代哲学意义上的主体终结论的演变。

　　早期现代哲学表现为主体形而上学，而自后期现代哲学以来，出现了主体形而上学的解体，其原因或后果之一乃是身体地位的突出，这意味着经验，即感性经验的恢复和张扬。法国早期现代哲学从总体上看是意识哲学，重视的是内在心灵，在纯粹心灵和纯粹身体的二分中扬"心"抑"身"，把感性的或经验的身体纳入观念的秩序中，让它受制于意识主体的支配，并因此没有让它获得主体的地位。

　　法国后期现代哲学开始消解意识哲学，不同程度地疏远心灵，在很大程度上实现了身体对心灵的造反，实现了感性的回归，通过强调心灵的肉身化和身体的灵性化（与生命、情感的关联）而突出了身体经验，不同程度地实现了身体主体的地位。

　　法国后现代哲学推动的则是心灵和身体的物化进程，表现为感性欲望或身体经验的极度张扬，力图消解意识哲学的最后残余，并因此在主体终结论背景中确立了身体和欲望的核心地位。

第四章

意识哲学与表象的身体

　　法国早期现代哲学主要表现为各种形式的意识哲学，尤其以笛卡尔主义为典型代表。笛卡尔式的沉思致力于认识心灵的本性，为此之故，他必须把心灵与身体、与物体（这里的身体和物体在法语中其实是同一个词，即 corps）区别开来，"在认识心灵不灭之前，要求的第一个和主要的东西是给心灵做成一个清楚、明白的概念，这个概念要完全有别于物体所拥有的一切"[①]。在"清楚、明白的"领会中，作为物质实体的"身体永远是可分的"，而作为精神实体的心灵"是完全不可分的"[②]。人的身体由一些肢体和其他类似的

---

　　① ［法］笛卡尔：《第一哲学沉思集——反驳和答辩》，10～11 页，北京，商务印书馆，1986。引文有改动，后面对该书译文均有改动。

　　② 同上书，90 页。

一些偶性组合而成，但人的心灵却不是由偶性组合起来的，它乃是一种单纯实体。正是由于这种情形，身体很容易死灭，而精神或人的心灵按其本性来说是不灭的。[①] 于是，在笛卡尔的扬"心"抑"身"的二元论哲学中，心灵和身体成为两个独立不依的实体。前者与精神、思维联系在一起，后者与物质、广延联系在一起；前者是不含物性的纯粹意识，后者则是没有灵性的纯粹事物。

人或者主体属于思维、心灵范畴，身体及感性经验只具有从属的意义。笛卡尔在普遍怀疑之后找到"我思故我在"这个阿基米德点，其基本主张是："严格来说，我只是一个在思维的东西，也就是说，一个精神、一个知性，或者说一个理性。"[②]人主要与高贵的精神或良知、良能联系在一起，他超然于身体及其伴随的感觉、欲望之外。正因为如此，笛卡尔把有机体视为机器，人的身体同样是机器，即"有脸、手、胳膊，以及由骨头和肉组合成的这么一架整套机器"[③]，或者说"由骨骼、神经、筋肉、血管、血液和皮肤组成的一架机器"[④]。这个"机器"不是人之为人的根本，因为"我"完全可以把身体排除在"我"的本性之外。与之相反，"思维是属于我的一个属性，只有它不能跟我分开"[⑤]。人和动物的身体都是机器，是受物理定律支配的、缺乏情感和意识的自动机，但人之为人的根本却在于有一个心灵，即一个以思维为属性的实体。具有明

---

① ［法］笛卡尔：《第一哲学沉思集——反驳和答辩》，12 页，北京，商务印书馆，1986。

② 同上书，26 页。

③ 同上书，24 页。

④ 同上书，88 页。

⑤ 同上书，25 页。

显笛卡尔主义和康德主义倾向的布伦茨威格告诉我们："从动物—机器到人—机器似乎只有一步之差，可是，笛卡尔拒绝跨出这一步。"①可以看出，在笛卡尔那里，主体范畴限定在心灵或意识中，身体及其经验则被纳入客体范畴。简单地说，心灵是表象者，是认识主体；而身体则是被表象者，是认识对象。

在第六沉思中，笛卡尔非常明确地断定了心灵和身体的分别，强烈主张心灵可以不依赖于身体而独立自存："我确实有把握断言我的本质就在于我是一个在思维的东西，或者就在于我是一个实体，这个实体的全部本质或本性就是思维。而且，虽然也许（或者不如说的确，像我将要说的那样）我有一个身体，我和它非常紧密地结合在一起；不过，因为一方面我对我自己有一个清楚、分明的观念，即我只是一个在思维的东西而没有广延，而另一方面，我对于身体有一个分明的观念，即它只是一个有广延的东西而不能思维，所以肯定的是：这个我，也就是说我的心灵，也就是说我之所以为我的那个东西，是完全、真正跟我的身体有分别的，心灵可以没有肉体而存在。"②笛卡尔关于思维与想象、理性与感性的区分其实都是在此基础上展开的。然而，他面临着一个困境：虽然说心灵和身体这两种独立的实体之间并没有什么实在的联系，可是，在它们之间却存在着协调一致。他写道："人的心灵实在有别于身体，然而又和身体紧密结合得就像一个东西似的。"③"自然"或"本性"告诉我们，"我有一个身体，当我感觉痛苦的时候，它就不舒服；当我感

---

① Brunschvicg, *Descartes et Pascal Lecteurs de Montaigne*, Pocket, 1995, p. 130.
② ［法］笛卡尔：《第一哲学沉思集——反驳和答辩》，82 页，北京，商务印书馆，1986。
③ 同上书，13 页。

觉饿或渴的时候，它就需要吃或喝"，自然"也用疼、饿、渴等等感觉告诉我，我不仅住在我的身体里，就像一个舵手住在他的船上一样，而且除此之外，我和它非常紧密地连结在一起，融合、掺混得就像一个整体一样地同它结合在一起"①。

按照笛卡尔的看法，我们确实没有直截了当地认识到疼、饿、渴，而是有了这些感觉，"所有这些饥、渴、疼等等感觉不过是思维的某些模糊方式，它们来自并且取决于精神和身体的联合，就像混合起来一样"②。这其实否定了我思的纯粹性，也因此把笛卡尔推向了自我矛盾。为了解决这个问题，他不得不求助于一种超出两者之外的力量，一种无限的力量，那就是神。黑格尔在评价笛卡尔时表示，"现在要提出一个中介物，即抽象的东西与外在的、个别的东西的联系。他是这么办的：在两者之间放一个构成它们各种变化的根据的东西，以神作为联系的中间环节"③。这种倾向类似于莱布尼茨用"预定和谐"来解释两者的关系。按照梅洛-庞蒂对笛卡尔《第一哲学沉思集》的读解，我们实际上可以在两种方式上来理解人，"人的双重自然：宽泛意义上的自然，作为纯粹知性及它所设想的一切；和我的限定意义上的自然，在心灵—身体复合物意义上的自然"④。前者指的是代表人的理智、思维方面的"自然之光"，后者指的是代表人的感性、本能方面的"自然倾向"。在多数情况下，笛卡尔关注的是前者，但有时也谈到后者。

① ［法］笛卡尔：《第一哲学沉思集——反驳和答辩》，85 页，北京，商务印书馆，1986。

② 同上书，85 页。

③ ［德］黑格尔：《哲学史讲演录》第 4 卷，94 页，北京，商务印书馆，1981。

④ Merleau-Ponty, *La Nature*, Édition du Seuil, 1995, p. 34.

　　问题的关键在于，笛卡尔在这两种自然之间会建立起什么样的关系。我们可以从他的六个沉思中看出立场的变化："在第一到第三沉思中，笛卡尔把自然之光理解为指称的中介；在第三到第六沉思中，正是自然倾向推动我们相信外部世界、我的身体存在着。"①也就是说，最初从理性出发，身体被排除在人的本性之外，后来却又不自觉地给予了身体一定的地位。从表面上看，笛卡尔似乎轮流地诉诸"自然之光"和"自然倾向"，但在实际上，笛卡尔有非常明确的主次观念。简单地说，笛卡尔极力承认自然之光的优先地位，但并没有因此放弃自然倾向。外部事物的各个部分彼此外在，可以分割，然而身体的各个器官却紧密联系、不可分割，原因何在，或者说身体的统一源于何处？笛卡尔首先给出的答案是：源于心灵的在场。事物之间只有外在性，而身体各部分之间却有目的性关联，但身体并没有内在目的，没有自身价值，目的因此只能由心灵来赋予。也就是说，正是通过心灵，身体内部建立起了各种关系，也因此使得心灵作用于身体。然而，与身体没有直接关系的心灵如何作用于身体？没有广延的东西怎么能够与有广延的东西建立联系？笛卡尔明显面临着难题，他于是不得不寻找某种结合点。

　　按照梅洛-庞蒂的解读，笛卡尔试图在身体中的某一处，而不是所有地方寻找能够融合心身的地方，"笛卡尔不再从心灵的观点，而是从身体的观点，简言之从外部来理解统一的尝试。从这一观点看，心灵与身体的不可分割的统一不再延伸到整个身体，而是一个唯一点：松果

---

　　① Merleau-Ponty, *La Nature*, Édition du Seuil, 1995, p. 34.

腺"①。位于松果腺中的一种"动物精神"似乎可以沟通两者。笛卡尔在
"第六沉思"中有这样的一段描述："我还看出，精神并不直接受到身体
各个部分的感染，它仅仅从大脑或者甚至大脑的一个最小的部分之一，
即行使我们称为'共同感官'这种功能的那一部分受到感染，每当那一部
分以同样方式感受时，就使精神感觉到同一的东西，虽然这时候身体的
其他部分可以有不同的感受。"②松果腺显然被设想为某个既是物质又是
精神的结合点。笛卡尔认定它可以统一身心，这其实是某种逃避，并因
此没有去考虑身心的真正统一。这是因为，"为了这种统一得以实现，
不仅需要心灵设想自己下降到身体中，而且也需要身体进入心灵中。可
是，这对于笛卡尔是不可能的。由此，真正统一的缺席有的不过是简单
的并置"③。所以，当笛卡尔说"我是"或"我在"时，他实际上要说的却
是："存在着思想，知性，理性。"④"自我的真正定义是理性，知性。"⑤

　　这样说来，尽管笛卡尔在一些论述中有"偏差"，有"游离"，他最终主
张的还是以具有纯粹意识特征的心灵为主导的心身二元论。就认识论来
说，感官必须服从心灵，感觉必须服从理智。我们关于事物的认识表面上
与感官相关，实际上是判断的结果："真正来说，我们只是通过我们心里
的理智功能，而不是通过想象，也不是通过感官来领会物体。"⑥这是因

---

① Merleau-Ponty, *La Nature*, Édition du Seuil, 1995, pp. 37-38.

② ［法］笛卡尔：《第一哲学沉思集——反驳和答辩》，90～91 页，北京，商务印书馆，1986。

③ Merleau-Ponty, *La Nature*, Édition du Seuil, 1995, p. 39.

④ Merleau-Ponty, *Notes de Cours 1959—1961*, Éditions Gallimard, 1996, p. 251.

⑤ Ibid., p. 261.

⑥ ［法］笛卡尔：《第一哲学沉思集——反驳和答辩》，33 页，北京，商务印书馆，1986。

为，事物，包括身体的本性是广延，是变动的现象中的不变者，但感官只能追随变动的东西，不能通过现象看到这一本质。我们会认为自己是通过眼睛看到蜡块的，而不是通过心灵看到的，其实刚好相反。完整有形的蜡，由于高温一会儿就变得认不出来了，但我们认为它还是同一块蜡，这完全取决于我们的心灵，而不是眼睛；是因为我们能够做判断，而不是因为我们能够感觉。当我们感觉到形状时，我们完全确信这一感觉，但我们对形状的存在本身却会产生怀疑。这就需要我们把感觉纯粹化。"看""听""感受"于是就失去了全部的感性意义。或者说，由于判断和思维无处不在，感觉实际上消失了。这意味着身体的"去神秘化"或者说"祛魅"，表现为身体被机械地看待。在清楚分明的要求中，身体被看作是由单纯事物构成的，而任何事物都可以被纳入数学和测量的秩序之中："物质世界的所有事实，都可以用几何学术语来表述。"①自然世界具有机械性，物质的变化可以通过物理规则获得解释，这实际上是一种因果论的解释，被当作物体的身体也没有什么不一样。按照梅洛-庞蒂的说法，在笛卡尔和笛卡尔主义的理想中，"不仅世界，甚至神和人都被数学化了"②。从表面上看，"纯粹思维"发现了物质和身体，而实际上造成的是对它们的"遮蔽"和"遗忘"。这是因为，事物的秩序最终应该符合观念的秩序，并因此在表象的空间中获得其定位或存在。于是，物质和身体在笛卡尔的哲学体系中没有获得应有的地位，他强调的不过是"思想对于思想的实证性"③。尽管如此，笛卡尔思想中始终包含着理性

---

① ［美］加勒特·汤姆森：《笛卡尔》，33页，北京，中华书局，2002。

② Merleau-Ponty，*Notes de Cours 1959—1961*，Éditions Garlimard，1996，p. 75.

③ Ibid.，p. 240.

与感性、心灵与身体的张力，包含着许多暧昧含混的看法，而这些都被法国现象学家充分利用了，"这些乃是后来的谈论身体的法国哲学家，尤其是马塞尔和梅洛-庞蒂的极好的资源"①。

在法国早期现代哲学中，马勒伯朗士（Malebranche）同样坚持心身二分，按照黑格尔的理解，他的核心观点是："心灵的本质在思维中，就像物质的本质在广延中一样，其余的东西，如感觉、想象和意志，都是思维的变相。"②心灵和身体显然是二分的，它们代表了人的两种目标指向。按照马勒伯朗士的说法，人的心灵既可以与神联合，也可以与作为物质的身体联合。与神的联合使人高于一切事物，而与身体的联合无限地使人低下，并且是一切错误和不幸的主要原因。在他看来，心灵与神的关系是自然的、必然的、绝对必需的，而心灵与身体的关系尽管是自然的，却既非绝对必然的，也非不可或缺的。③尽管如此，他还是承认心灵与身体有联合或统一的一面，"这种联合随着与神的联合的增加而减少，但只能在我们死后才会瓦解"④。人的心灵确实与身体相联系，并因此削弱它与真理的联系，这就需要神的协调作用，需要神来引导心灵抵制身体。真正说来，身体和心灵是两个完全独立的实体，它们之间不可能有实质性的关系。如果说两者之间有协调一致的关系，如果说一方的变化会引起另一方的变化，这完全是由于神在起作用，身体和心灵最多只是对方的"偶因"或

---

① Atkins（Ed. with Commentary），*Self and Subjectivity*，Blackwell Publishing Ltd，2005，p. 7.

② ［德］黑格尔：《哲学史讲演录》第 4 卷，132 页，北京，商务印书馆，1981。

③ Malebranche，*The Search after Truth*，Cambridge University Press，1997，pp. xxxiii-xxxiv.

④ Ibid.，p. xxxvi.

"机缘"。

马勒伯朗士与荷兰哲学家斯宾诺莎一样，享有"大笛卡尔主义者"之名，甚至被认为是比笛卡尔本人还要彻底的笛卡尔主义者。也有人表示，他对笛卡尔思想进行了"最大胆的发展"，并因此是"笛卡尔主义的掘墓人"[①]。从总体情况看，他是忠诚于笛卡尔思想的，他对笛卡尔心身二元论进行了最完备的表述。从笛卡尔的"我思故我在"出发，马勒伯朗士认定"我是某种在思维的东西"，这个在思维的"我"，这个实体，不可能是身体，因为身体不能思维。[②] 按照他的说法，人必须遵循不可变动的秩序，而这一秩序居于人的内部，但感官和想象却把人引向外部，引向身体、周围世界，甚至引向没有任何实在的想象空间；因此，为了成为真正的人，人必须"回到最深层的他自身，必须倾听内在真理，最大可能地让感官、想象和情感沉默"[③]。也就是说，人之为人始终追求的是精神生活，人应该纯化心灵，趋近神："随着与神的联合的增加，心灵变得更加纯洁、更加明亮、更加强大、更加宽广，因为这种联合构成了它的全部完善。"[④]但同时(另一方面)，我们也应该注意到，马勒伯朗士在许多时候脱离了笛卡尔主义的"正面立场"。梅洛-庞蒂告诉我们，"在笛卡尔那里，只有三个文本坚持统一，大量的文本坚持分离。在马勒伯朗士那

---

① Huisman, *Histoire de la Philosophie Française*, Éditions Perrin, 2002, p. 222.

② Malebranche, *Dialogues on Metaphysics and on Religion*, Cambridge University Press, 1997, p. 6.

③ Malebranch, *Treatise on Ethics*, Kluwer Academic Publishers, 1993, p. 57.

④ Malebranche, *The Search after Truth*, Cambridge University Press, 1997, p. xxxvii.

里，心灵与身体统一的部分变成整个领域，即借助情感的认识领域"①。梅洛-庞蒂虽然没有否定马勒伯朗士思想的"正面"或"本来面"，但明显更加关注其有关心身统一的思想，也就是说更加重视并且要利用其"另一方面"。

我们同时还应该关注 18 世纪法国启蒙思想家的看法。黑格尔在谈到这一时期的法国哲学时表示："笛卡尔哲学是抽象的形而上学，现在我们有了关于具体物的原则。"②也就是说，这个时期的哲学家们不再从"意识""良心""理智"出发，而是从感觉出发来思考我们与世界的关系，"他们把感觉和物质看作是唯一真实的东西，把一切思维、一切道德方面的东西全都归结为感觉和物质，认为只是感觉的变相"③。这无疑强调了身体和物体的重要性。然而，就身体的性质而言，这些哲学家却发挥了甚至强化了笛卡尔的机械生理观。他们不仅认为身体是机器，甚至人本身也成了机器。按照笛卡尔的说法，人的身体是出自神之手的机器，安排得十分巧妙，做出的动作十分惊人，人所能发明的任何机器都不能与它相比。但我们不能说人就是机器，因为人与机器、与动物的区别在于能说话，有理性能力。④ 拉·梅特里（La Mettrie）批判这种观点，他不仅认为人体是机器，而且表示，真正的哲学家都会同意，"从动物到人并不是一个剧烈的转变"，尽管人对于动物有优势，"但把人和动物

---

① Merleau-Ponty, *L'Union de l'Âme et du Corps chez Malebranche*, *Biran et Bergson*, Libraire Philosophique J. Vrin, 2002, p. 11.

② ［德］黑格尔：《哲学史讲演录》第 4 卷，220 页，北京，商务印书馆，1981。

③ 同上书，230 页。

④ Descartes, *Discours de la Méthode*; *Les Passions de l'Âme*, Bookking International, 1995，pp. 73-75.

列入一类对于人还是一种荣誉"①。

黑格尔把拉·梅特里的"人是机器"看作是法国哲学过渡到唯物论的例子，并且表示，"一切思想，一切观念，都只有在被理解为物质性的时候，才有意义；只有物质存在"②。这种唯物论指向在其他人那里也表现出来，比如，狄德罗甚至把人及其身体与石头同等看待，发现机械运动对于它们的同等支配。当达朗贝尔（Dalembert）要狄德罗告诉他"人和雕像、大理石和肉的差别是什么"时，狄德罗回答说："差别很小。人们用肉来造大理石，也用大理石来造肉。"③按照他的说法，身体与大理石的区分，不过在于前者具有"活跃的感受性"，而后者只有"迟钝的感受性"④。由于这种彻底的唯物论立场，拉·梅特里批评莱布尼茨主义者"把物质精神化了"，而笛卡尔主义者"也犯了相同的错误"⑤。18 世纪法国唯物论者们否定唯理论的抽象原则无疑有其合理性，但片面地诉诸机械的物质也是有问题的。其实，就他们把身体与物体相等同，或者说把身体当作自动机而言，他们并没有离开笛卡尔的思路，依然外在地赋予身体以数量化的规定，仍然没有摆脱表象论的身体观。

身体既然被归属于客体领域，既然被视为被表象的对象，它就始终不可能获得应有的地位。难怪，德国思想家海涅（Heine）虽然批判德国浪漫主义者施莱格尔兄弟的精神论，却并不因此赞成法国唯物论把精

① ［法］拉·梅特里：《人是机器》，40 页，北京，商务印书馆，1996。
② ［德］黑格尔：《哲学史讲演录》第 4 卷，230 页，北京，商务印书馆，1981。
③ 《狄德罗哲学选集》，120～121 页，北京，商务印书馆，1997。
④ 同上书，121 页。
⑤ ［法］拉·梅特里：《人是机器》，13 页，北京，商务印书馆，1996。

神身体化。问题的关键在于让身体本身摆脱机械性，变成具有自身灵性的东西。他这样表示，"我并不属于那些使精神身体化的唯物论者之列；我毋宁是使身体重新具有精神，我使身体又通了灵性，我使身体神圣化"①。正是为了克服18世纪法国唯物论越来越强化身体的机械性的倾向，同时也为了修正笛卡尔只关注纯粹意识的倾向，19世纪法国哲学试图在情感、意志、下意识领域中开辟身体与心灵之间的通道。这是一些克服纯粹意识的超然性，同时让身体摆脱单纯客体性的努力。至少按照梅洛-庞蒂和亨利的理解，在通常被视为精神论源头的比朗（Maine de Biran）哲学中，身体开始上升到主体的地位，它不再是被表象的身体，而是绝对的身体。这些偏离意识哲学和机械身体观的努力，为身体恢复其自身地位埋下了伏笔。

---

① ［德］亨利希·海涅：《论浪漫派》，3页，北京，人民文学出版社，1979。

第五章 ┃ **在世存在与灵化的身体**

身体问题在后期现代哲学中具有核心地位，这一情形发端于 19 世纪中后期：德国哲学家叔本华和尼采在不同程度上注意到了身体问题，从比朗到柏格森的法国哲学家同样关注身体问题。我们尤其从 20 世纪法国现象学—实存主义运动中看出身体问题的极端重要性。在萨特那里，纯粹意识依然具有核心地位，但他已经初步勾勒了身体现象学的轮廓，认识到身体不仅是一种客体，而且也具有意义核心的地位。当然，在他那里，身体在很大程度上还是被表象的身体，它至少是对象化的表征："我"在他人意识中，他人在"我"意识中的对象化是以身体为中介的。在梅洛-庞蒂、利科、列维纳斯及后来的亨利那里，心灵的肉身化否定了纯粹意识的主宰地位，而身体的灵性化或身体与生命的关联则克服了身体的机械性和观念化。在本章中，我们首先概要性地探讨身体问题在现象学—实存主义运动中的进展，然后较为具体地探讨梅洛-庞蒂、利科和亨利等人的有关看法。从总体上看，在法国后期现代哲学中，身体虽然摆脱了表象性和观念性，但没有完全恢复其自身的物质性：这是一种灵性化的身体（corps animé），体现为物性和灵性或物质性与观念性的有张力的结合。

一、身体的造反与意识的式微

法国后期现代哲学把克服笛卡尔主义的心身二元对立看作是最为重要的目标，进而突出了身体的核心地位。法国哲学中的这种恢复身体地位的努力与欧洲大陆后期现代哲学的基本趋势是合拍的。与康德、费希特、谢林、黑格尔哲学的纯粹心灵或纯粹精神指向相反，德国后期现代哲学家叔本华和尼采开始重视身体的地位，开始发动身体对心灵的造反（费尔巴哈的感性唯物论、马克思的辩证唯物论与此也有共同性）。叔本华在他的《作为意志和表象的世界》中告诉我们，从知性的角度来看（或对于认识主体而言），"身体也是表象之一，无异于其他表象，是客体中的一个客体"；然而从意志的角度看，身体则以两种方式存在，一方面，身体作为"知性的直观中的表象，作为客体中的一个客体，服从这些客体的规律"；另一方面，身体与人的意志联系在一起，"他的意志的每一真正的活动都立即而不可避免的也是他身体的动作"，身体的活动"不是别的，只是客体化了的，亦即进入了直观的意志活动"①。在《权力意志》中，尼采明确表示要"以身体为出发点，并且以身体为线索"，他主张"肯定对身体的信仰"要胜过"肯定对精神的信仰"②。

这种对身体的关注也出现在同一时期的其他学科领域，比如，心理分析与文学创作领域。梅洛-庞蒂从心理分析有关性欲的理论中、从作家的普遍色情倾向中发现，"我们的世纪抹掉了身体和精神的分界线"③，换言之，"精神进入身体，就如同反过来身体进入精神一样"④。心理分析领域尤其值得关注，因为它对后期现代哲学，特别是对后现代哲学有着非常强烈的影响，这其实源于它以无意识取代意识的核心地位，并因此预示了身体的出场。梅洛-庞蒂表示："不管哲学上如何表述，弗洛伊德毫无疑问已经最好地洞察到了身体的精神功能与精神的肉身化。"⑤身体其实是后期现代哲学走出传统哲学困境的一条有效路径，"身体本身能够向我们提供走出先验观念论（实存就在于自我的纯粹内在化）与实在论（对于它来说，存在着的只是在各种各样的自然或人类事件之间的因果作用，而一切都被归结为各部分的绝对外在）的两难困境"⑥。简单地说，如果把一切归结为精神，世界和身体都被观念化、表

---

① ［德］叔本华：《作为意志和表象的世界》，150～151 页，北京，商务印书馆，1982。

② ［德］弗里德里希·尼采：《权力意志——重估一切价值的尝试》，178 页，北京，商务印书馆，1991。

③ Merleau-Ponty, *Signes*, Éditions Garlimard, 1960, p. 287.

④ Ibid., p. 290.

⑤ Ibid., p. 291.

⑥ Délivoyatzis, *La Dialectique du Phénomène：Sur Merleau-Ponty*, Méridiens Klincksieck, 1987, p. 15.

象化了，人于是成为一个超然的意识主体；如果把一切归结为物质，身体和人就成为机器。后期现代哲学家于是改弦易辙，试图采取某种融合两者的含混姿态：心灵依然有其地位，但身体作为一种区别于一般客体的客体更为突出地显示出重要性。在抛弃观念论、精神论的同时，他们并没有把心灵、精神弃置一边，而是改造传统意义上的身体和心灵概念，把人看作是某种"灵性化的身体"或者"肉身化的主体"，机械的身体获得了灵性和生机，而所谓内在心灵则被外在化了。

这就否定了人与世界的分离，强调了两者的相互关系，并因此把早期现代哲学所主张的主客二分的认识论倾向弃置到了一边。梅洛-庞蒂谈到这一点时表示，"当柏格森把知觉当作我们与存在的关系的基本模式时，当布龙代尔打算把一种事实上总是在向前进展，总是在超越自身的思想的各种暗示开展出来时，当阿兰把自由依赖于世界进程描述为游泳者依赖于既是其阻力又是其动力的水时，当克罗齐（Croce）重新将哲学置于与历史的关系中时，当胡塞尔将事物的物质方面的呈现作为一种明证时，所有这些都对自我意识的自恋提出了诉讼，都在可能和必然之间寻求通向实在的通道，都把我们的事实存在和世界的事实存在确定为一种新的研究维度"①。虽然上述哲学家的基本倾向很不相同，但梅洛-庞蒂还是发现了它们之间可能的共同之处：心灵不再超然物外，身体和世界乃是心灵的土壤。就法国后期现代哲学的最初发展而言，柏格森的生命哲学具有突出的意义，它明确要求走出笛卡尔和马勒伯朗士的纯粹意识哲学，但并没有因此成为完全的身体哲学。他和前辈哲人比朗有许

---

① ［法］莫里斯·梅洛-庞蒂：《哲学赞词》，136 页，北京，商务印书馆，2000。

多类似之处，他们实际上都走在通向身体哲学的途中。

通常认为，柏格森哲学属于精神论传统，关注的是心灵生活与意志自由问题。确实，这一点在他的第一本专著《论意识的直接所予》中有非常明确的表达。但在他的《物质与记忆》中，由于涉及身心关系问题，他不得不考虑到身体的独特性，并因此超越了笛卡尔的机械的身体观。在身体问题上，萨特和梅洛-庞蒂对柏格森多有批评，但从某些方面看，在柏格森主义与现象学—实存主义之间其实存在着很多共同性。我们可以这样断言，在自比朗以来的法国后期现代哲学的发展历程中，先是心灵的实体地位不断受到质疑，继而是心灵的纯粹性不断遭到驳难，这导致在心身二元结构中处于卑位的身体逐渐获得关注。然而，正像心灵不是机器中的幽灵一样，这里的身体不再是笛卡尔或拉·梅特里的所谓自动机。如果身体属于生理学范畴，如果身体是因果关系链条中的一环，由扬"心"抑"身"向褒"身"贬"心"的转换就仍然囿于某种二元对立的结构之中。实际的情形是，在后期现代哲学家们那里，正像心灵本身必须摆脱超然物外的姿态、必须扎根在身体或世界中一样，身体与人的情感、情绪、意志、意愿、经验、行为等方面联系在一起。十分明显的是，身体概念已经融入了本应属于心灵的要素，于是出现了心灵的肉身化和身体的灵性化的双重进程。这种情形在柏格森哲学中还只是隐约可见，在萨特哲学中逐步明朗起来，在梅洛-庞蒂哲学中则昭然若揭了。

柏格森的"绵延""形象""生命冲动""知觉"等概念都不言自明地指向身体。按照梅洛-庞蒂的理解："柏格森要求首先注意的这一绵延包含着与我们身体的一种关系，即这一身体与世界的某种完全肉体性的关系。"①事实上，柏格森本人也承认，《物质与记忆》的主题是"精神与身体的关系"②。他同时肯定精神和物质的实在，并尝试用记忆这一所谓"精确事例"来确定两者的关系。他试图表明，知觉与记忆之间只有程度的不同。为了避免要么"知觉是物质的产物"，要么"存在就是被知觉"这种两难存在，他提出"物质是形象的集合"，形象则被归结为一种介于"事物"和"表象"之间的存在③；而"对物质的知觉"被看作是与某种确定的形象，即与"我"的身体的可能行动联系在一起的那些形象。④ 通过把几乎就是物质的知觉看作是记忆的基础，通过强调完全就是精神的记忆不断地渗透知觉，他最终看到的是物质（身体）的灵性化和精神（心灵）的肉身化的双重进程。同后来的梅洛-庞蒂一样，柏格森显然试图通过身体而不是心灵来寻求身心的统一。

物质是形象的集合，而形象和知觉没有性质的不同，只有程度上的差别，于是，"柏格森在形而上学方面对形象和知觉仔细地加以区分之后，又不得不在心理学方面把二者混淆起来"⑤。在萨特看来，把形象看作既可以自然地过渡到精神又可以过渡到物质的东西，显然是在玩弄诡辩。他因此断言："柏格森并没有给形象的问题带来任何令人满意的解决办法"，或者说"柏格森在企图对形象的问题提供一种新的解决办法

---

① Merleau-Ponty, *Parcours Deux 1951—1961*, Édition Verdier, 2000, pp. 252-253.

② Bergson, *Matière et Mémoire*, Quadridge/PUF, 1997, p. 3.

③ Ibid., p. 1.

④ Ibid., p. 17.

⑤ ［法］萨特：《影象论》，46 页，北京，中国人民大学出版社，1986。

上失败了"①。这确实有玩弄花招之嫌。梅洛-庞蒂也注意到了这一点，他表示："柏格森根据观念论和实在论两种意义玩弄形象一词。"②当然，他没有像萨特那样做出否定性的评价，而是肯定了柏格森哲学导致的新方向。在他看来，这导致物质，尤其是身体变成一个含混的领域，也正因为如此，柏格森在人的行动中而不是在远离行动的记忆中看到了身心统一的可能性。按照他的读解："柏格森已经看到，哲学不在于实现自由与物质，精神与身体的分离或对立，自由和精神为了成为它们自身，应该在物质或身体中证实自身，也就是说应该获得表达。"③他从《物质与记忆》中得出的结论是："必须表明，身体没有意识是无法想象的，因为存在着一种身体意向性，意识没有身体是无法想象的，因为现在是有形的。"④当然，他同时承认，柏格森并没有提出一种身体主体理论，其目标只是限定纯粹意识而已。也就是说，柏格森对身心关系的思考，对知觉概念的把握，对绵延和生命冲动的理解，无不淡化了纯粹意识概念，开始把某种融合了物质性和观念性双重属性的身体提升到核心位置。但柏格森还摇摆不定，他"有时把一切赋予精神，有时把一切赋予身体"⑤。

现象学—实存主义的首要主题是肉身化主题，这是由其处境意识决

---

① ［法］萨特：《影象论》，52～53 页，北京，中国人民大学出版社，1986。

② Merleau-Ponty, *L'Union de l'Âme et du Corps chez Malebranche*, *Biran et Bergson*, Librarie Philosophique J. Vrin, 2002, p. 88.

③ ［法］莫里斯·梅洛-庞蒂：《哲学赞词》，18～19 页，北京，商务印书馆，2000。

④ Merleau-Ponty, *L'Union de l'Âme et du Corps chez Malebranche*, *Biran et Bergson*, Librarie Philosophique J. Vrin, 2002, p. 86.

⑤ Ibid., p. 92.

定的。萨特和梅洛-庞蒂推进了主要由柏格森等人开始的对笛卡尔身心二元论的批判，并由于接受胡塞尔后期思想和海德格尔存在论的影响而建立起所谓"身体现象学"。利科谈到自己的意志哲学时表示："它既然是现象学，那它就是实存现象学，其根本结构包含的是承认肉身化、本己身体这一中心难题。"[①]这其实表明了他和马塞尔、萨特、梅洛-庞蒂在特定时期有共同兴趣。在1959年关于"实存哲学"的对话中，梅洛-庞蒂把"肉身化主题"作为"实存哲学的几个重要主题"的第一个加以阐述，他明确表示："作为对康德的或笛卡尔观念论类型的哲学的反应，实存哲学对于我们来说首先由于其中一个主题——肉身化主题——的优势而获得表达。"[②]他谈到了马塞尔在《形而上学日记》中对该主题的强调，也谈到了萨特对该主题的独创性的表述及其导致的困境。

萨特在身体问题上的姿态较为复杂，其中体现了胡塞尔的纯粹意识理论与海德格尔的在世存在学说之间的张力。从其哲学起点来说，萨特强调的是为己与在己的区分，强调的是"无我之思"这一阿基米德点，他因此更为彻底地纯化了胡塞尔的意识和心灵概念，以至于把意识等同于"无"，使之完全摆脱了与生理的、作为物质媒介的身体的任何牵连。然而，他的最终目标不会停留于此，他要描述的是"人的实在"，因此他不可能只谈"虚"而不论"实"，也因此要求将为己与在己统一起来，尽管这最终是不可能达到的。他批评笛卡尔把思想和广延看作两个独立的实体，进而凭借想象力来解决它们的统一："先把两个关系项分开，以便

---

① Paul Ricoeur, *The Philosophy of Paul Ricoeur：An Anthology of his Work*, Beacon Press, 1978, p. 87.

② Merleau-Ponty, *Parcours Deux 1951—1961*, Éditions Verdier, 1997, p. 254.

随后把它们结合起来是不合适的。"①萨特承认人的实在意味着身心的综合统一，意识与世界的综合统一。在他看来，"我"的身体也是意义的核心，原因在于，"我"就是"我"的身体，而不是像拥有一个物体那样拥有一个身体。身体是为己的偶然存在，它并不完全是机械的生理，也因此表现出灵性；与此同时，意识的超越性、意识与身体的关系表明，意识始终进行着将自身物化的努力，也因此至少潜在地追求物性，身体的灵性化和心灵的肉身化于是同时获得了体现。

在《存在与虚无》中，萨特首先从虚无的角度界定意识范畴，进而把意识与为己相等同，与此同时展开为己与在己、为己与为他关系的探讨。正是在探讨为己与为他的关系时，萨特专门用一章的篇幅探讨了身体问题。这意味他把身体看作是"我"与他人关系的中介或通道。根据他的看法，"我"正是通过身体与他人保持关系的，身体表征着"我"的在世处境，意味着"我"绝非是一个孤独的单子。按梅洛-庞蒂对《存在与虚无》的读解，萨特并不是仅仅强调绝对自由，"在萨特本人那里，就像人们在《存在与虚无》中看到的，在绝对选择的观念之内也存在着别的，真正说来就是一种对立的自由观念：这只能是一种融入到世界中的自由，并且作为在事实的处境中完成的成果"②。然而，这一切并不能够掩饰萨特在存在论上对纯粹意识的强调，并因此"在他自己的原则之内重新恢复了思维实体和广延实体之间的笛卡尔式的二元论"③。这在其意识

---

① Sartre, *L' Être et Néant*, Éditions Garlimard, 1943, p. 37.

② ［法］莫里斯·梅洛-庞蒂：《哲学赞词》，136 页，北京，商务印书馆，2000。

③ Merleau-Ponty, *La Structure du Comportment*, Éditions, PUF/Quadrige, 1990, p. vi.

学说和身体理论之间造成了一个巨大的裂缝，"最终说来，萨特无法完全整合他关于自我创造的意识及其定位在身体中的说明"①。

肉身化的主体是梅洛-庞蒂哲学的核心。他试图构思一种关于"介入意识"的学说，根本对立于萨特把为己等同于"超然意识"的倾向。他认为，萨特把人同时描述为"存在"与"虚无"，这意味着两个实体的对立，因为"从我把自己设想为否定性，把世界设想为肯定性的环节出发，不再存在着两者的相互作用"②。他本人断然否认二者的严格区分，认为"从一个到另一个，存在着运动、进展和超越"③。萨特依然维持着笛卡尔意义上的二元对立，看到了身体的某种意义，但没有把它上升到主体地位；而梅洛-庞蒂要建构真正意义上的身体现象学，并因此确立身体的主体地位。身体实际上意味着在世存在的含混性，体现出了身心的互动和交织。我们注意到，胡塞尔的生活世界理论、海德格尔的"在世"学说、萨特的身体理论一道造就了梅洛-庞蒂的严格意义上的身体现象学。同时我们也要注意到，梅洛-庞蒂的身体理论还有更为深远的哲学史背景，是对笛卡尔、马勒伯朗士、比朗和柏格森等人在身心关系方面的某些看法的创造性"误读"的结果。

在现象学—实存主义运动中，甚至在整个法国哲学中，正是梅洛-庞蒂才真正确立了身体的主体地位。按照研究者们的评价，"把人的存在确定为作为身体的存在"乃是梅洛-庞蒂的"独特贡献"④；他通过"对人的

---

① Moran, *Introduction to Phenomenology*, Routledge, 2000, p. 389.

② Merleau-Ponty, *Le Visible et L' Invisible*, Éditions Garlimard, 1997, p. 78.

③ Ibid., p. 123.

④ Macann, *Four Phenomenological Philosophers: Husserl, Heidegger, Sartre, Merleau-Ponty*, Routledge, 1993, p. 200.

肉身化存在的原初经验的激进描述而对法国的后胡塞尔现象学做出了最原创和持久的贡献"①。尽管有些学者认为，他还没有完全摆脱意识哲学，他自己在晚期也承认这一点，但依据我的看法，他所说的主体就是身体主体，而绝不可能是意识主体。这恰恰是对传统身心二元论或心灵一元论的超越。我们可以从两个方面来理解这种超越的意味。一方面，心灵不再独立于身体，而是寓居于身体和大地；不再是纯粹的内在，而是杂然的此在；不再是纯粹的、超然的我思主体，而是一个处境化的、肉身化的我能主体。另一方面，取代心灵地位的并不是生理意义上的身体，身体不是纯粹的物质，不是机械的东西，而是被赋予了某种灵气和生机的东西，这意味着身体的灵性化。梅洛-庞蒂试图超越主客、心身、心物二分，把某种含混的存在确立为自己的出发点。他提出，"应该懂得为什么人同时是主体和客体，第一人称和第三人称，首创性的绝对和依赖者，或毋宁说应该修正某些范畴"，即传统的心灵或身体之类的实体范畴，而达到的目标是"在不涉及纯粹主体和客体的范围内把我们揭示为一种第三维度（我们的主动性和被动性，我们的自主和依赖在此不再是矛盾的）"②。

利科同样否定纯粹意识理论。他表示，自己之所以违背胡塞尔式的现象学，主要是因为自己不同意其"支配性的先验我思"，并且相反地提出了"受伤的、分裂的我思观念"③。这乃是利科在《意志哲学》中所着力表明的立场。他力图证明，笛卡尔和胡塞尔所主张的自身透明的、自足

① Moran，*Introduction to Phenomenology*，Routledge，2000，p. 391.
② Merleau-Ponty，*Parcours Deux 1951—1961*，Éditions Verdier，2000，pp. 12-13.
③ Kearney，*Dialogues with Contemporary Continental Thinkers*：*The Phenomeno-Logical Heritage*，Manchester University Press，1984，p. 27.

的主体性是不可能的，因为人的意志总是面临着有限的非意愿的各种限制。① 意愿与非意愿的辩证法于是导向一种实存哲学或身体哲学。施皮格伯格表示，利科对意志现象领域感兴趣至少有四个理由，而其首要理由乃是，对于他来说，意志领域提供了一种通向马塞尔意义上的身体"奥秘"的特许途径。② 在为高宣扬《利科的反思诠释学》所写的序言中，利科表示，在开始的时候，他是从法国的角度接受胡塞尔的现象学、雅斯贝尔斯的实存主义及海德格尔的实存主义现象学的，因此在写《意愿与非意愿》的时候，他在梅洛-庞蒂和萨特那方面寻找自己的位置。③ 其实，即使他关于叙事的研究，也没有真正脱离身体经验。在问及他的"叙事的解释学"如何与他从前的"实存现象学"联系起来时，利科借用维特根斯坦"语言游戏"一词表示，"叙事的'语言游戏'最终表明人类实存的意义自身就是叙事"，同时表示，"叙事的实存的、历史的蕴含是非常深远的"④。我们还需要提到列维纳斯，虽然他关注的不是个体实存，而是他人的实存，但他依然注意到了身体问题的重要性。他对身体问题的关注并不亚于萨特和梅洛-庞蒂。有学者表示："关于身体的提问法在萨特、梅洛-庞蒂和列维纳斯那里进入了第一层面。"⑤列维纳斯尤其以面

---

① Kearney, *Dialogues with Contemporary Continental Thinkers*：*The Phenomenological Heritage*，Manchester University Press，1984，p. 15.

② ［美］赫伯特·施皮格伯格：《现象学运动》，812 页，北京，商务印书馆，1995。

③ ［法］高宣扬：《利科的反思诠释学》，序言，3 页，上海，同济大学出版社，2004。

④ Kearney, *Dialogues with Contemporary Continental Thinkers*：*The Phenomenological Heritage*，Manchester University Press，1984，pp. 17-18.

⑤ Huneman & Kulich, *Introduction à la Phénoménologie*，Éditions Armand Colin，1997，p. 181.

孔为喻，否定针对他人的认识论或存在论姿态。

在法国现象学的后续发展中，我们应该注意到亨利对"身体"和"肉"及"肉身化"问题的关注。亨利的哲学任务指向"对实在的理解以及对这一理解的理解"，他在《显示的本质》《关于身体的哲学和现象学》《肉身化：一种关于肉的哲学》《马克思Ⅰ：一种关于实在的哲学》《马克思Ⅱ：一种经济哲学》《心理分析的谱系学》等作品中关于"显示""身体""经济实在""无意识""审美生命"，以及在《物质现象学》中关于"物质性"的探讨都是这一任务的"部分实现"。① 身体问题在其中尤其显得重要，它在实存论和存在论之间架起了一道很好的桥梁。在《关于身体的哲学和现象学》中，他关于身体问题的思考尤其获得了集中表达。通过解读比朗的思想，通过对这一思想的创造性转化，亨利提出了"主观身体""绝对身体""先验身体""先验生命"等概念，把身体看作是主体性的一个重要领域，突出了自我的情感性维度，明确地否定了纯粹我思的观念，同时否定了哲学传统对身体进行的各种客观主义解释。真正说来，他克服了笛卡尔主义的表象身体观，但并没有因此像同时代的后现代哲学家那样张扬物性的身体。

亨利告诉我们，"身体问题在实存哲学的偏好中占据了一个中心位置"②。然而，他同时试图表明自己的哲学没有受到包括梅洛-庞蒂哲学在内的实存哲学的影响，他试图表明自己思考的原创性。他就自己的《关于身体的哲学和现象学》表示："这一最初工作的内容绝没有受惠于

① Henry, *Phénoménologie Matérielle*, PUF, 1990, p. 12.
② Henry, *Philosophie et Phénoménologie du Corps*, PUF, 1987, p. 253.

我在那个时期忽视了的梅洛-庞蒂的那些同时代的研究。它也完全与它们不同。如果身体是主观的，它的本性取决于主体性的本性。关于这一点，我的看法根本对立于德国和法国现象学的看法。生命既不应该被看作是意向性的，也不应该被看作是超越性的，而应该在它之外同时超出两者。身体性是一种直接的情感，它在身体将自身指向世界之前完全地决定着身体。"①从我们后面的探讨中可以看出，亨利的看法的确有其独到之处，但从总体上看没有超出后期现代哲学的一般视域。也就是说，他所说的身体同样是灵化的身体，与梅洛-庞蒂等人的看法并没有什么实质性的不同。在本章第二节中，我们将重点探讨梅洛-庞蒂的身体现象学，同时适当谈及利科的有关看法。在第三节中，我们将集中探讨亨利关于身体的现象学思考。

二、肉身化主体与灵化的身体

梅洛-庞蒂的身体现象学试图克服唯理论的表象论立场与经验论的机械论立场，要求对行为和知觉进行某种"感性学"研究，借以恢复身体的生命和活力。身体不是出自意识的构造，但并不因此就构成物理世界的一部分。身体不是一部自动机，不是在己的，而是为己的，它表现为某种具有生命、灵性和生机的东西。行为和知觉分别是梅洛-庞蒂《行为的结构》和《知觉现象学》中的两个主要概念，它们直接涉及身体问题，

---

① 　Henry, *Philosophie et Phénoménologie du Corps*, PUF, 1987, p. v.

表达的都是某种含混性的存在：某种既非纯粹物质，也非纯粹精神的东西，体现为心理意向与身体运动的交融。梅洛-庞蒂强烈要求克服心身二分，主张身心统一。但身体不能够统一在心灵中，因为这意味着求助于意识的构造功能，并因此让身体心理化、观念化，成为被表象的对象。身体和心灵完全可以结合在身体中，这既让心灵获得了"实现"，同时又保证了身体的生机和灵性。《行为的结构》从"外部"，《知觉现象学》从"内部"考虑人的行为和知觉，最终探讨的是人与环境、与处境的关系。当然，"外部"和"内部"已经具有了新的含义：前者不再指向机械刺激，而是体现身体的灵性化；后者不再关注纯粹的内在性，而是体现心灵的肉身化。在梅洛-庞蒂后期的思想中，尤其是在其未完成的《可见者与不可见者》中，处于"物质"和"精神"之中途的"肉"尤其综合了灵性化和肉身化的双向进程，并因此把身体提升到了世界本体的地位。

梅洛-庞蒂的首要目标是克服纯粹意识的超然性，让它立足于身体，扎根于大地，也就是说让它有其根基，有其处境。他这样写道："如果没有自我的这一深渊，就什么都不存在。只是这一深渊并非什么都不是，它有其边缘，有其周遭。我们总是思考某种东西，我们的思考针对、按照、依据某种东西，在某个地点遭遇某种东西。甚至思考活动也是在存在的推动中获得把握的。"①这就引入了心灵的肉身化问题。在理性主义或反思哲学中，哲学家离开自己的身体成为一个超然的思辨主体，而被知觉事物则成为与我们漠不相关的客体，身体也只是其中的一

---

① Merleau-Ponty，*Signes*，Éditions Garlimard，1960，p. 21.

种。① 在笛卡尔那里，经历怀疑之旅，感性的东西最终被驱逐，一切都被纯粹化和观念化了：不再有"看"和"触摸"，而只有"关于看和触摸的独一无二的思想"，不再有事物和身体，而只有"'关于'事物'的思想'和'关于'身体'的思想'"，只有"含义事物和含义身体"，如此一来，"外部事物和身体成为不容置疑的，以至于它们在清楚明白的经验中向我们呈现"，并因此丧失了"神秘的力量"。② 也就是说，一切都被纳入客观认识的秩序中，要么成为超然的主体，要么成为被认知的客体，绝不容许存在中间状态。梅洛-庞蒂用一种"现象的身体"来挑战唯理论在意识主体和身体客体之间做出的二分，"身体从客观世界退隐并在纯粹主体和客体之间形成一种第三类存在，同时，主体丧失了它的纯粹性和透明性"③。

主体不是事物把它们的标记印在其上的一块蜡，但更不是封闭在它自身事件中的一种自我意识，也不是一种封闭在自己的观念中的一种纯粹思想。换言之，我思"是不透明的"④。这就否定了从笛卡尔直至胡塞尔的先验主体，纯粹意识主体，否定了萨特在在己与为己之间做出的截然区分。那么应该把什么确定为主体呢？在梅洛-庞蒂那里，主体变成某种依据视角与事物、与世界打交道的东西，而这就是所谓"现象的身体"。现象的身体与唯理论者所说的被表象的、观念化的身体不同，但也没有回到

---

① Merleau-Ponty, *Parcours Deux 1951—1961*, Éditions Verdier, 2000, p. 17.

② Merleau-Ponty, *La Structure du Comportment*, Éditions, PUF/Qudrige, 1990, p. 211.

③ Merleau-Ponty, *Phénoménologie de la Perception*, Éditions Garlimard, 1997, p. 403.

④ Merleau-Ponty, *Parcours Deux 1951—1961*, Éditions Verdier, 2000, p. 22.

纯粹物性的身体。它是一种物性和灵性交融的身体。也就是说，一种融通了身心双重特性的身体进入主体的序列中，并因此放逐了纯粹意识。笛卡尔在多处表示，主体只是"一个在思维的东西"①，而梅洛-庞蒂则表示，在思维过程中，主体通过自己的身体，发现"在世是自己的任务和天职"②。借助当代心理学的成就，他发现，"身体不再是处于某个超然的精神视野之内的一个在世界中的客体，而是处于主体一边，是我们在世界上的视点，是精神借以呈现出某种自然和历史处境的地方"③。

　　梅洛-庞蒂之所以强调身体，显然是为了突出主体概念的情境或处境意识。主体和客体之间的关系不再是认识关系，而是一种存在关系，在这种关系中，"主体荒谬地就是其身体、其世界和其处境，而且在某种方式上，彼此转换"④。按照他的看法，"如果说主体处于情景中，如果甚至说主体是情景的可能性而非别的什么，这是因为它事实上只有作为身体，只有借助这一身体进入世界之中，才能够实现其自我性"⑤。身体的凸显是对纯粹意识的克服，是为了让意识摆脱超然状态，这就拉近了人与世界的关系。于是主体不再是笛卡尔意义上的自然之光，它受制于自然倾向，受制于与身体、世界、他人的关系。很明显，梅洛-庞蒂对笛卡尔的思想进行了批判性的利用：否定其扬"心"抑"身"的心身二

---

①　[法]笛卡尔：《第一哲学沉思集——反驳和答辩》，34 页，北京，商务印书馆，1986。

②　Merleau-Ponty，*Parcours Deux 1951—1961*，Éditions Verdier，2000，p. 21.

③　Ibid.，p. 39.

④　Merleau-Ponty，*Sens et Non-sens*，Éditions Garlimard，1996，p. 89.

⑤　Merleau-Ponty，*Phénoménologie de la Perception*，Éditons Garlimard，1997，p. 467.

元论，利用其关于心身统一的言论，并最终让身体架空了纯粹我思："我"不仅是一个在思维的东西，更是一个实存着的东西，一个有生命的东西。我在故我思，"我"的实存活动乃是思维的基础。

当利科的意志现象学把批判的矛头指向唯理论，并要求回到对意愿行为和非意愿行为的"直接领会"时，他同样对笛卡尔采取了既批判又利用的立场。他表示，对我思的重新征服"完全可以自称出自笛卡尔的我思"①。按照他的看法，一方面，笛卡尔把心灵和身体分别与理智的两条异质线索联系在一起，即让心灵求助于反思，让身体求助于几何学，因此笛卡尔确立了一种知性二元论；另一方面，从笛卡尔写给伊丽莎白女王的信可以看出，他又试图维系身心统一，认为"必须把它们设想成单一的事物，把两者、相互妨碍的东西设想为整体"②。通过某种类似于梅洛-庞蒂所进行的对笛卡尔思想之创造性误读，利科在身体问题上得出的是这样的见解："对我思的重新征服必须是整体的；我们必须在我思深处重新发现它所养育的身体和非意愿。我思的全面经验包裹着我欲望、我能够、我生活，在某种普遍的方式上，成为身体的实存。一种共同的主体性奠基了意愿和非意愿结构的同质性。"③很显然，通过关注非意愿的各种形式，通过考察意愿与非意愿的"共同结构"，利科强调了心灵的肉身化，并因此驱逐了笛卡尔意义上的我思。

利科在意志哲学之后的阶段表示，认识自我需要解释的"远路"，而

① Ricoeur, *Philosophie de la Volonté* I: *Le volontaire et l'involontaire*, Aubier Édition Montaigne, 1960, p. 12.

② Ibid., p. 13.

③ Ibid., p. 13.

不能仅仅借助意识的"捷径"。他写道："不存在通过自身而直接地领会自身的自身，不存在内在统觉，不存在按照意识的捷径对我的实存欲望的占有，而只能通过符号解释的远途来达到。"①不应该满足于直接思维、直接意识、直观，而应该在历史和过去的回忆中，在对未来的展望中理解人，理解人与身体、人与人、人与自然的关系，而文本或符号就成了必经之途。通过对弗洛伊德的读解，他突出了"主体考古学"的重要地位，认为"这是我为了阅读弗洛伊德自己理解自己而形成的一个概念"②。这其实就是要否定纯粹意识，回到身体经验。这意味着他坚持了《意志哲学》第一卷《意愿与非意愿》的结论，他写道："此外，我还回到了在《意愿与非意愿》中我的意志哲学的那些结论——我要说，性格、无意识、生命乃是绝对非意愿的一些样态，它们确保我的自由'仅仅是人的自由'，即一种有动机的、肉身化的、偶然的自由。我就像在我的存在欲望中被设定的那样设定我。"③总之，即使是在严格的解释学阶段，利科仍然强调意识或心灵的肉身化形态，否定纯粹意识的超然存在。

说到心灵的肉身化或处境化，它可能会让人想到纯粹的精神会获得其物质性形态，这使两种本不相干的东西结合到了一起。就像在基督教中，完全精神性的神出现在与其完全异质的物质形态中，并因此利用了这种物质形态一样。梅洛-庞蒂否定这种看法，他认为心灵并不外在地

---

① Ricoeur，*Le Conflit des Interprétations：Essais d' herméneutique I*，Éditions du Seuil，1969，p. 169.

② Ricoeur，*De l' Interprétation：Essai sur Freud*，Éditions du Seuil，1965，p. 440.

③ Ibid.，p. 480.

利用身体，"精神并不利用身体，而是透过身体，通过使身体超出物理空间之外而实现自身"①。真正说来，问题的关键是改变看待身体和心灵的立场，不能够把它们分别看作是物质性和精神性的两极。他表示，我们甚至不能将精神定义为"身体的意义"，不能将身体定义为"心灵的表现"。因为这样的表述始终让人想到判然有别的两极，即它们或许相关联但彼此外在，而且这种关系是不变的。在对行为的研究中，梅洛-庞蒂回到的是行为与环境之间的互动关系，回到的是两者交融的"肉身化的辩证法"②。意识不是俯瞰世界的神，它本来就立足于身体和世界。与此同时，意识或我思活动也不是在与客观的时间、空间和世界打交道，它扎根的乃是一个"现象世界"，一个行为环境，一个与它有互动关系的"周围世界"。

主体不是以思考的方式，而是以直接感受、以行动的方式与世界打交道，"真实的我思不能按照主体具有的实存的思想去界定主体的实存，不能够将世界的确定转变成关于世界的思想的确定，最后不能以世界意义取代世界本身。它相反地认识到我的思想本身是一种不可剥夺的事实，它根除所有种类的观念论，发现我'在世界之中存在'"③。如果我们把主体看作是虚无，那么对象就是没有缝隙的实在，两者的关系就完全是外在的。换言之，世界只能由一个超然的主体来赋予它以意

---

① Merleau-Ponty, *La Structure du Comportment*, Éditions, PUF/Quadrige, 1960, p. 225.

② Ibid., p. 174.

③ Merleau-Ponty, *Phénoménologie de la Perception*, Éditions Garlimard, 1997, p. viii.

义，这显然是一种人工主义指向，显然世界被祛魅了。但梅洛-庞蒂表示："就意识而言，我们必须不把它设想为一种构造意识和一种纯粹的为己存在，而是一种知觉意识、行为主体、在世或实存。"①知觉意味着"我"与周围世界的"亲密接触"，这就断然地抛弃了超然的主体。主体是一种在世的存在，而身体则是主体在世的表征。正像瓦莱里（Valery）所说的，画家并不是用精神来绘画，他提供他的身体来绘画。这样，肉身化主体或者说身体主体就取代了意识主体。

当然，这并不意味着身体研究从精神回归本能，从理性回归欲望。梅洛-庞蒂这样写道："人永远都不会成为一只动物，他的生命总是或多或少地比一只动物的生命更为完整。但是，如果说人的那些所谓本能不能离开精神的辩证法而存在，那么相应地，这种精神辩证法也不能够在它得以实现的具体情景之外被设想。我们并不是与孤立的精神打交道。精神什么都不是，或者说它是对人的一种真实的而非想象的改造。这是因为，精神不是一种新的存在类型，而是一种新的统一形式，它不能取决于它自身。"②这样一来，精神的性质改变了，它在任何时候都不可能与身体分开。就知觉而言，唯理论者可能会把它归属于判断系列，而在梅洛-庞蒂那里，它与身体的透视性联系在一起。于是胡塞尔所说的意向性不是纯粹知觉的意向性，而是与身体知觉联系在一起，"我们在机体中发现的意向性不是精神的纯粹灵敏。它与其说涉及一种理想的含义

① Merleau-Ponty，*Phénoménologie de la Perception*，Éditions Garlimard，1997，p. 404.

② Merleau-Ponty，*La Structure du Comportment*，Éditions，PUF/Quadrige，1990，p. 196.

活动，不如说涉及心理学家们已经谈到的一些结构、外形、形式（格式塔）现象，在这些现象中，部分对整体的参照始终是不言明的，被实际经验到而不被思考"①。

身体不是与机械的性质或解剖结构联系在一起的，而是保持为某种统一性或整体性。比如，在儿童那里，他对于自己的身体和他人的身体都持一种完整的认识，而不是一种分解的姿态，"在儿童那里，完全没有注意到解剖学"②。身体其实与完整的意义联系在一起，正因为如此，身体的灵性尤其体现在身体的意向性中。然而，在笛卡尔二元论那里有其雏形，在康德那里大体定型，在胡塞尔那里获得强化的立场是：心灵是意向性主体，而物质则是意向性对象。作为物质世界一部分的身体也是意向性对象，而不可能成为意向性主体。梅洛-庞蒂因此面临着巨大的挑战，要根本改变主体的性质。有研究者表示："有人会认为身体意向性仅仅是一种隐喻，似乎只有思想领域有意向性——主观性于是被宣布为完全不同于身体的、或者说不同于客观性的领域。我们因此回到内在生活偶然地与身体联系在一起的传统观念，即旧的心身或主客二元论。梅洛-庞蒂因此必须证明思想领域与身体的前反省经验是'一致的'。"③梅洛-庞蒂显然实现了重大的转变，他不仅承认身体意向性，而且认为意识的或心理的意向性只能建立在身体意向性基础之上。他这样

---

① Merleau-Ponty, *Parcours Deux 1951—1961*, Éditions Verdier, 2000, p. 16.

② Merleau-Ponty, *Psychilogie et Pédagogie de l'Enfant: Cours de Sorbonne 1949—1952*, Éditions Verdier, 2001, p. 31.

③ Langer, *Merleau-Ponty's Phenomenology of Perception: A Guide and Commentary*, *Macmillan Press*, 1989, p. 56.

表示，"除非我们把人类活动所经历的知性分析看作是达到动物性目标的一种更精巧的手段，否则人类活动就不能被归结为生命活动"[①]。

梅洛-庞蒂于是赋予身体本身以意向性主体的地位。身体扮演着意义赋予者的角色，"身体经验使我们认识到某种不是由一个有普遍构成能力的意识给予的意义，一种依附于某些内容的意义"，因为"我的身体是如同一种普遍功能那样运作的意义核心"[②]。也就是说，不是意识的超然物外，而是身体的在世特征导致了世界的意义。他甚至更为明确地表示，"正是经验的这种绽出使得任何知觉都是对某种东西的知觉"[③]。身体意向性取代了意识意向性，这是一种全面的意向性，意味着某种先于逻辑和判断的先行领会。他注意到，儿童在任何逻辑构造之前就能够理解身体和用品的意义，能够理解语言的含义价值，原因在于，他自身就已经开始了那些把它们的意义赋予词和身姿的活动。[④] 动物那里也存在着类似情形：动物的各种姿势，它们在自己周围空间中勾勒出的各种意向，都不是以实在的世界或纯粹的存在，而是以"为动物的存在"为目标的。周围世界显然是由身体行为而不是由意识活动建构起来的。最终说来，不管人还是动物"都不是以一种意识，即一种其全部本质就是去认知的存在，而是以某种对待世界的、'在世界中存在'或'实存'的方式

---

① Merleau-Ponty，*La Structure du Comportment*，Éditions，PUF/Quadrige，1990，p. 188.

② Merleau-Ponty，*Phénoménologie de la Perception*，Éditions Garlimard，1997，p. 172.

③ Ibid.，pp. 84-85.

④ Merleau-Ponty，*La Structure du Comportment*，Éditions，PUF/Quadrige，1990，p. 184.

显露出来"①。

我们的任何行为表达的都是身体意向性而非纯粹意识的意向性。在这里，关键的是我们的身体与环境的互动，并因此确定某种具体意义，而不是理想意义或不变的意义，"自然的'事物'，机体，他人的行为，我的行为只是由于它们的意义才存在，但显示在它们那里的意义并不是一种康德式对象，构造它们的那种意向性生活并不是一种表象，通达它们的那种'理解'并非一种知性活动"②。这就断然否定了意义出于理智的构造的观点，并肯定了意义与身体经验的关联。意识意向性的结构具体化在身体意向性中、一种非逻辑的结构中。意向性意味着身体的中心地位，意味着身体的主动性而不是被动性。这里的意向活动、意向活动的对象都不是"在己的"，因为"初始知觉具有双面特性，它以人类的各种意向而不是各种自然物体及其支撑的那些纯粹性质（热、冷、白、黑）为目标；把它们领会为各种经验到的实在而不是真实的对象"③。身体意向性是由意向活动的主体（身体）、意向活动（运动机能和投射活动的展开）和意向对象（被知觉世界包括客体和自然世界，他人和文化世界）构成的一个整体结构。

梅洛-庞蒂以身体的空间图式来确保这种统一结构，进而把表达行为（姿势或言语）、性行为等看作是这种身体意向性的具体方面，而被知觉世界则是诸种意向性获得实现的"场所"。这种身体意向性既否定了作

---

① Merleau-Ponty, *La Structure du Comportment*, Éditions, PUF/Quadrige, 1990, p. 136.

② Ibid., p. 241.

③ Ibid., p. 180.

为纯意识的心灵，也否定了作为自动机的身体。梅洛-庞蒂借助心理学在心身关系问题上取得的一些成果来支持自己的立场。我们知道，在心理学方面存在着行为主义与心灵主义的尖锐对立，他对此采取了某种超越的立场。他像行为主义者一样批判心灵主义，因为心灵主义把一切都诉诸内省或意识；但与此同时，他也反对行为主义为行为寻求生理的，甚至物理的说明，即反对行为主义把行为"还原为反射和条件反射的总和"①。根据反射理论，行为被纳入"物理和生理事件的线性系列中"，刺激是恒常的、无条件地在先的，而机体是被动的接收器，因为机体局限于执行由兴奋位置和神经环路为它规定的事情。现代反射理论、条件反射理论虽然否定了这种机械的反射理论，并且赋予机体以某种活力，然而，它们只不过强调了生理过程的复杂性而已，却并没有因此抛弃刺激—反应的基本形式。梅洛-庞蒂明确倾向于格式塔心理学，认为它取得了比行为主义更有价值的成果，因为它克服了反射理论及条件反射理论的许多缺陷。

通过改造和发挥格式塔心理学的成果，梅洛-庞蒂要求克服心灵和身体的简单对立，主张将心灵和身体的观念相对化，并因此以辩证的眼光看待身体：存在着作为一堆相互作用的化学化合物的身体；存在着作为有生命之物和它的生物环境的辩证法的身体；存在着作为社会主体与它的群体的辩证法的身体；甚至我们的全部习惯对于每一瞬间的自我来说都是一种触摸不到的身体。这些等级中的每一等级相对于它的前一等

---

① Merleau-Ponty, *La Structure du Comportment*, Éditions, PUF/Quadrige, 1990, pp. 2-3.

级是心灵，相对于后一等级是身体。① 这样说来，通常所谓意识不过是身体行为的高级形态，身体也因此不再与机械的生理器官或机能联系在一起。梅洛-庞蒂以"形式"或"结构"概念来取代简单的刺激—反应模式和复杂的条件刺激模式。"形式"概念否定了"纵向功能"，而承认了"横向功能"的意义。也就是说它否定了刺激—反应的线性关系，强调了系统性和整体性，把行为看作是一个整体过程，"我们不能够在神经现象中把反应的每一部分与局部条件联系起来，在传入兴奋和运动冲动之间，最终在所有东西之间都存在着相互作用和内在联系"②。身体行为于是不再服从机械的因果关系，"机体不是作为一部机器起作用"③。这一辩证的"形式"概念克服了机械论和活力论的两难，进而超越了经验论和唯理论的对立。梅洛-庞蒂把"物质""生命""精神"界定为意义的三个层次。行为不再是一种物质实在，更不是一种心理实在，而是既不属于外在世界也不属于内在生命的一种意义整体或一种结构。

依据格式塔理论，只有在行为环境中发生的有机体运动才可以称为行为，仅仅在地理环境中发生的有机体运动不是行为。④ 这意味着，它"使一种不再是物质，但也不是意识或者精神的东西获得思考"，于是身体"不是一个部分外在于另一个部分的，但它更不是观念"⑤。当然，格

---

① Merleau-Ponty, *La Structure du Comportment*, Éditions, PUF/Quadrige, 1990, p. 227.

② Ibid., p. 49.

③ Merleau-Ponty, *Parcours Deux 1951—1961*, Éditions Verdier, 1997, p. 14.

④ ［德］库尔特·考夫卡：《格式塔心理学原理》上，39 页，杭州，浙江教育出版社，1997。

⑤ Merleau-Ponty, *Parcours Deux 1951—1961*, Éditions Verdier, 1997, p. 16.

式塔理论依然受制于物理—生理学视野，它并没有完全摆脱对行为的物理—生理学解释，也因此还保留某些机械论的残余。梅洛-庞蒂主张的则是一种"现象的身体"，他明确抵制任何机械论倾向，认为没有任何东西迫使我们认为"现象的身体能够被转化成物理系统并被整合到物理秩序之中"①。也就是说，身体是有精神的、有灵气的，它不可能服从机械的规律。"现象的身体"也就是"活生生的身体"，而我们对它的知觉不是随便一些视感觉和触感觉的"镶嵌"。基于这种看法，梅洛-庞蒂进而批评经验论把知觉还原为感觉的组合。经验论的出发点是感觉，尤其是外感觉，在它那里，机械的身体被动地接受外部的点状刺激，并形成印象。梅洛-庞蒂认为，经验论"错失了知觉现象"②。在他看来，经验论其实把知觉经验或知觉活动和知觉对象纳入了因果链条中，否定了在两者之间存在着的交互关系，并以一种"内容优先"的假定否定了知觉经验本身，"为了被知觉为对象而忽视了知觉经验"。梅洛-庞蒂显然不愿意回到经验论，他"放弃用纯粹印象定义知觉"③。针对经验论把知觉看作是自然过程的一部分，他借鉴格式塔心理学来表明："知觉不是一种自然的事件。"④

　　利科在很大程度上赞成梅洛-庞蒂的姿态。他否定胡塞尔的先验还原，因为先验还原意味着从根本上否定身体经验。他说："胡塞尔不打

---

① Merleau-Ponty, *La Structure du Comportment*, Éditions, PUF/Quadrige, 1990, p. 168.

② Merleau-Ponty, *Phénoménologie de la Perception*, Éditions Garlimard, 1997, p. 9.

③ Ibid. , p. 10.

④ Merleau-Ponty, *La Structure du Comportment*, Éditions, PUF/Quadrige, 1990, p. 157.

算让人的经验围绕着诸如意愿的已经实现的堕落及其在激情色调下的伪装的基本事实运行。相反，根据我们的看法，我们将会看到，让我们完全远离那著名而含糊不清的先验还原，是导致这种还原失败的对本己身体的真正领会。"①然而，利科并不因此要回到一种机械的身体。他试图解决意愿与非意愿的相互性、相关性问题，这不可避免地涉及心理现象与身体现象的相互作用。身体现象一般被认为与经验事实相关，而心理现象则属于纯粹意识领域。人们往往把意愿与意识联系在一起，把非意愿与身体现象联系在一起。这种情形其实是由于心身二分，意愿与非意愿二分造成的。利科要求抛弃这种二分，他表示："对意愿和非意愿的描述的任务事实上是进入我思的一种全面经验，直至到达最混乱的情感性的边界。"②这导向的是某种统一身心的努力，目的是通达梅洛-庞蒂所说的全面意向性或身体意向性。

利科承认，身体也可以成为实验科学的研究对象，从而被归结为一些事实。然而，这正意味着非意愿行为不再与意愿行为发生联系，"身体—客体因此倾向于使非意愿认识偏离我思"③。问题在于，一旦出现这种情况，意愿本身也被架空了，"在非意愿降低为经验事实的时候，意愿在其自身角度完全消失了：作为原初自由的'我思'被取消了，因为它没有经验意义"④。也就是说，不能把身体客体化、机械化，不能把

① Ricoeur, *Philosophie de la Volonté* Ⅰ: *Le volontaire et l'involontaire*, Aubier Édition Montaigne, 1950, p. 7.

② Ibid., p. 12.

③ Ibid., p. 12.

④ Ibid., p. 12.

意识纯粹化、虚无化，关键在于让意愿与非意愿结合起来。身体应该是两者的结合点，而"动机""运动""必然性"则是"主体内关系"。这显然不再囿于纯粹意识现象学，而是指向"本己身体及其与意愿自我之关系的现象学本质学"①。这就要求把身体提升为主体，从而出现了"身体主体与身体客体的对立"②。或者说，利科否定了传统的作为自动机的身体，维护一种具有灵性的身体。任何意向性都是一种全面的意向性，一种把意愿与非意愿统一起来的身体意向性，这种意向性始终与人的实存处境密切关联。

实存活动或行为的相关域不是地理环境，它们发生在行为环境之中。在我们的周围世界中，一切东西都是"上手"的，它们通过我们的身体先行建立起来的某些习惯性的行为方式来维系；与此同时，我们的"手"、身体具有灵活性，始终根据情境的变化调整这种习惯的在世方式。习惯代表着过去，而调整应对的是未来。于是身体成为过去、现在和将来的交汇地，因为它把过去推进到对未来的前瞻中，把未来奠基在对过去的回溯中，而两者的结合点则是现在。这就引入了身体与时间的关系。在梅洛-庞蒂那里，时间不是所谓客观时间，而是与身体行为联系在一起的东西，"我的身体占有时间，使一个过去和一个未来为一个现在而存在，它不是一个物，它产生时间而不服从时间"③。一些病理学材料可以证明，身体乃是时间的基础。被截肢者往往沉迷于习惯性的

---

① Ricoeur，*Philosophie de la Volonté* Ⅰ：*Le volontaire et l'involontaire*，Aubier Édition Montaigne，1950，p. 13.

② Ibid.，p. 13.

③ Merleau-Ponty，*Phénoménologie de la Perception*，Éditions Garlimard，1997，p. 277.

处境，所以拒绝承认被截肢的事实，试图用缺失了的腿走路，用没有了的手拿东西。正常人却能够顺利地调整习惯，并因此适应任何新的可能性（未来）。事实上，病人在建立起一种修正的习惯性身体以后，幻肢就会逐渐消失，不再对旧的习惯环境做出反应，而是开始适应新的环境。当然，这种调整不是在论题意识指导下进行的，而是随情境的改变而变化的非论题行为。

梅洛-庞蒂表示："心理物理事件不再按照笛卡尔主义生理学的方式被设想，不再被设想成一种在己过程和一种思维过程的接近。心灵和身体的联合不再由外在的两极，一个是客体，另一个是主体之间的任意决定来确认。它每一时刻都在实存运动中获得实现。"[①]由此形成的一个核心论点是：身体不能被还原为身体表象，我们应该回到实际的身体经验。我们既不对自己的身体进行内省，也不对他人的身体进行外部认识。不管内部认识还是外部认识，都是对身体的主体地位的否定，它要么把身体观念化，要么把身体机械化，最终把身体确立为一种客体。在梅洛-庞蒂和利科那里，不管"我的身体"还是"你的身体"，都是主体—身体，而不是一种对象性的客体—身体，它实现了对传统意义上的主客体的超越。对于利科而言，"本己身体"是"某人的身体"，是"一个主体的身体，我的身体，你的身体"，因此"主体性"同时是"内在的"和"外在的"。[②] 身体当然也有作为客体的情形，这意味着它被剥夺了所表达的

---

① Merleau-Ponty, *Phénoménologie de la Perception*, Éditions Garlimard, 1997, p. 105.

② Ricoeur, *Philosophie de la Volonté* Ⅰ: *Le volontaire et l'involontaire*, Aubier Édition Montaigne, 1960, p. 7.

主体并成为科学的对象。但就一个实存个体而言，其本己身体体现了主客的统一，并因此摆脱了纯粹意识和纯粹事物的二元性。

由于身体被确立为主体，梅洛-庞蒂在承认时间性的意义的同时，更为关注空间性。他试图为我们描述身体的空间图式，这涉及的不是物质性空间，也不是纯粹的形式空间，而是本己身体的特定空间。他表示："在我看来，我的整个身体不是在空间中并列的各个器官的组合。我在一种共有中拥有我的整个身体。我通过身体图式得知我的每一肢体的位置，因为我的全部肢体都包含在身体图式中。"①我们的身体并不像某种东西那样处在某个空间区域中，它寓居于或纠缠着空间；当我们想要移动身体时，我们并不像移动物体那样移动它们，我们就是身体，我们通过身体直接进入空间；身体"不是一件用具或一种手段，它是我们在世界中的表达，是我们的意向的可见形式"②。他甚至认为，身体可以被等同于空间，并因此成为其他东西的参照系、意义核和活力源，"身体不停地维持可见景象的活力，内在地赋予它以生命、供给它以养料，与之一起形成一个系统"③。正是身体的统一使我们意识到周围世界的统一。

在梅洛-庞蒂的早期思想中，身体主体（或肉身化主体）取代了纯粹意识主体（或精神实体），然而心灵并没有被排斥在一边，它在身体中获

① Merleau-Ponty, *Phénoménologie de la Perception*，Éditions Garlimard，1997，p. 114.

② Merleau-Ponty, *Parcours Deux 1951—1961*，Éditions Verdier，2000，p. 39.

③ Merleau-Ponty, *Phénoménologie de la Perception*，Éditions Garlimard，1997，p. 235.

得其实现并成为赋予身体以生机的东西。这种倾向在后期，或者说在《可见者与不可见者》时期依然得以保持。他始终强调身心的统一，并因此达致心灵的肉身化和身体的灵性化。比如，在《眼与心》中，他这样写道："思想所激活的身体对于思想来说并不是众对象中的一个对象，而且思想并不把所有剩余的空间作为暗含的前提取出来。思想依据身体而不是它自己来思考，在把它与身体统一起来的自然法则中，空间、外部距离也获得了规定。"①由此看来，梅洛-庞蒂在其后期思想中并没有完全置早期的看法于不顾，而是予以推进和强化。在他眼里，身心统一最终实现在身体中，而不是在精神之中，"使知性与身体的混合服从于知性是荒谬的"②，换言之，"我们并不具有绝对精神，哲学家不是绝对精神"③。

身体不再是机械的东西，而被赋予了生机，但这种生机不是来自思想，而是源于身心统一，因为"身体和思想是一个混杂在另一个之中"④。我们在说身体的时候，已经看到了精神火花，或者说身体就是一种火花，因为它已经就是身心的统一或交织："身体被赋予生机并不是由于它的各个部分的彼此配接，也不是由于来自别处的精神降临到了自动木偶之中，这依然预设本己身体没有内部，没有'自我'。当一种交织在能看者与可见者之间、在触摸者和被触摸者之间、在一只眼睛和另一只眼睛之间、在一只手与另一只手之间形成时，当感觉者与可感者之

① Merleau-Ponty, *L' Oeil et l' Esprit*, Éditions Garlimard, 1997, p. 53.

② Ibid., p. 55.

③ Merleau-Ponty, *Notes de Cours 1959—1961*, Éditions Garlimard, 1996, p. 83.

④ Merleau-Ponty, *Signes*, Éditions Garlimard, 1960, p. 21.

间的火花擦亮时，当这不会停止燃烧的火着起来，直至身体如此偶然瓦解了任何偶然都不足以瓦解的东西时，人的身体就存在了。"①身心统一必须是真实的，必须是一种"混合"，一种"感染"，必须承认"一种既非精神也非兽性的新存在"，必须以"可感性质"回避"自然之光"②。这种"新存在"就是所谓"肉"。通过这一概念，梅洛-庞蒂把一切东西都看作是类似于身体的东西。身体、语言、思想、他人、物质，所有这一切都源于"世界之肉"的绽裂。在这样的观点中，世界成了"我"的身体的作用场，甚至是"我的身体的延伸"③。

梅洛-庞蒂始终坚持对理智论或后期所说的反思论的批判立场，主张不断地回到反思之前，回到知觉，回到身体："在反思之前，自我相信自己通过自己的身体处在一个实际的世界中，而其他人通过他们的身体处于这个世界之中，我相信我看到其他人知觉到我所知觉到的同一个世界，我相信在看他们所固有的世界的过程中是他们中的一员。"④这种情形是由"我的生命与其他的生命、我的生命与众可见物的交织，由我的知觉场与其他人的知觉场的印证，由我的时限与他人的时限的混合导致的"⑤。这样一种追求交织效果的倾向，使梅洛-庞蒂赞同柏格森追求存在整体的努力，而不再单纯地提出身体问题："我们要说，在全部哲学之前，知觉信念被证实与一种混乱的整体打交道，在此全部事物是一

---

① Merleau-Ponty, *L' Oeil et l' Esprit*, Éditions Garlimard, 1997, p. 21.

② Merleau-Ponty, *La Nature*, Éditions du Seuil, 1995, p. 37.

③ Merleau-Ponty, *Le Visible et l' Invisible*, Éditions du Seuil, 1995, p. 83.

④ Merleau-Ponty, *Le Visible et l' Invisible*, Éditions Garlimard, 1997, p. 73.

⑤ Ibid. , p. 74.

个整体，即身体和精神，还有知觉信念所呼唤的世界。"[1]既然我们把一切纳入存在整体中进行思考，而非单纯地从唯我的身体出发，就应该承认有某种更根本的力量，而这就是所谓"肉"。这是某种最后的元素，也因此是某种具有普遍性的东西。

梅洛-庞蒂力图表明"肉是一个最后的用词"，表明"它不是两个实体的联合或者复合，而是可以通过它自身获得思考"[2]。正因如此，"不再存在着提出作为两个实体的心灵与身体的关系问题"[3]。按照他的界定，"肉不是物质，不是精神，不是实体"，可以用"元素"这一旧有的用词来界定它，就像用它来界定水、气、土、火一样，它"处在时空个体和观念的中途"[4]。这种肉质元素并不表现为某种固定的、不变的实体，而是某种造成世界的丰富多样的东西。"我"的身体依然是世界中最活跃的因素，因为"我"的身体最典型地代表了"我能"，这使得"世界之肉"与"我"的身体之"肉"既同又异："世界之肉不像我的肉那样自我感觉，它是可感的而非感觉者——我仍然称其为肉……为的是说它蕴含各种可能，或世界的可能性（作为这一世界的变量的各种可能世界，尚不及单一与复杂的世界），它因此绝对不是对象，纯粹事物的存在模式不过是其部分的、派生的表达。"[5]在这里，梅洛-庞蒂显然包含了赋予世界以活力，也因此把身体的活力隐喻性地推广到宇宙中去的意思。

① Merleau-Ponty, *Le Visible et l' Invisible*, Éditions Garlimard, 1997, p. 92.

② Ibid. , p. 185.

③ Ibid. , p. 285.

④ Ibid. , p. 184.

⑤ Ibid. , p. 304.

"肉"是世界的灵性化表达，而不是机械性表达。不管我们是用三个指头握笔在纸上写字，还是整个手臂拿粉笔在黑板上写字，我们的笔迹都可以被认出。原因在于，我们写字的"手"是一只"灵活"的"现象手"，而不是一只"惰性"的"物质手"（main-chose），它并不隶属于一个"机械"的"物质身"（corps-chose）；它在处境的空间中而不是在客观的空间中写字。

梅洛-庞蒂进而写道："我们所谈论的肉不是物质。它是可见者对能看的身体的环绕，可触者对能触摸的身体的环绕，当身体在看和触摸事物的过程中看自己和触摸自己时，这尤其获得了证实，以至于它同时作为可触摸者下降到诸事物之中，作为触摸者主宰着它们全部，并且从它自身中通过整体的分化或者裂缝引出这一关系，甚至是双重关系。"①这样一种思路导致的是一种可逆性观念，或者说主动者与被动者、主体与客体相互转化的观念，在身体本身中已经实现的这种可逆关系，被推广到了身体与世界、物质与精神、可见者与不可见者之间。这意味着，我们的任何感觉或行为都与其他感觉或行为相关联，都实现着某种普遍性。这种观点实际上是身体图式论的延续。梅洛-庞蒂力图表明，"肉"作为哲学概念，乃是他本人的独创和发明："我们的所谓肉，这一内在地精心制作成的团块，在任何哲学中都没有其名。作为客体和主体的中间物质，它并不是存在的原子，不是处在某一独特地方和时刻的坚硬的在己，人们完全可以说我的身体不在别处，但不能在客体意义上说它在此地或此时，可是我的视觉不能够俯瞰它们，它并不是完全作为知识的

---

① Merleau-Ponty, *Le Visible et l' Invisible*, Éditions Garlimard, 1997, pp. 191-192.

存在，因为它有其惰性，有其各种关联。必须不是从实体、身体和精神出发思考肉，因为这样的话它就是矛盾的统一；我们要说，必须把它看作元素，在某种方式上是一般存在的具体象征。"①

"肉"是身体的基质，但它同时也是观念的基质；是与两者都不相同，但包含着两者的东西。这当然不是在实体意义上说的，作为精神和物质之"中途"，作为始终在"绽裂"的东西，"肉"有点类似于德里达所说的"原书写"或"延异"。正因如此，它既意味着"野性存在"，也意味着"野性精神"。其实，"肉"和身体一样是隐喻性的。它意味着可见者与不可见者、物质与精神的交织、交错，意味着它们之间的彼此通达，意味着可逆性。从"我"的身体方面来说，"肉"表现为"我能"，而从世界的角度看，表现的则是"可能性"。最终说来，肉表达的是"我"及世界的生命或灵性。身体是"在世界中的身体"，是在可见者中的身体，但身体典型地代表了世界的可能性，典型地体现出世界的生命，"根本的观念是肉的观念，这不是客观的身体，也不是被心灵作为它的对象而加以思考的身体（笛卡尔），它在我们感觉到的东西和感觉者的双重意义上是可感者……我的肉是所有其他可感者都在其上进行登录的可感者之一，是所有其他可感者都分享的枢纽可感者、关键可感者、维度可感者。我的身体在其最高点上是全部事物之所是：一个维度的此在。它乃是普遍的事物"②。总之，"肉"乃是身体的灵性的升华，这意味着身体被提升到了本体的高度，而与此同时，实存也真正融入世界之中了，从而避免了可

---

① Merleau-Ponty, *Le Visible et l'Invisible*, Éditions Garlimard, 1997, pp. 193-194.

② Ibid., p. 313.

能的唯我论。

三、肉身化主体与主观的身体

　　梅洛-庞蒂和利科关于身体问题的思考大体上强调了心灵的肉身化和身体的灵性化双重进程，从总体上看具有实存论指向，尤其关注身体的经验维度。就前期亨利而言，总体背景依然是心灵的肉身化和身体的灵性化，但他倾向于一种存在论指向，并且从先验而不是从经验的角度看待身体。与前两者一样，亨利也承认情感、意志之类与纯粹意识是有别的，但他并不像他们那样把身体引向与外在、与处境的直接关联，而是维护身体的"内在性"，身体的"先验内在性"。当然，这种内在性与意识哲学所说的纯粹意识的内在性是完全不同的。梅洛-庞蒂和利科通过把身体与情感、意志联系在一起，突出了身体的"灵性"，并因此用身体意向性取代了意识意向性，他们在否定意识哲学的同时，摆脱了身体问题上的机械论，承认了身体的主体地位。亨利由于把身体归于先验范畴，更为直接地承认了身体的主体地位，但他拒绝意向性，认为自己的身体哲学是一种非意向性的现象学。身体是主观的身体，意味着生命，它本来就属于主体性之列。通过《显示的本质》《关于身体的哲学和现象学》和《肉身化：一种关于肉的哲学》等作品，我们可以看到亨利在身体问题上与其他现象学家，尤其是与梅洛-庞蒂的"同"与"异"。

　　亨利明确地把身体问题与主体问题联系在一起，认为"主观身体理论只是关于主体的一般存在论的一种初始应用"①。他表示自己的这一研究是在关于自我现象学的存在论研究中插入了一种对身体的提问法。从一开始，他把目标锁定在以存在论的方式关注绝对主体的层面上，这意味着否定自我问题或主体性问题的认识论指向。但是，随着分析的深入进展，随着身体问题的提出，他发现"在绝对内在领域中对自我问题的探讨"变得不再具有价值，原因在于，我们可以认为"身体也构成这些研究的一个对象"，认为"它属于其研究乃是基本存在论之任务的第一实在"②。真正说来，既然亨利在存在论而非认识论范围内探讨自我问题，这种情形注定就会出现。在巨著《显示的本质》的"导论"中，他一开始就引用了海德格尔关于笛卡尔的评论："用我思故我在（cogito sum），笛卡尔试图为哲学提供一种新的可靠的基础。但是他在这一'激进'的开端处使之处于不确定的乃是能思之物（res cogitans）的存在方式，更确切地说是'我在'（sum）的存在意义。"③非常明显，亨利不赞成胡塞尔对笛卡尔认识论姿态的延续，而要像海德格尔那样坚持一种存在论立场。他这样表明其《显示的本质》的主旨："自我的存在意义是目前的这些研究的主题。"④

按照亨利的说法，哲学家们已经对自我问题习以为常，往往把自我看作是不言而喻且众所周知的。然而，真正说来，他们接受的不过是心理学理论告诉我们的自我或人格概念。他本人的看法是，如果没有先行

① Henry, *Philosophie et Phénoménologie du Corps*, PUF, 1987, p. 308.

② Ibid. , p. 2.

③ Henry, *L' Essence de la Manifestation*, PUF, 2003, p. 1.

④ Ibid. , p. 1.

确定一种存在论立场，我们就不能够从心理学获得任何教益。心理学的自我观其实是局部存在论问题，如果不先行探讨原初的存在问题，这样的自我观就只能是无根的，它不过是存在者状态上的某些解释或描述。问题的关键是某种原初的、绝对的提问法，"它不仅只是从它自身中引出它的认识，而且此外，它已经阐明了使全部这样的知识得以可能的东西。第一哲学长期以来已经懂得了在整个人类研究的源头确立一种这样的提问法的必要性"①。按照他的看法，笛卡尔从我思开始绝非根本性的，因为其关于我思的提问法依然处于存在者的状态层次，而我思"只能在一个他没有加以说明的、比它更根本的基础上才有可能"②。存在论所要探讨的对象不是这个或那个东西，不是这种类型或那种类型的东西；关于这些具体东西的研究，包括对自我的研究都必须服从一般存在论，必须以某些暗含的预设为前提。

理性主义传统，包括胡塞尔的理性现象学赋予我思以"一种优先意义上的理性位置"，然而，真正说来，关于自我的存在的提问法在现象学研究的全体中"占据的只是一种严格划定界限的位置"③。存在论超出其区域性分支，指向存在的结构，并因此替代了存在者状态的秩序。亨利认为必须确立存在相对于存在者的优先性，在自我或主体问题上同样如此，"主体、精神、人格、主体性除非以它们中的存在为基础，合则就不能展示它们的实存，不管其结构是多么特殊或多么优先"④。作为

---

① Henry, *L'Essence de la Manifestation*, PUF, 2003, p. 2.
② Ibid., pp. 3-4.
③ Ibid., p. 9.
④ Ibid., p. 28.

存在者的我思显然没有任何优先性，它不过是众多特殊存在者中的一个。亨利有这样一些说法："主体性因此不是绝对条件"，"主体性不是本质，它是一种特殊的，并因此完全实在的生命"，"主体性绝不是一种实体，而仅仅是一种行动"，如此等等。[①] 很显然，亨利把矛头主要对准的是观念论的主体观。他认为观念论荒谬地"断定了主体性与虚无的同一"；按照他的分析，"存在之所以是虚无，恰恰因为通过把它的支配延伸到虚无，它把全部规定，尤其是主体性排除在自身之外了"；而"主体性乃是'先验场'名义下的思想，不管涉及 19 世纪的观念论还是 20 世纪的观念论都是如此"，我们"可以声称主体性是'非个人的'"，但"在我们把它封闭在一个独特实存的限度的时刻，我们在一个分析中涉及的不再是非个人的主体"[②]。

在亨利看来，"现象学还原必然先行系统地揭示先验场"[③]。在胡塞尔那里，先验场表明了先验自我的优先性。而在亨利那里，先验场应该是一切存在者包括先验自我出场的可能性条件。他把它规定为一种先验的内在领域，由此出现了先验的内在领域与现象的关系问题，也就是说，自我如何能够成为一种现象的问题。按照通常的看法，现象意味着某物向内在之光或意识呈现，同时伴随的是意识向自身呈现，因此现象体现出一种"内在生命"。亨利试图给予"内在生命"以一种新的意义。在胡塞尔那里，内在生命是纯粹意识的生动在场，这是对笛卡尔的我思概念的发挥："现象学的绝对意义建立在事物的在场，即它的现象基础上。

---

① Henry, *L' Essence de la Manifestation*, PUF, 2003, pp. 29-30.

② Ibid., p. 31.

③ Ibid., p. 36.

当人们在一种意识哲学中解释现象学时，这一绝对意义被表达为一种意向性独断论，由于它通达存在本身，意向性能够提供给存在论证明以一种实在基础。"①也就是说，纯粹意识是一切意义或存在意义的源头。比朗则把内在生命与情感性联系在一起，明显否定了强调纯粹意识的倾向。亨利发挥比朗的看法，试图以先验情感性取代先验意识或纯粹意识；他同时注意到了"海德格尔对意识哲学的批判"②，即后者对纯粹意识的意向性或构造性的批判。现象不是纯粹意识的意向性的产物，相反，它表明存在者围绕用具的整体性而成为"上手"的东西。这说明事物的存在意义源于与人的在世存在的关系，这暗含着与身体而不是与意识的关系。

当然，这并不意味着亨利认可实存论指向，相反，同海德格尔一样，他强调存在论有针对实存论的优先性：一方面，"实存领会在存在的存在论领会中找到其基础"；另一方面，"存在的存在论领会完全独立于任何实存论的领会"③。对于观念论来说，与对象意识联系在一起的是自我意识，也就是说，在对象向意识的显现中始终伴随着意识向自身的显现。由于像海德格尔一样克服了纯粹意识的偏好，亨利更看重的是对事物的情感领会关系。他借用海德格尔的话说，"任何情感都是一种显示，一个已经被给予的存在者借助这种显示宣布自己"，于是当他要求回到先验场时，他考虑的正是这种纯粹情感性，"任何情感就其本质而言都是一种纯粹情感，根据它，主体在经验之外，也即摆脱存在者感

---

① Henry, *L' Essence de la Manifestation*, PUF, 2003, p. 62.

② Ibid., p. 124.

③ Ibid., pp. 183-184.

受到了被感动"①。在他看来，"情感性乃是自我性的本质"②，"情感性构成了自我性本身及其本质"③。如此说来，先验的内在性其实就是情感性，这是某种相对于意识的构造性或主动性的被动性。到现在为此，亨利还没有直接引出身体，但已经埋下了伏笔：情感性是对纯粹意识的偏离，它暗含着身体的出场。这其实与海德格尔的《存在与时间》没有直接提及身体，却不言明地指向身体一样。应该说，只是在《关于身体的哲学和现象学》中，他借助对比朗的创造性读解，才真正引出了身体哲学或身体现象学。

根据 1987 年第二版《告读者》的说明，我们知道，《关于身体的哲学和现象学》是在 1948—1949 年写成的，但直到 1965 年才得以出版。它最初被构想为《显示的本质》的一章，而且是该书最先完成的一章，最终因其重要而独立成书。按照亨利的说法，它打算"针对观念论确定主体性的具体特征，而这表明主体性与我们的本己身体混合在一起"④。该书显然是一个早产儿，在没有对主体性一般予以充分探讨的情况下就先行"出世"了。这同时也表明，《显示的本质》注定要为这一早产儿提供充分的养料。在《关于身体的哲学和现象学》中，亨利关注身体的先验内在性，这是一种不同于空泛意识的内在性，它表明的是主体的具体性。在他看来，身体性直接就是主体性，而非主体性的化身。但是，他对于身体问题的关注并没有离开对自我的存在意义的拷问。和梅洛-庞蒂一样，

---

① Henry, *L' Essence de la Manifestation*, PUF, 2003, pp. 574-575.

② Ibid. , p. 581.

③ Ibid. , p. 583.

④ Henry, *Philosophie et Phénoménologie du Corps*, PUF, 1987, p. v.

亨利深受被视为精神论源头的比朗思想的深刻影响。比朗通过关注直接的内在统觉或先验的内在情感，避免了纯粹意识的自我反思的困境。在亨利看来，比朗其实关注的是先验的内在生命，但这里的生命不与纯粹意识的活的在场联系在一起，而是与情感、身体、不可见的东西联系在一起，"在其黑夜的不可见中，生命紧紧拥抱着自己，它把每个人交付给他自己，交付给他的不容置疑的身体"①。

我们不应该在胡塞尔意义上来理解这里的所谓"先验的内在经验"，应该对胡塞尔思想进行某种比朗式的改造。对于胡塞尔来说，先验的内在经验意味着先验还原，也就是说回到先验主体性，回到纯粹意识的构造功能；而在比朗那里，这意味的是生命的"自我给予"，生命的"原始事实"。身体通常被视为"一个超越的对象"，现在的问题是要产生一个根本的改变：与关于物的区域性研究把身体和其他事物同等看待不同，现在要把身体提升到存在论的高度，并因此赋予它以优先性，也就是要把对它的分析视为"关于主体性的存在论分析"的一部分。我们不应该认为意识偶然地拥有身体，或者说意识与身体的关系是偶然的，相反，应该看到它们之间存在着一种辩证关系。正因为如此，我们没有必要从纯粹意识出发来理解人，而是可以直接从身体出发来理解："如果在意识、主体性与身体之间存在着一种辩证关系（诸如主体性的任何规定都只能在与身体的关系中并通过这种关系获得理解），那么我们用意识或用主体性来描绘人的特征就是一种纯粹抽象的方式"，因此，"我们被引向针

---

① Henry，*Philosophie et Phénoménologie du Corps*，PUF，1987，p. vi.

对身体的存在来拷问我们"①。亨利从身体的感受出发，其实是从"意识与身体的辩证统一"出发，换言之，"人的肉身化存在而非意识或纯粹主观性似乎是我们出发点的原初事实"②。

在《肉身化：一种关于肉的哲学》中，亨利告诉我们：在最初的意义上，"肉身化"涉及地球上的全部有生命的存在者，因为它们是全部的肉身化的存在者。但他表示，这种太过笼统的说法使我们面临极大的困难。肉身化的存在者的特征在于它们有一个 corps（身体或物体），但是整个宇宙都是由 corps（物体），即 corps matériels（物质体）构成的。那么属于有生命的存在者的身体与量子物理学关注的物体是不是同一回事呢？有生命的存在物的躯体与人的身体又有什么不同呢？按照通常的看法，在主体性领域之外存在的东西都属于超越的存在，而在超越的存在内部，我们还可以区分出许多不同的存在论区域，它们各自由不同的corps（物体或身体）构成。笛卡尔认为 corps 的属性是广延，所有 corps，包括人的身体、动物躯体和外部物体都同等地属于广延。对于亨利来说，我们显然不能够把我们的身体与物理自然界中的彼此外在的那些物体同等看待。原因在于，根据现象学特征，我们的身体属于一种"本质领域"，一种"自主区域"，它绝不能够被混同于笛卡尔式的广延。这当然不是说我们的身体就与广延毫无关系，问题的关键是在何种意义上看我们的身体。

亨利认为不属于我们的本己身体，但与之密切关联的身体可以分成

---

① Henry, *Philosophie et Phénoménologie du Corps*, PUF, 1987, p. 3.

② Ibid., p. 4.

三种："作为生物学实体的身体"，"作为有生命的存在的身体"，"作为人体的身体"①。尽管它们三者之间存在着重大差别：第一种是科学的对象；第二种是日常知觉的对象；第三种不能简单地等同于第二种，因为它是一种新形式的构成要素。然而，这种区分都是在超越领域之内的区分，它们相对于基本存在论而言是偶然的。也就是说，真正的第一哲学并不打算揭示它们之间的关系，尽管它们都与"我"的身体相关，但并不是"我"的本己身体。本己身体是先验的身体，是作为主体性一部分的身体，而上述三种领域都仍然属于客体的领域。亨利这样指出，"我们的身体原初的既不是一个生物学的身体，也不是一个有生命之物的身体，更不是一个人体，它属于一种根本不同的存在论区域——绝对主体性的区域"②。为了把问题简化，从方法论上考虑，亨利只限于探讨人的本己身体，并强调它与通常所说的人体、有生命的存在物的躯体、构成宇宙的惰性物体区别开来。他注意到，"每个人在其实存的每时每刻都有对其本己身体的直接经验"，这"与他同动物躯体，同纤毛虫、虾或昆虫的躯体的关系属于不同的序列"③。其他有生命之物的躯体类似于计算机，人的身体似乎也是如此。然而，人的本己身体则完全不同。这样看来，有生命之物的躯体，包括通常所说的人体也可以归入物体之列。最终说来，关键的是人的本己身体与物体的区别。他引述海德格尔的说法来表明两者是有严格相区分的，"桌子并不'触摸'它紧挨着被放置的那堵墙。而我们的身体的本性则完全相反：它感觉靠近它的每一客

---

① Henry, *Philosophie et Phénoménologie du Corps*, PUF, 1987, p. 8.

② Ibid., p. 11.

③ Henry, *Incarnation: Une philosophie de la chair*, Éditions du Seuil, 2000, pp. 7-8.

体，知觉它的每一性质，看它的各种颜色，听它的种种声音，吸收它的味道，用脚测度大地的硬度，用手测度某一材料的柔软"[1]。

为了做出明确的区分，亨利用 corps 一词专指物体，用 chair（肉）一词来指人的本己身体。这种用法明显与梅洛-庞蒂的用法有所不同。我们在上一节已经表明，chair 是梅洛-庞蒂后期使用的一个概念。由于承认宇宙有"灵"，万物有"灵"，他把身体的"活的""生机的"含义推广到宇宙中去，使肉身化在整个宇宙中获得体现，于是有了身体之"肉"、语言之"肉"、世界之"肉"的表述。亨利力图区分 corps 和 chair 两个概念，梅洛-庞蒂则更多地承认了两者的一致，因为他从来都不把身体与广延联系在一起。亨利要把身体向内在回溯，而梅洛-庞蒂却要将它向外延伸。我们要问，真的有那么大的分歧吗？应该说，就把身体与物体区别开来而言，亨利的看法与梅洛-庞蒂并无二致，他们都否定了笛卡尔主义把身体与物体同等看待的倾向。亨利如下的话应该可以证明这一点，他说："我们的肉不外是那能够感觉外在于它的物体、能够触摸它而不是被它触摸（它感觉到它自己、容忍它自己、服从它自己、支撑它自己，并且根据始终再生的印象拥有自己）。这因此是物质宇宙中的外在物体、惰性物体原则上所不能够的。"[2]他们两者在各自的后期思考中都试图把物质或世界理解为某种处于物质和精神中途的东西，其实就是要赋予物质以生命，或者说认定物质就是生命。梅洛-庞蒂的看法在《可见者与不可见者》中见出（具体观点参见上一节），而亨利的类似看法则体现在《物

---

[1] Henry, *Incarnation: Une philosophie de la chair*, Éditions du Seuil, 2000, p. 8.
[2] Ibid. , pp. 8-9.

质现象学》中。

亨利表示，物质现象学的目标是物质性，而不是胡塞尔现象学意义上的纯粹现象性。对于胡塞尔而言，外在的东西相对于意识的显现取决于意识向自身的显现，因此这导致的是纯粹现象性，物质也因此成为被构造者，成了观念化的东西，没有自身生命的东西。亨利要求回到物质性本身，要求剥离对物质的观念性遮蔽，同时要恢复物质自身的生命。他所说的物质性不是传统上所说的机械的实体性，而是某种不可见的东西，处于存在的核心中的某种"自身感动"或情感性，"现象学的物质性乃是这一情感的物质性"①。正是这种情感性体现出事物或存在的生命。在传统的看法中，存在是第一位的，生命是第二位的，有生命之物不过是一种存在区域，只具有局部存在论地位。但亨利认为，如此存在依然是一种"死的存在"，一种"非存在"。而按照他本人的看法，"生命不是某种东西，比如生物学的对象，而是一切事物的原则"②。事物间的关系，人与人的主体间性都源于这种生命或情感。当然，这里的生命不是经验的生命而是先验的生命，这里的情感也是所谓先验的情感。当他把物质性与所谓先验生命或先验情感联系在一起的时候，我们无法把他的看法与梅洛-庞蒂有关"肉"的规定性真正区别开来。

我们回到亨利对"肉"的澄明，即他对"我们所是的肉身化存在"或"我们的本己身体"的探讨。亨利排除作为超越的客体的身体，但他明确否定那种因为强调纯粹主体性而排斥身体的立场。问题的关键在于，肉

---

① Henry, *Phénoménologie Matérielle*, PUF, 1990, p. 8.

② Ibid., p. 7.

身化并不在于拥有一个物质意义上的形体，相反，肉身化就在于"拥有肉，进而言之，成为肉"这一事实。这意味着，肉身化存在不是一些不能感受或体验任何东西、不能够意识到自身或事物的"惰性的 corps"，它们"是一些为欲望和害怕所穿透的遭受的存在，能够感受到与肉联系在一起的整个系列的印象"①。这种看法表明，身体是活的，它有生命和生机。在他看来，一个纯粹的人，一个被还原为以纯粹主观性为条件的抽象的人不会有拷问身体的动机，"康德式旁观者的非肉身化的主体"是"一个俯瞰世界的纯粹精神，它的本己身体既不会介入它对宇宙的认识，也不会成为一种特殊拷问的对象"；而他本人的立场是，"人乃是一个肉身化的主体，它的认识定位在宇宙中，事物以透视的方式提供给它（而透视从它的本己身体出发调整方位）"②。在这里，我们实在难以把他的看法与梅洛-庞蒂的看法区别开来，下面一段话尤其表明了这一点："如果第一哲学必定与这样的研究相符的话，我们不再能够把其研究场限定在单纯主体性的领域，它的对象实际上是某种完全不同的东西，比如，这种不可分割地把意识与身体联系起来的辩证结构，或者还有实存，因为实存正是一种真实的、肉身化的存在。"③可能的区别在于，正如我们前面讲到的，梅洛-庞蒂在其早期思想中具有明显的实存论指向，而亨利始终不承认自己的立场是实存论的。

在亨利看来，传统主体观对于主体的研究没有考虑到身体，因此不过是"关于人的一种抽象的观点"，而实存论从处境、身体性、肉身化之

---

① Henry, *Incarnation：Une philosophie de la chair*, Éditions du Seuil, 2000, p. 9.

② Henry, *Philosophie et Phénoménologie du Corps*, PUF, 1987, p. 10.

③ Ibid., p. 10.

类的中心现象出发看到的却只有偶然性、有限性、荒谬性。两种看法都有其明显的局限性。正因为如此，他试图坚持一种存在论立场，在超越传统主体观和实存论主体观的同时，又对它们进行改造和利用。在他看来，"身体的中心现象（其研究对于理解人的实在来说无疑是实质性的）"绝不能摆脱"以主体性分析为基础建立起来的现象学存在论"的那些立足点，它"涉及的提问法包含在如此存在论必然使之运转的一般提问法中"，这是因为，"身体"在其"原初本性"中属于"实存领域（这是主体性本身的领域）"①。胡塞尔所谈论的主体是先验的意识，梅洛-庞蒂谈论的主体是经验的身体，而亨利所说的主体则是所谓"先验的身体"。他写道："身体，这一属于我们的身体，是被我们以相似于不管什么样的自我生命的别的意向性的方式认识的，而它的存在在现象学存在论中必定获得与一般意向性存在、自我的存在相同的地位吗？——这乃是意识到那些仅有的允许我们说明确定性的定位在人的实在的核心中的身体的实存的条件：一个作为**我**的身体。"②在他看来，历史上存在着关于身体的不同的看法，但大体上都把身体归属于超越领域，都把它看作是世界的一个部分，唯有比朗"原创地"把我们的身体规定为一个"主观的身体"。

亨利表示，主观身体的发现所带来的后果难以胜数，然而，比朗却一直是一个孤独的思想家，没有人理解他，人们通常把他看作是经由拉舍利埃（Lachelier）、布特鲁（Boutroux）、拉韦松（Ravaisson）、拉缪（Lagneau）一直到柏格森的精神论思想流派的源头。也就是说，人们通常把

---

① Henry, *Philosophie et Phénoménologie du Corps*, PUF, 1987, pp. 10-11.
② Ibid., p. 11.

他的思想与关注"内在生命"或"内省"的精神论联系在一起，但这其实完全是一种误解。亨利试图通过解读比朗的作品来获得教益，试图使之充当我们关于身体的存在论研究的引导线索。[①] 在他看来，比朗"有主观的身体之发现不是偶然的"，他"把自我问题作为其研究的主题，他很快发现这一问题只能通过对主体性概念进行存在论分析才能够获得解决；而这一分析通过其结论又迫使他在全新的基础上提出身体问题，正确地理解和定位，使身体问题回到它与之同化的自我问题"，从此以后，比朗的问题归结为"一个作为主观的、作为自我本身的身体"问题，这表明，"通过把人定义为身体，比朗接近于唯物论，但这乃是一种表面现象，其真正的意义在其基础本身中相反地暗中破坏着唯物论"[②]。我们如何理解亨利这里所说的话呢？简单地说，比朗以身体取代意识的主导地位，也因此否定了纯粹意识主体的优先性，但问题在于，他并不是从机械的物质或生理意义上来理解身体的，他把身体归属于主体之列，并因此引出了身体主体。

比朗的姿态显然不同于后来的那些具有心灵主义或理智主义倾向的精神论者，但他并没有因此回到早期现代哲学家的立场，因为他同时批判经验论和唯理论两种姿态，"比朗的批判既指向经验论也指向唯理论"[③]。他当然没有把身体观念化、表象化，但也没有把身体纳入机械的因果链条之中。亨利看到，比朗尤其否定了笛卡尔所强调的纯粹意识主体："在其关于我思的界定中，比朗明显对立于笛卡尔，指责他的静

---

① Henry, *Philosophie et Phénoménologie du Corps*, PUF, 1987, p. 14.

② Ibid., p. 15.

③ Ibid., p. 32.

态的思想概念，在《沉思集》的作者那里，思想是封闭在自身内的一种实体……意识乃是一种我思，而意识生命的全部改变都只是思想，即观念的一些规定。当我们不再与严格的观念，而是与欲望、行动、运动打交道时，作为我思的笛卡尔迫使我们说实际上涉及的始终是观念，即欲望的观念、行动的观念、运动的观念。至于就其自身而言被考虑的行动或运动，不再属于我思领域，不再是思想的规定，相反地属于广延的规定。"①笛卡尔强调的是我思的优先性，身体则被归于物体之列。对于笛卡尔来说，"广延乃是 corps 的本质"，或者说，"corps 实际上被理解为广延"，这种断言不仅"对物理自然的不动的物体有效"，而且"关系到有生命的躯体和人的身体"②。而对于比朗来说，我们的身体既不在于其观念性，也不在于其广延性，而在于某种"我能"。需要注意的是，这里的"我能"与笛卡尔的"我思"并不完全对立，它们"具有相同的存在论地位"③。也就是说，它们都属于主体性领域或内在经验的领域。当然，这必须以消除我思的观念性和身体的客体性的对立为前提。

关于身体的存在论探讨尤其涉及运动（mouvement）和感觉活动（sentir）。亨利表示，"关于运动的存在论理论与关于身体的存在论理论相符"，也就是说，身体不仅是"运动"，而且是"感觉活动"，换言之，"感觉活动的本质是由运动构成的"④。运动和感觉活动表明的都是身体

① Henry，*Philosophie et Phénoménologie du Corps*，PUF，1987，p. 71.
② Ibid.，p. 189.
③ Ibid.，p. 77.
④ Ibid.，p. 71.

的"我能"。这种"我能"不是与外在的机械活动，而是与身体的"内在活动"联系在一起。我们不妨以感觉活动为例。亨利表示，在比朗那里，感觉活动不同于感觉（sensation），前者意指"我能"，后者则是对具体对象的感觉，一个指向先验能力，一个指向经验内容，前者具有相对于后者的优先性。感觉活动其实是在具体感觉之前的先行领会，这大体上隶属于海德格尔的所谓领会。当比朗把身体与内在联系起来的时候，他其实想要突出的是自己与经验论者的对立。亨利写道："肯定原初身体的绝对内在性，构成对相关于因果性原则的休谟论题的质疑。"①在经验论那里，运动和感觉其实意味着机械的因果关系。通过赋予身体以内在地位，比朗明确否定身体是由彼此分离的部分构成的。也就是说，自我离不开身体，否则就是抽象的、超然的，但这并不因此就把身体推向外在的因果链条，"当自我的生命乃是身体的具体生命时，这一个体变成一个感性的个体。感性个体不是经验的个体，因为它不是一个感觉的个体，而是一个感觉活动的个体"②。

　　按照亨利的表述，身体的存在是"一种原初的主观存在"，我们的身体生命"不过是绝对主体性生命的一种样式"③。他显然不承认经验论意义上的经验，而强调了一种先验意义上的内在经验，承认了"我能"对于具体活动的优先性，其实也就是存在论对于实存论的优先性，"这种经验超越自身通向世界，但它整个地在一种根本的内在领域获得自身的实

---

① Henry，*Philosophie et Phénoménologie du Corps*，PUF，1987，p. 107.

② Ibid.，p. 144.

③ Ibid.，p. 149.

现"①。这样说来，我们可以把身体区分为先验的身体和超越的身体，前者与某种能力联系在一起，后者则是机械的器官。亨利强调的当然是作为先验身体的本己身体，按照他的说法，"我"永远不会在"我的身体"的外部，"我的身体"隶属于"绝对内在的领域"②。这与我们针对身体的姿态相关：我们对身体的认识既可以是原初的，也可以是表象的，但"对我们的本己身体的直接认识相对于对它的表象的或客观的认识具有优先性"③。我们的作为器官的身体也是统一的，但其统一是由先验的身体来维系的。正是"主观的生命"把"作为器官的身体"维系在统一中，"超越的身体的统一"隶属于"主观的身体的绝对生命的统一本身"④。

严格说来，存在着三种身体：第一，"主观身体的原初存在，即在运动的先验内在经验中显示的绝对身体，这一原初身体的生命乃是主体性的绝对生命"；第二，"作为器官的身体，这乃是主观身体的绝对运动的直接的、原动的条件，或毋宁说是运动据以发生的条件的整体"；第三，"作为外部知觉对象而且可以构成科学研究的主题的客观身体乃是传统哲学认识到的唯一的身体"⑤。第一种指的是绝对身体本身，第二种指的是绝对身体的外在载体，第三种指的是日常经验和科学经验对于身体的认识。亨利强调的是第一种意义上的身体，后两者只具有相对的意义。由于强调生命，而不是抽象思维，他认为"主体性哲学"不再是一

---

① Henry, *Philosophie et Phénoménologie du Corps*, PUF, 1987, p. 152.

② Ibid., pp. 165-166.

③ Ibid., p. 178.

④ Ibid., p. 173.

⑤ Ibid., p. 179, p. 182.

种"抽象哲学"，一种"唯理论"；也就是说，"主体性"绝不是一种"非个体的中心"、一种"单纯的先验场"；由于主体性与先验的内在生命，而不是与纯粹意识、纯粹虚无联系在一起，所以，值得我们称为"虚无"的东西不是"主体性"，而是主体性的"影子"，是它的"梦幻"，是它在"超越存在"的"元素"中的"投射"。① 总而言之，这种先验的生命不是"知性"，而是以各种形式表现出来的作为主体性的"实际生命"②。

正是"生命"代表着主体性的具体特征，"其实，主体性不是虚无的空虚，身体不是一个客体。主体性是实在的，身体是主观的。肉身化现象意指的只不过是一种存在论可能性的实在，它不是抽象，而是相反地显示为与自我的存在本身相同一。至于身体的存在，它原初的既不是一种单纯的此在，也不是无论何种客观的规定——作为形而上学的存在，人必定证明其有限、偶然或荒谬"③。亨利反复强调，身体的存在不是偶然的，不是处境的，而是内在的，他试图揭示的是实存的先验条件，而不是实存本身。他要探讨的是"绝对的身体"，而"绝对的身体不服从偶然性范畴"④。当我们说身体可以在世的时候，其前提条件是它并非世上的任何东西，"正因为它是主观的，所以我们的身体是有处境的"⑤。他反对对处境做客观的解释。其实，梅洛-庞蒂等人也否定处境的客观性，这乃是我们在前面已经反复讲到的。这意味着我们不是与身

---

① Henry, *Philosophie et Phénoménologie du Corps*, PUF, 1987, p. 257.
② Ibid., p. 258.
③ Ibid., p. 2.
④ Ibid., p. 264.
⑤ Ibid., p. 264.

体处于某种外在关系中，而是处于一种内在关系中。梅洛-庞蒂关于身体图式的理论关注的其实也是实存的先验条件；当然，他并不满足于描述这一先验条件，他同时还关注处境意识。

我们通常会说"我有一个身体"，这显然是一种外在关系，一种派生的表达形式，更原初的表达形式显然是"我就是我的身体"。亨利这样表述两者间的不同："我就是我的身体"旨在准确地表示，"我的身体的原初存在是一种先验的内在经验，因此这一身体的生命是自我的绝对生命的一种样式"，而"我有一个身体"想要表示的是，"一个超越的身体既被显示给我、提供给我，又通过一种依存关系服从于绝对身体"①。这种区分其实已经在马塞尔、萨特、梅洛-庞蒂那里获得了明确的表达。亨利力图告诉我们的是，这种区分导致的是一种"新的生命哲学"。这种生命哲学显然克服了常识和科学各自的问题，为我们指出了身体的原初形态。他写道："我们已经看到，生命概念要么可能指某一确定的科学，即生物学的对象，它于是成为一种科学概念；要么是某种知觉的对象，该对象具有一定量的使它在我们眼睛中呈现为一个有生命之物的现象学特征；然而，当它与人的存在联系在一起时，只是在它最终为我们规定了一种第一人称的生命，即自我的绝对生命时，生命概念才获得了其原初意义。"②

亨利所要求的当然是生命的原初意义，要求的是我们的绝对生命。主体性就是这种生命，"主体性不是封闭在其特有的虚无中的、不能够

①　Henry, *Philosophie et Phénoménologie du Corps*, PUF, 1987, p. 271.

②　Ibid., p. 272.

进入生命的规定中的这种纯粹精神，它乃是这一生命本身"[1]。这种生命与行动联系在一起，但唯理论传统往往诉诸目标与手段的观念来解释行动，同时也借助意图的观念，往往对行动做一种理智主义的解释，也因此最终涉及的是行动的表象，而不是存在，涉及的是生命的表象而不是生命的活动。而在亨利那里，"一个行动的身体既不是被表象的身体，也不是器官的身体，它乃是绝对的身体"[2]。绝对身体不会受制于处境，相反，它乃是"处境的基础"。前面已经提到，亨利不同意梅洛-庞蒂把身体性与处境性联系在一起。然而，整个西方思想传统都比较关注身体性与处境性、有限性的关联，梅洛-庞蒂等人的看法也因此并不新奇。归结起来，这一传统看法的要点是，人是对立的两极即身体与精神的"综合"，而维系两者的是一种"悖谬的关系"。从强调纯粹精神的立场看，肉身化表现为一种偶然现象，标志着人无法克服的有限性特征；而从人文主义或自然主义立场看，人不得不恢复身体的地位，因为身体本来就是"卑下的因素"[3]。这种二元对立似乎是整个文化的"共识"，都承认了身体相对于精神的卑下。问题在于，那些强调精神生活的人"从理想主义立场"把身体撇在一边，而那些自然主义者则乐于承认人的卑下的现实。

亨利告诉我们，宗教赋予这种二元对立及人的身体性与有限性的关联以一种无限的意义。基督教关于人的有限与肉身化现象的关系的看法实际上通过这一观念获得表达：罪乃是身体的罪，身体被看作是心灵的

---

[1]　Henry, *Philosophie et Phénoménologie du Corps*, PUF, 1987, pp. 273-274.

[2]　Ibid., p. 279.

[3]　Ibid., pp. 282-283.

重负，精神最终要求摆脱身体。关键在于，如何理解这里的身体。亨利写道：“这一身体（人们还把它叫作肉）在信仰者那里呈现为他可能沉沦的象征本身，它对于他而言，真正说来，除了面对其沉沦的可能性的焦虑外不是别的什么。这样，身体被感受和思考为一种障碍，为了获得拯救，他必须克服它，必须摆脱它。身体在其根本对立于身体的生命中被设想，拯救被称为真正的生命，它是一种新的生命，‘精神’的生命。在其与沉沦和堕落的可能性联系在一起的范围内，身体指的不外是人的实存的限定样式。”[1]这样看来，在基督教那里，身体并不是器官的身体，不是事物，它是绝对主体性的生命的确定样式，而器官的身体与客观的身体相似，不过是一种存在物，它与实存的样式没有任何关系。也就是说，基督教意义上的身体具有某种象征意义，也可以说具有实存论意义。然而，这种象征的身体只是绝对身体的某种样式，还不是绝对身体本身，如果我们把两者等同“就犯了严重混淆的错误，就忘记了两种绝对不同的观点——实存论观点和存在论观点——之间始终维持着的差别”[2]。

按照亨利的看法，“基督教意义上的身体指的是一种特殊的实存样式，它诉诸一种特殊的意向性”，而“以存在论观点被设想成绝对身体的身体不诉诸我们的身体生命的任何特殊意向性，它指的不外是全部这些意向性的共同存在，即它们全都隶属的原初的存在论领域”[3]。也就是说，基督教意义上的身体不过是一种特殊而偶然的形式，它已经摆脱了

---

① Henry，*Philosophie et Phénoménologie du Corps*，PUF，1987，p. 286.

② Ibid.，pp. 286-287.

③ Ibid.，p. 287.

认识论的规定性，但并没有回到存在论根基。在他眼里，基督教人类学所说的身体既不是客观的身体，也不是器官的身体，也不是绝对的身体，因为不管身体还是精神，它们都隶属于区域存在论或实存论范畴。亨利表示，"不管沉沦还是拯救都不与存在论结构联系在一起"，因为"肉"与"精神"在基督教那里都只是"实存的特殊样式"，是"隶属于绝对主体性的存在论领域的两种意向性"，从"存在论"的观点看，"肉"与"精神"没有任何不同。① 希腊的人文主义传统把身体看作是人的存在的一部分，尽管它与人之为人的本性相对立；而基督教把身体看作是偶然的、确定的、为了拯救不得不抛弃的实存形式。尽管存在着重要的分歧，这两大传统看到的都是心身的二元对立及后者相对于前者的卑下地位。

　　然而，荒谬的是，道成肉身却与拯救产生了关联。亨利要解决的难题是，接受基督教的皈依者，不管犹太人、希腊人还是那些异端，都无条件地把"道成肉身"当作信念，但从希腊思想的角度看，这却是一种让人难以接受的神秘主义。他这样写道，"希腊的逻各斯在感性世界及隶属于这个世界的动物性和惰性物质之外展示其本质，在理智世界的无时间的沉思中得到这一本质"，由此产生了主宰着整个西方思想的"感性与理智的对立"②。也就是说，希腊的逻各斯概念与肉身化的观念是根本不相容的，尤其是在它具有了基督教意义上的含义和拯救的含义之后，这一不相容达到了极点。按照希腊思想，人是一个具有逻各斯的动物，

① Henry, *Philosophie et Phénoménologie du Corps*, PUF, 1987, p. 288.

② Henry, *Incarnation: Une philosophie de la chair*, Éditions du Seuil, 2000, p. 11.

或者说人是理性动物。亚里士多德对此有明确表述。由于其动物性，由于其自然身体，人表现出感性，受制于变化，是一种要消失的存在，从而与解体和死亡联系在一起；但是，由于他具有逻各斯或者说理性，人就拥有了思考事物的理智原型的能力（绝对之光透过逻各斯和理智能力澄明这些事物），人拥有一个不朽的灵魂，或毋宁说就是灵魂，而不是别的什么。简言之，对于希腊思想而言，人那里明显存在着心身二分观念，但人从根本上说是由灵魂构成的。

基督教的道成肉身学说把拯救定位在身体，即这一受制于变化的物质性的、要腐坏的身体中，这是希腊思想无论如何不能够接受的。有材料表明，当保罗在雅典传教时，这一奇怪的"拯救经济学"引来的是"希腊人的大笑"。不仅正统的希腊人接受不了道成肉身，真正的犹太人也接受不了。犹太人并不认可希腊人的心身二分观念，在他们那里，身体就代表了一个人的全体，或者说，人就是身体。这里依然存在着悖论。按照他们的看法，神在他自身之外创造了世界，又用世界的物质创造了人。在希腊观念传入之前，对于犹太人来说，人就是地球上的一种物体，它是悲惨的，它与死亡联系在一起。神在犹太人那里是不可见的，最多只能听见其命令的声音。当一个最可怜的人（耶稣）声称自己是神时，这是最大的亵渎，对于信犹太教的人来说，他因此完全应当被处死。很显然，与希腊思想把人与灵魂联系在一起不同，犹太思想把人完全与身体联系在一起。

需要调和两种思想，最终承认基督在肉身化中的身体是人与神认同的条件。这要求希腊思想必须接受最反希腊的东西，要求它承认人的肉身化方面，承认把人定义为肉或身体。人本来是由理性来定义的，要让逻各斯肉身化，其实意味着人瓦解它特有的本质，放弃其作为人的条件，并因此让自己成为一种动物。而犹太思想同样需要接受这一悖谬：与自己决然不同的精神性存在成为有形的存在。这就是问题的关键所在。亨利表示，他的《肉身化：一种关于肉身的哲学》要解决的是进入两个方面——一方面是肉身，另一方面是降临这一肉身（肉身化，尤其是基督教意义上的道成肉身）——的条件问题。在他看来，从希腊思想的角度解决这个条件问题是行不通的，因为心身二分的立场无法解决这个问题。我们当然应该借助现象学，但他表示，如果停留在纯粹意识现象学范围内，如果不把"关于世界或存在的现象学替换为关于生命的现象学"①，我们依然无法解决这个问题。

通过否定对肉身的纯粹物质性理解（不管来自犹太思想，还是来自对希腊思想的理解），通过赋予它生命，而且是绝对的生命，亨利在肉身化中看到的是主观的身体或肉，并因此把肉放入主体而不是客体之列。关键的不是实存论表述，而在于存在论根基。逻各斯或理性的肉身化当然是一个悖论，问题在于，最基础的东西既不是理性、心灵，也不是身体或肉，而是绝对生命的"原理智"（archi-intelligibilité）。这让我们想到梅洛-庞蒂的"肉"概念与"野性精神"概念的关联。这一切表明，精神和肉都是存在论意义上的绝对生命的实存论样式，"我们面对着生命的悖谬：唯有其原理智让我们领会到在我们这里最简单、最基础、最庸常、最卑下的东西，这种东西通过我们所见证的原理智的效果，在我们

---

① Henry，*Incarnation：Une philosophie de la chair*，Éditions du Seuil，2000，p. 31.

的'存在'的核心中通达我们"①。我们的身体不是被动的物质而是充满灵性的肉，而"真正的肉原初地、在己地是原理智的"，而从这个角度理解，"理智的逻各斯来到注定要腐坏的物质身体中，并且认同于死亡的拯救条件"的"希腊吊诡"就在"原理智"中作为一种幻景消失了。② 而基督教的"道成肉身"应该从这一角度来理解："当神根据其形象、其相似创造人时，它在自身外投射的不再是一个惰性的、盲目的物体，而是它在其自身中，在世界之外，在其自动地产生圣言的过程中生发的一个肉身。"③总之，如果说"肉"代表了身心的统一，这绝不是说它是作为器官的身体与超然的精神的统一，相反，它本身就意味着"原理智"或"野性精神"，它是某种混沌未分的原初状态：我们"还从来没有要求肉在其自身中掌握知识原则"，我们"还从来没有要求肉掌握我们的知识和我们的行动的原则"④。通常的所谓理智、精神或认识于是只是派生的情形，它们与认识对象的关系同样如此。

---

① Henry, *Incarnation：Une philosophie de la chair*, Éditions du Seuil, 2000, p. 364.

② Ibid., p. 365.

③ Ibid., p. 366.

④ Ibid., pp. 372-373.

第六章 | 审美实存与物化的身体

在身体问题上，法国结构—后结构主义的总体倾向与法国现象学—实存主义既有一定的共同性，又有非常大的差异。分别作为后现代哲学与后期现代哲学的主要形态，两者都质疑早期现代哲学的意识主体，都在很大程度上关注主体的无意识层次或经验层次，并因此不同程度地提升了身体问题的哲学地位。然而现象学—实存主义仍然让人或主体居于中心位置，它在对个体主体的强调中还没有完全否认意识的重要地位，只是把它处境化了，追求的是"道成肉身"的效果。至于结构—后结构主义，则提出了主体离心化的要求，不仅否定早期现代哲学所强调的普遍理性主体，而且对后期现代哲学，尤其是现象学—实存主义所主张的个体实存主体也提出了质疑，它要求意识主体的真正退场。现象学—实存主义一方面否定原则和规范，强调个体的自由与创造性地位，另一方面又承认人是在世的，因此其自由和创造必定受制于某种处境，这表明了自由的悖论。结构—后结构主义尤其看到了这种悖论，它力图在主体之死的背景下探讨主体的再生，这其实是一种审美的态度，它追求的是一种后自由、多元化的自由，既包括文本中的自由，也包括实存的自由。在本章中，我们主要围绕意识哲学的最后解体与身体问题的多元表现来展开。

一、身体经验与意识的瓦解

法国结构—后结构主义着力渲染语言的空前扩张与主体的终结，这是同一个问题的不同表述：语言分析开启了主体离心化，而主体离心化必然导致语言居于中心位置。这里的主体包括早期现代哲学中的普遍理性主体和后期现代哲学中的个体实存主体，前者意味着超然的纯粹意识主体，而后者则意味着在世存在中的意识主体。这种表述有些简化，实际情形当然要复杂得多。问题的关键是要找到主体观念的源头并揭示其后来的演化。梅洛-庞蒂曾经表示，主体哲学的一些因素已经在古希腊哲学中出现，但是对于希腊人来说主体存在或灵魂存在从来都不是存在的标准形式；相反，从蒙田到康德及之后，涉及的都是相同的主体存在。[①] 福柯显然不会同意这种看法。他表示，虽然人们通常相信人本主

---

① ［法］莫里斯•梅洛-庞蒂：《哲学赞词》，133～134 页，北京，商务印书馆，2000。

义是一种可以上溯到蒙田甚至更远的一个古老观念，他本人却认为人本主义运动应该定时在 18 世纪末，人在 16、17、18 世纪的西方文化中严格说来没有占据任何位置。[①] 按照我们的理解，同时也综合两人的看法，主体形而上学或纯粹意识哲学意义上的主体只能从笛卡尔的我思算起，其特征是强调内在意识或心灵的核心地位。

意识主体何时"出场"好像没有定论，何时"退位"则几乎众口一词。我们说过，现象学—实存主义还包含着意识哲学的残余，意识主体的离心化只是随着后现代文化的出现才获得了哲学上的确认。就法国哲学而言，这当然主要与结构—后结构主义推动的"主体离心化"运动联系在一起。有学者表示，反人本主义的主线"从列维-斯特劳斯的结构人类学，经过拉康和福柯的工作，发展到德里达的'后结构主义'的极端的反主体主义"[②]。这一表述简明地勾勒了法国当代反人本主义的线索，表明了它与现代人本主义的断裂。主体离心化思潮是接受结构语言学模式和3M 影响的结果：对索绪尔和雅各布逊的结构语言学方法的引进，对马克思成熟时期思想的科学主义解读，对尼采"神之死"论点和"超人"学说的接受，对弗洛伊德无意识理论的密切关注，所有这一切都意味着对现象学—实存主义传统所强调的主体中心论的反叛。当然，主体离心化思潮也延续了现象学—实存主义对早期现代哲学的批判，充分利用了海德格尔和梅洛-庞蒂等人思想中已经包含的动摇意识主体地位的姿态。

主体离心化思潮还充分借鉴了人文科学的最新发展。福柯告诉我

---

① Foucault, *Dits et Écrits I* (1954—1975), Éditions Garlimard, 2001, p. 568.

② Soper, *Humanism and Anti-Humanism*, Huttchinson Press, 1986, p. 96.

们，心理分析、语言学、人种学依据人的欲望规律、人的语言形式、人的行为规则和人的神秘的话语运作使意识主体离心化了。① 他本人通过考古学方法指向话语的无意识层次，目标同样是要扬弃意识主体的优先地位。福柯思想的一个突出之处就在于，他强调主体不是先验存在物，而是出于文化的建构。这样说来，主体终结论恰恰以主体建构论为前提：有"立"才有"破"，否则一切就无从谈起。其实，现象学家梅洛-庞蒂早就在另一层面上提出了类似的看法，他曾经表示："主体性并不像尚未被认识的美洲在大西洋的薄雾中等待它的探险者一样等待着哲学家。哲学家们以不只一种方式建构或构成了它。而且我们已经构成的东西或许正有待去解构。"②当然，只是由于结构—后结构主义运动的极力推动，这样的看法才成为"共识"：主体是文化的产物，是语言的载体、历史的工具，"主体性通过具体个体参与的话语范围在语言和话语中被建构和置换"③。

　　主体离心化思潮直接把矛头指向萨特，但同时也是对笛卡尔以来，尤其是对黑格尔以来的西方文化的总清算。列维-斯特劳斯在《野性的思维》前言中表示，在"反复阅读了"萨特的《辩证理性批判》后，他"感到有必要"把他和萨特"在有关人类学的哲学基础方面的分歧论述一下"④。他强调了他本人的"分析理性"与萨特的"辩证理性"之间的对立，强调了主体离心化和主体中心论的对立。福柯显然也注意到了这一点，但他似

---

① Foucault, *L' Archéologie du Savoir*, Éditions Garlimaod, 1989, p. 22.

② ［法］莫里斯·梅洛-庞蒂：《哲学赞词》，133 页，北京，商务印书馆，2000。

③ ［英］凯瑟琳·贝尔西：《批评的实践》，80 页，北京，中国社会科学出版社，1993。

④ ［法］列维-斯特劳斯：《野性的思维》，2 页，北京，商务印书馆，1987。

乎更注重清理辩证理性的谱系。在他看来，在罗素、列维-斯特劳斯和语言学家那里出现的当代分析理性与人本主义不相融，但当代辩证理性却仍然呼唤人本主义。他批评萨特对19世纪的辩证理性思维的强烈维护，认为这导致的是某种更为强化的人本主义。他表示，"总体上说，人本主义、人类学和辩证思维有共同的计划"，原因在于，辩证思维是"一种历史哲学"，是"一种关于人类实践的哲学"，是"一种关于异化和复归的哲学"，它"没有脱离人本主义道德"①。他进而断言，"当代人本主义的最大责任人显然是黑格尔和马克思"②。

萨特在《辩证理性批判》中指出，"在17世纪末和20世纪之间，我看有三个时代可以称为著名的时代：笛卡尔和洛克的时代、康德和黑格尔的时代，以及马克思的时代。这三种哲学依次成为任何特殊思想的土壤和任何文化的前景，只要它们表达的历史时代未被超越，它们就不会被超越"③。正是基于这样的总体立场，他试图维护和延续自黑格尔以来的辩证文化，尤其是黑格尔和马克思的哲学努力。与此同时，他明确地否定辩证法的教条化倾向，肯定其人本主义倾向。他把黑格尔哲学实存主义化，进而人本主义化，这在他对《精神现象学》的关注中非常明显地体现出来。他同时认为，马克思并没有用所谓唯物辩证法取代黑格尔的观念辩证法。他写道："众所周知，辩证法的概念在历史上是沿着十分不同的道路出现的，黑格尔和马克思都根据人与物的关系以及人与人的相互关系来解释和界定它。只是到了后来，出于一种统一的希望，才

---

① Foucault, *Dits et Écrits I* (*1954—1975*), Éditions Garlimard, 2001, p. 569.

② Ibid., p. 569.

③ ［法］让-保罗·萨特：《辩证理性批判》上，10页，合肥，安徽文艺出版社，1998。

尝试在自然的历史中去发现人类历史的运动。"①这样看来，萨特只承认"人学辩证法"，而不承认"自然辩证法"，他甚至声称，"自然是辩证的"这条绝对原理根本不可检验。他力主恢复被各种修正的马克思主义排除在马克思主义之外的人及其实存，认为"马克思主义如不把作为自己的基础的人重新纳入自己之中，就将变成一种非人类学的人类学"②。

然而，在结构主义者和后结构主义者们看来，辩证理性这种文化形式明显已经不适应时代的要求了。在福柯眼里，萨特或许有点像唐·吉诃德，他尽其努力把当代文化整合到辩证法中，然而却在许多领域都徒劳无功。因此，他充满嘲讽又略有同情地表示："《辩证理性批判》是一个 19 世纪的人为思考 20 世纪而做出的充满魅力的、哀婉动人的努力。"③一个重要的原因就在于，形成过程中的非辩证文化对辩证文化产生了强大的冲击。这一"新文化"始于尼采，因为他已经表明"神之死不是人的出现而是人的消失"，神和人"既是孪生兄弟又互为父子，神死了，人不能够不消失"④。按照他的看法，这一新文化也出现在海德格尔那里，出现在罗素那里，出现在维特根斯坦那里，出现在语言学家那里，出现在像列维-斯特劳斯这样的社会学家那里。非辩证思维关注的是知识，而不是人的实存："必须拷问一方面是不同知识（savoir）领域之间，另一方面是知识与非知（non-savoir）之间的关系。"⑤这些关系更多地

---

① ［法］让-保罗·萨特：《辩证理性批判》上，160 页，合肥，安徽文艺出版社，1998。

② 同上书，141 页。

③ Foucault, *Dits et Écrits I（1954—1975）*, Éditions Garlimard, 2001, pp. 569-570.

④ Ibid. , p. 570.

⑤ Ibid. , pp. 570-571.

体现为文本间的关系或话语关系，而不是通过主体维系的关系。主体让位于话语或知识，这就与辩证思维形成了强烈的反差。这明显抛弃了人本主义，否定了主体的中心地位。福柯还以文学为例来表明这一点。在他看来，尼采的同辈马拉美（Marllarmé）的经验，罗伯-格里耶（Robee-Grillet）、博尔赫斯（Borges）、布朗肖（Blancot）的作品都证明了语言是如何排挤人的，即证明了"语言特有的、自主的运作如何准确定位在了人刚刚消失的地方"[1]。

在真正的哲学变革之前，语言学和人类学已经率先开启了主体离心化，这其实主要表现为列维-斯特劳斯在索绪尔和雅各布逊的语言学方法引导下进行的非人本主义的人类学研究。列维-斯特劳斯认为，萨特所强调的意识主体的创造活动无助于解释人类的文化现象，原始的社会文化现象尤其如此。他引用巴尔扎克的这段话是饱含深意的："世上只有野蛮人、农夫和外乡人才会彻底地把自己的事情考虑周详；而且，当他们的思维接触到事实领域时，他们就看到了完整的事物。"[2]在萨特的以虚无意识为起点的哲学中，人乃是一个以抽象思维、纯粹思维为特征的主体，而列维-斯特劳斯要诉诸的"野蛮人"则以具体思维、形象思维见长。"野蛮人"掌握的是某种艺术性的思维，他维护的是"审美感"的核心地位，信赖的是"感觉的逻辑"，而这种思维方式同样符合秩序的要求。"野蛮人"的思维"借助形象的世界深化了自己的知识"，它"建立起了各种与世界相像的心智系统，从而推进了对世界的理解"[3]。现代人

---

① Foucault, *Dits et Écrits I*（1954—1975），Éditions Garlimard, 2001, p. 572.

② ［法］列维-斯特劳斯：《野性的思维》，3页，北京，商务印书馆，1987。

③ 同上书，301页，译文有改动。

的科学思维不过是其延伸，它"根据审美感已经猜测到的一些联系，丰富和说明了审美感"①。

列维-斯特劳斯要求克服"逻辑的心智和前逻辑的心智之间的虚假对立"。我们不能简单地认为野性的思维是通过"情感"（affectivité）来进行的，它其实仍然表现为"知性"（entendement）的作用。② 很明显，列维-斯特劳斯扩大了理性的范围，这与梅洛-庞蒂有某种相似之处。梅洛-庞蒂把语言学的准则运用于各种无意识现象③，而根据他对列维-斯特劳斯的理解，这意味着"扩大我们的理性，使之能够理解在我们自身和在他人那里先于或超出理性的东西"④。列维-斯特劳斯认为，从表面上看，野性思维和科学思维对于物理世界的研究处于对立的两端，"一端是高度具体的，另一端是高度抽象的；或者是从感性性质的角度，或者是从形式性质的角度"，但最终说来，两者"肯定会相遇"⑤。承认两种思维方式的交汇，显然否认了进步论，否定了科学思维的优越地位，并因此否定了"理性主体"对于"感性主体"的优势地位。当他宣称"人文科学的最终目的不是去构成人，而是去分解人"⑥时，他要否定的是意识主体的绝对支配地位，否定笛卡尔和萨特的所谓"我思"的支配地位，但并没有因此否定感性主体或所谓"原始人"或"野蛮人"。

---

① ［法］列维-斯特劳斯：《野性的思维》，17 页，北京，商务印书馆，1987。

② 同上书，307 页。

③ ［法］皮埃尔·特罗蒂尼翁：《当代法国哲学家》，50 页，北京，生活·读书·新知三联书店，1992。

④ ［法］莫里斯·梅洛-庞蒂：《哲学赞词》，92 页，北京，商务印书馆，2000。

⑤ ［法］列维-斯特劳斯：《野性的思维》，308 页，北京，商务印书馆，1987。

⑥ 同上书，281 页。

尽管笛卡尔强调的是普遍性，萨特关注的是特殊性，但两者都强调了我思主体的"纯净不染"的超然性。列维-斯特劳斯否定内在意识，否定超然的我思主体，并因此呼唤感性主体、审美主体的出场。当他把具体思维与艺术、"修补术"、游戏联系起来进行探讨时，他无非要表明感性思维与理性思维的复杂关系。既然其观点涉及人文科学或文化现象，那么人与语言的关系最能够表达这一点。列维-斯特劳斯写道："语言是一种非反思的整合化过程，它是一种自有其根据的人类理性，对此人类并不认识。如果有人反对说，语言之所以如此正是因为有一个依据语言理论而把它内在化的主体，我则认为必须拒绝这种遁词。这个主体是说话的主体，因为向他揭示语言性质的同一明证也向他揭示——当人们还不了解语言时，语言就已经如是存在着，因为语言已经使自己被人们理解了；而且语言以后将仍然如是存在而无须为他所知，因为他的话语从来也不是，也将永远不会是语言法则有意识的整体化作用的结果。"[①]也就是说，这一宣称告诉我们不是"人"真正地消失了，我们其实看到的是主体改变了其形态。在对社会文化现象的解读中，我们看到的不是一个支配性的意识主体或理性主体：由于无意识、情感性、欲望、感性等因素居于主导地位，这个主体成为经验主体、身体主体。

正如我们前面提到的，梅洛-庞蒂和利科等现象学家已经明确放弃了对先验意识或先验主体性的追求。而结构—后结构主义者们则进一步强化了对先验意识主体的扬弃，更为彻底地抛弃了笛卡尔主义的扬"心"抑"身"的二元论姿态。这种情形理应导致一种身体哲学，或者理应强化

---

① ［法］列维-斯特劳斯：《野性的思维》，288 页，北京，商务印书馆，1987。

现象学家们已经开启的对身体问题的关注。事实上，反人本主义哲学试图抛弃身体现象学中还残余的纯粹意识成分，并因此恢复生理的、欲望的甚至物质性的身体的地位。海涅在 19 世纪初说过这样的话，"的确，身体有时候似乎比精神看问题更深刻，人们用脊梁和肚皮思考往往比用脑袋思考更加正确"①。这句话用在结构主义者，尤其是后结构主义者那里是非常合适的。在自柏拉图以降的理性主义传统中，欲望是一个观念论的概念，对应于某种欠缺。这样一种看法一直延续到弗洛伊德及萨特等人那里，甚至在结构—后结构主义者拉康那里也没有真正克服这种姿态。从总体上看，由于深受尼采的影响，法国结构—后结构主义传统放弃了这种意义上的欲望概念，它强调欲望的"生产性"，就像权力意志是生产性的一样。② 由此出现的是一种"唯物论"欲望观，我们看到的是人的欲望的张扬，人的生命力的满溢。一种所谓"享乐的唯物论"暗中诞生了，酒神狄奥尼索斯取代日神阿波罗成为文化世界的君王。西方马克思主义者伊格尔顿（Eagleton）在解释尼采时说："在历史唯物论和弗·尼采的思想之间，我们不难找到某种大体的类似。无论尼采如何忽视了劳动者的作用及其社会关系，他仍是一个气质独特而又充满热情的唯物论者。如果对于尼采而言，人体本身并不仅仅是权力意志的暂时表现的话，那么，或许可以这样说，人体对尼采意味着所有文化的根基。"③法国结构—后结构主义及后现代主义极力推崇尼采，显然不可能

---

① ［德］亨利希·海涅：《论浪漫派》，96 页，北京，人民文学出版社，1979。

② 汪民安、陈永国编：《尼采的幽灵——西方后现代语境中的尼采》，181 页，北京，社会科学文献出版社，2001。

③ 同上书，392 页。

不注意到他在身体问题上的"唯物论倾向"。

真正说来，在结构主义阶段，身体问题并不那么突出，但它不言自明地起着非常重要的作用。列维-斯特劳斯对原始民族的研究并不首先源于理性思考，而出于某种感性的领悟。他与梅洛-庞蒂的后期研究有不少交叉处，尤其重要的是他们两人并行承担了法兰西学院的"自然与逻各斯：人的身体"的讲座。列维-斯特劳斯与音乐和绘画很有"缘分"，这与他关注身体有关。他的"野性思维"借助"形象的世界"，而偏离"开化的思维"[1]，他其实借助的是一种艺术性思维。根据传记资料的描述，列维-斯特劳斯"在音乐中工作"，同时以描摹裸体的画家的心理为例来说明自己的思考与音乐的关系。美丽的身体导致"性兴奋"，这使得"感觉更加敏锐"，并因此使得画家能够更好地作画；人类学思考也不是冷静地沉思，它同样需要感官刺激，"人类学的研究是不单单对敏锐的知觉还对感官也具有某种刺激的工作，就如同裸体作用于画家的效果一样"[2]。正因为如此，"列维-斯特劳斯对用色彩、形状、声音等素材创作出提供感官享受的作品的画家和音乐家并不陌生"[3]。

列维-斯特劳斯非常注意原始人身上的装饰品，并且从"身体"（性或性器官）角度而不是"心灵"角度进行解释，以至于有学者提出了这样的疑问："列维-斯特劳斯对身体的官能性的关心的一面，是不是想得太深了？"[4]其实，列维-斯特劳斯持这种倾向是自然而然的事，从他否定理性

---

① ［法］列维-斯特劳斯：《野性的思维》，301 页，北京，商务印书馆，1987。

② ［日］渡边公三：《列维-斯特劳斯：结构》，28 页，石家庄，河北教育出版社，2001。

③ 同上书，28 页。

④ 同上书，53 页。

主体的立场来看，原始思维、原始实存方式必定与身体而不是心灵密切相关。事实上，他关于文化现象的分析不是立足于观念分析、精神重构，而是以与身体密切联系在一起的"性"和"食物"为主轴："人类社会和文化是以'性'和'食物'为两大主轴（基本内容）的，以二元对立的基本模式（基本形式）为基础，并在人类语言和人类思想'同步'发展（基本过程）的过程中被建构起来的。"①身体问题伴随理性主体的退场而显形，结构主义不仅否定早期现代哲学的公开的纯粹意识理论，而且否定后期现代哲学中隐含的意识理论，这无论如何只能导致一种身体指向的哲学。严格地说，结构主义并没有直接地展开对身体问题的探讨，但它抑制意识、张扬无意识的倾向却为后结构主义直接引出身体奠定了基础。

意识主体的"死"，意味着身体主体的"生"，这种主体转换其实与当时社会生活中的"身体现实"相对应。按照一位文学评论家的看法，在20世纪60年代以来的西方社会中，精神病患者大量涌现，麻醉品享用泛滥成灾，而这些情形是对新的身体现象做出的"应急反应"。由于"黑格尔所要求的普遍理性的力量已经丧失"，由于"促成'秩序'的逻各斯力量已经变得十分可疑"，一部分迷惘的青年人"往往用反抗的态度来对待社会，特别是面对高度工业化的资本主义和社会主义国家中主体的'物化'现象，他们试图以　种异乎寻常的，甚至是病态或畸形的方式来保持'自我'的价值"②。性是身体问题的核心内容。当今社会面临的情况是，

---

① ［法］高宣扬：《当代法国哲学导论》下卷，581页，上海，同济大学出版社，2004。引文有改动。

② ［德］古茨塔夫·勒内·豪克：《绝望与信心——论20世纪末的文学和艺术》，2页，北京，中国社会科学出版社，1992。

色情肆意泛滥，性革命扼杀了爱的亲密性、趣味性和想象力，道德说教中的"爱"已经失去神圣的光环，爱欲的创造性的矛盾情感让位给纯粹自然主义的性欲，原罪概念、增强冲动的禁忌正在消失。问题在于，肆意纵情、我行我素带来的并不是冲动的高涨，而是力比多的软弱无力。人类隐秘的性活动由于缺少特有的艺术的或想象的游戏渗透，变成类似于动物的"自然的"性行为。简而言之，人类的力比多为"自然的需要"所操纵，变成空虚贫乏、了无生气的性欲体验的重复。①

在后现代社会中，性生活变成动物般的、自然主义的物质生活的一部分，在摆脱道德和抽象观念约束的同时，人们让性生活失去了最后的神秘，变成赤裸裸的性欲冲动。真正说来，后现代哲学从根本上认可了心灵和身体的双重物化。把法国结构—后结构主义思想庸俗化的美国后现代主义者詹明信，在谈到后现代主义文化时说，"一种崭新的平面而无深度的感觉，正是后现代文化第一个，也是最明显的特征。说穿了这种全新的表面感，也就给人那样的感觉——表面、缺乏内涵、无深度"②。这其实表明，后现代文化与艺术给予人的感官欲望以直接性，我们不再透过作品发掘出其深处的东西，不管那是某种纯粹理想还是某种内在情感。确实，詹明信把"情感的消逝"视为后现代文化的三个特征之一。这里讲的其实是内在情感的消失，现代艺术试图表现的"疏离""沉沦""寂寞""孤独"及"社会解体"等主题，被后现代艺术中的物质性追

---

① ［德］古茨塔夫·勒内·豪克：《绝望与信心——论 20 世纪末的文学和艺术》，2页，北京，中国社会科学出版社，1992。

② ［美］詹明信：《晚期资本主义的文化逻辑——詹明信批评理论文选》，440 页，北京，生活·读书·新知三联书店，1997。

求所取代。在后期现代哲学家梅洛-庞蒂那里，身体经验还与情感联系在一起，"从主体性中剥夺意识，就是从中取消存在；无意识的爱情什么都不是，因为喜爱就是把某人的行动、姿态、面孔、身体看作是可爱的"①。但在后现代哲学家眼里，一切都与纯粹物质性的欲望联系在一起，不再有任何情感或感情可言。

詹明信表示，按照物质的产品生产模式造就的那些性感明星，真正体现了后现代艺术的追求："'明星'本来就是商品化过程的产物，所以作为明星主体的梦露，早就因商品物化而衍变为其自身的'形象'。"②情感的消失并没有否认我们"对事物的感性反应"，而是强化了这种反应："今天的情感不仅是极度强烈的，它简直就是一种'强度'，是一种猛烈的欣狂之感。"③内在情感由于强化而外化为某种物质性的力量。这就把早期现代和后期现代意义上的人的内涵掏空了，人没有了"深度"，成为利奥塔的所谓"非人"。人其实处于复杂的网络中，"处在不同性质的信息流经的一些位置上"，他"处在或者是发送者，或者是接受者，或者是所指对象的位置上"④。网络其实就是一部"先锋派机器，它牵引着人类，使人类非人化"⑤。利奥塔在这里所说的"非人"，乃是摆脱了纯粹意识并因此成为机器部件的"人"。针对笛卡尔式的我思，他提供的是一种唯物论主张，"思维借用并献身于一个失去了真但是生活在地球上的人之身体的、感觉

① ［法］莫里斯·梅洛-庞蒂：《哲学赞词》，133 页，北京，商务印书馆，2000。
② ［美］詹明信：《晚期资本主义的文化逻辑——詹明信批评理论文选》，442 页，北京，生活·读书·新知三联书店，1997。
③ 同上书，450 页。
④ Lyotard，*La Condition Postmoderne*，Les Éditions de Minuit，1979，p. 31.
⑤ Ibid.，pp. 101-102.

的、情感的和思辨的经验"①。这样的看法在德勒兹的作品中表现得更为强烈。他不仅否定纯粹意识的意向性，甚至也不承认所谓身体意向性。原因在于，在他那里，身体不再是充满灵性的，它其实就是一部机器，无器官的机器，没有认知、没有情感、没有意志的机器，它与世界的关系不是这种或那种形式的相互性，而是某种咬合与搭配，完全遵循某些机械的秩序。这一切都表明，德勒兹的"目标就是身体的重新唯物主义化，就是身体的复兴"②。

这样一来，身体在法国哲学中完成了它的恢复感性之旅。在法国早期现代哲学中，身体和心灵都遵循观念的秩序，都依照精神的标准，纯粹观念性排斥了身体的物质性；感性的光芒被知性遮蔽，身体经验被道德原则压抑；纯粹心灵或纯粹意识成为唯一的主体，身体只有客体的地位。在法国后期现代哲学中，身体成为有灵性的物质，而心灵则成为有物性的精神，身体的物性获得了一定程度的恢复；感性的光芒开始显露，身体经验开始冲破道德力量的约束；纯粹心灵或纯粹意识不再享有主宰地位，身体开始成为主体范畴的一部分或主要部分。在法国后现代哲学中，身体和心灵都进入事物的秩序中，身体完全恢复了它应该具有的物性；感性的光芒无边地辐射，身体经验获得极度张扬；在意识主体终结之后，主体以身体经验与审美实存的名义重新回归。在本章后面两节中，我们主要探讨德里达对游戏主体的看法和福柯对欲望主体的描述，巴尔特和德勒兹的有关论述也会略有涉及。

---

① ［法］让-弗朗索瓦·利奥塔：《非人——时间漫谈》，9～10 页，北京，商务印书馆，2000。

② ［法］米歇尔·昂弗莱：《享乐的艺术——论享乐唯物主义》，101 页，北京，生活·读书·新知三联书店，2003。

二、身体经验与游戏的主体

不管是德里达的文本解构，巴尔特的符号分解，还是福柯的陈述分析，指向的都是文本，而不再囿于传统意义上的"学科"或"主观单位"。这种文本指向意味着，我们"不应该把话语推回到起源的遥远在场；应该在其正进行的游戏中对待它"①。这就突破了主体对意义的支配，突破了书本或作品的封闭，并因此导致了德里达所说的意义的"播撒"，导致了无边的能指游戏。德里达表示，书本文明与逻各斯中心论的形而上学史联系在一起，这一历史"现在正接近于它的失去活力的时刻"，这意味着宣告"书本文明的死亡"②，也因此宣告了主体的"死亡"。书本文明受到逻各斯中心论的主宰，而逻各斯中心论实际上与主体形而上学纠缠不清。在中世纪神学中，绝对的逻各斯表现为"无限的创造主体"，也即"神"③；在 17 世纪的"大理性主义"中，逻各斯中心论则以主体形而上学或在场的形而上学的形式呈现，它"把绝对在场规定为面向自我在场，规定为主体性"④。既然书本终结了，逻各斯中心论也不再有其依托，而主体也就随之解体。必须注意的是，这里的"死亡"或"终结"不过是某种比喻。德里达其实不愿意谈论死亡："我说的是限度而不是死亡，因为我完全不相信如今人们轻易地称为的哲学的死亡，还有简单地说的诸如书本、人或神的死亡之类。"⑤在他的文本解读中，"终结"或"死亡"表

---

① Foucault, *L' Archéologie du Savoir*, Éditions Garlimard, 1989, p. 37.

② Derrida, *De la Grammatologie*, Les Édtions de Minuit, 1967, p. 18.

③ Ibid., p. 25.

④ Ibid., p. 29.

⑤ Derrida, *Position*, Les Éditions de Minuit, 1972, p. 14.

明的不过是被断言的对象从实体化向功能化方向的转换，不管是历史、书本还是主体、作者，莫不如此。

　　主体离心化只能在书本文明的终结中获得其表达，而其最明确的表述就是"作者死了"。写作活动表明，我们不可能是意识主体而只能是无意识主体。作者并没有占据中心位置，他不过是一个写者（writer），一个写字者（scriptor）。写者或写字者不再在内心中拥有激情、幽默、情感、形象，不再相信他的手和笔跟得上他的思想和情感。相反，他在心中珍藏的是一本"字典"，他无意识地、情不自禁地让自己完全成为符号的功能，成为文字讲述自己的故事的载体。于是，一切都"指向文本的运作"[①]，指向字词的游戏。文本不是出于作者的独创，而是"引文编织物"[②]；所谓"作"者也因此不过是"编"者。与此同时，他无法真正驾驭他笔下的那些人物，他们都有自己的声音。在这种意义上，作者并不拥有唯一发言权，因为文本是多音齐鸣的。备受法国结构—后结构主义者们关注的俄罗斯文学批评家巴赫金在评论陀思妥耶夫斯基的长篇小说时说，"众多独立而互不融合的声音和意识纷呈，由许多各有充分价值的声音（声部）组成真正的复调——这确实是陀思妥耶夫斯基长篇小说的一个基本特点"[③]。而"复调"成了后现代文本的"基调"。

　　作者的退隐，意味着传统意义上的文本阐释成为不可能的。传统批评给一个文本确立一个作者，实际上就是确定一个界限，一个解释的权

---

　　① Derrida, *Position*, Les Éditions de Minuit, 1972, p. 37.

　　② Rice and Waugh, *Modern Literary Theory: A Reader*, Edward Arnold Press, 1992, p. 116.

　　③ 《巴赫金文论选》，3页，北京，中国社会科学出版社，1996。

威，读者和批评家在这一界限内弄清楚文本的原旨原义。也即，文本似乎都是有所指的，找到作者，文本就获得了解释。面对一卷书或一部作品，通常的做法是确定谁在什么时间、什么地点、什么背景中写下了它，它又反映了作者什么样的思想状况和情感状态。传统批评从来没有注意到读者，在它眼里，作者是文学方面的唯一人称。按照巴尔特的看法，我们应当站在读者的立场上，应当推翻作者主宰一切的神话。这是某种革命性的努力，因为读者之生必须以作者之死为代价。巴尔特为此在"可写的"文本(le scriptible)和"可读的"文本(le lisible)之间进行了区分。前者是读者可以参与写作或进行改写的文本，后者则是读者可以阅读，但不能改写的文本。① 巴尔特尤其看重可写的文本，同时认为任何文本都包含着可写与可读的双重性。读者是至为重要的，因为他成为文本拼贴的见证者和实施者，他读一部作品，实际上就是在参与写作，并且完成了最后的写作程序。

德里达力图表明的也是这一点，在他看来，文本向读者或批评家的阅读开放，而这里的阅读其实是重写，是"读"和"写"的统一，因此是一种"创造而非保护的阅读"②。无论如何，读者向作者的主宰地位发起了强有力的挑战。无论主体还是作者，表面上说，他在说话并控制着他之所说，然而，真正说来，他不过是一个傀儡，不过是语言的一种载体。这在很大程度上认同了拉康的看法，因为"拉康在一种德里达赞同的方向上延伸弗洛伊德"，他"用语言结构来定义无意识：不是人在说话，而

① Barthes, *S/Z*, Editions du Seuil, 1976, p. 10.

② Spivak, "Translator's Preface", in Derrida, *Of Grammatology*, The John Hopkins University Press, 1978, p. lxxv.

是……它（伊德）在人那里通过人说话"[1]。确实，拉康非常明确地把主体看作功能而非实体：他就是一个说话主体。拉康以他者和无意识的重要性来消解传统的理性主体的中心地位，极力反对任何来源于"我思"的哲学。主体就是那个受无意识支配而喋喋不休地说话的人，他不是笛卡尔意义上的我思或理性主体，而是儿童在其发展的奥狄浦斯阶段通过与语言的认同而形成的说话主体，一个受制于语言游戏规则或文化制度规则的主体。

语言是规则、制度和法的象征，所谓说话主体是出自社会的一种构造。按照评论家针对拉康说话主体理论的看法，主体"是一个中性的自动玩偶，口中说着所处文化中的陈词滥调和传统规则"[2]。拉康本人表示，"出于方法上的考虑"，我们"可以试着从将'我'看作是能指这样一个纯语言学的定义开始"，在这个定义中，"主体只是一个转换者或指示物"，它"在话语的主语中指示当时正在说话的主体"，也就是说，它"指示言谈的主体，但又不指称它"，因为"言谈的主体的所有能指都可能不出现在话语中，况且有些能指是不同于'我'的，这不仅在人们不太确切地称为第一人称单数的情况下是这样；即使我们把它置于复数的祈使句中，甚至置于自呼的'自己'中也仍然一样"[3]。这其实也就是福柯的所谓"管他谁在说话的问题"。有那么一个位置在那儿，谁去占据都可以，

① Spivak, "Translator's Preface", in Derrida, *Of Grammatology*, The John Hopkin University Press, 1978, p. lxii.

② Ragland-Sullivan, *Jaques Lacan and Philosophy of Psychoanalysis*, University of Illinos Press, 1986, p. 59.

③ 《拉康选集》，608～609 页，上海，上海三联书店，2001。

关键是要完成这个位置应有的功能。针对有关"去中心"的提问，德里达表示："首先，我从未说过不存在中心，没有说过我们可以不要中心。我相信中心是一种功能，而不是一种存在——一种实在，只是一种功能。这种功能是绝对不可或缺的。主体是不可或缺的。我并不毁掉主体；我让他到位。换句话说，我相信在经验或哲学和科学的某个层次上，人们不能没有主体的概念。问题是它来自何处，如何起作用。"①在这里，主体显然完全被功能化地理解了。

根据福柯对"作者死了"的理解，根本的问题不是证明作者永远地消失了，而是要测定他发挥其功能的场所。② 他在《词与物》中选择了博物学—生物学、财富分析—经济学、普遍语法—语言学这些"相对受到忽视的领域"，而不是数学、天文学、物理学等"完全接近于哲学"的"高贵学科""严格学科""必然学科"进行研究。③ 与此同时，他一般地分析这三个学科，而"绝不是某些作品或作者"，尽管他"天真地利用了一些作者的名字"，比如，布丰、居维叶、李嘉图等专名，但它们不过是充当某种功能，不过是出于方便，并不是要据此揭示一个"或神圣或邪恶的家族"④。在他看来，谁在说话根本无关紧要，因为他的目的并不是要描述上述三门学科的累积式发展，不是要探讨某些个体在这一发展中的地位，也不是要发现这三门学科在整体知识图景中的地位。于是，作者从支配性的角色降为某些功能的执行者。事实上，作者并未占据构造者

---

① 王逢振等编：《最新西方文论选》，154 页，桂林，漓江出版社，1991。

② Foucault，*Dits et Écrits Ⅰ*（1954—1975），Éditinos Garlimard，2001，p. 817.

③ Ibid.，p. 873.

④ Ibid.，p. 819.

的位置，而是无意识地受制于多种因素："我喜欢知道负责科学话语的主体们是不是在他们的处境方面、他们的功能方面、他们的感知能力方面、他们的实践可能性方面受到某些支配他们，甚至毁灭他们的条件的决定。"①

作者无论如何不再具有支配性地位，不再充当构造者角色。从作品署名、实际占有、最终归属和扮演角色的角度看，作者都只是功能主体，而不是起支配作用的主体。原因在于，署名的作者可能不是实际作者；作者并不一定是作品的主人、独创者；许多作品的最终归属是有疑问的；写序者、抄写者、叙事者、回忆录作者各有不同的姿态，他们在不同的话语类型或话语场景中有不同的姿态，如此等等。② 无论如何，我们看到的是各种各样的功能主体，而不是作为主宰者的主体。比如，在写作活动中，由于充当语言的工具，写作者在其写作中完全抹杀了自己的个体特征，他"必须在自己的写作游戏中扮演死亡的角色"③。也就是说，主体或作者的中心地位、权威地位被动摇了，他不过是文本展示自身的工具。巴尔特认为，在"语言的乌托邦"中，作家成了"他自己的形式神话的囚徒"④。真正说来，主体成为语言游戏链条中的一个环节，意识主体于是在文本的运作中让位于游戏主体。

德里达注意到了福柯、海德格尔"对人道主义进行的批判和瓦解"，但

---

① Foucault, *Dits et Écrits* Ⅰ（1954—1975），Éditions Garlimard，2001，p. 880.

② Ibid., pp. 817-818.

③ Ibid., p. 821.

④ ［法］罗兰·巴尔特：《符号学原理——结构主义文学理论文选》，103 页，北京，生活·读书·新知三联书店，1988。

他并不简单地认同他们。他"试图分析法国这个时期的思想局限，同时质疑结构主义"①。也就是说，他注意到了质疑人道主义的合理性，但并不因此就满足于这种质疑，对质疑本身也应该进行质疑。这意味着开启封闭的结构，意味着让文本向阅读敞开。文本是身体的作品，而不是心灵的产物。原因在于，写作活动与物质性的文字联系在一起，与身体的其他活动及相关项具有同样的性质，"文字，就是可口的食物或排泄物，就是死亡之种子或种芽、金钱或军械、耗材或男根等的痕迹"②。主体概念于是被转化了。在德里达那里，主体成为"语言学或符号学延异游戏"中的一个"说话主体"或"含义主体"③。这样的主体不再是自我意识，不能够向自身呈现，它并不在场。在以往的观点中，意识可以摆脱"痕迹"或"延异"游戏，完全不受制于符号，因为它就是在场，就是现在："在把它的符号分布在空间和世界中之前，意识能够让自身集中在它的在场中。但什么是意识，意识意指什么？通常，在其'意谓'本意中，在其所有的修正形式中，意识只是作为自我在场，作为对在场自我的知觉提供给思想。对意识有益的在此对所谓主体的一般实存也有益。正如主体范畴不诉诸作为存在的在场就不能获得思考一样，作为意识的主体除非作为自我在场否则就不能够获得揭示。给予意识以优势就意味着给予现在以优势。"④

　　德里达认为，海德格尔质疑"作为意谓的意识"以"自我在场"的方式

　　① ［法］罗兰·巴尔特：《符号学原理——结构主义文学理论文选》，"访谈代序"，4页，北京，生活·读书·新知三联书店，1988。

　　② Derrida，*L' Écriture et la Différence*，Éditions du Seuil，1967，p. 340.

　　③ Derrida，*Marges de la Philosophie*，Les Éditions de Minuit，1967，p. 17.

　　④ Ibid.，p. 17.

表现出"在场的优先性"，而这种质疑是尼采和弗洛伊德的姿态的延续，"两个人经常以相同的方式使意识的有保障的确定性陷入疑问"①。德里达提醒我们说："对于尼采而言，'伟大的根本活动乃是无意识的'，而意识是力量的结果，力量的本质、通道、样式并不为意识所专有。力量自身从来不是在场的，它不过是差异和数量的游戏。"②我们前面已经谈到了"原文字"等概念，这些类似于"痕迹"的概念表明了意识主体在游戏中的瓦解。德里达表示，"原文字乃是抹去，抹去在场，因此还有主体、它的本性和它的专名"，不管意识主体还是无意识主体的概念都"必然诉诸它在其间诞生的实体概念"，并因此"诉诸在场概念"，所以"必须把弗洛伊德的痕迹概念极端化并把它从仍然处于其间的在场形而上学（尤其是在意识、无意识、知觉、记忆、实在，还有其他概念）中挖掘出来"，痕迹"是自我、它本身的在场的抹去"，它"是由不可修复的消失、自己的消失之威胁和焦虑构成的"③。解构其实就是我们置自身于文本的深渊，向往作为自由的深渊，这既引起愉快，又导致恐惧，在这种极端的体验中，我们始终陶醉于永远无法触及的渊底。于是，语言不是一个说话主体的结果，相反，主体包含在语言之中，其本身就是"延异"游戏的一个组成部分。④ 弗洛伊德《超越快乐原则》中的延迟概念非常具有意义，它指的是自我保存的本能能够使现实原则暂时取代快乐原则，而又

---

① Derrida，*Marges de la Philosophie*，Les Éditions de Minuit，1972，p. 18.

② Ibid.，p. 18.

③ Derrida，*L' Écriture et la Différence*，Éditions du Seuil，1967，p. 339.

④ ［德］恩斯特·贝勒尔：《尼采、海德格尔与德里达》，75页，北京，社会科学文献出版社，2001。

不放弃增加快乐的最终目标，因此，在朝向快乐的漫长道路上暂时的忍耐是必要的。① 这意味着，主体在游戏中始终遵循某种经济原则。

在我们为了解构而去质疑某种关于人、人性或理性的构型时，即去思考人或理性时，问题就不再简单的是人性的或理性的，也不再是反人性的、非人性的或非理性的。德里达每一次都以解构的方式就理性之源，就人的观念提出问题，于是有人指责他是反人道主义的、非理性主义的。但他并不认可这种指责。他表示："我认为可以有一种思考理性、思考人、思考哲学的思想，它不能还原成其所思者，即不能还原成理性、哲学、人本身，因此它也不是检举、指控或拒绝。"②这其实表明，德里达关于主体问题的论述是在文本阅读中展示出来的，因此并不简单地强调某个方面，而是具有明显的游戏化倾向。就其实质而言，他在文本游戏中对实存主义和结构主义的观点进行某种综合，并最终使人处于一种不确定状态中。斯皮瓦克在解读德里达时表示："德里达认为，不管是文学、心理学、人类学还是其他文本，都是在场与不在场的游戏，是被打上杠子的痕迹的场所。"③我们确实应该关注德里达的游戏观念。在他看来，许多文本都存在着"游戏与在场之间的张力"，而"游戏是在场的解体"④。他在游戏中考虑在场，因此他注意到的是在场与不在场的彼此过渡，而

---

① ［德］恩斯特·贝勒尔：《尼采、海德格尔与德里达》，77 页，北京，社会科学文献出版社，2001。

② ［法］雅克·德里达：《书写与差异》上册，"访谈代序"，12 页，北京，生活·读书·新知三联书店，2001。

③ Spivak, "Translator's Preface," in Derrida, *Of Grammatology*, The John Hopkins University Press, 1978, p. lvii.

④ Derrida, *L'Écriture et la Différence*, Éditions du Seuil, 1967, p. 426.

主体则在这种游戏运动中成为一个不确定的因素，一种功能性的力量。

在德里达看来，任何要素都必定进入一个差异系统和链条运动之中，而"游戏始终是在场与不在场的游戏"，更明确地说，我们必须"在在场与不在场的选择之前思考它"，必须"从游戏的可能性来思考在场或不在场，而不是反过来"①。我们在前面已经指出，在场的形而上学与主体形而上学有交叉处、共同处，因为所谓在场从根本上说是指存在或存在的意义相对于心灵的在场，是面对意识或主体的在场。游戏因此是对这种主体的中心地位的动摇，但并不因此完全排除了主体。声音的价值是由主体来维护的，但文字与意识主体之间却只具有不确定的关系。这意味着，在文字中标示出了"一种不对称的划分"，一方面是"书本的封闭"，另一方面是"文本的开放"；一方面是"神学百科全书及依据该模式的关于人的书"，另一方面是"标志着被超出的神或被抹去的人的消失的痕迹结构"②。德里达无非要告诉我们，文字对声音并不构成一种颠覆关系，而是开启了一种内部关系的重组，既否定了人的中心地位，又依然保留着他的影子。如此一来，"正是在作为离心的文字与作为游戏之肯定的文字之间存在着无尽的犹豫"③。

在《游戏与人文科学话语中的结构、符号》这一影响广泛的文本中，德里达谈到了尼采、弗洛伊德和海德格尔由于对主体的质疑而导致的游戏姿态："无疑应该引述尼采对形而上学的批判，对存在和真理概念的批判——用游戏、解释及符号（没有在场真理的符号）概念取代它们；应

---

① Derrida, *L' Écriture et la Différence*, Éditions du seuil, 1967, p. 426.

② Ibid., p. 429.

③ Ibid., p. 433.

该引述弗洛伊德对自我在场，即对意识、主体、自我同一性及自我接近或自我拥有的批判，更为根本的是，要引述海德格尔对于形而上学、本体—神学、规定为在场的存在的解构。但是所有这些解构性话语及所有类似话语都陷入了一种循环。这是一种独特的循环，它描述了在形而上学史与形而上学史的解构之间的关系形式，即为了动摇形而上学而把那些形而上学概念抛在一边是没有任何意义的。我们无法使用任何外在于这一历史的任何语言，任何句法，任何词汇。"①换言之，尽管他们质疑主体形而上学，却并没有因此摆脱之，"尼采、弗洛伊德及海德格尔也都是在从形而上学中继承的各种概念的范围之内工作的"②。游戏其实就是运作、活动，由此摆脱了静态的对立结构。我们知道，列维-斯特劳斯的总体理论框架是自然与文化的二元对立，这其实是一种静态差异，它虽然冲破了同一性思维，但走得还不够远。德里达在杜撰"延异"一词来取代差异概念时，表明的其实是差异的展开，也因此关注的是游戏，"在德里达看来，传统方法追求整体，但解构方法并不就是满足于不统一。不，播撒的游戏性不在于两个矛盾的因素的共存"③。就主体问题而言，不应该纠缠于在场或不在场，而应该看到两者之间的过渡。

现象学　实存主义坚持一种人本主义立场，主要关注人的自主性，结构主义坚持一种反人本主义姿态，过分迷恋结构的客观性；前者主张

---

① Derrida, *L' Écriture et la Différence*, Éditions du Seuil, 1967, p. 412.

② Ibid., p. 413.

③ Spivak, "Translator's Preface," in Derrida, *Of Grammatology*, The John Hopkins University Press, 1978, p. lxxii.

"人是目的"，后者强调"人的终结"。从表面上看，两者之间存在着一种彼此无法通达对方的静态对立。然而，在德里达看来，它们其实有共同的来源，都派生自对黑格尔、马克思、胡塞尔和海德格尔著作的片面阅读，它们分别强调了二元对立框架中的一极。伴随两派各自内部的分化，这种静态的对立慢慢趋于消逝。德里达透过解构的游戏，使现象学—实存主义与结构主义之间的僵硬的对立松动了。他并不简单地谈论"人的终结"（离心化），更不会维护"人的目的"（中心化），而是对人的命运进行某种游戏性的思考。这其实与人们对"中心"一词的理解相关。在德里达看来，中心既可以在内，也可以在外，因而既可以看作是起源（原始），又可以看作是结束（终结）。他的解构主义既非反人本主义的，亦非人本主义的，他的工作实际上是透过细读文本来清理结构主义中的人本主义内涵，以及实存主义中的反人本主义内涵，并且看到两者之间出现的反复运动。

在德里达看来，实存主义对 3H 的人本主义阅读和结构主义对 3H 的反人本主义阅读，其实都不是完整的阅读，也因此给对立面留下了一席之地。德里达于是利用彼此间留有的空白，把自己的观点嫁接进去。从修补术的角度看，不管人本主义还是反人本主义，都只不过是解构可以利用的工具、得以展开的媒介而已。如此，德里达要在超越实存主义与结构主义的同时包容它们。他关于"人"的看法集中体现在他对 fin 或 end 的理解中。他在"les fins de l'homme"（英译"the ends of man"）中玩弄 fin 的"目的"和"终结"双重含义，以游戏的姿态表明了他自己关于主体问题的独特立场。"fin"含有两重意义：一指目的、目标，二指死亡、终结。德里达不像实存主义者和结构主义者那样在两者间择一，而是玩弄这两重含义的游戏，即从一重含义到另一重含义的永无休止的转换。也就是说，他对 3H 文本进行解构阅读，从而读出了更多意义或不定的意义，实际上是将实存主义和结构主义两者的看法包容在同一文本中，突出它们之间复杂的关联而不是简单的对立。最终说来，德里达给予人本主义与反人本主义之争以一种"后现代"的解决方案，在他的视界中，人始终是漂泊不定的流浪汉。

德里达对逻各斯中心论的解构，对文字地位的辩护，对尼采的肯定性评价，都使我们感受到身体经验和欲望的膨胀。与我们主要看到一个消极的、批判的尼采不同，德里达更多地看到的是一个积极的、肯定的尼采。当福楼拜认为写作不可能整个地是狄奥尼索斯式的，认为"人们只能够坐下来思考和写作时"，德里达显然更愿意接受尼采的看法："静止的生命乃是违背圣灵的真正罪孽。只有那些在你走动时产生的思想才有价值。"正因为如此，他和尼采一样，要求我们懂得"用脚、用概念、用词去跳舞"，懂得"用笔去跳舞"①。理性中心论隶属于逻各斯中心论传统，心灵身体二元论与声音文字二元论也因此具有完全相同的结构。也就是说，扬"声"抑"文"与扬"心"抑"身"是彼此相通的。他在《论文字学》中明确表示："文字与言语、言语与思想、能指与所指的外在关系"，同"身体与心灵的非批判对立""感觉与理智的非批判对立""本己身体及感官功能多样性的客观主义观念""抽象与具体的对立""对无意识与意识的解释"是联系在一起的。② 在他通过批判逻各斯中心论而实现的文字

---

① Derrida，*L' Écriture et la Différence*，Éditions du Seuil，1967，p. 48.

② Derrida，*De la Grammatologie*，Les Éditions de Minuit，1967，p. 123.

学转向中，他写作显然不再是为了表达清楚思想，不再是为了抒发无病呻吟的情感，而是要展示某种身体姿态。

在德里达看来，通过文字进入游戏之中，就是进行某种没有最终归宿的冒险，是进行某种没有保留的投资。这不是由于缺少什么，因此试图从游戏中有所获得，而是进行一种生命力的消耗活动，让满溢的生命力得以释放，"进入文本乃是一种冒险，一种没有保留的耗费"①。这显然不是为了观念主义地填充欲望的沟壑，而是唯物主义地释放无尽的生命力。德里达就像巴尔特一样，把阅读与文本的关系看作是一种"身体对身体"（corps-à-corps）的关系："解构产生愉悦，因为它产生欲望。解构一个文本就是揭示它如何作为欲望，作为对没有止境地延迟的在场和满足的追求而起作用。一个人不可能阅读而不向语言展露欲望，不向始终不在场的、异于自身的东西开放自己。没有对文本的某种爱，任何阅读都是不可能的。在每一次阅读中，都存在着读者和文本的身体对身体的关系，读者的欲望融入文本的欲望中。"②写作实为"身体写作"，写作是为了留下"足"迹而非"心"迹。欲望的身体于是得以弘扬，心灵则不得不淡出思想舞台；作者不是写作什么东西的人，而是绝对地写作的人；他不是用心灵写作的人，而是用身体写作的人；他不再是相信手和笔能够跟上我们的思维和情感的人，而是相信移动的手和移动的笔的人。

一谈到身体写作，我们大多会想到女性写作，尤其是美女写作。这可以一般性地代表身体对心灵的造反，因为男性写作其实就是理性写

---

① Derrida, *L' Écriture et la Différence*, p. 429.

② Kearney, *Dialogues with Contemporary Continental Thinkers: The Phenomenological Heritage*, Manchester University Press, 1984, p. 126.

作，有意识地写作，而女性写作要对抗这个传统，只能是以"身"为器，无法据"理"而争。美国女性主义批评家肖沃尔特（Showalter）表示，"有机论批评或生物学批评最为极端地伸张了性别差异，文本不可磨灭地打上了身体的印记：生理解剖即文章肌理"①，"持生物学观点的女权主义批评往往在行文中着重指出身体作为意象源泉的重要性"，其"通篇皆是肢体语言阻遏了以牺牲身体为代价的假超脱"②。其实，那些反传统的男性，也必须通过身体来写作。与此同时，读者也不是作品的精神消费者，而是身体消费者，他透过文本享受或参与的是肌肤的接触。德里达撰写了一本探讨身体或身体与心灵关系的书，一本论触觉的书，即《触觉：论让-吕克·南希》。虽然我们很难从该书中直接找到非常具体而明确的表述，但还是可以由此领会他是如何把写作尤其是阅读与身体联系在一起的。

德里达表示："我在这本关于触觉的书中想尝试指出的是，既是理论的（视觉中心的）又是'触觉中心的'哲学与某种被文化标识了的'身体'经验有关。古希腊的身体，当然还有基督教的身体经验。"③他承认，关于身体经验的话语与"唯物主义"，或至少与"马克思主义"有共同处，不是与教条的、僵化的、政治化的马克思主义，而是与"关注物质性、关注人的动物性，尤其是关注技术历史"的马克思主义有共同之处。④ 这

---

① 王逢振等编：《最新西方文论选》，263 页，桂林，漓江出版社，1991。

② 同上书，265 页。

③ ［法］雅克·德里达：《书写与差异》上册，"访谈代序"，18 页，北京，生活·读书·新知三联书店，2001。

④ 同上书，18 页。

些表述说明，他关注的是身体的物性方面。的确，通过游戏性地解读南希这位"一切时代最伟大的探讨触觉的思想家"①，他否定了自亚里士多德《论灵魂》以来对生命的心理主义解释，宣布"心理在其棺材中是有广延的"，宣布"有形但不可触摸的肉身化、有形化乃是其'死后'"②。我们当然可以探讨心理，但所谓心理其实是有"广延"的。这就否定了纯粹意识的虚无性。德里达注意到南希所说的心理是"作为死者处理的"，不言而喻，这"对于心理学、对于心理分析不是没有后果的"，这"同样也是对现代语言、对我们时代关于'活的身体'（人们理解为'本己身体'或'肉'）的话语而言的"③。显然，德里达不仅否定笛卡尔和康德由于强调纯粹心灵而造成的对身体的否定，而且也不赞成梅洛-庞蒂和亨利等人对身体的灵性化处置，因为后者依然包含某种心理主义的阴影。

众所周知，西方文化中的理性主义传统受制于某种视觉中心论。而这一切开始于柏拉图的"理念"。从词源上说，"理念"（形式、相），源自动词"看"，本义是看见的东西，转义为心灵所见的东西。在整个西方哲学的发展中，最为重要的显然是这种理智直观，同时也有许多哲学家在维持眼睛之看的地位。心灵之看是一种超然旁观，甚至可以说是一种判断；而眼睛之看则是一种实际接触，一种有距离的接触。德里达在对南希的解读中，一方面要否定理智直观对触觉的消融，另一方面也不能像经验论者那样局限于眼睛看东西意义上的接触。"触摸"，但触摸谁呢？这里涉及的是视觉与视觉交织时的触摸，一种"互相触摸"，一种"互相

---

① Derrida, *Le Toucher*: *Jean-Luc Nancy*, Éditions Galilée, 2000, p. 14.

② Ibid. , pp. 28-29.

③ Ibid, p. 31.

看"。不能局限于单向度的看，不管是就超然的"理智看"还是就实际的"眼睛看"而言。德里达要拷问的正是这种触摸，他要问："眼睛最终能够互相触摸，首先像嘴唇一样互相贴紧吗?"[1]他不想把对象放在"物"或一般可见者方面，而是注意到了作为能看者和可见者的人，"当我与您的目光交错，我看到了您的目光和您的眼睛，着迷的爱恋，而您的眼睛不仅是能看的，而且是可见的"[2]。在这种人与人的关系中，所谓"看"意味着"我""能够用手指、嘴唇，甚至眼睛、睫毛、眼睑去触摸""您"的"眼睛"。[3] 眼睛的互相看和视觉的互相看彼此过渡，这明确否定了理智论的纯粹精神诉求，同时否定了经验论的单纯物质导向。这最终表明的是南希所说的"身体技巧"[4]。

在我们对文本的阅读中，体现的的确是某种身体技巧。我们不是从中读出作者的本意，而是力图达到某种接触——互相触摸，互相看，而不是单向的关系，并因此进入文本嫁接与目光接触的无休止的游戏中，一种身体消费的游戏中。德里达的解构游戏显然瓦解了人的意识之维，并因此提升了身体的地位。巴尔特在强调游戏并因此在突出身体方面有过之而无不及。他同样把我们带入语言游戏之中，主体也因此成为运作或游戏中的一个要素。他这样写道："不存在阅读的客观和主观的真理，而只有游戏的真理；游戏在此不能理解为消遣，必须看作一桩工作——但劳作的艰辛烟消云散了：阅读，就是使我们的身体积极活动起来（自

---

① Derrida，*Le Toucher：Jean-Luc Nancy*，Éditions Galilée，2000，p. 12.

② Ibid.，p. 13.

③ Ibid.，p. 13.

④ Ibid.，p. 13.

心理分析处，我们明白这身体大大超越了我们的记忆和意识），处于文本的符号、一切语言的招引之下，语言来回穿越身体，形成句子之类的波光粼粼的深渊。"①"我"阅读文本，但"我"并非单纯的主体，并非先于文本而存在，并非把文本当作待拆之体、待占之位，继而处置它。这个探究文本的"我"，本身就已经成为其他文本的复数性，成为永不终止的能指的复数性。换言之，"我"是文本拼贴的处所，是它的一个功能要素。而且，"我"不是一个心理性的要素，而是身体性的要素。巴尔特非常明确地把文本看作身体消费的对象，他进而把阅读文本产生的愉悦感区分为愉悦与极乐。前者表明的是在阅读过程中因为能够对作者的思想心领神会而获得某种宁静的满足，后者表明的则是因为阅读过程的艰难或断裂而产生某种极度体验。

这里的极乐（jouissance），其实指的是该词的某种日常意义，简单地说就是"性快感"，特别是"性高潮中的兴奋状态"②。在巴尔特的用法中，这当然是该词的一个非常重要的方面，是应该予以强调的方面。很显然，巴尔特排斥了心灵的地位，"用'身体'代替'心灵'，这与巴尔特强调的作为欢悦源泉的能指的物质性一致"③。当然，极乐并不限定在性快感上面，它其实是一种大起大落的情感体验，它既指极度欢欣，也指极度沮丧，后者的成分甚至更浓，尤其接近于厌烦。这与我们面对的文本的性质密切相关。巴尔特区分了两种文本，"愉悦的文本：那种使

---

① ［法］罗兰·巴特：《S/Z》，53 页，上海，上海人民出版社，2000。

② ［法］高宣扬：《谈谈几个法语哲学概念的翻译问题》，载《浙江学刊》，2004(5)。

③ ［美］乔纳森·卡勒尔：《罗兰·巴尔特》，106 页，北京，生活·读书·新知三联书店，1988。

人满足、充实，导致惬意的文本；那种来自文化，没有与之中断，与一种舒适的阅读实践联系在一起的文本。极乐的文本，即那种考虑到失败的文本；那种让人不舒服（或许甚至于让人厌倦），动摇了历史的、文化的、心理的基础，动摇了读者的持续鉴赏力、价值、记忆，让他与语言的关系处于危机中的文本"①。真正说来，极乐"明显来自某些断裂（或某些冲突）"②。也就是说，"由于失去了历史的、文化的、心理的依靠，由于不能再与作者沟通，由于语言的漂移，人们在现代主义小说中只能感受到厌烦。非连续、消解、不确定性和不可读都包含某种可厌性，但同时又包含着极度的诱惑"③。

巴尔特关注的显然不是心灵的愉悦，而是身体的愉悦，是物质性的文本导致的愉悦。有学者表示："在巴尔特看来，写作的首要意义是可见的文字。他在写作理论中首先强调这种可见的、完全取决于知觉的层面。后来，他还从这种写作的物质性中寻求'绝对的现实主义'。"④写作的愉悦不在于文字表达的"意义"，而在于文字本身，它是身体的直接呈现，也是他人知觉的直接对象，一切愉悦都来自物性，而非灵性。游戏中的文本似乎是性享乐的直接替代。巴尔特认为可以用"某种身体"来指文本，或者说文本就如同身体。他谈到了两种身体。一是解剖学家和生理学家眼里的身体，科学所看到和谈论的身体，是语法学家、批评家、

---

① Barthes, *La Plaisir du Texte*, Éditions du Seuil, 1982, p. 23.

② Ibid. , p. 13.

③ 杨大春：《文本的世界——从结构主义到后结构主义》，186～187 页，北京，中国社会科学出版社，1998。

④ ［日］铃村和成：《巴特——文本的愉悦》，12 页，石家庄，河北教育出版社，2001。巴特与巴尔特为同一人，不同译法。

评论家和语文学家的文本。二是极乐的身体，它独一无二地由性爱关系构成，与第一种身体没有关系：它是对文本的另一种划分，另一种命名，它是我们的性爱的身体。[1] 巴尔特当然关注的是后一种身体。文本是一种身体，尤其是一种性爱的身体。人的性爱身体与文本的性爱身体的交流导致一种极乐。这意味着身体追求它自己的观念，而不是追求理性或心灵的观念，"文本的愉悦是我的身体追随它自己的观念的那一环节——因为我的身体与我不具有同样的观念"[2]。巴尔特明显否定了针对身体的科学或知性立场，回到了感性的直接性。这种对待文本的感性姿态显然与法国人在生活中对待身体的感性姿态是完全一致的。他这样告诉我们，"同胞的身体"对于法国人来说"是一种他不能够诉诸任何符码的语言"，而"那些面孔的似曾相识感没有知性价值"[3]。

三、身体经验与欲望的主体

自 1980 年以来，福柯在法兰西学院连续开设了《主体性与真理》(1980—1981)、《主体解释学》(1981—1982)、《对自身和他人的管理》(1982—1983)、《对自身和他人的管理：真理的勇气》(1983—1984)等课程。虽然说这些课程的侧重点有所不同，其实都旨在探讨西方历史中的"主体"与"真理"两个要素间的关系，其出发点是"自身

---

① Barthes, *La Plaisir du Texte*, Éditions du Seuil, 1982, p. 26.

② Ibid. , p27.

③ ［法］罗兰·巴尔特：《符号帝国》，141～142 页，北京，商务印书馆，1994。

关怀"这一观念。① 他的《性史》第二卷《快感的享用》、第三卷《自身的关怀》(1984)、第四卷《肉欲的忏悔》(未完成),他在英国做的讲座《性欲与慎独》(1981),在美国做的演讲《自身技术》(1982),与人的谈话《道德的回归》(1984)也都集中于这一主题。曾几何时,学术界非常关注福柯有关主体离心化的学说,"死了"的声音就好像盛夏的"知了"一样搅得人心烦躁。然而,上述课程、著作、演讲及谈话的倾向表明,在福柯面临自己的死亡或终结之际,由他而起的一阵"回归主体"之风又开始刮得学者们晕头转向。面对众声喧哗,我们的看法是,既不应该简单地谈"回归",也没有必要拘泥于"主体"的不变含义,而且,为了更好地理解和把握,我们无疑应该综合考虑其思想的全体。他在方法论上明确否定主体中心论立场,尽管如此,其哲学的核心依然是主体问题,他这样说过:"主体构成我的研究的总主题。"②

福柯的主体学说异常复杂,涉及面非常广,理解起来确实困难。通过对话语的考古学和谱系学探究,福柯对主体问题进行了多方面、多层次的分析。究其实,这些分析涉及的不外乎是主体与"言"(话语分析)、"行"(自身关怀)、"知"(自身认识)的复杂关系,其核心是关注针对身心的权力策略,并力求让身体回归自身。福柯的任务就在于揭示身体经验在现代性进程中的命运,即探讨经验(如疯癫、疾病、犯罪、性欲、自身认同等)、知识(如精神病学、医学、犯罪学、性学、心理学等)和权力(如在精神病机构、刑法机构和其他涉及控制个人的机构中行使的权

---

① Foucault, *L' Herméneutique du Sujet : Cours au collège de France* 1981—1982, Seuil/Gallimard, 2001, p. 4.

② Foucault, *Dits et Écrits Ⅱ (1976—1988)*, Éditions Garlimard, 2001, p. 1042.

力等）之间的关系，进而为身体回归自身提供了某种或某些替代性的选择。福柯在方法论上由于强调话语分析而主张主体之死（主体离心化），但问题的关键在于，他紧接着在这一方法论引导下揭示了主体之生（身体的精神化和道德化；知识主体和权力主体的诞生）和再生（审美主体的建构）。在很大程度上说，后面两项工作更为重要。这里涉及一种生死辩证法：不知生，焉知死。这其实是对"哲学就是练习死亡"这种苏格拉底传统的反拨。总结起来，福柯从三个角度为我们揭示了主体的真相。首先，在古希腊哲学中，以"自身关怀"为主导的"知""行"合一意味着一种自由的、审美的伦理生活，伦理主体具有自发性、自主性。其次，早期现代以来的以"自身认识"为中心的"知""行"合一把人导向与原始经验疏远的智性生活，知识主体表征着规范性、被动性。最后，知识主体取代伦理主体的根源在于"自身认识"取代"自身关怀"的中心地位，而在各种自身知识的背后暗含着权力的某种区别对待策略（分化实践），其实质就是理性与非理性的严格区分，这就导致了权力主体的存在。福柯整个的努力都在于揭示伦理主体、知识主体、权力主体的真相。表面上的对立是伦理与知识，深层次的冲突则是伦理与权力，并因此表现出知识与实存之间的张力。

尽管福柯本人多次对自己的结构主义者或后结构主义者的身份提出异议，他无论如何与法国现象学—实存主义传统的辩证思维格格不入，并因此至少是结构—后结构主义者们的同路人或同情者。我们前面谈到，辩证思维明显具有人本主义指向，而福柯具有反人本主义倾向。福柯表示，人类学作为对人的分析在现代思想中扮演着一种构造角色，而考古学则是"人们力图通过它来摆脱最后的人类学束缚，回过头来又希望揭示这些束缚如何得以形成的一种事业"①。通过把探究的核心指向无意识层次，他为我们揭示了话语和知识构成的无意识机制，明显地扬弃了主体的优先地位。福柯把西方文化中主体中心论倾向的出现锁定在对他自身所处时代依然有着强烈影响的 19 世纪初，并提出了时代哲学的双重任务：既应该摆脱这种倾向，又应该揭示出这种倾向是如何确立起来的。在他看来，我们依然陷入自 19 世纪以来的人类学迷梦中，但也出现了一些从中挣脱出来的努力。他认为，作为非辩证思维的分析理性对辩证理性所维护的主体中心论提出了疑问。然而，这种非辩证思维还处于初始阶段，它还分散在非常不同的领域，还没有出现在某一优势领域中，还没有形成整体颠覆。现在的问题是，针对与 19 世纪有延续关系的辩证思维，我们不应该简单地回到 19 世纪之前，相反，"应该努力发现这一非辩证思维的绝对当代的特定形式"②。

非辩证思维把问题的焦点放在知识上面，但它并不是像古典时代那样追求普遍秩序的知识，同时也不排斥非知，这就与 19 世纪以来的实存指向形成了强烈的对照。按照福柯的看法，"19 世纪的辩证理性尤其通过诉诸实存，即个体与社会，意识与历史，实践与生活，意义与无意义，生命与惰性关系问题而得以展开"③。20 世纪现象学—实存主义的人本主义是这种实存指向的继续，当代非辩证思维也因此旨在突破这种指向。这当然是某种困难的任务，因为"谈论知识及其同型现象远没有谈论实存及其命运那么诱人，谈论知识与非知识之间的关系远没有谈论人

---

① Foucault, *L' Archéologie du Savoir*, Éditions Garlimard, 1989, p. 25.

② Foucault, *Dits et Écrits* Ⅰ (1954—1975), Éditions Garlimard, 2001, p. 570.

③ Ibid., p. 570.

在总体澄明中向自身回归那么安慰人"，但不论如何，"哲学的角色并不必然是要让人的实存变得容易，并向他们承诺某种诸如幸福之类的东西"①。从表面上看，知识与实存是对立的两极，主体则与实存联系在一起。然而，非辩证思维恰恰可以导致一种相反的结论。按照福柯的说法，人或主体具有既是认识对象又是认识主体的含混地位。这意味着，所谓主体首先不是在与实存的关系中，而是在与知识的关系中获得界定的。也就是说，19 世纪人本主义从实存出发，最终却以揭示人的真相为目标，并因此导致知识主体的结果。各种当代人本主义是 19 世纪人本主义的继续，是它的各种弱化的形式，也因此继续维持着这种求知的努力。他这样说道："并不是因为人们对人的道德关怀促使他们有了科学地认识他的观念，相反，是因为人们把人的存在建构为可能的知识对象，才发展出了当代人本主义全部的道德主题。"②人本主义的所谓人其实是知识主体，进而演变为受道德原则支配的主体。

正是针对知识与道德的覆盖，福柯才响亮地喊出了"人死了"的口号。然而，我们要探讨的既不是福柯以"主体离心化"来确保结构的客观性和意义的确定性，也不是他以"作者死了"来为文本意义的不确定性提供辩护。我们要说的是，他在某种意义上仍然有一种"人本"情怀：依然关注个体实存，不受知识和道德覆盖的实存，他似乎要建立某种新的实存哲学的主张。这种新的实存哲学与他的主体离心化的方法论立场并不矛盾，因为他曾明确地指出，他并不打算重复"主体死了"的空洞口号，

---

① Foucault, *Dits et Écrits I* (*1954—1975*), Éditions Garlimard, 2001, p. 571.

② Ibid. , p. 569.

而是要关注主体死后留下的"空无"，事实上，"在我们的时代，我们只能在人消失后的空无中思考"①。针对他的著作中没有主体的说法，他表示："应该进行区分。首先，我实际上认为不存在一种主宰性的、奠基性的主体，一种我们在哪儿都可以找到的普遍形式的主体。我非常怀疑这样一种主体观念，甚至对它充满敌意。我相反地认为，主体是通过种种被奴役的实践构成的，或者以一种更自主的方式，就像在古代那样，通过种种解放和自由的实践被构成的。"②他在另一个地方也表示："我不想排斥主体问题，我想界定主体在话语的多样性中所能够占据的位置和功能。"③

　　福柯其实想要表明，应该让居于现代性核心地位的被动的、受支配的主体从中心偏离，因为这种意义上的主体概念弱化了个体实存，以普遍性压制了个体性。唯有这样，我们才能让"别一种我们"恢复其地位。不存在所谓我思或者先验的自我，主体实际上是现代性进程中的构成物。知识主体、权力主体是通过掩饰个体的身体经验才得以诞生的，而超越现代性或许可以实现向关注原始身体经验的个体，即自身关怀的伦理主体的回归。真正说来，福柯要揭示人在现代性进程中作为"大我"（理性主体、知识主体、道德主体、司法主体）的工具性地位，确立自身关怀（身体经验、审美经验、伦理关怀）的"小我"的审美实存形象。福柯的主要作品都是在揭示主体的真相，并为我们指出通向个体实存之路。在《古典时期的疯癫史》《临床医学的诞生》和《词与物》中，福柯揭示和分

---

① Foucault, *Les Mots et les Choses*, Éditions Garlimard, 1997, p. 352.

② Foucault, *Dits et Écrits II*（1976—1988）, Éditions Garlimard, 2001, p. 1552.

③ Foucault, *L' Archéologie du Savoir*, Éditions Garlimard, 1989, p. 261.

析了身体经验是如何受到求知意志（及其伴随的道德意愿）的排斥和遮蔽的；在《知识考古学》和《话语的秩序》中，描述和总结了语言对主体中心地位的消解；在《监视与惩罚》中，探讨和揭示了现代社会是如何通过种种精致的规训技巧将暴烈的身体经验转化为有用而顺从的工具的；《性史》的最初意图同于《监视与惩罚》，但后来转向揭示所谓自身技术的历史，力图为人们提供一种回归原初身体经验的选择。

上述著作及其他形式的言论把福柯推向 20 世纪后半叶世界学术舞台的"中心"，而这恰恰是后现代语境中"边缘"占据"中心"位置的某种真实写照。无论在实践中还是在理论上，福柯常常站在非主流一边，他始终同情在现代性进程中处于边缘中的人们：在社会生活中支持学生运动、妇女争取权利的运动、犯人要求改善监狱条件的运动、同性恋者争取自身权利的运动；他在理论探讨中关心的则是诸如"疯子""病人""犯人""性错乱者"之类"病态主体"或"反常主体"的命运。这些努力都是福柯对理性的他者——身体经验、非理性经验的关注的具体表现，更不用说他本人在性生活方面的极度体验了。这些实际参与和理论倾向不是出于一般的学术目标或普遍的政治理念，而是源自一种自身关怀。福柯晚期曾经自我总结说：他的写作主要是为了他自己，为了一种审美的实存。他似乎非常看重作为生活方式的学术研究，这种研究尽管是理论性的，但明显融入了大量个人体验。作为一个"作家"，福柯以写作来改变自己。他表示自己一生都在勤奋工作，但他对自己做的事情、在大学里的地位并不感兴趣，因为他的问题是他自身的改变，通过自己的知识来达到自我改变和美感经验是相近的事情。也就是说，学术是为了改变实存，而实存则伴随思想的变化而变化。因此，他尤其强调思想与实存经验的关系，"对于我来说，理智工作与您界定为审美主义的一种形式的东西联系在一起，我将此理解为对自身的改变"①。

福柯思想中的这种个体关怀倾向与他受到的影响有关。他多方找寻灵感，其作品中也因此有多重侧影交替出现。我们尤其应该注意到他与现象学—实存主义的关系。我们不能因为他后来否定现象学方法就低估这一思潮在潜意识中对他的意义。实际上，年轻的福柯曾经强烈地受到黑格尔、马克思、胡塞尔、尼采、海德格尔、萨特、梅洛-庞蒂等人的影响，而这一切明显与当时的以现象学—实存主义为中坚的人本主义思潮一统法国学术舞台有关。按他本人的回顾，他先大量阅读了黑格尔和马克思的作品，然后在 1951 年或 1952 年阅读了海德格尔的著作，关于后者的阅读笔记大大超过了关于前两者的。他因此声称他的整个哲学发展是源于阅读海德格尔。当然，福柯同时也表示，他并没有充分了解海德格尔，不是那么了解《存在与时间》及后来的作品，对尼采思想的了解胜过对海德格尔的了解。但无论如何，阅读两者是他已经形成的两种最基本的经验，他们两人让他产生了哲学上的"休克"。他特别强调，"如果不阅读海德格尔，我可能不会阅读尼采"，尽管他后来集中时间和精力阅读尼采，但"光是尼采不会对我说出任何东西来"②。这其实表明，通过融合海德格尔和尼采的思想，他对现象学做了实存论的理解，并因此抛弃了胡塞尔的先验主体性或意识哲学倾向。这就解释了福柯反对现象学方法，但实际上又受到现象学思想的影响这一矛盾现象。福柯致力

① Foucault, *Dits et Écrits II* (*1976—1988*), Éditions Garlimard, 2001, p. 1354.

② Ibid., p. 1522.

于揭示身体经验是如何受到遮蔽的，并力图指出去蔽的途径，他的思想因此与海德格尔、梅洛-庞蒂意义上的现象学有某些方面的相似性，他拒绝接受的只是有关纯粹意识的现象学。

福柯把经验（体验）作为"经验—知识—权力"问题的基础，显然是对现象学—实存主义重视实存体验的倾向的某种发挥。当然，他沿袭的是从知识到实存的分析理性路线（巴什拉路线），而不是从实存到知识的辩证理性路线（萨特路线）。福柯的出发点是寻求自由，但这不是萨特为己意义上的、思想意义上的自由。这涉及现代性如何对待异己和他者的问题，通过对合理性话语进行考古学和谱系学分析，福柯揭示了现代性的并非单纯的内涵，他使现代社会对待非理性的各种策略及其虚伪性在人们面前暴露无遗。现代性意义的自由、解放只不过是新的控制手段而已。这种控制既有身体方面的，也有心灵方面的。与其他人主要关注现代性对心灵的奴役和思想的控制不同，福柯更关注的是现代性对身体的驯化和控制，是它使身体经验精神化、道德化的策略。这种策略往往是以科学的名义对人进行控制，导致人的身体经验受到各种知识的遮蔽。福柯要求摆脱知识的遮蔽，这就需要某种还原，需要海德格尔意义上的去蔽。面对现代性的全面控制，人应该追求什么样的自由，如何获得自由变成了福柯力图揭示的问题。

福柯的工作是对启蒙理性进行批判反思，他为自己确定了双重任务：揭示特殊知识领域如何限制了人类自由，并为克服这些限制提供理智对策。[①] 如果我们思考福柯的知识理论，就会发现，他并不是对知识

①　Gutting, *Foucault's Archaeology of Scientific Reason*, Cambridge University Press, 1989, p. 2.

一般感兴趣，而是把目光放在涉及人的各种学科方面：要么是人文科学，要么是对人文科学有借鉴价值的学科。他从两个角度探讨这些涉及人的知识：一是从实证角度，表明人的有限性；二是从权力角度，表明人的反常性。这些探讨，目标都是揭示主体的真相，旨在表明知识与权力在人身上的运作及其导致的后果。换言之，福柯的全部工作都旨在揭示现代性（合理性）进程是如何用道德和知识来遮蔽疯癫、犯罪、疾病、性欲之类的经验的，都旨在表明欲望主体或身体主体是如何被转化、被改造成知识主体和权力主体的。在他进行的各种分析的后面，我们尤其想到他对非常规体验的关注，比如疯癫经验。这种经验曾经被看作是一种宇宙性力量的经验，但在现代性的进程中，却遭到了要么被彻底排斥，要么被升华改造的命运。

　　按照福柯的分析，现代性意味着理性以不同的方式向各个领域渗透。这尤其意味着身体经验被观念化。这当然有一个过程，最初是把一切反常的东西都纯粹化，而在心灵和物质的这种双重纯粹化中，人们看到的只是理性之光普照大地。在后来，人们的求知意志开始把自身的疯癫、疾病、犯罪、性错乱之类的消极经验，把生命、劳动和语言等积极经验纳入认识领域，以便能够更好地道出自身的真相。于是这里出现的是身体的观念化和心灵的对象化（物质化）双重进程。从根本上说，现代性就意味着人对自己的有限性和反常方面的认识。也就是说，现代人的求知意志力图发现自己的真相，要么发现了自己的有限存在（有生命之物、生产的工具、语言的载体），要么发现了自己的反常存在（病态主体、犯罪主体、性错乱者）。但接下来现代人却把一切心理化、观念化，因此从根本上否认了反常经验的自身价值，它们只是在纯粹意识的比照中才具有相对价值。在福柯看来，这恰恰意味着理性自身是有限的，绝对理性主体、心灵的纯洁和主宰于是受到了强有力的挑战。

福柯旨在探讨经验—知识—权力之间的关系，这意味着经验成为知识的对象与权力施加于对象之间的复杂机制。一方面，由于求知意志或求真意志，个体把自身或他人的某些经验（体验），尤其是反常经验置于对象领域，这意味着知识主体的被构成，"我力图分析诸如疯癫、性欲、过失等领域如何进入某种真理游戏，也分析透过把人的实践、行为置入真理游戏中，主体自己是如何受到影响的"①。另一方面，为了知道自己，个体必须或者被自己，或者被别人区别对待，从而形成权力主体，即分化实践造就权力主体，"主体要么在自身内分化，要么从别人中分化，例如，疯子与神志健全者，病人与健康人，罪犯与'乖孩子'的分化，这一分化过程使他对象化"②。总之，主体为了知道自己的真相，必须将自己置于对象领域，必须让自己服从某些权力机制、某些道德原则。也可以这样说，由于某种权力机制，个体的经验被掩盖在理性知识、道德原则之中。这表现为一方面是理性话语和道德伪善的喧嚣，另一方面则是身体行为及其经验被当作非理性的东西被迫沉默无语。通过对历史的回顾和现实的思考，福柯让我们看到的是身体经验对遮蔽的突破，听到的是身体经验自己的声音。

知识主体实际上是历史上的构成物，是伴随 18 世纪末、19 世纪初发生的知识型变迁而出现的。我们说过，早期现代哲学以认识论为核

---

① Foucault, *Dits et Écrits II* (*1976—1988*), Éditions Garlimard, 2001, p. 1550.

② Ibid., p. 1042.

心，探讨的是主客关系问题，而主体的性质最为重要，这意味着我们要探讨使认识得以可能的先验条件。也就是说，人为了认识外部对象，首先要认识自身性质。福柯以为，泛泛言之，这一看法似乎非常有道理，但需要揭示表面现象后面的实质。对认识的先验条件的探讨，意味着人把自身对象化，赋予自己以科学地位。显然，人将自身对象化是使自己成为知识主体的前提条件。知识型决定了事物能否构成知识的对象，如何被纳入知识领域或者干脆受到排斥。人自身成为认识对象，遵循着其他事物所要遵循的同样的话语规则。此时，普遍的秩序瓦解了，人成为混乱中的秩序的维护者；关于普遍秩序的科学分化了，人成为各门学科分解研究的对象。于是"人"诞生了，或者说，作为主客统一体的知识主体在人文科学中诞生了。在福柯那里，知识主体主要不是针对客观对象的认识者，而是指针对自身的认识者。福柯认为"主体"是现代知识的产物，这一概念以普遍理性的名义掩饰了个体的根本实存处境。这就否定了人在早期现代思想中的主宰性的地位。

在《词与物》中，福柯通过有限性分析揭示了知识主体的真相。穿透层层知识(博物学—生物学、财富分析—经济学、普遍语法—语文学等)的包裹，他发现，人的生命(自然属性)、劳动(社会属性)和语言(文化属性)都受到时间的限制，人因此受制于有关生命、生产和语言的规律的束缚，并因此成为一种有限的存在。而在《古典时代的疯癫史》《诊所的诞生》《监视与惩罚》《求知意志》与《性史》卷一中，福柯借助心理学、犯罪学等学科揭示了人的反常方面。在此，人要么将自己，要么将别人的反常方面对象化，借此揭示人的真相，这显然涉及既作为认识主体又作为认识对象的人，也因此仍然属于知识主体范畴。但是，在福柯那里，不存在纯粹的知识、纯粹的真理，知识始终与权力联系在一起。受尼采晚期思想的影响，他力图探讨的不是知识、真理，而是求知意志、求真意志。这意味着他对知识、真理背后的机制的揭示，也就是说他要探讨的是知识与权力的关系。在《古典时代的疯癫史》中，福柯力图切入疯癫体验的深处，以便揭示身体经验是如何受到精神病学、心理分析学及资产阶级道德秩序的掩盖和遮蔽的。

在文艺复兴时期，理性的绝对标准尚未确立，疯癫体验的地位也就暧昧不明，它还未被知识和道德遮掩，因此还有其原初的存在。在古典时期，疯癫体验被看作是罪恶的，理性以胜利者的姿态将它作为反常的、异己的力量彻底地予以排斥。换言之，疯癫被看作是非理性、非人性、动物性的经验，疯子则受到与石头、动物相同的待遇。清醒的理性主体绝对不能容忍这种反常经验的存在，疯子于是受到了绝对的排斥：通常是道德责难和身体惩罚并重。非常明显，反常经验被归于身体属性，而身体被纳入物质范畴，这完全符合以笛卡尔哲学为典型代表的抑"身"扬"心"的"时代精神"。福柯更为关注的当然是疯癫经验在现代社会的命运。在他的所谓现代时期，通常认为出现了身体惩罚减轻，心理关注越来越重要的倾向：现代疯癫体验的实质是把疯癫看作心理疾病，并因此把疯癫体验精神化和道德化。从表面上看，疯子不再受到彻底排斥，他甚至被允许开口说话了。然而，人们总想在疯子的声音背后找出他向理性、向道德回归的征兆，而听不到他自己的声音，疯癫经验自身因此没有获得承认。

《监视与惩罚》更为集中和明确地揭示了身体经验在现代性进程中的命运。通过分析经验（犯罪）、知识（犯罪学、心理学等）和权力（监狱机

构的权力)之间的复杂关系,福柯力图揭示个体的原初身体经验在知识
和规训技巧中的消失。惩戒方式表现为权力的实施与权力施及的个体
(具有犯罪经验或越轨经验的个体)之间的相互关系。犯人被当作任意摆
布的"对象",体现出常规和越轨之间的分化与张力。许多人都注意到,
西方惩罚制度的基本倾向是心理控制越来越强,身体惩罚越来越宽松。
福柯却同时关注身体控制和心理控制这两者,尤其要发掘身体经验在控
制策略中的地位与处境。在专制时代,君主及其代理人主要以五马分
尸、刀剐等酷刑公开惩罚身体;在 18 世纪,改革家们设想以劳动改造
等温和的方式对待犯人的身体;现代监禁制度则是一种更为温和但也更
为狡诈的对待身体经验的技术。福柯更为关注现代惩罚制度。这种制度
的原则是:只对犯暴力罪行的人施以痛苦,对其他人仅仅实施监禁。身
体仍然是权力实施的对象,但不再让它撕裂,而让它温驯。权力关心的
不是控制或不控制,不是加重或减轻控制,而是关心如何控制、如何更
有效地控制,关心的是控制的方法和策略。关于身体经验的知识、对身
体经验的控制构成政治策略的一部分。

这是一种围绕身体,主要是个体身体的新的权力技术。不再是施以
酷刑,而是通过某些技巧来安排和组织这些个体身体的空间分布。通过
对身体的矫正训练,人们试图增强其有用而顺从的力量。资本主义的发
展要求从经济利益出发,在为了维护社会秩序而控制犯罪个体的同时,
应当将身体的暴烈力量变成驯服的工具。也就是说,权力技术要控制其
力量,但这只是转化,而不是使其变成无用之物。这种转化成为一种更
有效的控制,更经济的控制。军营、学校、工厂、监狱、疯人院都是现
代社会驯服个体身体的工具,监狱只是众多方式中的一种比较精致的形

式。它们的共同特征是通过定位、禁闭、监视、对行为进行管理来改造个体。福柯指出，"从一开始，监狱就和学校或兵营或医院一样是完善的工具，准确地针对个体产生作用"①。这样理解现代监狱制度和其他机构，意味着现代社会是一个规训社会。他是这样界定规训（discipline）的："这些使身体运作的微妙控制成为可能的，使身体的种种力量永久服从的，并施于这些力量一种温驯而有用的方法就是我们的所谓规训。"②在别的地方，福柯做过类似的界定："规训"是"权力的个体化技巧"，在他看来"就是如何监视某人，如何控制他的举止、他的行为、他的态度，如何强化他的成绩、增加他的能力，如何将他安置在他最有用之地"③。规训针对个体的身体，权力"触及个体的细胞，通达他们的身体，并将寓于他们的姿势、他们的态度、他们的话语、他们的培训、他们的日常生活之中"④。规训造成这样一种效果：越有用，越顺从；越顺从，越有用。它既增加身体的力量，又控制这些同样的力量。⑤ 或者说，"既增强服从者的力量，又增强使之服从者的力量与效率"⑥。于是人的身体体现了经济和政治的完美结合。

我们由此可以明白福柯关于主体的独特看法，主体即自觉服从的个体，这就是公民概念的实质。现代社会的一切控制机构都与监狱没有什么实质的不同，它们的基本假定是人具有可塑性，于是，它们就可以打

① Foucault，*Dits et Écrits I*（1954—1975），Éditions Garlimard，2001，p. 1610.

② Foucault，*Surveiller et Punir*，Éditions Garlimard，1975，p. 161.

③ Foucault，*Dits et Écrits II*（1976—1988），Éditions Garlimard，2001，p. 1010.

④ Foucault，*Dits et Écrits I*（1954—1975），Éditions Garlimard，2001，p. 1609.

⑤ Foucault，*Surveiller et Punir*，Éditions Garlimard，1975，p. 1.

⑥ Foucault，*Dits et Écrits II*（1976—1988），Éditions Garlimard，2001，p. 186.

着教育、训练和改造的旗号来造就温驯而有用的身体。这就导致了知识对身体经验的遮蔽。惩罚制度中的规训技巧的形成是与各门学科的诞生联系在一起的。对身体经验的控制由消灭暴烈力量转变为改造个体，与此相应，"知识成为学科是一个重要转折"①。汉语中的"学科""规训""纪律"在法文中是同一个词，这是非常有意思的。学科是依据某些规范得以形成或加以区分的，这就意味着规训；而学校与其他控制机构一样，培养的是遵守纪律、符合规范的自觉服从的主体。福柯写道，"我们已经可以指出：权力的惩戒技术，在最细微、最基本的层面上，甚至在个人的身体上怎样导致权力的政治经济学的变化，改变了它的机制；这些涉及人的身体的惩戒技术怎样不仅导致了知识的合并，而且分离出可能的知识领域；施于身体的权力的惩戒技术怎样使被奴役的身体产生出某种心灵—主体、我、心灵；等等"②。所谓温驯有用的身体实际上就是丧失了个体经验的精神化的主体，打上了普遍理性烙印的"大我"。在福柯看来，基督教是这种观念化和道德支配的开端，而现代社会则把这些倾向扩大化了。

面对道德、知识和权力的挤压，人必须以某种方式重塑自身，这意味着人对伦理—美学实存的向往。福柯在其晚期思想中关注伦理生活或伦理主体，"致力于研究人把他自己转变成主体的方式"③。这主要表现为他对性经验领域进行的分析，这是一种道德谱系分析。这种分析强调的是实存关注，要求的是自身关怀。从表面上看，重视个体实存的伦理

---

① ［法］米歇尔·福柯：《必须保卫社会》，172页，上海，上海人民出版社，1999。
② 同上书，174页。
③ Foucault, *Dits et Écrits Ⅱ*（1976—1988），Éditions Garlimard，2001，p. 1042.

意蕴是福柯思想中出现的转向；就实质而言，这始终是其哲学的出发点和归宿。古希腊是实存伦理或生命伦理的黄金时代，但在西方文明的演进中，这一倾向被改变了，出现了智性化倾向，知识主体及其暗含的权力主体取代了伦理主体。福柯力图通过对西方文明的反思和批判，重新寻找回归个体实存之路。《性史》的初衷在于探讨权力在性经验领域中的运作，旨在揭示性经验是如何被性话语、性知识、性道德掩饰的。该书计划写成六卷，第一卷发表于 1976 年，但直到 1984 年才推出第二卷和第三卷。福柯在这一年去世，还留有第四卷部分手稿。后面各卷与第一卷相距时间之所以如此之长，是因为他后来改变了思路，开始把性经验看作是探讨自身技术的一个最重要、最方便的领域。福柯曾经明确表示，他对自身技术之类的问题远比性欲问题感兴趣。①

为了全面地展开自身技术问题，福柯并不局限于探讨性问题，而是将"养生之道""家政管理""性爱技术"密切联系在一起，因此涉及"生活的艺术""行为的艺术""快感享用的艺术"②。《性史》第二卷《快感的享用》、第三卷《自身的关怀》、第四卷《肉欲的忏悔》，以及他自 1980 年以来的各种讲课都与自身技术问题密切相关。性经验是身体经验的集中体现（我们可以从萨特的《存在与虚无》和梅洛-庞蒂的《知觉现象学》中明白这一点），所以，福柯在性经验范围内探讨自身的关怀问题，实际上就是要回到个体的身体经验。那么什么是福柯的所谓自身技术呢？按照哈贝马斯的看法，我们拥有三种形式的技术：生产技术、交流技术和控制

---

① Foucault, *Dits et Écrits II* (1976—1988), Éditons Garlimard, 2001, p. 1202.

② Foucault, *Histoire de la Sexualité II : L' usage des plaisirs*, Éditions Garlimard, 1984, Éditions Garlimard, 1984, p. 321.

技术。福柯认为还存在着另一种技术：使个体对自己的身体、心灵、思想、行为实施一定幅度的运作得以可能的技术。个体凭借这一技术在自己那里获得一种改造、修正，达到某种完善、幸福、纯洁、超自然的状态。[1] 他表示，为了分析西方文明中的主体谱系学，我们必须将控制技术和自身技术结合起来考虑。

　　自身技术被置于伦理谱系学的大标题之下。在福柯看来，基督教道德和古代道德之间存在着巨大的反差：把人们的生活塑造成一种个人艺术居于古希腊和罗马道德经验、道德意愿的中心，而基督教要求的则是对教义、神的意愿及原则的服从。也就是说，古希腊罗马时代强调实践性和自由风格的道德自中世纪以来逐渐缓慢地转化为伦理规范和教条。福柯这样指出："从古代到基督教，我们从实际上是寻求个人伦理的道德过渡到作为对法则体系的服从的道德。"[2]个人体验的道德向规范道德的转化与知识主体的形成互相促进，都是与规训时代合拍的。不过，知识主体、权力主体正在退出历史舞台，这表明个体正从规范的约束中摆脱出来，并有了恢复其直接感受性的可能。福柯力图把握这种趋势，而古希腊罗马（甚至包括早期基督教）的道德经验为他提供了某种参照。他这样说道："如果说我对古代感兴趣的话，这是因为，由于整个一系列的原因，作为对法则规范的服从的道德观念现在正趋消失，甚至已经消失。对一种实存美学的道德的回应，也应该回应这种道德的缺失。"[3]这并不是说他主张回到古代去，而是说，谱系的清理

---

① Foucault, *Dits et Écrits II*（1976—1988），Éditions Garlimard, 1989, pp. 989-990.

② Ibid., pp. 1550-1551.

③ Ibid., p. 1551.

可以为我们提供许多有益的启示。为此，我们应该揭示自身技术的历史蜕变。

福柯发现，在古希腊人那里，节制体现的是一种适度、适量、适时地享用快感的原则。而且，性节制问题远不如节食问题重要。事实上，不管什么样的节制，目标都不是压制，而是出于自身关怀。节制是一种时尚，一种哲学倾向，目的是使个体达到至高、至善、至美的境地。节欲因此构成自身技术的一部分，它使个体"成为一个善于控制自身的主体"①。非常重要的是，这不是一种针对所有人的强制性原则，而是一种适合少数成年自由男子的"实存美学"②。罗马时代依然如此。阿德米多尔的《梦的解答》表明，性梦分析在那个时代构成实存技巧的一部分，而性欲本身并不具有特别的意义。我们的各种性梦乃是能够告知我们的未来的神谕，它们因此成为我们日常生活中的"不倦的、沉默的顾问"③。实际上，这表明的是罗马时代的人们对生活方式的选择。所以，在福柯看来，"我们不应该在这一文本中寻找应该做与不应该做的规则，而应该寻找它对主体的某种伦理的揭示"④。在基督教早期，食物仍旧比性重要，在中世纪，食物和性差不多同样重要，17 世纪以后，性问题开始占据主要地位。节制的基本含义最初也没有大的变化，它依然是自身技术的一部分。比如，苦行行为最初只是古代节制倾向的延伸，目

---

① Foucault, *Histoire de la Sexualité Ⅱ*：*L' usage des plaisirs*, Éditions Garlimard, 1984, p. 183.

② Ibid. , p. 326.

③ Foucault, *Histoire de la Sexualité Ⅲ*：*Le souci de soi*, Éditions Garlimard, 1984, pp. 12-13.

④ Ibid. , p. 27.

的是让个体达到某种理想的境地。但事情逐渐有了变化。早在基督教教父奥古斯丁那里，就对性活动做出了"吓人的描述"：认为性活动是一种痉挛，极度兴奋导致个体对自己完全失去控制，从而使他身心俱损。

　　不过，总体上看，古希腊罗马直至基督教早期，节制指向的都是美学目标。它不是力图让个体服从规范，而是让他成为自己的主人。福柯着重分析了"爱护你自己"或"关心你自己"原则与"认识你自己"原则之间的关系。这一原则源自在古希腊文化中有长久生命的 epimeleia heautou 观念，但它在拉丁文化中被翻译成变了味的 cura sui。按照福柯的理解，epimeleia heautou 就是"关怀自身，关注自身、关心自身这一事实"，然而，"哲学文献到目前为止尚未充分赋予它以重要性"，因为每个人知道的、谈论的、重复的都是主体问题的另一种表述或另一种格言，即"著名的德尔斐格言 gnôthi seauton（认识你自己）"①。也就是说，通常人们认为古希腊人强调的是"认识你自己"原则，追求的是一种理性、宁静的生活。胡塞尔在谈到什么对于古希腊罗马人来说最为根本时表示："通过比较分析可以肯定，它无非是'哲学的人生'的存在形式。根据纯粹理性，根据哲学，自由地塑造他们自己，塑造他们的整个生活，塑造他们的法律。"②伽达默尔也指出，古希腊思想比现代思想"显得更为宁静，它坚信达到知识的清晰和理论的幸福是人类生活的最高形式，并把这作

---

① Foucault，*L' Herméneutique du Sujet：Cours au collège de France 1981—1982*，Seuil/Gallimard，2001，p. 4.

② ［德］埃德蒙德·胡塞尔：《欧洲科学危机和超验现象学》，8 页，上海，上海译文出版社，1988。

为最美好生活的理想"①。显然，在这两位当代大师看来，以"认识你自己"为核心的普遍理性生活是古希腊人的根本的生活理想。克尔凯郭尔认为，古希腊哲学从总的情况来看是重思辨轻实存，但苏格拉底是一个例外。他认为，苏格拉底与柏拉图是根本对立的，"苏格拉底本质上是强调实存的，而柏拉图忘记了这一点，使自己失落于思辨中"②。他进而指出，苏格拉底常常偏离"认识你自己"原则以达到实存，如果死死抱住这一原则不放，就会同柏拉图一样成为思辨哲学家而不是实存思想家。这位实存主义始祖于是主张像苏格拉底一样投入自身关怀的实存实践中去。

福柯显然不同意胡塞尔和伽达默尔的看法，同时也比克尔凯郭尔走得要远。他认为，尽管柏拉图把"认识你自己"置于优先地位，古代思想的总体倾向还是强调"关心你自己"。在希腊和罗马文本中，"认识你自己"的命令总是与"爱护你自己"的原则联系在一起，正是需要"爱护你自己"，德尔斐格言才会起作用。他指出，在苏格拉底的对话中，在色诺芬(Xenophon)那里，在希波克拉底(Hippocrate)那里，以及在自阿尔西比亚斯(Alcibiades)以来的新柏拉图主义传统中，强调的都是"认识你自己"应该服从"爱护你自己"。③"爱护你自己"不仅构成一个原则，而且是一种持久的实践。"自身"是由关心构成的，由于存在着不同形式的关心，因此就有着不同形式的"自身"。这种关心既可以体现为对神圣的东

---

① ［德］伽达默尔：《科学时代的理性》，3 页，北京，国际文化出版公司，1988。

② Kierkeggard，*Concluding Unscientific Postscript*，Princeton University Press，1968，p. 184.

③ Foucault，*Dits et Écrits Ⅱ*（1976—1988），Éditions Garlimard，2001. 1605.

西的沉思，也可以体现为对自己的言行的简单反思，阅读和写作在其间占有重要地位。西塞罗（Cicero）、塞涅卡（Seneca）和奥勒留（Augustus）都非常留心日常生活的细节，他们通过写信、写日记、回忆、冥思、去乡间来体现自身关怀。在这些自身关怀的方式中，并没有什么外在原则约束自己，一切都是为了更好地确保个体实存。同时，这些关心活动并没有忽视认识自身，而是将"知"统一于"行"中。但是，在西方文化的历史演进中，"知""行"关系最终产生了转换。先是由于基督教的自身揭示技术，继而由于人文科学的诞生，知识主体取代了伦理主体的地位，"行"也就让位于"知"。

在希腊和罗马人的生活中，个体对自己的认识是自身关怀的一种形式，是自身关怀的一种手段。然而，这种自身技术逐渐产生了蜕变。福柯发现，早期基督教的两种非常不同的自身技术，即戏剧化（exomologesis）和口语化（exagoreusis）这两种自身揭示技术，开始抛弃自身。戏剧化指的是"基督徒们公开承认自己所信仰的真理或者公开承认自己是基督徒"，这是"个体借以承认自己为罪人和悔罪者的仪式"①。这种情形与斯多亚派的自身技术已经有了明显的不同：塞涅卡完全私人性地自身审视，而基督教教父德尔图良（Tertullianus）公开地、仪式化地、象征性地表达自己。口语化指的是自我审查，并把结果告诉导师，"把我们所有思想告诉导师，在所有事情上都服从导师，把我们的整个思想都永久地口语化"②。与默默地自身关怀不同，口语化意味着抛弃自己，

---

① Foucault, *Dits et Écrits Ⅱ*（1976—1988），Éditions Garlimard，2001，p. 1624.

② Ibid., p. 1624.

听从别人；对于一个人来说，"只有他在口头上忏悔时，罪恶才从他那里远离"，于是，"罪恶的口头表达是关键环节，忏悔是真理的标志"，而"永久口头化的代价是把一切不能表达的东西都转换成罪恶"①。戏剧化和口语化两种技术之间存在着很大不同，但抛弃自身却是共同的主题，后者尤为重要。这意味着，个体不再是伦理主体，相反，他受制于伦理规范，与此同时导向了知识主体。于是，伦理和知识开始结盟。一方面，欲望开始受到谴责，受到排斥，并由适度节制发展为严格的禁欲主义，它显然不再是自身技术的一部分，而是出于外在强制。另一方面，从理论上讲，欲望又非常重要，为了禁欲，人们应该揭示欲望的真相，整个基督教的忏悔技术就是证明。这就产生了揭示自身与抛弃自身之间的关系。性欲开始成为权力针对的对象，成为认识指向的对象，性艺术于是让位于性科学。

性科学实际上由关心自身欲望之真相的忏悔技术发展而来，西方文化由此完成了由伦理自我向知识自我的转换。进而言之，现代人文科学是自身揭示技术的科学化。当然，福柯认为其间也存在着断裂，那就是不再抛弃自身，而是以新的方式建构自身。福柯这样表示："从 18 世纪到目前时代，'人文科学'把各种口语化技巧重新置入不同的语境中，使它们不是成为主体自身抛弃的工具，而是建构出一个新的主体的积极工具。利用这些技巧而不再包含着对主体自身的抛弃，构成一个决定性的断裂。"②他由此揭示了基督教自身技术的实质："我们越是发现关于我

---

① Foucault, *Dits et Écrits Ⅱ* (*1976—1988*)，Éditions Garlimard, 2001，p. 1630.
② Ibid., p. 1632.

们自己的真理，我们越是应该抛弃我们自己；而我们越是愿意抛弃我们自己，我们越是有必要将我们自己的真实置于光明之中。真理的表述（真相的揭示）和放弃实在的这一螺旋乃是基督教所实践的自身技术的核心。"①这实际上开启的是一种自身解释技术，暗含着非常严格的追求知识或道出真相的义务。性艺术和性科学与真理具有不同的关系。在性艺术中，真理是对享乐本身的直接领会，它与体验密切相关，而这种领会反过来将强化性的享乐。而在性科学中，真理不是与享乐联系在一起的，它针对的是欲望，其目的不是强化享乐，而是促进知识的生产并借助这种知识来改造主体。② 真正说来，基督教的自身技术并不对自身及其身体或性进行控制，因为控制的真正目标是思想和观念：僧侣的任务"乃是要不停地控制他的各种思想，考查它们以便看到它们是否纯洁"，对纯洁的追求意味着"揭示在自身中的真理，挫败在自身中呈现的幻象，压制精神永远在生产着的观念和思想"③。

但是，观念控制的效果可能会适得其反，其结果是性话语受到鼓动并得以扩张。而且，与性艺术向性科学的演进相伴随的是，西方社会以从性真相中获得的特殊享乐替代了性享乐本身。古代人关心的是实存美学，他们以美好生活的名义实行节制。而现代人以心理学、性学的名义探寻欲望的真相，并在有关性的话语的增殖中寻求自我满足。福柯坚持认为，根本没有必要把伦理学问题与科学知识联系起来。他现在关心伦理，尤其是性伦理，目的是透过古希腊以来人们对性的看法的分析，寻

---

① Foucault, *Dits et Écrits II* (1976—1988)，Éditions Garlimard，2001，p. 996.
② Ibid. , p. 104.
③ Ibid. , p. 991.

找现代人可以借鉴的东西，从而把实存变成"美好的实存"，而不是在求知和求真的旗帜下损害个体实存。福柯的研究，在某种意义上是要摆脱性科学，转而探索性爱的艺术，泛言之实存的艺术。非常明显的是，在知识论和权力话语意义上被宣判死刑的主体，在伦理、实存意义上得以回归。按照德勒兹的理解，不管提出主体终结论，还是揭示主体化进程，福柯的目标都是弘扬生命。德勒兹力图表明，在福柯那里，审美与道德是对立的，"实存方式或生命风格的构成不仅是审美的，也是福柯称为伦理的，这与道德相对立"①。

　　道德与强制性规则联系在一起，我们的行动和意图必须接受超验的价值原则的评判；而"伦理是一套非强制性的规则，这些规则按照我们的所言、我们的所行所导致的实存方式来评价我们的言行"，它意味着"一种生命可能性的创造，一种实存方式的创造"②。也就是说，审美和伦理指向的是"生命的可能性"的创造，而道德则是对生命的压制。福柯通过强调"主体化的进程"来"超越知识"和"抗拒权力"。我们可以借用法国新生代哲学家昂弗莱（Onfray）的这一说法，即"伦理不可能成为科学，因为它不可能产生普遍性的真理，它只能采取审美和审美形态的模式：偶然、激情、即兴、冲动和趣味的主观性。说到底，它就是快乐。只有美的举动才是道德的。但是人们要问，什么是美的举动呢？表现出一种

---

　　①　［法］吉尔·德勒兹：《哲学与权力的谈判——德勒兹访谈录》，114 页，北京，商务印书馆，2000。
　　②　同上书，115 页。

风格，表现出一种显而易见的主动性的举动就是美的举动"①。福柯的最终目标是达到审美的实存理想，实际上就是要剥离各种观念或道德的覆盖，恢复活生生的身体经验。在他那里，不管渲染"人之死"还是"作者之死"，让我们看到的都是把经验、欲望、身体从知识和道德遮蔽中解脱出来的要求。也就是说，他在宣布意识主体终结的同时，极力地扩张了身体主体、欲望主体的地盘。与笛卡尔把身体和心灵都予以纯粹化相反，与梅洛-庞蒂推进心灵的物质化和身体的灵性化双重进程不同，福柯推动的是心灵和身体二者平行的物质化进程。

这里的所谓心灵物质化指的是心灵变成一种物质性的力量，变成与早期现代哲学中的实体性的心灵和后期现代哲学中的有处境的心灵完全不同性质的东西。福柯表示，主体不是一种统治性的、支配性的主动力量，也就是说它既不是俯瞰大地的"自然之光"，也不是"道成肉身"的精神，相反，它或者是通过受支配的实践，或者是通过自由的实践而被构造出来的。简而言之，它是规则、风格和文化环境的产物，这就把主体纳入了类似于物质产品的生产链条中了。心灵不再是内在的，也不再只是通过物质载体外显出来的，它完全与作为文化传承之工具的语言交织在一起。通过考古学和谱系学的探讨，福柯在观念化和道德伪善的背后发现的是野性的泅浦奔流，看到的是欲望的极度张扬，看到的是经验的异常丰富。福柯于是在性欲经验的去蔽的基础上重构了生命伦理和伦理主体。这种生命主体由于摆脱了道德化和观念化指向，最

①　[法]米歇尔·昂弗莱：《享乐的艺术——论享乐唯物主义》，352 页，北京，生活·读书·新知三联书店，2003。

终得以恢复其物性的力量，并因此成为德勒兹和伽达里（Guattari）意义上的"欲望机器"。显然，"欲望机器"概念最好地表达了精神和身体的双重物质化。

柏拉图主义传统根据观念论原则把欲望界定为一个缺失而非生产的过程，而德勒兹和伽达里则根据一种"唯物论"原则把无意识或欲望看作是到处运转的机器。他们在《反奥狄浦斯》中用 ça 代指各种机械的身体行为的"载体"，并因此突破了弗洛伊德式理解。他们一开始就写道："无意识到处在动，有时不停地，有时不连续地。无意识喘息，无意识发热，无意识吃东西，无意识大便，无意识接吻等。"[1]他们表示，"谈论无意识是非常错误的，因为到处都是机器（绝非隐喻意义上的）在运作：机器的机器，连同它们的搭配和衔接"[2]。他们断然否定了对欲望的观念论或观念化解释，并因此要求某种唯物论或物质化的解释。在他们眼里，拉康式的精神分析学仍然受制于传统的欲望观，正因为如此，他们要进行的是心理分裂分析而不是心理分析。德勒兹断言："归根到底，欲望属于基础建筑（我们根本不相信意识形态这类概念，意识形态概念完全看不到问题之所在，没有意识形态）。"[3]德勒兹和伽达里认为 ça 是这个或那个，是一个物性或动物性的"它"，而不是人性的"他"或"她"，从而不仅远离了弗洛伊德，而且也不同于拉康。

其实，这个"它"与詹明信所表述的极度强化的情绪是可以"配接"

---

① Deleuze & Guattari, *Anti-Oedipe*, PUF, 1980, p. 7.

② Ibid., p. 7.

③ ［法］吉尔·德勒兹：《哲学与权力的对话谈判——德勒兹访谈录》，22 页，北京，商务印书馆，2000。

的。这种强化的情绪不再与一个主体联系在一起，它具有无主的性质。詹明信把主体的终结解释为"不假外求、自信自足的资产阶级独立个体的结束"，它"再不能成为万物的中心，个人的心灵也不再处于生命中当然的重点"①。他进而表示，对于这种"去中心"有两种解释：一方面，"一旦身处今日世界，在官僚架构雄霸社会的情况下，'主体'已经无法支持下去，而必然会在全球性的社会经济网络中瓦解、消失"；另一方面，"所谓'主体'根本不曾存在"，它"向来只是一种意识形态的幻象"②。这两个方面其实是同一回事。在德勒兹和伽达里看来，文学也是一种"机器"，是一种与其他机器接通而不与心灵相通的机器，"文学是一种装配，不需要借助意识形态来看待它，不会有意识形态，也从来没有过意识形态"③。欲望其实被纳入物质生产的流水线中："欲望生产"，它"生产实在"，如果它是"生产者"，它"只能在实在中"，并且"来自实在"④。欲望中不再有纯粹意识的虚无，而只有某种物质性的充实："欲望和它的对象是一回事，这就是机器，作为机器的机器。"⑤意识主体于是遭到了完全的否定，生命则获得了无限的肯定。这显然是对福柯的自身技术和审美实存的强化表达，意识主体从根本上摆脱了道德化和智性化的倾向，并因此走向了一种"享乐的唯物论"。

---

①　[美]詹明信：《晚期资本主义的文化逻辑——詹明信批评理论文选》，442 页，北京，生活·读书·新知三联书店，1997。

②　同上书，448 页。

③　Deleuze & Guattari, *Mille Plateaux*, Les Éditions de Minuit, 1980, p. 10.

④　Deleuze & Guattari, *Anti-Oedipe*, PUF, 1980, p. 34.

⑤　Ibid., p. 34.

下篇　他人·他者·他性

　　他人问题其实就是"自身"与"他者"或"同"与"异"的关系问题，这在当代法国哲学中是一个非常重要的主题。尽管法国早期现代哲学也曾偶尔涉及他人概念，但由于它强调普遍理性主体而忽视了他人问题的根本意义；法国后期现代哲学注意到了这一问题造成的哲学危机，但往往将之融入有关存在的学说之中，从自我中心论、非理性个体主体的角度对待他人，要么将他人纳入自身实存的构成环节中，要么将他人看作是一种妨碍自身实存的异己力量，他人因此没有真正的地位；由于列维纳斯从绝对他性或异质性出发考虑他人问题，他人才有了独立的地位，这与结构—后结构主义所主导的后现代哲学渲染主体离心化、强调文化差异及差异的生成相呼应。

　　通过清理法国某些著名哲学家关于"同"与"异"关系的看法，我们可以揭示出法国哲学从关注作为普遍意识的主体，到关注作为个体实存的主体，进而提出主体离心化的内在逻辑，并因此可以更细致、更准确地把握法国哲学从早期现代哲学到后期现代哲学，再到后现代哲学的转变。需要说明的是，列维纳斯关于他人问题的现象学理论由于强调绝对他性，也可以归属于后现代哲学范畴。

第七章 | 意识哲学与他人的消失

关于他人问题，我们不妨先以早期现代哲学的奠基人笛卡尔为例，清理其作品中可能包含的一些相关思想，为引出法国后期现代哲学和后现代哲学中的相关问题做铺垫。在笛卡尔那里，从特殊到普遍或从普遍到特殊之间不存在任何障碍。与其他早期现代哲学家一样，其哲学的一个非常明显的特征是以普遍理性主体否定他人，以同一——自身否定差异——他性：人类的天赋理性或良知乃是真伪和是非的标准，而这是人人天然地均等的。他这样写道："良知，是人间分配得最均匀的东西。因为人人都认为自己具有非常充分的良知，就连那些在其他一切方面全都极难满足的人，也从来不会觉得自己良知不够，想要再多得一点。这一方面，大概不是人人都弄错了，倒正好证明，那种正确判断、辨别真假的能力，也就是我们称为良知或理性的那种东西，本来就是人人均等的；我们的意见之所以有分歧，并不是由于有些人的理性多些，有些人的理性少些，而只是由于我们运用思想的途径不同，所考察的对象不是一回事。因为单有聪明才智是不够的，主要在于正确地运用才智。"①

笛卡尔主义者马勒伯朗士的一些说法可以作为笛卡尔这一看法的补充和印证。他这样写道："尽管每一个人都是一个特别的存在，启蒙人的心灵的理性却是普遍的……如果我的心灵是我的理性或我的光明，那么我的心灵也将是一切有理智的存在者的理性。因为我确信我的理性，或者说启蒙我的光明是共存于任何有理智的存在者的。没有谁能够感受我的疼痛，但任何人都能够看到我沉思的相同的真理。我的疼痛是我自己实体的一种变式，而真理是一种共同于全部心灵的善。"②很显然，在笛卡尔及那些追随他的笛卡尔主义者那里，人之为人的理性本质是共同的。既然人与人从本性上说没有差异，那个"谈谈方法"的"我"或者那个"探索真理"的"我"就不是一个孤独的"小我"，而是和"大家"享有同等理性或良知的、能够代表"大家"的"大我"。笛卡尔进而写道：理性或良知"既然是唯一使我们成为人、使我们异于禽兽的东西，我很愿意相信它在每个人身上都是不折不扣的，很愿意在这一方面赞成哲学家们的意见，这就是，同属的各个个体只是所具有的偶性可以或多或少，它们的形式或本性并不能多点少点"③。笛卡尔和马勒伯朗士就这样提升了他

① ［法］笛卡尔：《谈谈方法》，3 页，北京，商务印书馆，2000。

② Malebranch, *Treatise on Ethics*, Kluwer Academic Publishers, 1993, p. 45.

③ ［法］笛卡尔：《谈谈方法》，4 页，北京，商务印书馆，2000。

们自己的人生经历、方法论探讨、真理探索的普遍意义。

翻开《第一哲学沉思集》，我们就会发现，那个进行沉思的"我思"，确实不是一个孤独的"小我"，而是一个"大我"。经过怀疑之旅，人的本质被确定为思维或理性。在这里"我"的思维就是"我们"的思维，任何观念的产生，都可以说来自"我"而不是来自"他"，自然之光排斥任何间接性。个体实际上是普遍性的直接体现，即"思维的自我是个体，但只能作为知性本性被一般地捕捉到"：我思是"知性的必然性之一，完美、绝对的单纯本性"，而思维是"普遍的处所"①。对于作为启蒙理性之源的笛卡尔哲学来说，那种否认他者地位的普遍理性概念是不证自明的。简单地说，笛卡尔在"我"与"人"之间或者说个体与"类"（我们）之间画等号，把他自己的沉思与"类"能力相混同。在信教的"我们"与不信教的"他们"之间似乎存在着"距离"，并因此无法根据神学的理由相沟通。然而，人之为人的本性（或自然）即人类理性却是相通的。② 在自然或理性面前，"他们"将被说服，"他们"也因此将"消失"。笛卡尔认为自己在《第一哲学沉思集》中的论证是人类能力的最好体现："我认为凭人的能力，再没有什么办法可以发现比这更好的论证了。"③

笛卡尔所做的六个"沉思"，成为作者"我"代表"我们"（西方人，甚至人类）进行的精神之旅，是关于"我思"的宏大叙事，"我"与"我们"在其间不断地相互替代。根据梅洛-庞蒂的解读，笛卡尔的"我思故我在"（je pense, je suis）的真正表述是"我们思，故我们在"或"人们思，故人

---

① Merleau-Ponty, *Notes de Cours 1959—1961*, Éditions Garlimard, 1996, p. 242.
② ［法］笛卡尔：《第一哲学沉思集——反驳和答辩》，1 页，北京，商务印书馆，1986。
③ 同上书，4 页。

们在"(on pense，on est)。① 利科也表示，在笛卡尔那里，那个进行怀疑的"谁"不需要任何"他人"，这是因为，由于丧失了立足点，这个"谁"摆脱了对话中的那些对话情景。② 笛卡尔确实没有注意到自我与他人的关系问题，从来没有论题性地论及他人问题。在他的思想中，根本没有必要区分出"我"与"他"，处于支配性地位的"我"或"我们"已经把"他"囊括在内。在"我"与"我们"不加区分的意识成长历程中，与异质性的身体或物体无涉的纯粹意识既是叙述者又是被叙述者，它在自身的封闭圈内完成其精神之旅。这使我们想到黑格尔的《精神现象学》，它叙述的是"意识发展史"，而这里的"发展"概念浓缩了恩格斯所说的"精神胚胎学"和"精神古生物学"，表明了个体意识的成长阶段与人类意识的历史发展的一致。③ 绝对精神的自我发展与自我认识是一致的，最终达到的是思维与存在的同一，其中也包括个体意识与类意识的同一。这种意识发展意味着精神的纯粹化或成熟，它最终将克服苦恼意识或者自我意识的分裂，回到"我就是我们，而我们就是我"的状态。④

我们的理智、意识或思维在睡着时、在睡梦中、在产生幻觉时可能会出问题，但从根本上来说，决定人之为人的"自然之光"不会改变性质。唯一的"他"或者"他们"或许是疯子，因为疯癫经验不仅与纯粹意识有别，甚至与梦想和幻觉也有根本的不同。在理性的秩序中，梦想、幻

---

① Merleau-Ponty, *Phénoménologie de la Perception*, Éditions Garlimard, 1997, p. 459.

② Ricoeur, *Soi-même comme un Autre*, Éditions du Seuil, 1990, p. 16 (notefoot 4).

③ ［德］黑格尔：《精神现象学》上卷，译者导言，16 页，北京，商务印书馆，1981。

④ 同上书，122 页。

觉和感性经验一样，获得了一定程度的容忍，因为虽说它们会掩饰真理，但也可能是认识真理的机缘。但是，疯癫与真理完全无涉，因此它受到了彻底的排斥，它不仅没有自己的声音，甚至被认为根本就不存在。谈到这个问题，我愿意接受福柯的相关分析，但对德里达的看法持保留态度。福柯告诉我们："在怀疑的行进中，笛卡尔遇到了在睡梦和全部错误形式的边缘上的疯癫。"①按照他的读解，笛卡尔对待两者的态度是不同的：在怀疑的"经济学"中，存在着疯癫为一方面，睡梦和错误为另一方面的"一种根本不平衡"；即"相对于真理和寻求真理者"，它们的处境是"不同的"，梦和幻觉在"真理的结构"本身中将被克服，而疯癫却受到"怀疑的主体"的排斥；疯癫因为"不能思考而被排斥"，它"很快就不再存在"；也就是说，如同"感性经验"一样，睡梦和幻觉仅仅意味着"思维走了弯路"，它们可以被绕开，但疯癫却意味着不能思考，"因为我是一个思考的自我，所以我不能疯"②。总之，"梦幻与疯癫在笛卡尔的怀疑的展开中既没有相同的地位，也没有相同的作用"③。

　　针对福柯的解读，德里达表示，"就我所知，福柯是第一个在该沉思中把谵狂和疯癫与感性和梦想相分离的人，在它们的哲学意义和方法论功能中分离它们。这乃是其阅读的原创所在"④。但他明确否定福柯的这种阅读，并针锋相对地提出了自己的看法。德里达本人的阅读有两

　　① Foucault, *Histoire de la Folie à l'Âge Classique*, Éditions Garlimard, 1972, p. 56.

　　② Ibid., p. 57.

　　③ Foucault, *Dits et Écrits I*（1954—1975）, Éditions Garlimard, 2001, p. 1113.

　　④ Derrida, *L'Écriture et la Différence*, Éditions du Seuil, 1967, p. 74.

个要点：其一，笛卡尔没有绕开感官错误和梦幻的或然性，他没有"在真理的结构中""克服"它们①；其二，"疯癫不过是笛卡尔在这里关注的感官幻觉的一个特殊的且并非最紧要的例子"，因此"在笛卡尔秩序的这一环节，精神错乱的假设看来并未得到任何优先对待，也没有被纳入任何一种特别的排斥之中"②，进而言之，"疯癫只不过以偶然的、局部的方式影响感性知觉的某些领域"③。我们在这里不拟详述这种阅读的细节，也不打算引用福柯在《我的身体，这纸，这火》和《答德里达》中为自己所做的辩护、对德里达所做的批驳。在我看来，德里达对福柯的阅读有些吹毛求疵。福柯比德里达更忠实于文本，而后者过多地动用了"批评性阅读"。

当然，就像他的解构策略处处表现出来的那样，德里达的分析确实比福柯更"精微"一些，而且也并非完全是"捕风捉影"的。事实上，福柯也承认，"以深度，尤其是以坦诚而言，德里达的论证是出色的"④，"德里达的分析因其哲学深度和阅读的细致，无疑是非常出色的"⑤。不过，这种解构分析虽然说对于揭示整个西方哲学传统中理性与非理性的关系非常有效，但就论及这种关系在现代性进程中的体现而言，福柯的权力策略分析似乎更适宜。我以为，至少在精神实质上，笛卡尔是区别对待疯癫经验与感性经验的。他这样谈论睡梦与想象、理性的关系：

---

① Derrida, *L' Écriture et la Différence*, Éditions du Seuil, 1967, p. 75.

② Ibid., p. 77.

③ Ibid., p. 79.

④ Foucault, *Dits et Écrits I (1954—1975)*, Éditions Garlimard, 2001, p. 1115.

⑤ Ibid., p. 1149.

"我们睡着时想象出来的那些梦想，绝不能使我们怀疑自己醒时的思想不真。因为即使在睡着的时候也可以出现非常清楚的观念，几何学家甚至可以在梦中发现新的证明，人尽管做梦，观念并不因此就不是真的。""不管醒时睡时，我们都只能听信自己理性提供的明证。""在睡着的时候，我们的想象虽然有时跟醒时一样生动鲜明，甚至更加鲜明，我们的推理却绝没有醒时那么明确，那么完备。""真实的思想一定要到醒时的思想里去寻找，不能到梦里去寻找。"①从上述引文中可以看出，虽然笛卡尔并不认为梦能够带来真实的思想，但承认梦并不完全排斥理性，并没有中断思维。疯癫的情形完全不同。在"第三沉思"的第一段中，笛卡尔逐步认识到了"我"是什么："我是一个在思维的东西，这就是说，我是一个在怀疑、在肯定、在否定，知道的很少，不知道的很多，在爱、在恨、在愿意、在不愿意，也在想象、在感觉的东西。"②从这段话可以看出，笛卡尔认可一个"在思维的东西"同时也是一个在想象和在感觉的东西，但显然没有认可他同时是一个"在发疯的东西"。虽然他没有直接谈到疯癫的情形，但是疯癫和梦幻显然不应该像德里达所说的那样属于同一类别。

绕过德里达和福柯的"师徒"之争，我们看到的其实还是比较传统的倾向：普遍理性秩序要么以同化的方式，要么以排斥的方式对待异质的力量。笛卡尔以其纯粹理性的姿态典型地表明了古典时代对待疯癫的立场。在他那里，人性不可分割地包含着自然之光与自然倾向两个层次，

① ［法］笛卡尔：《谈谈方法》，32～33 页，北京，商务印书馆，2000。
② ［法］笛卡尔：《第一哲学沉思集——反驳和答辩》，34 页，北京，商务印书馆，1986。

尽管他强调前者，但并没有否定后者。梦想、幻觉属于自然倾向层次，尽管卑微，但可以被自然之光纯粹化，因此与顽固的疯癫完全是两码事；后者不再属于人性的范畴，也因此根本无法被纳入理性秩序之中：理性的法庭中绝不允许任何真正反常的、异己的力量存在。我们甚至可以同意德里达的看法，即感性与疯癫并没有什么实质性的不同。然而，这不过扩大了他者的范围而已。也就是说，感觉、梦幻也是理性的他者，只是程度上要弱于疯癫。在笛卡尔那里，并非所有人在感觉方面都是平等的，但他们在理解方面全都是平等的。① 笛卡尔在《第一哲学沉思集》中谈到"我"不是通过眼睛看到"他人"，而是用心灵判断"他人"。梅洛-庞蒂在《知觉现象学》中通过转述这个例子来分析唯理论的判断理论，同时又在注释中引用了原文。他的转述如下："我通过窗户看到的一些人被他们的帽子和大衣遮掩，他们的形象不能出现在我的视网膜上。因此，我没有看见他们，但我判断他们在那里。"② 笛卡尔实际上遭遇了胡塞尔碰到的他人意识构造的难题，也就是说，我对他人的判断无法避免唯我论。然而，笛卡尔本人对此浑然不觉。

笛卡尔主义的普遍理性主体观念在 20 世纪新观念论哲学家布伦茨威格那里依然存在。布伦茨威格"作为哲学家"告诉我们的差不多始终都是"这种笛卡尔式的反思"，借助这种反思，他"从各种事物回到构造它们的形象的主体"；从总体上说，他关于"纯粹哲学"的实质贡献恰恰在于"提醒"我们应该转向"精神"，转向"构造了科学和构成了世界知觉的

---

① Merleau-Ponty, *Notes de Cours 1959—1961*, Éditions Garlimard, 1996, p. 203.

② Merleau-Ponty, *Phénoménologie de la Perception*, Éditions Garlimard, 1997, p. 41.

主体"，但这一精神，这一主体不是"某种可以对它进行冗长的哲学描述，我们可以给予它以哲学解释的东西"，他乐意用的"一个表述"就是人们参与到"一"中，而"一"就是"精神"；说"精神是'一'"，意味着"这一精神在所有人那里都是相同的"，它是"普遍理性"①。真正说来，"不存在你的精神、我的精神和其他人的精神。没有，有的是我们全都参与的某种思想价值，而哲学总体上说开始于并完成于向我们全部思想的这一独特原则的回归。透过整个哲学史，布伦茨威格追求的是这种精神性的觉醒"②。确实，作为笛卡尔主义和康德主义在 20 世纪法国哲学的传人，布伦茨威格不可能把他人从大海深处"打捞"出来。

或许有人会说，在早期现代哲学中，他人或他者概念以这种或那种方式出现过（比如，在洛克、休谟和黑格尔那里）。对此，我们不应该有异议。但从总体上看，由于关注普遍性和特殊性的统一，由于关注同一性而不是差异性，由于关注普遍理性主体的绝对地位，早期现代哲学根本不可能提出专门的他者（他人）与他性问题。不管从认识论角度还是从实存论角度看，他人都不过是没有任何异质性的另一个"我"本身。正像马勒伯朗士所说的："为了人们能够相互结合在一起，他们必须在身体上和精神上彼此相似。"③他在《真理的探求》中以母子为例来表明人与人之间的"同"，显然这大大有别于列维纳斯在《时间与他者》中以父子为例来谈论人与他人之"异"。不论如何，"他"在早期现代哲学中根本不具有

① Merleau-Ponty，*Parcours Deux 1951—1961*，Éditions Verdier，1997，p. 251.

② Ibid.，p. 251.

③ Malebranche，*The Search after Truth*，Cambridge University Press，1997，p. 113.

任何真正的哲学地位，以至于梅洛-庞蒂表示：他人"这一主题没有以明确的方式出现在 19 世纪之前的哲学中，这乃是一个令人惊讶的事实"①。其实，我们可以这样说，同一与差异的关系问题一直是现代哲学关注的问题，但早期现代哲学完全围绕同一展开哲学思考，把差异或他性纳入整体观念的结构中，并因此让它丧失了其应有的地位。

---

① Merleau-Ponty, *Parcours Deux 1951—1961*, Éditions Verdier, 2000, p. 256.

第八章

在世存在与他人的浮现

　　法国后期现代哲学，尤其是法国现象学—实存主义开始重视他人问题。从学术传承上说，法国哲学界之所以重视这个问题，是为了应对胡塞尔晚期面临的哲学困境，并对此做出法国式的反思与回应。在胡塞尔那里，他人问题属于认识论问题；在法国现象学—实存主义者萨特、梅洛-庞蒂和利科等人那里，他人问题则演变成为存在论—实存论问题；但现象学家列维纳斯却主张同时超越认识论和存在论。真正说来，我们可以把这三种情形都纳入存在问题的范畴之内：胡塞尔要问的是他人何在（在"我"的意识之中，还是在"我"的意识之外），萨特、梅洛-庞蒂和利科关注的是他人的在世存在（与"我"冲突，还是与"我"共在），而列维纳斯关心的则是他人的超越存在（具有相对他性，还是具有绝对他性）。列维纳斯的看法在很大程度上可以归属于一种后现代姿态，与结构—后结构主义有许多相通之处，而与现象学—实存主义的一般立场形成了巨大的反差。不管上述三种情形中的哪一种，都可以从三个维度来看："我"与他人相关，但他人不是世界中的客体，而是主体；作为主体，他人确定了新的意义层，或者说体现了主客关系的一些新类型；他人存在确定了与文化世界（工具、作品、传统）的关系。[①]

一、实存转向的他人之维

胡塞尔的先验还原在其现象学方法中居于核心地位。和康德一样，他要解决的是认识的可能性问题。他最初面对的是主客关系问题，而由于他人的出现，意识之间的关系问题即他人意识问题逐渐凸显出来。在他那里，他人问题要解决的是他人意识的认识论地位问题：他人意识属于认识活动中的主体还是客体？如果属于主体，他人意识如何向"我"的先验意识呈现出来？如果他人意识属于客体，又会导致什么后果？就后一情况而言，由于意识活动对象由意识活动构成，作为客体的他人意识就只不过是"我"的意识活动的构成物，这显然走向了唯我论。胡塞尔不愿意把自己归属到唯我论营垒中，所以就只能认同前一种情况。简单地说，他明确地肯定他人意识的独立存在，而不是把他人看作"我"的意识

---

① Barbaras, *L'Autrui*, Éditions Quintette, 1989, p. 15（这段转述原来仅仅针对胡塞尔而言，因此探讨的是先验主体之间的关系问题。我在这里做了适度发挥，以便能够适合于其他现象学家关于主体间性问题的看法——引者）。

活动的构成物。既然如此，他就必须说明同样作为内在性的他人意识如何向"我"的意识呈现，或者说"我"如何形成对他人意识的认识。胡塞尔以身体为媒介，以"类比"和"共现"来解决难题。

胡塞尔之所以在晚期作品中着手探讨他人问题，是因为他开始关注生活世界和历史理解等问题。当然，这并不意味着他真的由纯粹意识领域转向了历史和实践领域。严格地说，在他的思想中并不存在所谓转向，他坚持抓牢先验主体性或纯粹意识这一支撑点，他所做的一切只不过是在寻找回到先验主体性的更可靠途径。这种转向只是在他的弟子海德格尔等人那里才获得了实现。就他人问题而言，先验意识只是为了保证意识对象的客观性才求助于别的意识，他人只不过是世界建构问题中的一个补充范畴，作为世界之中的一个正存在着的真实的他人没有也始终无法获得论证。正如萨特指出的，在胡塞尔那里，"他人是空洞意向的对象，他人原则上被拒绝了、消失了，唯一保留着的实在因此是我的意向性的实在……世界的存在是以我对它获得的认识来衡量的，对于他人的存在不会有什么不同"，于是，胡塞尔"像康德一样不能逃避唯我论"①。他人只不过是"我"构造认识对象的一种辅助条件，其本己的存在根本没有被触及。

有学者指出，胡塞尔的"动机不是去证明别的自我真的存在于这个世界中"，相反，他"打算强调主体间性问题对于客观真理的要求这一问题的重要性"②。另有学者表示，虽然胡塞尔"有兴趣描述人与人之间沟

---

①　Sartre，*L' Être et Néant*，Éditions Garlimard，1996，pp. 273-274.

②　Mohanty & Mekenna，*Husserl's Phenomenology：A textbook*，University Press of America，1989，p. 318.

通和交流的可能性"，但他的"那些把握方式的性质却使他无法做到"，因为他最终会论证说，"把另一个人看作一个人并不比其他构造方式更加不可思议"①。前者认为胡塞尔无心证明他人的真实存在，后者认为胡塞尔有心无力，这种区分其实并不重要。实际上，为了避免唯我论，胡塞尔的确不打算把他人看作是由"我"的纯粹意识构成的，但他的先验观念论指向却与他的这一善良愿望相违背，使他始终深陷在唯我论之中。尽管如此，他人问题的提出是胡塞尔对 20 世纪中后期哲学的一大贡献，尤其是为现象学拓展了新的研究领域。在早期现代哲学中，普遍理性主体直接保证了认识的客观性，而在胡塞尔那里，认识主体是一种精神性的单子，没有他人的见证，就难以确保客观性。他引入他人概念显然造成了普遍理性主体观念的裂缝，为强调实存个体的转向开辟了道路。

在法国现象学—实存主义运动中，萨特、梅洛-庞蒂、利科和列维纳斯等人通过为他人问题提供解决方案推动了由胡塞尔开启的普遍理性主体的解体。在 1959 年的一次访谈中，梅洛-庞蒂就法国实存哲学的主要论题表示："这一哲学第一次使之出现在我们面前的，如今在整个当代思想中仍然还是极为重要的第三个主题，乃是我与他人关系的主题。"②他随后还谈到一个重要主题，即历史主题："伴随我们刚才发现的他人问题，最后出现了一个一直到现在在法国思想中越来越重要的主题，这就是历史的主题，这实际上是与他人主题相同的。"③确实，他人

---

① Moran, *Introduction to Phenomenology*, Routledge, 2000, p. 178.
② Merleau-Ponty, *Parcours Deux 1951—1961*, Éditions Verdier, 2000, p. 256.
③ Ibid., pp. 256-257.

和历史问题是现象学—实存主义重点关注的内容之一。由于脱离了认识论视域，他人问题完全是在社会、历史、文化领域中展开的。法国现象学家们共同否定胡塞尔的认识论姿态，并且都在不同程度上接受了海德格尔的影响。但他们之间的具体立场并不相同。萨特强调了"我"与他人的冲突，梅洛-庞蒂和利科关注的是"我"与他人的共在，列维纳斯强调的则是他人的绝对外在。前面三位的立场依然停留在同一性范畴中，他们只是承认了他人相对于"我"而言的绝对他性和差异性，而列维纳斯关注的则是他人相对于"我"而言的绝对他性和根本差异性。

　　萨特明确否定胡塞尔在他人问题上的认识论立场，他和海德格尔一样从存在论—实存论出发进行论证，但认为海德格尔思想中还暗含着抽象的普遍主体。海德格尔不再从纯粹意识角度探讨他人，他把他人与"我们"的非本真状态的日常在世的存在形式联系在一起，他人就是"常人"，无差别状态的人，我们自己往往也是这众多的无个性特征的他人中的一员。萨特认为，这种他人实际上是康德意义上的普遍主体的异化形式，于是关于他人的"存在论观点重新回到了康德式主体的抽象观点"①。因此，真正意义上的他人的存在依然没有获得证明。萨特把为他、时间性和超越性并置为为己的三个维度，通过身体的中介把他人看作是一种既具有独立存在，又能证明"我"的存在的在己维度的一种力量。比如，"我"在羞耻意识中就遭遇到了他人。"我"对自己的所作所为感到羞耻，从表面上看，这完全是"我"与自己的内在关系："我"通过羞耻发现了"我"的存在的某个方面。但是，"羞耻按其原始结构是在某人

---

　　① Sartre，*L' Être et Néant*，Éditions Garlimard，1996，p. 286.

面前的羞耻"①。他人因此是"我"和"我"本身之间不可缺少的中介："我"之所以对"我"自己感到羞耻，是因为"我"向他人显现，而且是作为对象向他人显现的，尽管这个他人很可能隐而不显，也可能只是"我"的一种推定或设定。羞耻根本上就是承认，"我"承认自己就是他人所看见的那个样子。于是，"我"的存在就有了两个方面："为己的内在性"与"为他所是的在己存在"。

"羞耻"表明的正是"我"的为己与在己两个方面的不可分割的联系。为己表明的是"我"的主动性方面，而在己表明的是"我"的被动性方面。"我"的在己存在与他人牵连在一起，"他人不只是向我揭示了我是什么：他还在一种可以支持一些新定性的新存在类型上构成了我"②。也就是说，他人对"我"的存在的某一方面具有构成性的意义。"我"对自己感到羞耻，因为"我"承认"我"就是别人注视着的那个对象。"我"与那个对象具有一种存在关系，"我"或许无时不在否认，但羞耻却是对这一对象的承认。这个对象显然是对"我"的自由的一种限制，他人的存在足以使"我""是其所是"。因为，这是一种"在他人的自由中并通过他人的自由而提出来的我的存在"③。关系其实是相互的：在他人眼里，"我"变成了对象，而在"我"眼里，他人同样是对象。如果没有他人，"我"就只是完全的为己；"我"在他人眼里成为对象，表明他人是"我"的在己之维的构成性力量。他人之所以要把"我"对象化，完全是为了对抗"我"对他的对象化，并因此体现其自由。于是，他人是一种与"我"争夺自由的力

---

① Sartre, *L' Être et Néant*, Éditions Garlimard, 1996, p. 259.

② Ibid. , p. 260.

③ Ibid. , p. 301.

量，他人就是自由。总之，他人跟"我"一样作为具有否定特征的纯粹意识而存在；他是一个实存主体而不是认识对象；"我"和他之间存在着一种互相限制对方的自由，却又恰恰意味着彼此都是自由的这种微妙关系。这样一来，意识间关系的本质不是共在，而是冲突。①

梅洛-庞蒂表示，萨特那里存在着主体的多元性，但不存在着主体间性。② 他木人的灵感源泉则是胡塞尔晚期提出的"先验的主观性就是主体间性"。③ 当然，由于强调海德格尔的"在世"概念，他试图克服胡塞尔和萨特对内在意识的迷恋，甚至从根本上否认内在意识与外在身体之间的严格区分。"我"的身体是物质与精神的统一，他人的情形也完全一样，于是揭示他人的身体就揭示了他人的存在。也就是说，梅洛-庞蒂把他人和"我"一样视为一种身体主体，"我们既不将他人置于在己之中，也不将之置于为己之中"④。"我"与他人的关系于是成为身体间的关系，而不是意识间的关系。这意味着，"我"的身体器官间的关系可以推广到身体间去。他同意萨特的这一看法，即对他人问题的在世理解使我们回归实存，而不是处在认识之维中。但是他否认萨特提出的在注视中他人和"我"彼此将对方置于客体地位、彼此否定对方的自由的看法。

---

①　Sartre, *L' Être et Néant*, Éditions Garlimard, 1996, p. 470.

②　Merleau-Ponty, *Les Aventure de la Dialectique*, Éditions Garlimard, 2000, pp. 283-284.

③　按照莫然的说法，梅洛-庞蒂经常引用胡塞尔在《危机》中声称"先验主体性即主体间性"这一说法，但这一引文并不能在《危机》中实际找到，而且，它事实上表达的是对胡塞尔的实际立场的某种歪曲，因为胡塞尔似乎认为我们偶然地、事实性地属于一个主体间性世界(Moran, *Introduction to Phenomenology*, Routledge, 2000, p. 178)。

④　Merleau-Ponty, *La Prose du Monde*, Éditions Garlimard, 1999, p. 190.

他认为，注视实际上代表着一种可能的沟通，即便拒绝沟通也是一种沟通形式。所以，我们不应该把孤独和沟通看作是两难选择，而应当将它们看作是在世现象的两个方面，在世的实质是"共在"。

梅洛-庞蒂关于文化世界、历史领域和意义问题的探讨都是对他人问题的扩展研究。针对萨特关于人注定自由的论点，梅洛-庞蒂提出人注定是有意义的，也就是说，他注定生活在某一处境中，必须与自己的过去经验、他人的经验和文化传统打交道。简而言之，他必须生活在某种文化共同体中，并因此始终与他人共命运。尽管萨特和梅洛-庞蒂都非常关注他人问题，但这个问题在他们各自的体系中的地位是有差别的，这是由他们分别关注不同时期的胡塞尔思想造成的。诚如施皮格伯格所说："在萨特看来，《观念》一书是胡塞尔的主要著作。而梅洛-庞蒂则认为，胡塞尔思想的最重要阶段是他的晚期阶段，特别是他死后发表的著作中所表述的那些思想。"①萨特和胡塞尔一样关注内在意识和主观性，这使得他人只具有次要地位，是为了解决中心问题不得不引入的一个概念。梅洛-庞蒂一开始就批判内在意识和主观性，并且直接从主体间性出发，使得他人一开始就在他的思想中占据了非常重要的位置，并因此成为其哲学发展进程中始终如一的重要主题。

在他人问题上，利科大体上认同梅洛-庞蒂，而完全有别于萨特。面对主体终结的喧嚣，利科依然承认主体的地位，但他明确否定纯粹意识主体，他关注的是具体的主体，而这种具体主体始终对他人保持开放。在问及交往与叙事的同一性的关系时，利科"特别强调'我'与'他

---

① ［美］赫伯特·施皮格伯格：《现象学运动》，739 页，北京，商务印书馆，1995。

人'的关系"，他"从不否弃自身意识的概念，但它毋宁是与他性相关联的概念"，这也就是说，"我与他人是同时存在的"，换言之，"只有当别人觉察到我或我觉察到他人的时候，我才是我自身"[①]。因此，真正的存在不是囿于自身的，真正的价值在于接受他人、承认他人，"为了我们也能存在，为了我不仅是一种生活意志，而且也是一种存在—价值，我接受他人存在"[②]。而且，为了理解自己，我们必须借助他人，"透过理解他者来扩大对自身的理解"[③]。利科强调的是"我"与他人之间的实存沟通，并因此否定了历史理解中的客观认知指向。与此同时，就像列维纳斯一样，利科主张超越那种没有道德的存在论，尤其要否定萨特由于强调纯粹意识和绝对自由而导致的"我"与他人的冲突。

解释学必定涉及文化间的关系。在利科看来，尽管文化之间存在着很大的差异，但还是应该看到彼此之间的可通性、可交流性。他表示，人与人的相异性不是绝对的，一个人对于另一个人是外国人，但人始终是同类。正因如此，他不认同列维纳斯关于文化间的绝对他性的观点。在他看来，"我"向他人开放并不丧失自我，同样，文化之间的交流并不意味着丧失自身文化传统。当然，这要求的是一种创造中的传统，"只有忠实于自己的起源，忠实于在艺术、文学、哲学和精神方面有创造性的有生命的文化，我们才能承受与其他文化的相遇，不仅能承受这种相遇，而且也能给予这种相遇以一种意义。当相遇是一种创造性的较量，

---

① ［法］高宣扬：《利科的反思诠释学》，32页，上海，同济大学出版社，2004。
② ［法］保罗·利科：《历史与真理》，344页，上海，上海译文出版社，2004。
③ Ricoeur, *Le Conflict des Interprétations：Essais d'herméneutique I*, Éditions du Seuil, 1966, p. 20.

是一种冲动的较量时，相遇本身就是创造性的。我相信，在一种创造和另一种创造之间即使没有完全的一致，也有一种共鸣"①。就西方人来说，对话的前提是回到自己的希腊之根、基督教之源，"我们应该回到我们的希腊起源，回到我们的基督教起源，以便成为有资格的对话者；为了面对自我之外的另一个人，首先要有一个自我"②。在很大程度上，利科还囿于一种西方中心论传统。这是因为，他认为哲学为西方所固有，哲学有其"历史上、地理上、文化上的起源"，哲学"诞生于希腊"，哲学家始于"存在是什么这一问题"，这个古希腊最早出现的问题"事实上决定了通向哲学研究的宗教人类学的空间取向"③。当然，他也承认，哲学始终在接受或接纳他者，并因此与其他文化形成某种或亲或疏的关系。

列维纳斯思想的起点是胡塞尔晚期思想及海德格尔的在世学说，但在其理智生涯中却不断地疏远它们。他提出的所谓"为他人的人道主义"把他人看作是绝对的他者。他认为自己的思想同时超越了现象学认识论和现象学存在论，是一种伦理学或形而上学。他的许多作品都直接涉及他人问题，他人的地位、他人的命运是其哲学的唯一主题。他人是神或无限的象征，这就否定了"我思"包纳一切的整体性；他人始终处于"我"的自我中心的同化之外，他处于绝对外在或超越之中。"我"与他人的关系既不是一种冲突关系，也不是一种共在关系。"我"对他人负有绝对的责任，而他人并不因此对等地对"我"负责。列维纳斯差不多是在结构——

---

① ［法］保罗·利科：《历史与真理》，286 页，上海，上海译文出版社，2004。
② 同上书，286 页。
③ ［法］保罗·里克尔：《恶的象征》，18 页，上海，上海人民出版社，2003。

后结构主义运动退潮之后才开始产生影响的，正因为如此，他认同于这一运动强调差异和异质性的一般倾向，认同于主体是一种受制于他人和文化的被动主体的看法。总之，列维纳斯表达的是一种强调绝对他性的立场，他看到的是他人而非自我的实存困境。在下面两节中，我们主要论及梅洛-庞蒂和列维纳斯分别代表的关于他人问题的两种典型的现象学立场。

二、他人问题的共在之维

在法国现象学—实存主义运动中，梅洛-庞蒂是有意识地把他人问题列入现象学重要主题的第一人。在他的以身体问题为核心的思考中，知觉所包含的诸感官的协调统一克服了个别感觉的孤立状态，并因此导致了身体的全面意向性指向，他进而把这种身体内协调关系推广到身体间去，这就确立了他人问题的身体之维。《行为的结构》已经显示出这样的倾向，而《知觉现象学》则奠定了这一看法的牢固基础；进一步言之，直至《世界的散文》，甚至在《符号》中，他都没有改变这一基础立场，他对历史和文化世界中的他人问题的探讨是对这种身体基础的升华。在《人道主义与恐怖》《意义与无意义》《辩证法的历险》及 20 世纪 40 年代末和整个 50 年代的诸多课程中，他研究或讲述的都是历史与文化问题。历史是共同体的历史，文化是共同体的文化，个体在历史和文化中有其独特地位，但绝不可能以孤独的方式存在，他处于与他人的关系中。总而言之，"我"与他人共同生活在一个"地球家园"中，我们并不超然地面对它，外在地作用于它，自利地攫取它，而是与它处于一种共生的、交织的关系中。与自然的共生为人类的共在奠定了存在论基础。

梅洛-庞蒂要求突破在他人问题上以纯粹意识为出发点的立场，这就把矛头指向了胡塞尔。胡塞尔在纯粹意识范围内提出他人问题，然而，自我意识与他人意识的关系构成一个难题。为了解决这一难题，他以知觉中出现的"共现"现象为例来进行类比论证。在他看来，活灵活现、有血有肉地出现在我们面前的并不是作为纯粹意识的他人本身，他只能"侧面地"作为"空白"呈现，或者说他不可能成为"我"的意向性的直接对象。原因在于，"如果属于他人本己存在的东西是以直接的方式可通达的，那么，他只能是我的存在的一个要素，而且他本身和我自己最终说来将会是同一个东西"①。于是，应该存在着某种"意向性的间接性"，也就出现了所谓"共现"现象。在外感经验中，这是显而易见的事情，"因为一个客体的真正'被看到'的一面，即它朝向我们的一面，始终而且必然地共现出它的另一面，被掩盖的一面，这让我们预测到很确定或不那么确定的结构"②。在"我"的感官知觉中，事物既有某些侧面的当下直接呈现，又有别的侧面的共现，而且所有侧面都潜在地可以直接呈现。就"我"对他人的知觉而言，情形则大不相同。他人的某些生理行为直接地呈现或潜在地共现，但他人的意识始终只能共现，永远也不能够直接地呈现。

也就是说，别的自我从来没有也永远不会向"我"呈现，但他通过某

---

① Husserl, *Meditations Cartesiennes*, Libraire Philosophique J. Vrin, 1996, pp. 177-178.

② Ibid., p. 178.

种呈现的东西得以共现。某一身体行为共现了别的心灵，就像"我"自己的行为属于一个心理—物理有机体一样。最终来说，按照胡塞尔的意思，"具有'不同的'主体性意义和价值的陌生主体性（它实际上有它的本己存在）来自在我的本己存在的限度之内得以实现的共现"①。"我"有身体，"我"也意识到别的身体，他人的意识于是通过别的身体向"我"自己的身体呈现而为"我"所把握，这是一种所谓"类比的间接统觉"。在这里，类比论证建立在一种推理的基础之上，是在观念中进行的，是对自我意识与他人意识的关系问题的一种理想设定，并没有实质性考虑到一个真实存在的他人。很显然，由于胡塞尔在很大程度上维持笛卡尔式的"我思"概念及他本人的纯粹意识概念，依然在"判断"他人的存在，所以这造成了自我与他人关系问题始终无法获得突破。在他那里，意识或心灵是内在的，身体是外在的，外在身体只是通向内在心灵的路径。按照梅洛-庞蒂的解释，在胡塞尔那里，他人经验应该被构想为一个另外的自我，没有别的自我，也就无所谓别的机体，这显然强调了心身分离及心灵对于身体的优先性。胡塞尔在坚持意识的先验性和优先性的同时，要求通过身体的中介通达意识，"即从我的意识的存在出发，通过证明我们的行为的相似来得出他人意识存在的结论"，于是，"他人是在事物中透过身体向我呈现，因此是在在己中向我呈现的一个为己"②。

梅洛-庞蒂告诉我们，舍勒早就已经注意到了胡塞尔所面临的困境，并试图从出发点上就避开难题。舍勒依据个体性来提出他人问题，也就

---

①　Husserl, *Meditations Cartesiennes*, Libraire Philosophique J. Vrin, 1996, p. 195.

②　Merleau-Ponty, *Psychilogie et Pédagogie de l'Enfant：Cours de Sorbonne 1949—1952*, Éditions Verdier, 2001, p. 40.

是说，他削弱纯粹意识，把意识与它的处境联系起来，在某种具体性指向中引出他人，他尤其诉诸情感。为何存在自我意识与他人意识的分离，为何存在意识的多样性呢？舍勒的回答是，"意识只是由于它们的身体性，由于它们所利用的全部工具才被分离：身体性，在某种意义上就是我们借以理解自我本身或者他人的感性材料。情感中的纯粹感性只构成它的一个弱化的层次。整个其余的东西：它的内容、它的意向都可以被他人分享。于是对于灼热的感觉：只有自己被烫过的人才会感觉到疼痛的剧烈程度"①。在设身处地的感受中，我们可以证明他人意识的存在。这是因为，在各种情感或感受中，虽然"我们不能够实在地变成他人，但我们能够意向性地变成他，我们可以通过全部表达和显示来达到他人"，在他人那里"就像在我们这里一样，意识及其各种显现只不过是同一个"②。很显然，舍勒所说的情感性概念更多地与身体而不是与意识联系在一起。

根据梅洛-庞蒂的理解，舍勒想要做的是最小化自我意识，以便突出他人意识，胡塞尔则是为了维护自我意识而引入他人意识，但他们都没有达到各自的目标："最小化自我意识，舍勒同样损害了他人意识。想维持自我的原初性的胡塞尔，相反地只能把他人作为这一自我的瓦解者引入。在胡塞尔那里和舍勒那里都一样，自我与他人被同样的辩证关系联系在一起——在表面上它们完全是相互排斥的，但它们令人奇怪地相似，牺牲一个以拯救另一个被证明是不可能的，它们两者都在相同的

---

① Merleau-Ponty, *Psychilogie et Pédagogie de l'Enfant*：*Cours de Sorbonne 1949—1952*，Éditions Verdier，2001，p. 43.

② Ibid.，p. 43.

意义上变化。"①尽管舍勒不再强调纯粹意识，注意到了所谓身体和处境，但他最终看到的是"我"的意识与他人意识的"同"，也因此没有真正提升他人意识；胡塞尔以维护自我意识开始，却以既损害自我意识也损害他人意识告终，即自我意识与他人意识都没有能够获得辩护。梅洛-庞蒂在心理学尤其是儿童心理学中寻找一些有价值的资源，并尝试着把它们与胡塞尔及舍勒的看法结合起来。在他看来，不管胡塞尔还是舍勒，其实都是从自我推出他人，于是他们就陷入了"自我中心论"地克服"唯我论"的怪圈。儿童心理学告诉我们的则是另一种思路：儿童往往是以他人为镜建构自我的，因此他人才是真正的中心。

　　梅洛-庞蒂从儿童心理学中获得的教益是，自我与他人最初是不分的，但这并不意味着以自我为中心，而是以他人为中心。对于儿童来说，"占据主要位置的"是"他人"，他人只能被看作是"他人的他人"，他的"兴趣中心"是"他人"，他人对于儿童是"根本的"，是他自己的"镜子"，他的自我"被他人牢牢吸引住"；在他与他人之间有"一种整体的不可分"，但如果有一个"占优势意义的因素"，那"毋宁是他人"②。梅洛-庞蒂关注心理学有关语言学习方面的研究成果，并且认同这样的看法：语言不可分割地具有表象、自我表达、呼唤他人的功能，但他尤其注意到语言是对他人的呼唤，一种非表象的呼唤。在儿童那里，这一点非常明显地表现出来："儿童通向语言的运动是对他人的一种持久的呼唤。儿童在他人那里认识到一个另外的他自己。因此可以说这涉及的是一种

　　① Merleau-Ponty, *Psychilogie et Pédagogie de l'Enfant: Cours de Sorbonne 1949—1952*, Éditions Verdier, 2001, pp. 44-45.
　　② Ibid., p. 35.

生命活动而不只是理智行为。表象功能是我们借以进入与他人相沟通中的整体活动的一个环节。"①也就是说，在"我"与他人的关系中，语言当然有其表象功能，但这只是一个中介环节，更为重要的是"我"与他人的某种原初的交流，这是某种身体间行为。

儿童有某种模仿的天赋，尤其擅长模仿他人的动作，原因很简单，"这些模仿是一些他在自己身上认出的他人的征兆"②。这些模仿表明，儿童把自己和他人都视为行为主体，而不是纯粹我思："儿童模仿他人的行为。这一最初的模仿预设儿童一开始就把他人的身体捕捉为组织化的行为的载体，预设他认识到他自己的身体是实现具有某种意义的一些动作的永久而全面的能力。这就是说，模仿预设对他人的某种行为的领会，而从自我这方面，预设的不是一个思辨的主体，而是一个运动的主体，一个'我能'。"③"我"不是一个纯粹意识主体，因为"我"是在世的存在者；"我"不是一个孤独的单子，因为"我"与他人共命运。在"我"与他人的关系中，"我"并不是纯粹意识，否则的话，他人就不可能同样的是"我能"，而只能是意识对象，他人的存在意义就只能出于"我"的意识的构造："关于真实的他人自我的知觉预设——他的谈话，在我们对它进行理解的时刻，尤其是在它避开我们并有变成无意义的危险的时刻，具有按他的形象重塑我们且让我们向别的意义开放的能力。这种能力，在作为意识的我的面前，他人是不能拥有的。意识在事物中能够找到的只

---

① Merleau-Ponty, *Psychilogie et Pédagogie de l'Enfant：Cours de Sorbonne 1949—1952*, Éditions Verdier, 2001, p. 30.

② Ibid. , p. 33.

③ Ibid. , pp. 34-35.

不过是意识置入其中的东西。"①更一般地说，不管就"我"与世界还是与他人的关系而言，都不能以纯粹意识为基础。

那么什么是"我"与世界、"我"与他人的关系的基础呢？有人这样总结梅洛-庞蒂的看法："在与世界、与他人的这一意向性关系中，身体扮演着基础的角色。"②解决"我"与他人的关系问题必须求助于身体，但并不是像胡塞尔和舍勒那样把它当作一个外在的工具。原因在于，在梅洛-庞蒂那里，身体是"灵性化"的，或者说在身体中就天然地统一了或融合了身心两者。也就是说，他人以其身体为表征，但他人并不因此就是一个客体，"他人从不面对面地呈现出来"③。比如，在"我"与"对手"进行激烈的争论时，"对手"在哪里呢？他从来都没有被完全地定位：他的声音、他的指手画脚、他的肌肉抽搐都不过是一些"效果"、一场"演出"、一种"仪式"，真正的"组织者"却完好地"被掩饰了"。但是，我们无论如何从各种生理活动中感受到了一些"叹息"、一些"颤抖"、一些"理智征象"。他人实际上体现为身心的统一，他"维持着一种独特的存在：介于进行思考的我与这一身体之间，或毋宁说靠近我，在我的边上"，他"是与我本身相似的人，一个游移不定的复制品"，他"萦绕在我的周围而不是呈现在我的周围"，他"是我从别处获得的意外的响应，仿佛由于某种奇迹，一些事物开始说出我的思想"，他"并不处在我的注视挤压和掏空了全部'内在'的地方"④。他人与自我具有相同的性质，它

---

① Merleau-Ponty, *La Prose du Monde*, Éditions Garlimard, 1999, p. 199.

② Huisman, *Histoire de la Philosophie Française*, Éditions Perrin, 2002, p. 140.

③ Merleau-Ponty, *La Prose du Monde*, Éditions Garlimard, 1999, p. 185.

④ Ibid., pp. 185-186.

们"就如同大体上同心的两个圆，只有借助某种细微而神秘的距离，它们才能够彼此区别开来"①。

在"我"的身体内部，各种感觉之间、各种行动之间有其协同一致性，这并不像经验论者所说的那样源于机械的因果关联，也不像唯理论者认为的那样是出自知性的统一功能。"我"的任何一种感觉都必然伴随着其他感觉，"我"的任何行为也都离不开其他行为。它们之间非常自如地完美一致，根本就不需要任何协调或指令。这其实就是我们前面所说的"身体图式"概念所要表达的东西。它代表的是身体的整体结构，意味着身体器官之间的协调性和相互性。现在的问题是，应该把这种关系推广到身体间去。举例来说，在"我"的右手触摸左手的情形中，前者是主动者、触摸者，后者是被动者，被触摸者，仿佛一个是主体，另一个是客体。然而，真正说来，在这种触摸过程中会产生某种转换：左手实际上也在触摸，而右手则成了被触摸者。于是，两只手均成为主动—被动者，触摸—被触摸者，主体—客体。进一步说，"我"的右手握着左手与"我"的手握着别人的手并没有根本的不同。也就是说，当"我"握着他人之手时，"我"同样依据的是触摸—被触摸者模式来进行领会的："我"的双手"共现"或者"并存"，因为它们是同一个身体的两只手；他人作为这一共现的延伸而出现，他和"我"就像是唯一的身体间性的器官。②

胡塞尔认为精神或意识不能直接呈现，但它可以和身体一道共现，这就存在着从"外在"的身体向"内在"的心灵过渡的问题。然而，在梅

---

① Merleau-Ponty, *La Prose du Monde*, Éditions Garlimard, 1999, p. 186.

② ［法］莫里斯·梅洛-庞蒂：《哲学赞词》，153～154 页，北京，商务印书馆，2000。

洛-庞蒂那里不存在过渡问题。如果说心灵与心灵之间、心灵与身体之间很难表现出直接的"共现"与"并存"的话，身体与身体之间却能够完美地体现这一点："通过一种全面的身体图式而对他人的行为的知觉，对本己身体的知觉乃是实现自我与他人的同一化的单一组织的两个方面。"①于是，当胡塞尔用意识间性来保证被构造对象的客观性时，梅洛-庞蒂就可以简单地求助于身体间性："相对于我的身体而言的事物，乃是'唯我论'的事物，这还不是事物本身。它在我的身体的语境中被把握，我的本己身体只是在其边缘或周围才属于事物的秩序。世界还没有对身体关闭。只有我懂得——这些事物也为其他人所看到，它们被决定对所有目击者都是可见的，我的身体所知觉到的事物才是真正的存在。在己因此只是按照他人的建构才显露出来。"②也就是说，"我"的身体奠定了"我"所知觉到的对象的统一，然而他人的身体却从作为"我"的现象的一部分的命运中挣脱出来，同样提出了作为对象的统一的奠基者的要求。这就赋予了"我"的对象以主体间的存在，客观性也因此有了新的维度。如果世界既是"我"的在世存在的场所，又是他人在世存在的场所，那么唯我论就被扬弃了。

　　梅洛-庞蒂肯定了他人在维护客观性中的作用，但他人的表征不是意识，而是身体。我们无法感知他人的意识，但却可以感知到他人的身体，或者说他人的感性存在和"我"的感性存在更有可比性。他这样写道："我首先知觉到的是别的'感受性'并且仅仅由此出发，就知觉到了

────────────

① Merleau-Ponty，*Psychilogie et Pédagogie de l'Enfant：Cours de Sorbonne 1949—1952*，Éditions Verdier，2001，p. 35.

② ［法］莫里斯·梅洛-庞蒂：《哲学赞词》，153 页，北京，商务印书馆，2000。

某个别人和某种别的思想。"①他在这里绕开了萨特颇感棘手的身体屏障，直接从外在进入内在。问题在于，怎么会存在这样的直接过渡呢？梅洛-庞蒂转换了胡塞尔关于他人意识的设定："不存在为了一个精神构造一个精神，而是为了一个人构造一个人。通过可见的身体的独特的说服效果，设身处地由身体通向精神。当别的探索的身体、别的行为通过最初的'意向性越界'而向我呈现时，是整体的人伴随所有可能性（不管这些可能性是什么）被给予了我，我在我的肉身化的存在中对此拥有不容置疑的证明。"②这就是说，不应该只瞄准单纯的精神，身体作为一种具有感受性的东西，应该是精神与物质的整体，他人身体的呈现就代表着整个他人的呈现。

这就把胡塞尔关于他人意识的问题完全转变成了他人身体的问题，把意识意向性转变成了一种全面意向性、一种身心统一的含混意向性。我们应该围绕知觉经验的全面结构来看待他人问题，而不应该把行为与意图截然分开："姿势的沟通或理解是通过我的意向和他人的姿势、我的姿势和在他人行为中显然的意向的相互关系实现的。一切的发生，就如同他人的意向寓于我的身体中，或我的意向寓于他人的身体中。"③正是由于这种情形，胡塞尔所说的类比论证就没有了必要，我们只需要用知觉的方式来直接确认他人："正是我的身体知觉到了别的身体，并且它感觉到别的身体是我自己的意向的神奇的延伸，是一种熟练的对待世

---

① ［法］莫里斯·梅洛-庞蒂：《哲学赞词》，154 页，北京，商务印书馆，2000。

② 同上书，154～155 页。

③ Merleau-Ponty, *Phénoménologie de la Perception*, Éditions Garlimard, 1997, p. 215.

界的方式；从此以后，就像我的身体的各个部分一起构成一个系统一样，他人的身体和我的身体成为一个单一的全体，是单一现象的反面和正面，而我的身体在每一时刻都是其迹象的无名的存在，从此以后两种身体同时栖息于这两个身体中。"①"我"与事物的关系以身体意向性为核心，"我"与他人的关系同样如此。在两种情形下，身体不是通向纯粹意识的中介或阻碍，因为纯粹意识根本就不存在，无论对于"我"还是对于他都是如此。

利科也持类似的看法。他这样写道："移情恰恰是把他人的身体阅读为有一个目标和一个主观源泉的那些行为的能指。主体性因此同时是'内在的'和'外在的'。某人的行为之主体乃是功能。通过与他人沟通，我与身体有了另外的关系，它既不被包裹在我的本己身体的统觉中，也不被纳入对世界的经验认识中。我发现了第二人称的身体，作为一个他人的动机、器官和自然的身体。我根据它读出决定、努力和赞同。这不是一个经验的客体、一个东西。主体性的诸概念（意愿的和非意愿的概念）是由剥夺了多样主体的经验积累形成的。"②这显然看到的是主体间性对于主体性、他人对于自我的优先性。梅洛-庞蒂实际上采取了某种回避困难的方式来解决他人问题，利科同样如此。然而，他们自己非常清楚，以身体知觉取代纯粹意识并不能摆脱胡塞尔单子意识所面临的唯我论困境。比如说，我们当然可以根据他人的行为、他的面部表情、他

① Merleau-Ponty, *Phénoménologie de la Perception*, Éditions Garlimard, 1997, p. 406.

② Ricoeur, *Philosophie de la Volonté* Ⅰ: *Le volontaire et l'involontaire*, Aubier Éditions montaigne, 1950, p. 14.

的双手动作知觉到他的悲伤和愤怒，而没有必要"深入"痛苦或愤怒的内在经验，但是，"最终说来，他人的行为甚至他人的言语都不是他人。他人的悲伤和他人的愤怒于他和于我从来都不具有完全相同的意义。对于他来说，它们是经历到的处境，对于我来说，它们是共现的处境"①。设身处地与亲身经历毕竟不是同一回事。

"我"与他人之间当然有"距离"，"我"的感知也始终摆脱不了"我"自身的视角，梅洛-庞蒂对此有清醒的认识。他认为，自我与他人的关系具有两个方面：一方面，"存在着一个作为别人的自我，他居于别处，并且把我从我的中心地位废黜"；另一方面，两者之间存在着一种"总是使他人成为我第二，即使在我喜欢他甚于自己，将自己献身于他时也是如此"的独特关系。② 很显然，承认他人存在并不意味着就摆脱了自我中心，并不意味着就洗刷了"唯我论"的嫌疑。正因为如此，与萨特认为单凭注视就足以证明他人存在，从而消除唯我论困境的主张不同，梅洛-庞蒂不得不承认"唯我论是一种存在的真理"③。这样看来，问题不是被克服了，而是被转移了。关键不在于证明他人的存在，而在于如何对待"我"与他人的存在关系。就如何对待这种存在关系而言，梅洛-庞蒂和萨特有着截然不同的姿态。我们前面讲过，在萨特那里，"我"与他人的存在关系其实是一种互相置对方于客体地位，并因此彼此争夺主体性

① Merleau-Ponty, *Phénoménologie de la Perception*，Éditions Garlimard，1997，p. 409.

② Merleau-Ponty, *La Prose du Monde*，Éditions Garlimard，1999，pp. 187-188.

③ ［法］皮埃尔·特罗蒂尼翁：《当代法国哲学家》，52页，北京，生活·读书·新知三联书店，1992。

和自由的关系。梅洛-庞蒂接受的则是海德格尔关于共同在世的观点：应该强调自我与他人之间的相互性，于是不管自我还是他人，都始终在主体和主体看见的东西之间产生转换。

梅洛-庞蒂当然承认人是自由的，但他否定绝对自由："如果我们愿意的话，自由无处不在，但也无处在。"[①]这是因为，人总是生活在某种处境中，也因此受制于方方面面的因素。萨特会说人没有本质，不受限定，他有绝对的选择权，而本质和限定只能在盖棺定论中出现。梅洛-庞蒂想要表达的则是："每个人都觉得在他的各种限定之外，同时又服从于它们"，这些限定是"我们为了在世界中存在付出的代价"[②]。他要求摆脱如下二难选择：自由行动要么是可能的，要么是不可能的；事件要么来自"我"，要么来自外部决定。在他看来，"我们以某种厘不清的混杂方式融入世界和融入他人。处境的观念排除了我们介入开始时的绝对自由，它同样也排除了这些介入结束时的绝对自由"[③]。这其实表明了一种姿态：自我必须与他人结成一个荣辱与共的共同体。身体间性于是进入社会形态，由此涉及"我"与他人在文化世界中的共在问题。也就是说，梅洛-庞蒂试图通过把知觉和身体意向性的直接性升华为文化世界中的交流和沟通来淡化以"我"的身体意向性为核心所具有的唯我论色彩。

文化世界（科学、艺术、哲学等）实为意义世界，而意义"隐约地显

[①] Merleau-Ponty, *Phénoménologie de la Perception*, Éditions Garlimard, 1997, p. 499.

[②] Ibid., p. 495.

[③] Ibid., p. 518.

露在我的各种经验的交汇处，显露在我的经验与别人的经验的交汇处"①。梅洛-庞蒂承认，文化虽然没有脱离知觉基础，但它能够更为有效地证明人的社会性："我"必定受制于集体无意识，"我"不是文化的有意识的创造者，而是其无意识的传承者。我们生活在文化或文明世界中，实际上就是生活在由人的行为无意识地烙下印迹的世界中，我们周围的每一物体都"散发出一种人性的气息"。这里的文化或文明包括两种情形：一是自己熟悉的文化和文明，二是陌生的文化和文明。它们都通过某些"上手的"东西让"我"通达他人："我参与其中的文明通过它提供的用具自明地为我存在。如果涉及一种未知的和陌生的文明，多种多样的存在方式或生活方式可能会呈现在废墟上，呈现在我找到的折断的工具上，或者呈现在我游览过的风景上。"②在文化世界中，人们相互沟通的正是所谓的意义。这是打上人类印记的东西，或者说是与人类的实存方式联系在一起的东西。"我"往往通过"他人行为的意义"与他人沟通，而关键是要通达"这种意义的结构"，正是在这里，"我"意识到，他人行为在意指"某种思考方式"之前表达"某种实存方式"③。这种意义关系把人们引向某些普遍的东西，让人们认识到人类"要么一起被拯救，要么一起被抛弃"的共同命运。

科学无疑最能够表明人与人之间的普遍关系，因为科学，尤其是精

----

① Merleau-Ponty, *Phénoménologie de la Perception*, Éditions Garlimard, 1997, p. xv.

② Ibid., p. 400.

③ Merleau-Ponty, *La Structure du Comportment*, Éditions, PUF/Quadrige, 1990, p. 239.

确科学把毫无歧义的沟通作为目标，它"仿佛用手牵引着"，把对话者"从已知的东西引向他应该学习的东西"①。艺术并非不需要沟通，画家"只能构造一个形象"，他"必须期待这一形象为了其他人而活跃起来"，如此一来，"作品把分离的生命汇合起来"②。哲学同样要求沟通，这至少是从柏格森哲学中得出的结论："表达预设了要去表达的某一个人，他要表达的真理，他向之表达的其他人。表达和哲学的公设就是能够同时满足这三个条件。"③不管在科学、艺术还是在哲学中，虽说"我"都力图"塑造他人而不是追随他人"，但最终要求的却是实现普遍规范性与个体创造性的统一。语言是文化世界的象征，尽管语言具有诗意的创造性，但它最终指向的是沟通，"言语取消了我的与非我的之间的界线，中止了在对于我有意义者和对于我无意义者之间、在作为主体的我与作为客体的他人之间进行选择"④。当然，语言的这种沟通性并不完全建立在表象功能基础之上。如果语言直接通达真理，就不需要设定"我"与他人的关系，而是设定"我们"与真理的直接关系。这就会回到早期现代哲学中的普遍理性主体那里，他人也因此会消融在我们之中。

文化世界并不建立在与真理的直接关系中，而是建立在主体间性基础之上。正因为如此，为了通达真理，我们首先要与他人对话。既然是对话，就不存在真理的直接传达或知识的直接传播，它要求主体间的实存沟通。这尤其要求进入与他人的沉默关系中，即一种知觉关系中。由

---

① Merleau-Ponty, *La Prose du Monde*, Éditions Garlimard, 1999, p. 182.
② Merleau-Ponty, *Sens et Non-sens*, Éditions Garlimard, 1996, pp. 25-26.
③ ［法］莫里斯·梅洛-庞蒂：《哲学赞词》，19页，北京，商务印书馆，2000。
④ Merleau-Ponty, *La Prose du Monde*, Éditions Garlimard, 1999, p. 202.

此看来，文化世界并不奠基于某种理想性，不是出于人们的理性建构，而是取决于身体间性，取决于人们之间的原初的实存沟通。由于梅洛-庞蒂在文化共同体范围内思考"我"与他人的关系问题，所以他没有像结构主义者那样预设一个绝对他者，他依然关心文化世界中的同一与延续。在他看来，"整个世界，任何文明都延续着过去"①。这其实表明，一个文化共同体内部尽管存在着不同时代的差异，但最终还是延续着传统，维系着传统。他尤其把父子之间的"同"与"异"的关系作为例证。尽管后人有其创新的意图，但最终还是绕不开传统，离不开传统。今天的父亲们在儿子的童年中看到了自己的童年，他们重新采取自己父亲的行为来对待儿童。不管实施权威教育还是自由教育，父亲最终都会把儿子纳入传统的安全体系中，并且随着时间的推移，把儿子也塑造为一个有权威的父亲。

而从儿童方面来说，父亲针对他的每一种行为，不仅在其效果中而且在原则上都可以被他感受到。他不仅作为一个儿童服从之，而且作为一个未来的成年人予以接受，他虽然时有反抗，最终却与他所服从的严格要求本身合谋。很显然，父亲在儿童那里看到的是自己的过去，儿童在父亲那里看到的则是自己的未来。于是，文化共同体中不存在真正的他人，文化也因此没有真正改变。儿童在潜移默化中"总是与其父辈的生活形式相同，总是建立起一种被动的传统"，因为"他自己的经验和知识的全部分量尚不足以带来某种变化"，这样"就产生了令人生畏的、必

---

① Merleau-Ponty, *La Prose du Monde*, Éditions Garlimard, 1999, p. 137.

然的文化整合，产生了一种命运一个时代接一个时代的再继续"①。在这种文化共同体中，异质的东西当然也会出现，但最终会被同化。我们在后面会谈到列维纳斯，他认为父子之间虽然有血缘上的同质，但最终来说维持的却是世代之间的求异关系，而不是一种周而复始的求同关系。

在后期，梅洛-庞蒂的存在论思考依然涉及他人问题，他要求"按照他们在世界之肉中的呈现来捕捉他人"②。他人与"我"一样隶属于"世界之肉"，都是"肉"的"绽裂"，他们不是"我用以填满我的空虚的虚构"，不是"我的精神的产儿"，不是"一些永远非现实的可能"，相反，他们是"我的孪生兄弟"或者"我的肉的肉"；当然，"我"并没有过"他们"的生活，"他们"确定性地"与我相分离"，而"我"也"与他们相分离"。③ 最终说来，他人的存在取决于某种感性直接性，他人的存在尤其体现了这种感性直接性，因为它甚至就是感性的中心之一。"我的视觉"包含了"一个他人的视觉"，或毋宁说与"它们"一起活动，并且原则上落在了同一个"可见者"上面，于是我的各种"可见者"之一变成了一个"能看者"，而"我"见证了这一"变形"；自此以后，"他"不再是"诸物"之一，而是与"它们"相连通，或者说插入"它们"之中；当"我"注视"他"时，"我的目光"不再落在"他"上面，不再终止在"他"那里，因为"我的目光"落在、终止在"事物"之上；"我的目光"通过"他"就像通过一个"中转站"，继续指向"事物"；从此以后，"他"将以"他的方式"独自看到"我"曾经独自看到的、"我"始终将独自看到的那些"事物"；现在"我"明白了，"他"也独

---

① Merleau-Ponty，*La Prose du Monde*，Éditions Garlimard，1999，pp. 138-139.

② Merleau-Ponty，*Signes*，Éditions Garlimard，1960，p. 22.

③ Ibid. ，p. 22.

自看到的是"自我"；一切都取决于"感性"的不可超越的"丰富性"，取决于"它"的奇迹般的"多样性"。①

　　梅洛-庞蒂将身体的灵性化和心灵的肉身化双重进程看作是整个世界的实质，这使我们联想到列维-斯特劳斯的"野性的思维"：在一种原始意识中，人实际上与自然处于共生状态。根据知觉和身体意向性来解决他人问题似乎缺乏形而上学的基础，于是我们需要从关于原始自然的存在论角度加以审视。从根本上说，整个世界都是"身体"，是与"我"的身体及别的身体具有相同性质的东西，它因此构成"身体间性"的基质。当梅洛-庞蒂用"肉"来描述存在时，他无非要传达这样的意思：世界是"活"的。世界诚然是被知觉的东西，同时也是能知觉的东西，它是物性和灵性的结合。"我"的两只手之间、两只眼睛之间、两只耳朵之间能够彼此协同地面对同一个世界，"我"的身体与别的身体也同样能够协同地面对同一个世界，这是因为它们都属于"世界之肉"。比如，就视觉而言，"不是我在看，也不是他在看，而是一种无名的可见性停留在我们两者中，一种视觉一般按照原始性质隶属于肉，在此地此时向四处延伸，既是个体，同时也是尺度和普遍"②。这样，"别的自我的难题"就被克服了，"我"与他人之间的某种趋同克服了两者间的距离。

　　"我"与他人之间的关系是"我"与世界之间、可见者与可见者之间的交错关系、可逆关系的一部分。在这样的观点中，梅洛-庞蒂关于身体意向性和身体间性的理论获得了进一步的深化，胡塞尔意义上的纯粹意

---

① Merleau-Ponty, *Signes*, Éditions Garlimard, 1960, p. 23.
② Merleau-Ponty, *Le Visible et l' Invisible*, Éditions Garlimard, 1997, pp. 187-188.

识无疑更难觅踪迹，因为身体或自然都更完好地融合了物性与灵性。在这样的"自然"背景下，我们能够更好地理解：他人问题不是意识问题，而是身体问题。于是，他人问题只有借助身体器官间的可逆性、身体间的可逆性，最终还有人与世界的可逆性才能获得解决。梅洛-庞蒂尤其借助艺术经验来表明，"我"与他人之间存在着一种可逆的相互关系，而且这种关系有其存在论根基。画家的经验告诉我们："人是人的镜子。至于镜子，它是具有普遍魔力的工具，它把事物变成景象，把景象变成事物，把自我变成他人，把他人变成自我。"①这种关系是人与世界之间的可逆关系的一部分，"在画家和可见者之间，角色不可避免地相互倒换"②。按照梅洛-庞蒂的转述，许多在树林中作画的画家都有过这样的感觉：不是"我在看树木"，而是"树木在看我，在跟我说话"；不是"我在画树木"，而是"树木在画我"；由于"主动和被动"不再清晰可分，他们"不再知道谁看谁被看，谁画谁被画"③。梅洛-庞蒂的后期思想似乎带有某种神秘主义色彩，我们由此也可以看出，他为解决身体问题和他人问题可谓煞费苦心。

三、他人问题的超越之维

在他人问题上，列维纳斯从现象学出发，但其立场却与其他现象学

---

① Merleau-Ponty, *L' Oeil et l' Esprit*, Éditions Garlimard, 1997, p. 34.

② Ibid. , p. 31.

③ Ibid. , p. 32.

家形成了鲜明的对照。通过融合思考希腊和希伯来两大文明传统，通过批判反思其他现象学家的他人学说及某些结构—后结构主义者的他者理论，他形成了自己关于他人问题的独特看法，一种作为形而上学的伦理学观点：超越各种关于他人的相对他性主张，力主他人的绝对他性地位。他的一个重要命题就是"形而上学先于存在论"①。他把伦理学看作是第一哲学，因为"形而上学在各种伦理关系中演示自己"②。他认为，存在论"把他者重新纳入同一中，承诺的是认同于同一的自由，不允许自身被他者束缚"，也就是说，它强调了自我的自发性；他人的出现置疑这种自发性，这就导致了他所说的"伦理"。③ 在《整体与无限：论外在性》和《别于存在或本质之外》等代表性作品中，他都非常鲜明地强调了伦理学的优先地位。列维纳斯的整个哲学涉及的都是他人、他者、他性问题，与现象学—实存主义的总体倾向，即那种强调主体与自我的立场判然有别。我们不妨从他在意向性、时间性和主体性等问题上的新思路出发，来探讨他关于他人问题的别具一格的立场。

在现象学—实存主义运动中，意向性问题一直是一个非常重要的中心课题。当问及现象学对当代哲学的特殊贡献时，列维纳斯表示：胡塞尔现象学的最基本的贡献就在于，他从方法论上揭示了"意义如何出现"，它"如何在我们对世界的意识中"，或"更准确地说"，它"如何在我

---

① Levinas, *Totalité et Infini：Essai sur l'extériorité*, Martinus Nijhoff, 1968, p. 12.

② Ibid., p. 51.

③ Ibid., p. 12.

们与世界的意向性关系的意识中呈现出来"①。按照有些学者的看法，在作为现象学家的列维纳斯那里，"现象学就是胡塞尔式的意向性分析方法"②。当然，列维纳斯对意向性概念进行了某种创造性的转换，他表示"现象学方法使我们能够在我们的活的经验之内揭示意义"，它"把意义显示为一种始终与它自身之外的、异于它自身的客体保持联系的意向性"③。这就说明，意向性不是一种认知意义上的建构性，因为它面向具体。当然，这里的具体不是意指个体实存，而是意指"我"与他人的伦理关系。胡塞尔将他人问题理解为纯粹意识间的认知关系问题，显然，需要正视他性与意向性的关系；海德格尔把这一问题看作是与他人共在的问题，不再从意识角度进行探讨，不再愿意涉及意向性概念④；萨特主张这一问题是纯粹意识间的冲突关系问题，因此我们必须面对他人与意向性的关系；梅洛-庞蒂则认为这一问题是身体间的共在问题，因此要解决的是他人与身体意向性的关系。列维纳斯对意向性的理解明显有别于其他现象学家，表现为对他们的相关看法的批判性改造。

---

① Kearney, *Dialogues with Contemporary Continental Thinkers：The Phenomenological Heritage*, Manchester University Press，1984，p. 50.

② Critchley & Bernasconi, *The Cambridge Companion to Levinas*, Cambridge University Press，2002，p. 6.

③ Kearney, *Dialogues with Contemporary Continental Thinkers：The Phenomenological Heritage*, Manchester University Press，1984，p. 50.

④ 莫然表示，由于声称胡塞尔在关于人类介入世界的说明中仍然过于笛卡尔主义和理智主义，海德格尔认定，避免他称为去势的认识论表述的唯一方式是完全放弃"意识"和"意向性"用词(Moran, *Introduction to Phenomenology*, Routledge，2000，p. 13)。按照该学者的看法，海德格尔远离胡塞尔的一个标志就是，他的《存在与时间》"几乎对意向性没有任何诉求"，他对此在在世界中的实际行为进行现象学描述，用以取代胡塞尔的意向性观念(Ibid. , p. 231)。

　　胡塞尔显然是在认识主体与认识对象的关系意义上来探讨意向性的；海德格尔尽管不谈意向性，尤其反对抬高认知意向性，却暗含着一种身体意向性观念，强调人的在世存在体现为一种行为意向性；而"萨特和梅洛-庞蒂都追随海德格尔，把意向性读解为与世界的不可消除的存在论关系"①。列维纳斯承认意向性概念的极端重要性，但却拒绝接受其他现象学家对这一所谓"现象学总主题"的解释。他不仅否定胡塞尔的认知（意识）意向性学说，而且否定其他现象学的实存（身体）意向性观念。按照一位研究专家的说法，如果"人们把'现象学'一词理解为建立在意向性——要么是胡塞尔那里的意向性活动与意向性对象的关系，要么是海德格尔那里的此在与世界的共同隶属关系——基础上的一种认识论或存在论"，那么"列维纳斯的工作是一种关于不可现象学化的东西的现象学"②。确实，列维纳斯要探讨的既不是先验意识对意识对象的构造，也不是个体对实存意义的寻求。在他眼里，现象学认识论和现象学存在论从根本上说是一致的，因为"存在论的总标题适用于作为对各种存在的认识的理论"③。他甚至认为海德格尔的《存在与时间》代表了胡塞尔式现象学的最终成果和繁荣昌盛。④ 鉴于列维纳斯认为存在论没有从根本上摆脱认识论立场，我们不妨以胡塞尔的相关学说为现象学意向性理论的代表，看看列维纳斯在他人问题上是如何修正这一理论的。

---

　　① Moran, *Introduction to Phenomenology*, Routled, 2000, p. 13.

　　② *Emmanuel Levinas*, Rue Descartes, № 19, 1998, p. 166.

　　③ Levinas, *Totalité et Infini：Essai sur l'extériorité*, Martinus Nijhoff, 1968, p. 13.

　　④ Kearney, *Dialogues with Contemporary Continental Thinkers：The Phenomenological Heritage*, Manchester University Press, 1984, p. 51.

意识是对某物的意识，而某物或意识活动对象是由意识活动构成的，这就是意向性这一用词在胡塞尔那里的基本含义。"意向性是指意识对被意指对象的自身给予或自身拥有（明证性）的目的指向性"，它"既意味着进行我思的自我极，也意味着通过我思而被构造的对象极"①。通过现象学还原，认识主体（先验自我）与认识对象（世界）之间的关系成为意识中的内在关系，"根据先验还原的意义，我们不能一开始就设定任何有别于自我（及内在于自我者）的存在"，这意味着一切开始于"纯粹自我学"，然而，"它注定让我们陷入唯我论，至少是先验的唯我论"②。也就是说，从先验还原的角度看，根本不需要设定其他先验自我，"我"与对象的关系也因此具有主观性。胡塞尔不承认自己陷入了唯我论，认为"还原到先验自我不过是唯我论的表面现象，自我先验分析的系统而一贯的展开或许相反地把我们引导到一种先验主体间性的现象学，并因此引向一种一般的先验哲学"③。这里的先验主体间性现象学，其实就是把他人和"我"同等地看成纯粹意识，并通过他人的见证来保证"我"的认识的客观性。然而，正像我们在前面已经指出的，萨特和梅洛-庞蒂等人认为，胡塞尔局限于认识论立场是无法解决这个问题的。

列维纳斯一方面赞同萨特和梅洛-庞蒂要求超越认识论立场的主张，另一方面则认为，他们的所谓存在论立场并未完全摆脱这一倾向。他这样表示："我要问人们能否谈论朝向他人的注视，因为注视是认识，是

---

① 倪梁康：《胡塞尔现象学概念通释》，250～251 页，北京，生活·读书·新知三联书店，1999。

② Husserl, *Meditations Cartesiennes*, Librairie Philosophique J. Vrin，1996，p. 61.

③ Ibid.，p. 61.

知觉……与面孔的关系或许可能为知觉所主宰，但那特别的面孔，是那不能还原到知觉的面孔。"①这就把萨特的"注视"概念和梅洛-庞蒂的"知觉"概念纳入了认识论之列。按照这种理解，意向性在他们那里最终意味着回到内在，而不是真正向外开放，不是指向超越。换言之，萨特并没有真正坚持把意向性与超越性联系在一起，而全部存在论的困境恰恰就在这里。列维纳斯表示，他的《时间与他者》"不是把时间集中在存在者之存在的存在论视域，而是集中在存在之外，集中为与他者之'思'的关系"，这乃是"与全然他者、与超越者、与无限的关系"②。这里的"全然他者""超越者"和"无限"带有宗教含义，意味着"我"与他人的关系超乎认知意向性之外，"关系或宗教不能被结构化为知识，即意向性"③。认知意向性意味着让意向对象被同化，被纳入意向活动的支配范围，而"我"与他者的真实关系必须考虑到他人的不受支配的、不可能被同化的绝对他性。

列维纳斯本人的学说，既不需要证明他人如何呈现，也不用证明他人是否存在，他只是坚定地为他人的他性做辩护。这导致了他对意向性的一种新的理解。他这样说明胡塞尔的意向性概念："整个意识都是对这一意识本身的意识，同时而且尤其是对某种不同于它的东西、对它的意向性相关项、对被它思考的东西的意识"，它表明了"思想对于被思考

---

① Levinas，*Ethique et Infini*：*Dialogues avec Philippe Nemo*，Librairie Arthème Fayard & Radio-France，1982，pp. 89-90.

② Levinas，*Le Temps et l'Autre*，Fata Morgana，1979，p. 8.

③ Ibid.，p. 8.

者的开放”①。把意向性理解为开放性，导向了列维纳斯本人的意向性学说：严格地以超越性取代内在性。事实上，他本人由胡塞尔理论出发同时又是对它的超越。他自己这样说道：“存在着一种胡塞尔式的可能性，它发展到超越胡塞尔本人关于伦理问题、关于与他人的仍然属于表象性的关系问题的看法，即使人们应该在此以发现意向性的断裂来结束，与他人的关系或许还可以作为不可消除的意向性来加以研究。”②这表明，他要超越认知意向性姿态，不再把与他人的关系看作是认识中的表象关系。胡塞尔意义上的“意向性”或者说“对……的意识”，诉诸“与对象、与被设定者、与主题的关系”，而列维纳斯意义上的“形而上学关系并不把一个主体与一个客体关联起来”，这是因为，它指向的是“社会关系”③。

　　由此看来，列维纳斯保留了意向性概念，但赋予它完全不同的含义：“我们为在其间既有有限又有无限的观念，在其间既产生了与他者的根本分离，同时又有与他者相关联的形而上学思考保留了意向性、‘对……的意识’这一用词。它是对言语的注意或者是对好客的面孔的欢迎而不是论题化。”④认知意向性显然被伦理意向性取代了。“我”与他人之间存在着一种“友好”关系，但这并不因此就是一种亲密无间的内在关系。他人始终是一个他者，他始终都保留着他自己的他性、差异性，他

---

① Levinas, *Hors Sujet*, Fata Morgana, 1987, p. 208.

② Levinas, *Ethique et Infini：Dialogues avec Philippe Nemo*, Librairie Arthème Fayard & Radio-France, 1982, pp. 27-28.

③ Levinas, *Totalité et Infini：Essai sur l'extériorité*, Martinus Nijhoff, 1968, p. 81.

④ Ibid., p. 276.

不会与"我"认同，不会被包容在"我"自身之内。在列维纳斯看来，与他人保持一种认知意向性关系始终意味着唯我论，因为"认识是通过扣押、捕捉、在扣押之前抓牢的观看而压制他人"①。认知指向同一而不是差异，认知意向性关系则是与人们要同化和合并的东西之间、与人们要悬置其差异性或他性的东西之间、与使之变成内在的东西之间的关系。一切都以我思为尺度，大有"万物皆备于我"的意思。认识总是被解释为同化，最大胆、最遥远、最充满想象力的认识也不会使我们与真实的他者沟通，我们始终停留在我思的孤独中，没有也无法考虑到他人的他性、外在性。认识就像一束光，凡是被它照亮了的事物，都在其光晕之下失去了自身的价值和意义。

在认知关系中，所有东西都变成被拥有者，或潜在的是被拥有者。在黑格尔那里，一个坚果壳就可以容纳全部宇宙。宇宙星辰，莫不在"我"的认识范围之内，也因此处于"我"的掌控之中。列维纳斯要问的是，物或许可以被如此对待，但他人呢？按照他的主张，消除"我"与他人的认知意向性关系，就是要摆脱这种拥有关系，让他人成为具有他性的绝对他者。他把他人表述为一种"无限"，而无限是不能够被整合到我思之中的，或者说无限是对立于整体的。让他者为我思所认识意味着达到整体性，相当于把整个世界及他人容纳在"我"的大脑之中，从而形成一种消除了他性、差异性和外在性的完整的统一。列维纳斯是从笛卡尔那里接受无限这一概念的，"我从笛卡尔的无限概念出发，在此这一观

---

① Levinas, *Totalité et Infini: Essai sur l'extériorité*, Martinus Nijhoff, 1968, p. 279.

念的观念对象，也即这一观念所指向的东西无限地大于我们借以思考它的活动本身。活动与活动所要达到的东西之间不成比例"①。由于无限不受认识活动的支配，认知意向性也因此是非根本的，是有局限的："思想与对象在其中保持一致的意向性并没有在意识的基础层次上界定意识"；他于是认定"所有知识作为意向性已经预设了无限观念，尤其是不一致"②。

无限这一概念意味着同化和拥有的不可能性，他人作为神的象征是不可能为人的认识所把握的。也就是说，无限是认识的基础，但无限自身却无法为认识所把握，"无限超出思考它的思想之外"③。从另一个角度来看，人们唯有摆脱认知意向性，才能确保无限的超越地位，并因此认可他人的绝对他者地位。在列维纳斯眼里，"思考无限、超越者、陌生者，并不是思考一个对象"④，于是，"无限的观念既不是我思的内在性，也不是对象的超越性"，也就是说，它与认识论意义上的主体、客体都没有关系，它指向伦理关系中的他人，而"他人要逃避的不过是论题化"⑤；换言之，"面孔永远不会变成形象或直观"⑥。在胡塞尔和萨特等人那里，"直观""意向性"和"论题化"等概念充分体现的是"我"的主动

---

①　Levinas, *Ethique et Infini：Dialogues avec Philippe Nemo*, Librairie Arthème Fayard & Radio-France，1982, p. 85.

②　Levinas, *Totalité et Infini：Essai sur l'extériorité*, Martinus Nijhoff，1968, p. xv.

③　Ibid., p. xiii.

④　Ibid., p. 20.

⑤　Ibid., p. 58.

⑥　Ibid., p. 273.

性、自发性，它们追求的是以同一消除差异。而在列维纳斯那里，问题的关键是对他人的绝对他性、绝对差异的追求，并因此体现出"我"的某种被动性。"我"始终有一种形而上学的欲求（désir métaphysique），一种永不满足的为他人的伦理追求，而不是缺什么就补什么、以占有或拥有为目的的需求。

需求和欲求有很大的不同：需求意味着"我"对实在物的支配，只要这种支配得以实现，"我"就会感到满足。在这种情况下，需求将他者强行转化为同一，使之不再保持为他者，使之消失在"我"的同一性之中，消失在这个区分、使用和占有它们的个体之中。这就像我们对食物的需要，我们选择某些食物，把它们吃下去并且将之转化为自身的一部分。而欲求则不同，它不会从"外"回到"内"，不会把外部的东西转化为内在的东西，它转向"别处""不同"和"他者"，形而上学欲求"不向往回归"，因为它是"对一个我们绝对没有在那里出生的地方的欲求"，那是"一个与整个自然都有别的地方"，它"还没有成为我们的故乡"，我们永远"不会迁居到那里"；形而上学欲求"不取决于任何预先的亲密关系"①。这种欲求不是恋家，不是乡愁。正因如此，"形而上学欲求有一种不同的意向，它欲求一切能够单纯补全它的东西之外的东西。它就像善——被欲求者不能够填满它，而是掏空它"②。需求表明的是一切以"我"为转移，而欲求则体现出他人的中心地位。

列维纳斯批判现象学认识论和存在论立场，但没有完全抛弃意向性

---

① Levinas, *Totalité et Infini：Essai sur l'extériorité*, Martinus Nijhoff, 1968, p. 3.
② Ibid. , p. 4.

分析。原因在于，按照他的说法，现象学方法本来就与整体性倾向相背离，所谓"意向性分析是对具体的研究"①。有学者表示，意向性概念的意义在列维纳斯那里有多种表述，而他在《整体与无限：论外在性》中所做的这一界定是最好的界定。② 问题有两个方面：从一个角度看，意向性分析是一种理论性的倾向，它在意向性结构中考虑主体—客体关系，因此不会真正注意到来自外在性或超越性的灵感；但是，从另一角度看，"为客观性理想所引导的理论思考并不会耗尽这种灵感"③。也就是说，意向性概念仍然为认识之外的关系，尤其是伦理关系留有空间。列维纳斯这样写道："如果说伦理关系应该诉诸超越这一用词，这是因为伦理的实质处于其超越的意向中，而并非所有超越的意向都不具有意向活动—意向活动对象的结构。伦理已经由于它自身之故而成为一个透镜，它不满足于为垄断超越的思维理论上的发挥做准备。从形而上学的超越(与绝对他者或真理的关系在此得以确立，于是伦理成为一条康庄之路)出发，理论与实践的传统对立被取消了。"④我们应当取消理论与实践的对立，把它们作为形而上学超越的样式来看待，并且使它们彼此交融。真正说来，列维纳斯在意向性问题上的新思路使意向性概念重新获得了生机。

---

① Levinas, *Totalité et Infini: Essai sur l'extériorité*, Martinus Nijhoff, 1968, p. xvi.

② Critchley & Bernasconi, *The Cambridge Companion to Levinas*, Carnbridge University Press, 2002, pp. 6-7.

③ Levinas, *Totalité et Infini: Essai sur l'extériorité*, Martinus Nijhoff, 1968, p. xvii.

④ Ibid., p. xvii.

在现象学—实存主义运动中，时间性问题也始终是一个中心课题，"存在与非存在的关系被表达为时间性"①。主要现象学家的时间概念大体上是一致的。首先，时间与人的内在体验或实存活动密切关联。在胡塞尔那里，时间性"是在一个体验流内（一个纯粹自我内）的一切体验的统一化形式"②；在萨特那里，"时间性并不是一种包含一切存在的，尤其诸种人的实在的普遍性时间，时间性也不是从外部强加于存在的一种发展规律"，它"不是存在"，而是"构成其自身虚无化的存在的内部结构，即为己的存在所固有的存在方式"③。其次，现象学时间意味着自我的内在体验或者人的实存的每一环节都包含时间三维的统一。海德格尔认为"烦的结构的源始统一在于时间性"，而"时间性使实存性、实际性与沉沦能够统一，并以这种源始的方式组建烦之结构的整体性"④。萨特则表示，"时间性明显的是一个有组织的结构"，即"过去""现在""将来"这三个"时间要素"应当被看作是"一个原始综合的有结构的诸环节"⑤。最后，在承认三维整体结构的同时，不同的哲学家承认了不同的优先维度，胡塞尔强调的是现在，"过去时间和将来时间只是现在的

---

① Calin & Sebbah, *Le Vocabulaire de Lévinas*, Ellipses Éditions Marketing S. A., 2002, p. 11.

② ［德］胡塞尔：《纯粹现象学通论：纯粹现象学和现象学哲学的观念》（第一卷），203 页，北京，商务印书馆，1997。

③ Sartre, *L' Être et le Néant*, Éditions Garlimard, 1996, p. 178.

④ ［德］马丁·海德格尔：《存在与时间》，388～389 页，1987，北京，生活·读书·新知三联书店，1987。

⑤ Sartre, *L' Être et le Néant*, Éditions Garlimard, 1996, p. 142.

样式"①；萨特强调的也是现在，而海德格尔关注的则是将来。萨特的下面说法表明了他和海德格尔的不同看法："现在、过去和将来同时把为己的存在分散于三维之中，仅就其自我虚无化而言，为己就是时间性的。这三维中的任何一维对于其他维都没有存在论的优先性，若没有二维，单独一维便不能存在。尽管如此，我们还是应当强调一下现在的绽出状态——这不同于海德格尔强调未来的绽出状态。"②

无论如何，存在与时间密切相关。然而，列维纳斯要求赋予时间以新的含义，并由此突破存在，或者说以便"别于存在"。他把时间引向伦理学而不是存在论，引向他人而不是自我。胡塞尔、海德格尔和萨特都没有直接探讨时间性与他性的关系问题，因为在他们那里，时间性始终与自我的孤独联系在一起。在胡塞尔那里，这表现为作为孤独单子的认识主体的唯我论，在海德格尔和萨特那里则表现为实存论上的孤独自我的唯我论。列维纳斯通过赋予时间性以新的含义，强调了他人的绝对他性地位，并因此确立了自我与他人的社会关系。在《从实存到实存者》和《时间与他者》中，他主要针对海德格尔的《存在与时间》中的时间概念做出了批评性评论，认为这种意义的时间性意味着此在的排他的自我孤独。我们知道，《存在与时间》的核心概念是"存在"和"时间"，而《时间与他者》则换成了"他者"和"时间"两个概念，十分有针对性地用"他者"取代了"存在"，也因此为理解时间概念

① Kearney, *Dialogues with Contemporary Continental Thinkers*: *The Phenomenological Heritage*, Manchester University Press, 1984, p. 62.

② Sartre, *L' Être et le Néant*, Éditions Garlimard, 1996, p. 177.

提供了新的视域。

海德格尔以此在为出发点探讨存在问题，强调的是实存性，并且把时间与实存联系起来。按列维纳斯的理解，存在即"有"（Es gibt，Il y a）。"有"与"畏"等实存体验联系在一起，而这些实存体验都在时间维度中展开。"畏"是其中最根本的实存体验，因为它与未来的时间维度联系在一起。在《从实存到实存者》中，列维纳斯主要从失眠的经验出发批评实存论主张。在失眠的情形中，"我"无法摆脱惊醒状态，这是由于某种无人称的"有"使然，它独立于"我"的主动性。所以不是"我"惊醒了，而是"这"或"它"惊醒了。存在在"晃动"、在"低语"，它造成了紧张、恐惧和慌乱。这意味着，为了实存，"我"始终处于惊醒、警惕的状态中，泛而言之，"它"处于这一状态中。疲劳、懒惰、勤奋都是动词意义上的存在的样式。列维纳斯从这些现象中看到了"我"在存在面前的恐惧，无能为力的退却和逃避。这在表面上是对一种无人称的"有"的描述，实际上表明的则是人们为了实存而烦忙、烦神，"对于我来说，实存的纠缠是海德格尔式的著名的'烦'所采取的形式"①。

按照海德格尔的意思，"烦"（"操心"或"劳心"）就是此在处于"无"的边缘的活动本身，列维纳斯却认为这是此在"对自己的烦"，是由于"存在的孤独"和"太自身充实"造成的，它肯定的是"对它自己的完全拥有"②。在作为时间结构之整体的烦中，首要的环节是将来。将来构成

---

① Levinas，*Ethique et Infini：Dialogues avec Philippe Nemo*，Librairie Arthème Fayard & Radio-France，1982，p. 50.

② Levinas，*De l'Existence à l'Existant*，Librairie Philosophique J. Vrin，1947，p. 36.

实存性的首要意义，而这种将来指向意味着回归此在自身，"源始而本真的将来是来到自身"，这等于说"此在为它自己之故而实存"①。尽管我们的在世存在往往是共同此在，我们与物打交道的烦忙（操劳）始终伴随着与人打交道的烦神（操持），但是本真的存在关系不是与他人的关系，而是与死亡的关系。所以，从列维纳斯的角度来理解，海德格尔意义上的"共在"之"共"不应该是用来描述与他者的原初关系的介词。② 在海德格尔那里，我们可以分享我们之拥有，但不能分享我们之所是。于是，在先行向死而存在中，与他人关系中的所有的非本真关系都被抛弃，因为人们独自去死。海德格尔这样写道："对从实存论上所筹划的本真的面向死亡而存在的标画，可以概括为，先行向此在揭露出丧失在常人自己中的情况，并把此在带到主要不依靠烦忙、烦神而是作为此在自己存在的可能性之前，而这个自己却处在热情的、解脱了常人的幻想的、实际的、确知它自己而又畏着的面向死亡的自由之中。"③

按照列维纳斯对海德格尔的实存学说的理解，"人们可能在各种存在之间改变一切，但不能改变实存。在这一意义上，存在就是由于实存而自我孤立。我作为我之所以是一个单子。正是由于实存，我才是没有门户、没有窗子的，并非我身上的某种内容是不可沟通的。如果说它是不可沟通的，是因为它根植于我的存在中，它是我身上最私人性的东西。因此，我

---

① ［德］马丁·海德格尔：《存在与时间》，284 页，北京，生活·读书·新知三联书店，1987。

② Levinas，*Le Temps et l' Autre*，Fata Morgana，1979，p. 19.

③ ［德］马丁·海德格尔：《存在与时间》，319 页，北京，生活·读书·新知三联书店，1987。

的整个知识、我的自我表达方式的扩大，始终无效地停留在我和实存的关系中，尤其是内在关系中"①。他明确地把自己的立场与此区别开来，他写道："在海德格尔那里，死亡是我的死亡，对于我来说，却是他人的死亡。"②时间的开放性把"我"导向他人，并因此关注他人的命运。通过"追溯孤独的存在论根基"，他"期望看出孤独如何被超越"，而他最终发现这一超越不是"认识"，而是"绽出"。③ 在他看来，无论胡塞尔的认识论姿态，还是海德格尔的实存论立场，都始终被孤独感和唯我论的阴影笼罩着。

列维纳斯尤其注意到的是海德格尔意义上的在"畏死"中回归本真状态所产生的孤独。海德格尔显然强调了"实存者与其实存的不可分割的统一"，而"孤独就在于实存者的统一本身"④。也就是说，"我"的实存努力最终与他人无关。不仅如此，他以"回到事情本身"的现象学姿态描述"我"的实存状态，最终期望能够借此回到存在者的存在。列维纳斯把海德格尔的学说看作是一种"中性的""没有道德的"存在论，而他本人强烈要求走出这种存在论，"我们因此有了中断中性哲学、中断海德格尔的存在者的存在的信念"⑤。无论如何，海德格尔明显肯定地强调了"有"，即自我奋斗的实存努力的意义，而列维纳斯则认为，"有"代表的恰恰是无意义的尝试，并因此主张走出"有"、走出无意义的尝试。可

---

① Levinas, *Le Temps et l' Autre*, Fata Morgana, 1979, p. 21.

② Kearney, *Dialogues with Contemporary Continental Thinkers：The Phenomeno-logical Heritage*, Manchester University, 1984, p.

③ Levinas, *Le Temps et l' Autre*, Fata Morgana, 1979, p. 19.

④ Ibid. , p. 35.

⑤ Levinas, *Totalité et Infini：Essai sur l' extériorité*, Martinus Nijhoff, 1968, p. 274.

是，走出"有"，并不是要通向"无"。在其重要著作《别于存在或本质之外》中，他明确表示"别于存在"要超越"存在与非存在"或"存在与虚无"的对立，走向与两者都无关的无限。有学者这样写道："人们还没有充分注意到别于存在超越了存在与非存在之间的两者择一，如果就像列维纳斯所认为的那样，虚无仍然不过是存在的对等物，只是相对于存在才有意义，那么不管存在还是非存在，问题的关键都不在于此。"①在列维纳斯那里，走出的是"有"或"存在"，走向的则是"存在者"。也就是说要由存在向某种东西、由动词状态向事物状态过渡。

列维纳斯显然与海德格尔走了完全相反的道路。他明确表示，是存在者存在着而不是存在支撑着存在者，"存在者主宰着存在，就像实体主宰属性一样"②。应该走出纯粹存在，回到存在者，但这里的存在者不是自我，而是他人，"我"因为走出存在而与他人相遇。海德格尔把个体实存与将来联系在一起，而在列维纳斯那里，与他人相遇却是在"瞬间"中实现的。他表示："在瞬间中，实存者主宰着实存。"③瞬间确定了主体之"位"，他不是绝对自由的，因为他在瞬间中遭遇他人，并因此听从他人的呼唤。"我"不是"保全自己""满足于自己"，而是要走出自己。走出"有"意味着自我废黜，应该废黜自我主宰或自我中心地位，"与他人的关系质疑我、掏空我自身，并且通过向我揭示新的源泉而不停地掏

---

① Calin & Sebbah, *Le Vocabulaire de Lévinas*, Ellipses Éditions Mrketing S. A., 2002, p. 7.

② Levinas, *De l'Existence à l'Existant*, Libraire Philosopphique J. Vrin, 1947, p. 16.

③ Ibid., p. 170.

空我"①。走出存在而不回归自我实即走出孤独，尤其是要走出"向死而在"的孤独，走出绝对自由状态的孤独，并因此正视与他人的社会关系，走向或回归"集体"。与海德格尔在自我孤独中听从良心的呼唤不同，列维纳斯要求的是听从他人的呼唤，并以"我来了""有我在此"来回应。

列维纳斯明显否定了绵延意义上的时间，否定了线性的时间概念，"被理解为向着'全然他者'之无限超越，时间的'运动'不会以线性的方式时间化，不同于意向性射线的笔直"②。他提出了一种不是强调"一致""符合"，而是关注与他人"关系"的"历时"时间，这意味着根本的断裂和不连续，意味着对时间三维的统一性的偏离："作为历时性的时间概念在列维纳斯那里明显对立于柏格森式的绵延，绵延的不同时刻彼此过渡到对方中形成一个渗透的整体，它阻止关于连续的任何分化。"③于是，与海德格尔探讨作为此在的烦的整体结构之基础的时间性不同，列维纳斯认为时间性意指的是超越性，即超越存在、超越自身而走向他人。他明确表示自己的《时间与他者》"研究的是将时间作为要素而与他人的关系，仿佛时间就是超越，尤其是向他人和他者的开放"④。或者说"时间不是孤立和单独的主体的事实，它乃是主体与他人的关系本身"⑤。在"我"与他人的社会关系中，不再有失眠的孤独自我，"我"摆

① Levinas，*Humanism de l'Autre Homme*，Fata Morgana，1973，p. 46.

② Levinas，*Le Temps et l'Autre*，Fata Morgana，1979，p. 11.

③ Calin & Sebbah，*Le Vocabulaire de Lévinas*，Ellipses Éditions Mrketing S. A.，2002，p. 12.

④ Levinas，*Ethique et Infini：Dialogues avec Philippe Nemo*，Librairie Arthème Fayard & Radio-France，1982，p. 56.

⑤ Levinas，*Le Temps et l'Autre*，Fata Morgana，1979，p. 17.

脱了恐惧和慌乱，"我"从对他人的防范和敌意中摆脱出来。按照词源分析，强调存在（esse），实际上就是要求实现自己的本质（essence），也就是追求私人利益（interesse，或者说内在存在）——Esse est interesse. L'essence est intéressement。① 而走出存在，超越本质，意味着对他人负责，代表的是公正（dés‐inter‐essée）。"公正"于是与"走出—内在—存在"、与"去—利益"成了一回事。列维纳斯的结论性看法是："对他人负责，为他人而在从这一时代起中断了存在的无名的、疯狂的噪声。"②

　　不管意向性还是时间性，最终都与主体性密不可分，而他性问题与主体性直接相关，表现为主体间性问题。康德的批判哲学消解了笛卡尔的我思之"我"的实体性，以一种具有功能性特征的先验自我取而代之。胡塞尔的先验还原将康德的先验理论发挥到极致，确立了先验的主体性原则。但是，正像我们在前面已经谈到的，胡塞尔的先验理论明显地遭遇到了唯我论困境，因为世界（包括别的经验自我）或许成为"我"的先验自我的构成物，但别的先验自我则不可能如此。他在晚期思想中从认识论角度考虑了主体间性问题，但仍然面临着种种难题。他的后继者们由于转向存在论，因此放弃了先验主体性，然而他们仍旧强调了主体的中心地位，因为存在问题与主体问题密切相关，"一种主体性、一个心灵、一个谁的涌现，始终是存在的相关项，即与它是同时的，与它合一"③。

---

　　① Levinas，*Autrement Qu'Être ou au-delà de l'Essence*，Martinus Nijhoff，1978，p. 4.

　　② Levinas，*Ethique et Infini：Dialogues avec Philippe Nemo*，Librairie Arthème Fayard & Radio-France，1982，p. 51.

　　③ Levinas，*Autrement Qu'Être ou au-delà de l'Essence*，Martinus Nijhoff，1978，p. 34.

正因为如此，不管是海德格尔、萨特，还是梅洛-庞蒂，他们都没能够放弃主体的中心地位，从而依然面临唯我论困境。海德格尔不再用自我这一概念，而是以此在的优先性来确立其现象学存在论的出发点，尽管他在《关于人道主义的信》中否认自己的学说是一种人道主义，尽管也有一些研究者把他列入反人道主义阵营，但他实质上仍然在确立人的中心地位。他以他人的共同此在来解决唯我论困境，但最终要求的是在"先行向死而在"中回归此在的孤独的实存。萨特认为胡塞尔的先验自我破坏了意识的纯粹性，他自己于是以"无我之思"作为其学说的出发点：人就是所谓纯粹意识或者说为己。"我"与他人的关系则被归结为为己之间争夺自由、争夺主体性的冲突关系，这表现为实存论上的自我中心。梅洛-庞蒂克服了胡塞尔和萨特对内在意识的迷恋，以一种新的身体主体性作为其学说的核心，他力图透过身体间性来揭示主体间性，但问题在于"我"的身体依然相对于别的身体具有优先性。从总体上看，以上学说的核心都是主体性，主体间性只有派生的地位。

按照列维纳斯的解释，胡塞尔意义上的"绝对而纯粹的"自我要求是同一性，这意味着"自我的惊醒"；而任何偏离这种同一的倾向都会受到批评，"没有显示为任何论题化姿态、不要求自身同一性的先验自我被指责为以'流俗的'差异的名义处于多样性中"①。但是，列维纳斯发现，现象学的主体性概念包含着矛盾，它并不首先就是同一的，而是处于差异之中，因此它只能是综合的结果，但这种统一没有完成之时，"世界在其间得以构成纯粹自我，而先验意识的主体本身处于主体之外：自我

---

① Levinas，*Hors Sujet*，Fata Morgana，1987，p. 212.

未经反思，统一性作为永不停息的惊醒而自我确认"①。也就是说，由于否认实体性，主体自我要求在变易中追求自身同一是不可能的。列维纳斯在某种意义上主张恢复主体的实体性，但并不因此强调同一性，相反，他主张超越，主张外在于主体。海德格尔和萨特也强调超越和开放，但这明显表现为主体自身范围内的自我选择，开放的目的是更好地确定以自身为意义的中心。但在列维纳斯那里，主体通过超越和开放来克服自我的孤独实存，并因此维护人的社会性。

在列维纳斯眼里，萨特关于为己和为他关系的现象学，实际上是一种注视现象学。按照萨特的想法，"我"和他人都力图将对方置于对象的境地，但是这种努力恰恰证明，"我"和他人都是自由的，都是主体。显然，主体表现为一种物化他人的主动力量，因此主体间性以冲突为特征。列维纳斯自称对萨特关于他者的现象学分析特别感兴趣，但不满意于他把他人视为一种威胁，并且认为他贬抑了他人。萨特关于他人的看法最终回到了西方哲学传统，那就是把他者还原到同一范畴之内。② 梅洛-庞蒂强调"我"与他人的共在和相互性，否认彼此之间的对象化关系，这无疑是一种进步，但列维纳斯仍然予以批评，因为这种共在论没有保持他人的他性，它力图将他性融入"我"的自身同一性中，仍然强调的是"我"作为主体的主动性。列维纳斯通过作为身体一部分的"面孔"来展示他人的形而上意义，并因此摆脱自我对他人的支配。他写道："他人超

①　Levinas，*Hors Sujet*，Fata Morgana，1987，p. 213.

②　Kearney，*Dialogues with Contemporary Continental Thinkers：The Phenomeno-logical Heritage*，Manchester University Press，1984，p. 53.

出自我中的他者观念而呈现自己的方式，我们称为面孔。"[1]"我"与他人的关系不是受自我支配的关系，不是一种表象关系，不是一种有中介的关系，它不会被纳入知识或权力的掌握之下，"面孔拒绝占有、拒绝我的权力"[2]。

虽然这里谈到的是面孔，我们却不应该局限于面孔。真正说来，他人身体的任何部分都具有这种意义。有学者这样指出："列维纳斯所使用的面孔一词，并不唯独指外形，它或许是背、肩、手——就它们显示他人的他性和人性而言。"[3]面孔当然是身体，但又不唯身体，它其实具有某种象征意义。我们既不应该像胡塞尔和萨特那样主张从外在身体回到内在意识，也不可能像梅洛-庞蒂那样将内在外在统一起来。我们应该走向外在，走向纯粹的外在性，走向超越。列维纳斯于是对现象学的主体性概念进行了批判性的改造：克服认识论、实存论主张而通达一种伦理的主体性。在这里，面孔其实表明的是无限，它不是认识对象，但它是某种象征。它不是对某种无人格的中性的揭示，而是某种表达，某种伦理的表达："面孔是一种生动的在场"，是"一种表达"，它"说话"[4]。由于这种象征指向，列维纳斯的"面孔"超越于"注视"和"知觉"

---

① Levinas, *Totalité et Infini：Essai sur l'extériorité*, Martinus Nijhoff, 1968, p. 21.

② Ibid., p. 172.

③ Huneman & Kulich, *Introduction à la Phénoménologie*, Éditions Armand Colin, 1997, p. 134.

④ Levinas, *Totalité et Infini：Essai sur l'extériorité*, Martinus Nijhoff, 1968, p. 37.

之外。他表示："面对面不是一种共在样式，也不是一种认识样式。"①
它代表的是他人的绝对他性，代表的是一种伦理关系，"我的想法是，
面孔的通道一开始就是伦理的"②。面孔既不是感性注视的对象，也不
是理智直观的客体。我们不是"看"面孔，而是"听"面孔。

面孔具有两个方面的含义。一方面，它是赤裸的、赤贫的、脆弱
的，容易受到暴力的威胁，它发出的是悲鸣和呼救，向我们直接宣布了
其可怜的处境："面孔朝向我"，这乃是"它的赤裸本身"，它"通过它自
身而在，绝对不诉诸系统"，在自我与他者之间"存在着一种超越于修辞
的关系"③。另一方面，它是一种以柔克刚的力量，一种禁止我们去杀
戮的力量，一种命令：他人"展示一个面孔"，这一面孔"质疑尝试包围
它的自由，它赤裸地暴露给杀戮的全面否定，但通过他没有防护的眼睛
的原初语言禁止这种杀戮"④。他人的面孔是赤贫的、赤裸的，他请求
"我"的帮助。不要说"我"什么都没有，"我"是富有者，而别人是穷人。
他人是"我"应该把一切都给予他、"我"应该对他完全负责的人。"我"作
为主体，就是"听"从他的呼唤并寻找办法的人。我们不应该把他人当作
我们的竞争对手。我们也不能指望他人被我们同化。他人意味着一种高
度，他人比自我更高。在他人的呈现中存在着一个命令，仿佛一位主人

① Levinas，*Totalité et Infini：Essai sur l'extériorité*，Martinus Nijhoff，1968，pp. 281-282.

② Levinas，*Ethique et Infini：Dialogues avec Philippe Nemo*，Librairie Arthème Fagard & Radio-France，1982，p. 89.

③ Levinas，*Totalité et Infini：Essai sur l'extériorité*，Martinus Nijhoff，1968，p. 47.

④ Lévinas，*Liberté et Commandement*，Fata Morgana，2007，p. 63.

向"我"说话。无论哪种情形都表明，"倾听"并"回应"取代了传统哲学强调的"审视"或"注视"的优先性。他人或许会以暴力、仇恨和蔑视的形式出现，但列维纳斯坚持认为，尽管会出现这种情况，他人的主宰和他人的贫穷，"我"的服从和"我"的富足仍然是第一位的。于是，主体在伦理意义上就具有了被动性。真正说来，为了让点缀着大地的一点点人性不被埋藏起来，主体的被动性是必要的。①

萨特强调绝对自由，梅洛-庞蒂承认有处境的自由。而在列维纳斯看来，"自由是从对存在的迷恋出发的：这不是人在支配自由，而是自由在支配人"②。正因如此，自由实际上意味着把一切他者都还原为同一，"自由的定义是这样的：阻止他者，不顾及与他者的任何关系，肯定某一个自我的自足"③。这明显表现出利己主义倾向，体现出某种权力关系，"作为第一哲学的存在论乃是一种权力哲学"④。这样的自由显然是有问题的，他人不可能在这样的自由中获得公正的对待。而在列维纳斯本人那里，"欢迎他人事实上是意识到自己的不公正——是为那种只感受到自身的自由感到羞耻"⑤。他把主体的自由或为己比作一种帝国主义姿态，"主体是为我的，它只要存在就自我表象、自我认识。但在自我认识或自我表象中，它自我拥有，自我主宰，把它的同一延伸到

---

① Huneman & Kulich, *Introduction à la Phénoménologie*, Éditions Armand Colin, 1997, p. 134.

② Levinas, *Totalité et Infini：Essai sur l'extériorité*, Martinus Nijhoff, 1968, p. 16.

③ Ibid., p. 16.

④ Ibid., p. 16.

⑤ Ibid., pp. 58-59.

其自身将拒绝这种同一的东西中。这种同一的帝国主义乃是自由的全部本质"①。与之相反的情形是："欢迎他人，就是置疑我的自由。"②总之，"他人经验是对自我，作为意识与自由的自我的全部权力的贬抑"③。

列维纳斯维护一种放弃了自身自由的主体。他在《整体与无限》的序言中写道："本书于是被表达为对主体性的辩护，但不是在它以纯粹自我为中心对抗整体性的层次上，也不是在其在死亡面前的焦虑的层次上把握它的，而是将其理解为无限观念的基础。它进而在整体性和无限性观念之间进行区分，并肯定了无限观念的哲学优先地位。"④他同时表示："本书把主体性表达为欢迎他人，表达为好客。它融入无限的观念之中。"⑤传统的主体哲学要么将一切东西作为知识对象整合在我思中，要么将一切东西的意义归因于孤独的自我实存。但在列维纳斯看来，我们无法从整体上思考自我和他者的关系，也无法将他人与自己同化，因为他人代表的是无限。整体性的思想中存在着明显的极权主义倾向，它力图消融他人的绝对他性。他坚持认为，主体间性实际上是一种不同于整体性的社会性，它建立在对他人负责的伦理关系基础之上，而所谓主体性就意味着责任。

---

① Levinas，*Totalité et Infini：Essai sur l'extériorité*，Martinus Nijhoff，1968，p. 59.

② Ibid.，p. 58.

③ Calin & Sebbah，*Le Vocabulaire de Lévinas*，Ellipses Éditions Marketing S. A.，2002，p. 8.

④ Levinas，*Totalité et Infini：Essai sur l'extériorité*，Martinus Nijhoff，1968，p. xiv.

⑤ Ibid.，p. xv.

胡塞尔已经谈到责任，这是对真理负责；海德格尔谈到了本真性，这是对自己负责；萨特认为个体应该为自己的选择所造成的后果负责；梅洛-庞蒂要求自己和他人一道为共同体的命运负责。列维纳斯把责任理解为对他人负责，对不属于"我"的行为负责。"我"应该对他人负责，甚至把他人的责任归到"我"的头上。这是一种超越于"我"之所为的责任。主体性不是一种为己，而是一种为他。他人作为无限是在"我"之外的，只有在对他人负责时，"我"才能见证他人，他人才会实质性地向"我"靠近。从无限的观念出发，这种伦理关系表现出一种不对等、不对称。主体间的关系是一种"非对称"关系，而不是"相互关系"。这意味着，"我"对他人负责，但并不因此要求他人对"我"负责，"我"服从于他人，并且成为这种意义上的主体，所谓"主体性在把对他人负责归于自己直至替代他人的运动本身中被构成"①。于是作为主体就与作为"人质"无异，"我"为了他人而被抵押，为了他人而献出生命，但并不因此要求他人为"我"做些什么："在我与他人的关系中，为了保证我的意图的纯粹性，我必须认为这种关系是非齐一的。"②与此同时，见证无限表明主体始终都得担负责任，"我"永远免除不了对他人的义务，这是来自神圣的要求。在任何时候都没有人能够说："我"已经完成了"我"的义务。

责任是不能让渡的，没有人可以代替"我"。无限并不自动呈现，只

---

① Levinas, *Ethique et Infini: Dialogues avec Philippe Nemo*, Librairie Arthème Fagard & Radio-France, 1982, pp. 105-107.

② Huneman & Kulich, *Introduction à la Phénoménologie*, Éditions Armand Colin, 1997, p. 139.

有对他人负责的主体才能够见证无限。由于这种情形，列维纳斯显然不会取消主体。他表示，"为他人并不是对自我的否定，并没有沉没在普遍性中"，这是因为，"超越是对一个自我的超越，唯有一个自我能够响应一个面孔的命令"；当然，主体的性质已经改变了，"自我因此保留在善中，它对系统的抵制没有表现为主体性的自我主义的叫喊"①。自我丧失了中心地位和主动性，而"主体性成为一种比任何被动性都更被动的被动性"②。主体不再是支配性的、建构性的力量，而是某种服从于超越和无限的力量，"善给予主体性以不可消除的意义"，而"自我"或者说"在责任的泪水和微笑边上所呼唤的人的主体"不是"自然的一个化身"，不是"概念的一个环节"，不是"在我们旁边的、神显的存在的表示"，这并不"涉及确保人的存在论尊严，仿佛本质对于尊严就足够了"，相反的是要"起诉存在的哲学的优先性"，要"根据超出和不及来进行自我拷问"③。

列维纳斯并非没有注意到主体终结论在他四周的喧哗。他认为这一潮流源于人文科学和哲学合力审判主体性，人文科学以数学智慧的胜利抑制主体意识形态中的人格及其统一性和选择性，海德格尔则使人扎根在他只是其信使和诗人的存在中，最终都导向了主体性的终结。④ 在列维纳斯看来，反人道主义消解自我中心论无疑有其理由，但他并不把自

---

① Levinas，*Totalité et Infini：Essai sur l'extériorité*，Martinus Nijhoff，1968，pp. 281-282

② Levinas，*Autrement Qu'Être ou au-delà de l'Essence*，Martinus Nijhoff，1978，p. 18.

③ Ibid.，p. 22.

④ Ibid.，p. 90.

己归入反人道主义之列。他只是要求从责任出发，要求在与存在观念形成的对照中来重新界定主体性。按照他的意思，主体性要求对所有他人负责，这仍然是对人的捍卫，尤其是对延伸到"我"的自我之外的别人的捍卫，这种观念应该支配对人道主义的批评。① 显然，列维纳斯的哲学仍然具有一种人道主义的关怀，但它不是关于"我"，也不是关于"我们"的人道主义，而是一种"为他人的人道主义"（humanisme de l'autre homme）。

① Levinas, *Autrement Qu'Être ou au-delà de l'Essence*, Martinus Nijhoff, 1978, p. 100.

第九章

文化世界与他性的张扬

　　法国后现代哲学主要表现为结构—后结构主义，它重点关注文化意义上的他者。理性与非理性、西方与非西方、哲学与非哲学的关系问题成为他者理论的实质性内容，表现为西方学者对理性中心论、西方中心论的批判反思。一般来说，现象学—实存主义比较关注自我与他人之间或认知或实存的关系，基本上是在共同体内部考虑"我"与他人的或冲突或共在的关系。虽然有个别哲学家注意到了文化间的关系问题，但大体上是以理性中心论或西方中心论的眼光来对待的。结构—后结构主义依然关注他人问题，但更为关注文化间关系中的他者问题，并因此表现为各种关注文化差异性、文化多元性、文化异质性的理论。文化差异性、文化多元性、文化异质性既体现在西方文化与非西方文化之间，也体现在西方文化内部的主流文化与非主流文化之间。西方文化与非西方文化之间存在着深刻的差异和分歧，西方文化内部也存在着杂音和异调。列维-斯特劳斯对原始文化的关注，拉康对无意识话语的解读，福柯关于理性与非理性关系的论述，德里达对逻各斯中心论的解构，针对的都是他者和他性问题，都表现为对绝对他性的承认。在下面各节中，我们首先概要性地描述结构—后结构主义的他者观，进而深入探讨福柯和德里达思想中的有关论点。

一、主体间性即文化间性

现象学—实存主义者梅洛-庞蒂在其中期思想中引进索绪尔的语言学理论，并据此探讨历史和文化问题。他的相关尝试对结构-后结构主义的文化世界理论产生了重要影响，但他维护同一性的基本立场明显被扬弃了。他在看待东西方文化差异时表示："人类精神的统一并不是由'非哲学'向真正的哲学的简单归顺和臣服构成的，这种统一已经在每一种文化与其他文化的侧面关系中，在它们彼此唤起的反响中存在。"[①]在他看来，东方哲学并不仅仅代表某种生活智慧，它乃是探讨人与存在的关系的某种独特方式："印度和中国哲学一直寻求的不是主宰实存，而是寻求成为我们与存在的关系的回响与共鸣。西方哲学或许能够学会重新发现与存在的关系、它由以诞生的原初选择，学会估量我们在

---

① ［法］莫里斯·梅洛-庞蒂：《哲学赞词》，115 页，北京，商务印书馆，2000。

变成'西方'时所关闭了的诸种可能性，或许还能学会重新开启这些可能性。"①梅洛-庞蒂显然不像胡塞尔和黑格尔那样把东方文化看作是低于西方文化的"经验人类学"形态。但我们也发现，他只是把东方看作一面镜子，西方可以借之考虑自身的多样发展，而不是仅仅维持一种单一发展的秩序。不过，有一点是非常明显的，那就是他始终以求同为宗旨，并没有充分考虑不同文化之间的差异性和异质性。

而结构—后结构主义者们尤其认可和强调差异性、异质性。从借鉴索绪尔的差异原则直至德里达提出"延异"观念，结构—后结构主义传统关注的都是这个问题，表现为针对文化之间关系的策略。当然，不存在统一的看法，而存在一些差别十分明显的主张。我们从《忧郁的热带》和《野性的思维》等作品中可以看出，列维-斯特劳斯对"落后文明"保持着一种天然的同情，并对西方中心论坚持一种批判的立场。在他看来，为了保持人类学的科学性，"我们必须接受下面这个事实：每一个社会都在既存人类的诸种可能范围之内做了它自己的某种选择，而各种不同的选择之间无从比较，所有那些选择全都同样真实有效"②。这就否定了文明的等级差别，把"进步"或"进化"之类的观念撇在了一边，并明显承认了非西方文明的绝对他性。他关于人类学、关于原始神话的研究都是对他者的关注和承认。有学者表示，"列维 斯特劳斯探索科学的原动力之一，正在于这种关于他者的提问"，而说到底，这个提问也就是"问我们相信自己就是自己的根据何在"③。这无疑表明，他者问题在列维-斯

① ［法］莫里斯・梅洛-庞蒂：《哲学赞词》，115 页，北京，商务印书馆，2000。
② Lévi-Strauss, *Tristes Tropiques*, Éditions Plon, 1955, p. 502.
③ ［日］渡边公三：《列维-斯特劳斯：结构》，2 页，石家庄，河北教育出版社，2001。

特劳斯的著作中具有核心地位。

通过关注他者而回归自身，这乃是西方思想家不再囿于主导性的意识形态，并且以某些外来的、异质的东西为参照的思路的体现，这在许多当代哲人那里都是如此。有学者以"结构主义的伦理学"作为《列维-斯特劳斯：结构》一书的"序章"，这是颇有意味的。列维-斯特劳斯显然要求我们走出海德格尔式的不含道德的中性存在论，而这让我们想到列维纳斯以伦理学为第一哲学的相同指向。这里的所谓道德不再表现为个体对原则的服从，而体现为"我"与他人的关系，体现为一种文明与另一种文明的关系。列维-斯特劳斯关心的是所谓"先进"的西方与"落后"的其他民族的关系。针对现代性进程把西方的科技文明强加给原始民族的"暴力"，他坚持认为，"原始人"的心智完全足以应付生存，而且其知识具有天然的丰富性、具体性，不像当代西方知识那样单调和抽象。他试图读解原始人的秘密并因此把握"野性的"思维，但并不是出于好奇，也不简单地等同于探索"未知"，而是真正地承认他性和差异。

对于列维-斯特劳斯来说，"神话是他者的语言"，正因为如此，"对自己所无法理解的他人进行实验性的探索的人类学经验，并不能直接当作对未知的自我的探索"，不然的话，"最终就会坠入自我封闭的小天地中"，也就是说，"我们不能把他人的存在单单看作是最终回归自我的一条迂回之路"，相反，"必须把它看作是展示和同一性浑然不同的新的本质经验的可能性的通途"①。我们可以把列维-斯特劳斯的兴趣或工作理解为倾听他

①　［日］渡边公三：《列维-斯特劳斯：结构》，13页，石家庄，河北教育出版社，2001。

人的声音，而不是把异质的、多样的经验纳入他自己的架构中，"从 20 世纪 30 年代与波洛洛族第一次接触，到完成《神话学》，列维-斯特劳斯的半生似乎更多地让自己奉献到倾听他者的声音上，并努力地尝试叙述印第安人和他们世界的声音"①。这与逻各斯中心论或理性中心论主宰下的西方哲人只是自言自语、只是表述内心独白形成鲜明对照。他者就是绝对的他者，它绝不是出自"我"或"我们"的构造。就像在列维纳斯那里一样，他者最容易受到伤害，与此同时，它向我们发出道德命令。我们倾听他人的声音，其实就是走向他者本身，而不是戴上一副西方人的眼镜来审视非西方文明。

有一本名为《列维-斯特劳斯的〈悲伤的热带〉的分析与反思：他者与别处》的集体著作，其主旨是探讨《悲伤的热带》对他人、他者的关注。其中一位作者表示，"《悲伤的热带》是一个巨幅画面，喜欢异域者可以从中获取无穷资源，以便去遭遇他人"②。按照该作者的看法，列维-斯特劳斯不是以超然旁观的姿态去研究，不是进行客观的研究，他是一个"介入的哲学家"，对他者的存在表达了应有的尊重。这实际上与整个后现代思潮对多样性或多元化的尊重相一致："拥护文化的多样性和生命的多样性，呼吁人们谦虚地对待世界上的人，不光在书里这么写，在日常的举手投足中要言行一致，没有比这些更能让人感觉到他言辞之中思想的真实性了。"③列维-斯特劳斯明显否定那种以己度人、否定差异的工

---

① ［日］渡边公三：《列维-斯特劳斯：结构》，19 页，石家庄，河北教育出版社，2001。

② Askénazi etc., *Analyses & Réflexions sur Claude Lévi-Strauss Tristes Tropiques：L' autre et l' ailleurs*, Ellipses Edition Marketing, 1992, p. 9.

③ ［日］渡边公三：《列维-斯特劳斯：结构》，26 页，石家庄，河北教育出版社，2001。此文有改动。

作思路。他表示："把各种特殊的人性凝结成一个一般的人性是不够的。"①我们不应该忽略"习惯、信仰、风俗的惊人的丰富性和多样性"，不应该忘记社会中的每一个"都包含了人类社会所能够具有的一切意义与尊严的本质"②。

基于这种立场，列维-斯特劳斯批评萨特"过于自我中心和天真"，未能看到人类的真理其实存在于由那些不同的实存方式的"差异性和共同性组成的系统"中；也就是说，萨特尽管谈到了"我"与他人的关系，但却没有真正尊重他人，他实际上"成了他的'我思'的俘虏：笛卡尔的'我思'能够达到普遍性，但始终以保持心理性和个人性为条件"；萨特"只不过通过把'我思'社会化，用一座牢狱替换了另一座牢狱"；他"借助没有根据的对比，执意在原始与文明之间找寻差异，这种态度以并非更巧妙的方式反映了他假定的在我自己与其他人之间存在的根本对立"③。这表明，萨特并没有脱离笛卡尔主义传统，这是因为，"想要为物理学奠定基础的笛卡尔把人与社会割裂开来"，而"自言要为人类学奠定基础的萨特则把他自己的社会与其他社会割裂开来"，于是"希望做到纯净不染的'我思'陷入个人主义和经验论，并消失在社会心理学的死胡同里"。④ 列维-斯特劳斯显然要求突破在现象学—实存主义那里依然存在着的种族中心论或西方中心论立场。

然而，在后结构主义者德里达眼里，列维-斯特劳斯并没有真正认

---

① ［法］列维-斯特劳斯：《野性的思维》，281 页，北京，商务印书馆，1987。
② 同上书，283 页。
③ 同上书，284 页。
④ 同上书，284～285 页。

可他者的地位，他从事的以语言学为模式的人种学研究毕竟是西方人的学问，其间必然隐含着种族中心论，即一种"自认为反种族中心论的种族中心论"，一种"意识到了正在摆脱进步主义的种族中心论"①。进而言之，"人种学就像所有科学一样，是借助某种话语元素产生的。它首先属于一门运用传统概念的欧洲科学（这乃是它维护的东西）。因此，无论人种学者愿意与否——这并不取决于他本人的决定，当他声称要废弃人种中心论的那些前提假定时，他已经把它们纳入了自己的话语中。这种必然性是无法消除的；它并不出于历史的偶然"②。德里达的评说自有其道理。尽管如此，我们还是应该承认，列维-斯特劳斯至少有理解他人、尊重他人的"善良意志"，这与萨义德所批评的那些东方学者完全不同。按《东方学》的说法，"东方学"并不是一门客观地研究绝对东方的学科，相反，"东方学的一切都置身于东方之外：东方学的意义更多地依赖于西方而不是东方，这一意义直接来源于西方的许多表述技巧，正是这些技巧使东方可见、可感，使东方在关于东方的话语中'存在'"③。也就是说，囿于西方传统的东方学者完全出于西方自身的目的才虚构了一个作为自己对立面的"他者"。

那么，德里达本人究竟持一种什么样的姿态呢？他通过批判逻各斯中心论来清理整个西方理性主义传统，力图为我们揭示出这一传统中一直包含着的瓦解这一传统的许多边缘因素，并弘扬这些作为他者的因

① Derrida, *De la Grammatologie*, Les Éditions de Minuit, 1967, p. 175.

② Derrida, *L'Écriture et la Différence*, Éditions du Seuil, 1967, p. 414.

③ ［美］爱德华·W. 萨义德：《东方学》，29 页，北京，生活·读书·新知三联书店，1999。

素。他在《哲学的边缘》中表示："哲学始终就是由思考它的他者这一点构成的。"①哲学与非哲学的关系问题在他的思考中具有非常重要的地位，这在他关于文字、隐喻、神话、文学等问题的探讨中都非常明显地表现出来。在他看来，属于文字或文学之列的东西自始至终都活跃在逻各斯中心论传统中，甚至理性主义本身就是建立在隐喻基础之上的，而非西方文化对于西方文化也始终产生着作用。柏拉图的"日喻"早已经让"白"种人（西方人）的洁"白"无暇变得苍"白"无力。德里达关于他者问题的思考得益于列维纳斯，他在《暴力与形而上学》和《告别列维纳斯》等文本中对列维纳斯的思想进行了深入的分析，赞赏列维纳斯在希腊传统与希伯来传统之间所做的嫁接努力，实则是在西方的逻各斯与东方的启示录之间寻找关联。德里达表示，他本人关注的文字学之所以会突破逻各斯主义和种族中心论，是因为它摆脱了人的概念的统一性，而摆脱"人的概念的统一性"无疑意味着放弃那些针对"没有文字""没有历史"的民族的"陈腐观念"②。也就是说，人们一旦摆脱西方人的标准，也就无所谓落后民族与先进民族之分。我们在第三节中将围绕哲学与非哲学的关系问题来考察德里达对他者的绝对他性的关注。

　　福柯关于他者问题的思考也值得我们注意。受到中国怪异的动物分类方式的有益启示，他要求重新审视"我的思维"或"我们的思维"所熟悉的"同一"与"他者"的关系。③ 这里的"我"和"我们"具有"时代"和"地理"的标记，简单地说，指的是处于现代性进程阶段中的"西方人"。福柯把

---

① Derrida, *Marges de la Philosophie*, Les Éditions de Minuit, 1972, p. i.

② Derrida, *De la Grammatologie*, Les Éditions de Minuit, 1967, p. 124.

③ Foucault, *Les Mots et les Choses*, Éditions Garlimard, 1997, p. 7.

批判的矛头指向早期现代以来的理性主义传统，旨在揭示各种非理性因素作为理性的他者在现代性进程中的命运。从他的角度来理解，自文艺复兴时期以来，理性开始重新在西方文化中占据重要位置，但非理性在这一时期获得了相当宽容的对待。然而，在17世纪以来的现代性大潮中，西方文化逐步演变为理性尤其是科学理性的高歌猛进、单一膨胀的进程，越来越走向一种唯理性主义、唯科学主义。在这一理性进程中，任何人都自然地归属于普遍理性主体的范畴，不会存在什么他人，也不容许具有他性的他人成为西方文化的载体之一，异质性于是受到了排挤。作为现代性反思的中坚人物，福柯试图对非理性的沉默进行一种考古学探讨，或者说对现代性进程中的理性与非理性的关系进行一种谱系的清理。这些努力典型地代表了法国后现代哲学家对西方内部非主流文化或异质因素的命运的关注。福柯力图成为各种沉默无言的他者的代言人，成为这些异质的他性的维护者。后来的一些思想家发挥这一理论，力主非西方文化和非主流文化具有自身独立的意义，在多元共存的呼声中维护它们的绝对他性。在第二节中，我们主要围绕理性与非理性的关系问题来考察福柯对他者的绝对他性的关注。

二、现代性进程中的他者

福柯的许多著作都关注他者在现代性进程中的命运，都旨在剖析理性针对非理性的控制策略。这些著作大多以文艺复兴时期为起点，以17、18世纪为过渡，以19世纪以来为指向。19世纪是一个非常重要的时期，因为它被福柯视为现代性的真正发端时期，"从古典主义到现代性（用词本身并不重要，我们可以说从我们的前历史到与我们同时代的历史）的门槛被确定性地跨越了"①。福柯之所以把现代性的起点确定为19世纪，根本原因在于，至今仍然对"我们"产生着影响的人的诞生、人文科学的诞生和现代权力机制的奠基都发生在这一时期。也就是说，他把现代性与人的诞生（生命、劳动、说话等有限经验与正常主体的诞生，疾病、疯癫、犯罪等反常经验与病人、疯子、罪犯等反常主体的诞生），现代知识尤其是人文科学知识（生物学、经济学、语文学、精神病学、心理学、精神分析学、犯罪学、临床医学等）的诞生，现代权力机构（疯人院、医院、现代化大工厂、监狱等）的诞生联系在一起。这种看法的确别出心裁。

我们通常把笛卡尔以来的哲学思考都归属于现代哲学范畴，这其实承认了这几个世纪之间的连续性。然而，在福柯那里，古典主义被归属于"我们的前历史"，19世纪被看作是"与我们同时代的历史"。这就导致了某种"认识论断裂"。这其实表明，他是相对于我们的当下处境而言现代性的。在他那里，19世纪离我们并不遥远，我们的时代状况依然带有该世纪对待他者的策略的印迹。显然，福柯的工作尤其关注与当代西方人的命运有关的理性主义传统，这是一种现代性反思姿态。当然，这种倾向完全可以与通常关于现代性的看法协调起来。我们可以把福柯所说的"从古典主义到现代性"的进程看作是"从早期现代性到后期现代性"的进程。19世纪是西方理性主义发展的一个新阶段，它主要通过科

---

① Foucault, *Les Mots et les Choses*, Éditions Garlimard, 1997, p. 315.

学思维、技术控制和政治组织三种宏大的合理性形式全面推进，与此同时，它开始具有一种强烈的反思意识，也就是说，在推进理性进程的同时，理性进程本身获得了一种或者前瞻性的或者回顾性的思考。

福柯的工作因此与两种重要思想倾向联系在一起：一是自笛卡尔以来的启蒙运动的理性设计；二是从康德直至法兰克福学派思想家对启蒙运动的反思。前者意味着求知意志或求真意志把理性确定为真假的标准，后者体现为人们对理性的批判意识。现代性是一个分化的历史进程，其间既包含着理性的扩张，也包含了理性的自我反思。古典理性主义的主要任务和目标无疑是扩大理性的权力，也就是确立理性的绝对主宰地位、合法地位。但从 19 世纪开始，哲学开始对理性的极度权力提出疑问，并要求人们对此保持警惕。理性在古希腊时代曾经获得完美表达，在漫长的中世纪中却沦落为非理性（主要是信仰）的他者。自文艺复兴时期以来，理性开始摆脱这种从属性的他者地位。理性向来以批判性著称，要求一切都必须接受自己的法庭的裁决。这样的要求一直延续至今：最初是对强势的挑战，后来则演变成对弱势的压制。或者说，最初的批判是为了摆脱自己作为他者的地位，后来则通过批判而将非理性的东西确立为他者。不过，在理性的高歌猛进中，许多清醒的理性主义者已经开始进行反思，并因此使理性同时将他向批判和自我批判结合在自身之中。

福柯非常重视康德的理性批判，认为它标示了"我们的现代性的门槛"①。在《什么是启蒙?》一文中，福柯致力于揭示康德的"现在"与他自己的"现在"之"同"与"异"，旨在表明，我们应该赋予康德式批判以某种

---

① Foucault, *Les Mots et les Choses*, Éditions Garlimard, 1997, p. 255.

新的意义。这其实包含了整个现代性反思对我们生活于其间的现代社会的意义。也就是说，我们必须对康德的启蒙反思进行反思。康德的理性批判认为启蒙就在于让人们达到成熟、成人状态，而福柯表示，"我不知道我们是否会变为成人。我们经验中的许多东西让我们确信，'启蒙'这一历史事件未曾让我们成为成人，我们现在仍然不是成人。然而，在我看来，我们可以赋予康德在反思启蒙时对现在、对我们自身所提出的批判拷问以某种意义"①。康德哲学代表了理性的双重指向。一方面，康德哲学继续追求知识、追求真理的启蒙理想，集中体现了现代人的求知意志；另一方面，通过把理性限制在经验范围之内——限制知识，为信仰留下地盘，康德使理性不再是一种无处不在的力量。

福柯强调法兰克福学派的重要性，它的社会批判理论是康德的理性批判的继续。它认识到，理性在现代社会中已经不再是原来意义上的理性，理性产生了蜕变。和康德一样，该派成员都是理性主义者，他们仍然维护理性的权威，与此同时，又认识到了理性的过度膨胀所导致的问题：唯科学主义或技术主义导致了人的异化。法兰克福学派让福柯认识到，不存在决定一切的唯一理性，理性也是分化的：在法兰克福学派那里，"问题在于把描述为主宰者、被赋予唯一理性地位的合理性形式分离出来，并证明它只是可能的理性形式之一"②。就其承认理性的分化，而不简单地树立理性与非理性的对立而言，这一学派的认识是有价值的；但是福柯不同意这样的看法：理性在某一时刻由于自身力量而转向

① Foucault, *Dits et Écrits II* (1976—1988), Éditions Garlimard, 2001, p. 1396.
② Foucault, *Politics*, *Philosophy*, *Culture*, Routledge, 1990, p. 27.

了堕落，沦为了工具理性。实际上，理性始终在分化，存在着无穷尽的分化，我们不能确定它在哪一个分叉点上沦为了工具理性。他表示，我们既不应该简单地认为理性代表着进步，也不应该认为理性的专断使我们生活在了一个堕落的时代。

正是在这样的现代性反思视野中，理性与非理性之间不再简单地表现为对立与冲突、控制与服从，而是呈现出复杂的关系。它们两者之间存在的实际上是一些权力关系，一些相互作用关系。按福柯晚期的看法，存在着两种分析权力关系的模式：一种是法律模式，一种是战争模式。他否认仅仅根据其中的一种就能说明全部的权力关系，但他明显倾向于战争模式。法律模式把权力看作为一种实体，它作为法律、制度和禁令而存在。福柯写道："不管人们把权力归于确定权利的君主，归于进行禁止的父亲，归于让人们缄默的审查官，还是归于宣布法律的主人，他们总是力图将权力简化为司法的形式，并将其效果定义为服从。面对着作为法律的权力，被构成主体(他是被臣服者)的主体是一个服从的主体。在这些机制中，权力都严格同一，不管涉及的是臣民面对君主、公民面对国家、儿童面对父母、学生面对老师，都相应于服从的普遍形式。一方是立法者的权力，另一方是服从的主体。"[①]这是一种从中心到边缘，从上面到下面施加权力和影响的模式，施与者与接受者的角色泾渭分明。

这种模式明显过于简单，但却最容易为人们所接受。福柯最初也依

---

① Foucault, *Histoire de la Sexualité* Ⅰ : *La volonté de savoir*, Éditions Garlimard, 1984, p. 112.

据这一模式进行分析，并因此看到的是理性的绝对地位及其对作为他者的非理性的绝对压制。在现代社会中，话语的生产（因而知识的生产）都依据于一定的步骤来控制、选择、组织和调整。这些步骤的作用就在于削弱话语或知识中的异质力量和危险，在于应付偶然性，并使之符合理性的规范。理性主要采取如下一些排斥规则：禁令——禁止谈论某些话题，或者禁止某些人谈论这些话题，等等；分化与拒斥——将疯子与神智健全者区分开来，前者受到拒斥；求知意志——将真与假对立起来。其中第三种更为重要："在禁令、疯癫的分化和求知意志这三大影响话语的排斥系统中，我对第三个谈论得最多。正是为了通向它，几个世纪以来人们不断地产生出前两者。"①也就是说，求知意志的排斥功能尤其值得注意，这是因为，在现代社会中，一切排斥最终都是以真理和科学的名义进行的。正因为如此，福柯并不关心客观的知识或真理，他试图发现的是知识和真理旗号下的权力机制。

从表面上看，求知意志似乎摆脱了任意性和偶然性。我们总是以为自己在追求客观性，并且总是把真理看作为理所当然的。然而，福柯通过哲学史的研究表明，知识、真理与感官愉悦（如在亚里士多德的《形而上学》中），与本能、冲动、欲望、恐惧、占有意志的运作（如在尼采的《快乐的知识》中），以及其他因素联系在一起。他进而指出，"利益从根本上来说被放在了它的充当简单工具的知识之前；脱离了愉悦和幸运的知识与斗争、仇恨、恶意联系在一起（在与斗争、仇恨、恶意的对抗中，知识是通过作为它们的补充而抛弃它们的）；它与真理的原初联系被解

---

① Foucault, *L' Ordre du Discours*, Éditions Garlimard, 1971, p. 21.

除了，因为真理在这种联系中只不过是一个结果，而且是一种指定了真与假的对立的伪造的结果"①。进而言之，求知意志还受到各种制度的支持，并为各种层次的社会实践（比如教育实践）所强化。人们总是声称自己拥有真理，总是把自己的话语建立在所谓真实话语的标准之上，并把其他话语作为虚假话语排斥出去。求知意志因此"倾向于对其他话语形式实施一种压制，充当控制权"②。显然，理性和科学的所谓进步伴随着各种各样的排斥系统。正因如此，我们应该对求知意志的客观性提出质疑，并因此看到它以真理之名所行的排斥异己之实。

由于只看到求知意志或求真意志的排斥功能，福柯最初的立场是把现代性等同于唯一合理性对非理性的主宰和压制。作为对抗，他要求把非理性的东西从它的压制下解放出来，甚至确立非理性本身的中心地位。作为一种批判策略，法律模式无疑是失败的，因为它仍然囿于现代性的主宰和对抗二元对立之中，因此它明显地中了理性主义关于合法性的圈套。更为重要的是，这种模式失于空泛，没有针对各种形式的权力关系进行具体分析。福柯后来认识到了这一点，转而关注具体分析，并因此放弃了法律模式："为了具体地分析权力关系，我们必须放弃统治权的法律模式。"③他自称探讨的是关于权力的"微观物理学"。它指向的是权力关系，而不是实在的权力，大写的权力，即统治性的、把其合法性强加于整个社会机体之上的绝对的政治权力。当然，福柯也没有把权

---

① Foucault，*Dits et Écrits* I（1954—1975），Éditions Garlimard，2001，pp. 1111—1112.

② Foucault，*L' Ordre du Discours*，Éditions Garlimard，1971，p. 20.

③ Foucault，*Dits et Écrits* II（1976—1988），Éditions Garlimard，2001，p. 124.

力与政治完全脱离开来，按他的说法，权力关系是多种多样的，它们有不同的形式，它们可以在家庭关系内、在社会结构内或者在行政机关内运作，也可以存在于统治阶级与被统治阶级之间。① 权力关系的研究可以指向各种具体领域，并不一定特别地指向某一种形式。也就是说，权力散布在各种不确定的领域，不能对它加以普遍的理论思考，而只能采取局部分析的策略。我们只能探讨一个个具体的问题，例如，对性、儿童、妇女、犯罪、疯癫等具体领域的权力关系进行考古学和谱系学分析。

人们通常把权力问题与合法性问题联系在一起。启蒙运动的一个重要任务就是"扩大理性的政治权力"，确立理性的主宰地位、合法性地位。但从 19 世纪开始，哲学开始论及合法性的危机，即对理性的极度权力提出疑问，要求对政治合理性的极度权力保持警惕。针对这种情况，福柯问：我们是否应当审问理性？他的回答是："在我看来，没有比这更无效的了，首先，因为这一领域与罪或无罪没有什么关系；其次，因为把理性作为非理性的对立面实在是无意义的；最后，如此审问会把我们拖入这一陷阱，扮演任性和讨人嫌的角色：要么是一个理性主义者，要么是一个非理性主义者。"②在他看来，无论对理性及其合法性表示赞成还是反对，实际上都受制于传统策略，因为两者是完全一致的。后者不仅不会动摇理性的地位，有时反而会强化其合法性。为此，他提出了自己的考察合法性的基本思路：首先，不把社会或文化的合法

---

① Foucault, *Politics*, *Philosophy*, *Culture*, Routledge(London)，1990，p. 38.

② Ibid., p. 59.

性作为整体来研究，而是在多个领域内分析合法性的进程，每一领域都根据一种基本的经验，例如，疯癫、疾病、犯罪、性欲之类；其次，合法性是一个危险的词，当有人试图让某种东西合法化时，主要的问题不是考察它符合还是不符合合法性原则，而是要看他利用的是哪一种合法性；第三，即使启蒙运动是我们历史上和政治技术发展史上的一个重要阶段，为了理解我们如何陷入我们自己的历史中，我们还得追溯更远的进程。①

这种思路使我们认识到，合法性不只有唯一的形式，它有许多特殊的形式。于是，对合法性整体提出疑问是无用的，而应当拷问各种具体的权力关系是如何合法化的。统治的施加，总是利用某种类型的合法性，但它并不一定就采取暴力方式来实施。正因如此，抵制和反叛权力形式的人不能够仅仅满足于责难暴力、批评制度。我们如果满足于从整体上批判、满足于批评制度，就会掉入合法性策略的陷阱之中，使自己成为这一策略中的一部分。也就是说，我们不能指望有一个元标准存在，并据此来评判什么合法、什么不合法。相反，我们应该对具体权力关系是如何合法化的进行分析，也就是要揭示各种合法性的真相。对其历史与现实的追问，有助于表明某种东西取得合法性地位并非理所当然的，相反这种合法化具有偶然性、任意性。比如，通过追溯精神病学的历史，我们可以发现这一"客观"而"人道"的学科实际上有其不光彩的历史，他者在它那里始终是其任意摆布的对象。

对权力的合法性策略进行研究是十分困难的，原因就在于，在西方

---

① Foucault, *Politics*, *Philosophy*, *Culture*, Roatledge(London)，1990，p. 59.

现代社会中，权力是某种最需要展示自己、又最需要掩饰自己的东西。比如，政治生活表现为实施权力，但人们却难以发现权力是如何运行的，现代社会的控制力量只是一些无形的手。各种机构、政党、革命思想和行动都只在政府机构中看到权力，而没有看到权力是无所不在的；社会批判主要针对经济性质（资产阶级剥削无产阶级），而忽略了权力关系也是经济关系的构成要素，如此等等。作为纠偏，我们应当做的事情是：不仅在上层建筑，也应当在经济结构中确定权力关系；不仅在政府形式中，也在次政府、超政府、非政府形式中追溯它们；应当在权力的运作中而不是在实体中寻找。这意味着关注权力关系的复杂性、差异性、特殊性、可逆性，而不局限于从中心到边缘或自上而下的"单一形式"，把它们"当作相互交叉、彼此求助、趋于一致，或者相反，彼此对立、相互取消的力量关系加以研究"①。不应该看重法律在显示权力方面的优势，而是应该尝试发现权力所运作起来的各种不同的限制技巧。② 这就转向了权力分析的战争模式。福柯的《必须保卫社会》旨在探讨"战争（及其不同方面，侵略、战役、征服、胜利、征服者与被征服者、掠夺与占有、反叛）如何被用作历史，更一般地说用作社会关系的分析仪器"③，而他的《监视与惩罚》及《性史》第一卷致力的其实是大致相同的工作。

福柯在他的分析中表示，根据战争模式，权力是相互的。战争在双方之间进行，其间有许多因素起作用，并因此不断产生关系的转化。如

---

① Foucault, *Dits et Écrits II*（1976—1988），Éditions Garlimard，2001，p. 124.
② Ibid.，p. 125.
③ Ibid.，p. 128.

果按照法律模式分析问题，理性与非理性之间只有压制与服从的简单关系，而且疯癫、犯罪、性错乱等具体经验之间似乎没有什么差别。而按照战争模式，理性与非理性之间则会呈现出非常复杂的相互关系，理性对各种具体的非理性经验会采取不同的应对方略。这就意味着如下思路：权力不是我们可以获得的、夺取的、分有的某种东西，也不是我们可以守护或放走的某种东西，它从数不清的点出发，在不均衡的、运动的关系中运作；权力关系并不外在于其他类型的关系，相反，它们内在于其他关系之中；权力不是自上而下的，它来自下面，因此应该摆脱统治与被统治的二元对立；权力关系既是有意向的，又是非主观的；哪里有权力，哪里就有反抗，抵制并不外在于权力。[①]　正因为权力的实施是多样的，权力的抵抗也是多样的，不可能完全以正面冲突的方式实现。这些抵抗并不处于权力之外，而毋宁说处于权力网络之中，它们也充当着权力的对手、靶子、支撑和把柄之类的功能，它们与权力共存并完全是同时的："我没有提出一种抵抗的对抗权力的实体，我说的是，一旦存在着权力关系就存在着抵制的可能性。因此，我们永远也不能被权力弄入圈套，人们总是可以在确定的条件下，根据确定的策略缓和抵制。"[②]当然，福柯并不因此只承认战争模式。他表示，权力关系的多样性可以部分地而绝不是完全地要么以战争形式，要么以政治形式"被编码"。

现代性曾经被视为理性的独白史，在 20 世纪初依然如此。福柯表

————————

①　Foucault，*Histoire de la Sexualité* Ⅰ：*La volonté de savoir*，Éditions Garlimard，1984，pp. 123-126.

②　Foucault，*Politics*，*Philosophy*，*Culture*，Routledge(London)，1990，p. 123.

示："人们对待疯子的方式也是理性史的一部分，这一点在今天非常明确。但在 50 年前却不是这样。那时的理性史，就是柏拉图、笛卡尔和康德，或者再加上阿基米德、伽利略和牛顿。"①然而，光注意到非理性还不够，因为非理性也是多样的。理性与此相应也呈现出多样的形式。战争模式提醒福柯两点：一是理性呈现出自我限制的倾向，它以分化的形式出现，并针对不同的异己力量运用不同的合理性形式；二是理性对待非理性采取两手策略，即排斥与生产结合，控制与利用并举。因此，现代性反思并不意味着对理性进行审判，而是追问理性及其自我分化的历史，展示理性控制策略的多样性。我们可以发现各种合理形式实际上都有其历史，它们的出现都具有某种偶然性。它们建立在人类实践和人类历史的基础上，可以出现，也可以不出现。进而言之，在科学思维、技术控制和政治组织等宏大的合理性形式下面，还存在着多层次的分叉。福柯这样写道："对于我而言，没有哪一种既定的合理性形式就是理性，我没有看出三种主要合理性形式在瓦解和消失，我不会说任何一种在消失，我可以看到各种转化而不是消失。理性并不是一种现在已经完成的久远叙事。"②理性既不像有些后现代主义者认为的那样应该退出历史舞台，也不像法兰克福学派认为的那样通过克服其堕落就可以恢复到启蒙理性的本来面目。理性的宏大叙事并没有真正消失，但它以各种精细的方式在起作用。

在福柯看来，我们不能简单地将理性看成一个整体，而应当具体地

---

① Foucault，*Dits et Écrits* Ⅰ（1954—1975），Éditions Garlimard，2001，p. 1619.

② Foucault，*Politics*，*Philosophy*，*Culture*，Routledge（London），1990，p. 34.

分析和具体地对待合理性在各个领域内的进程，应当"分析合理性的各种形式：各种合理性在不同的基础、不同的创造、不同的修正中彼此产生、彼此对立和彼此纠缠"①。现代性意味着理性以不同的方式向各个领域渗透，意味着理性力图确立自己对他者的全面控制。但是，理性渗透到这些领域，其目的并不仅仅是压制和排斥他者，人的求知意志把自身的疯癫、疾病、犯罪、性错乱之类的消极经验，把自身的生活、劳动和说话等积极经验纳入认识领域，以便能够更好地道出自身的真相。认识他者实际上就是认识自身的另一面。从根本上说，现代性就意味着人对自身的有限性和反常方面的认识。也就是说，现代人的求知意志力图发现自己的真相，要么发现自己是有限的存在者，要么发现自己是病态主体。这其实从另一方面表明，理性自身并非无所不能，而人则受制于那些作为他者的因素。从福柯的主要作品看，在《古典时代的疯癫史》中，或是政治的或是道德的权威决定了理性是好的，非理性是不好的，因而应当对非理性加以排斥或矫正。在《词与物》中，知识型决定了某些经验可以作为认知的对象，某些知识可以成为科学的知识，其余的都受到压制或排挤。两书的结论都一样：在思想史上，理性被认为居于作为他者的非理性之上，并针对后者实施主宰和支配。在《监视与惩罚》《性史》卷一与《求知意志》等后期作品中，福柯对犯罪和性欲做微观的分析，将理性与作为他者的非理性的关系纳入复杂的权力网络之中。

　　在写作《古典时代的疯癫史》的时候，福柯还没有直接诉诸权力这一概念。但就其实质而言，该书是把疯子与神志健全者之间的分化视为非

---

　　① Foucault, *Politics*, *Philosophy*, *Culture*, Routledge(London), 1990, p. 59.

理性与理性之间的权力关系的集中体现。在他看来，通常的疯癫史其实是理性及其机制的独白史，观念、机构、法律和警察制度、科学概念囚禁着疯癫，因此，"疯癫本身的原生状态永远无法恢复到它自身"①。他本人力图切入经验的深处，以便重新把握疯子及疯癫经验开始沉默无言的那个时刻。在他看来，即使是在精神病学中，疯癫经验也没有现出其原生态。精神病学表面上要与疯癫对话，其实，理性与疯癫根本没有共同语言，它们无法交流，一切都建立在前者的独白和后者的沉默基础之上，"精神病学的语言——它是理性关于疯癫的独白——只能够建立在如此沉默的基础上"，因此，福柯并不打算去研究这种语言史，而是去从事关于这种"沉默的考古学"②。这其实是揭示疯癫在现代性进程中作为他者的命运。

福柯认为，在西方社会中一直存在着排斥与净化的古老习俗，在不同时期针对的对象是不同的。在现代性的进程中，疯癫典型地扮演着受排斥和净化的角色。尽管随着时间的推移，人们对待疯子的方式从外在形式上有了一些改变，但就其实质内容而言，理性始终以胜利者的姿态操纵和控制着作为非理性的疯癫经验这一他者的命运。按照他的分析，疯癫并非一开始就承担了这种他者角色，它是逐步地演变为这一他者的。一种心理或生理疾病有其象征价值，但只是在权力关系中才变得具有战略意义。人们常说，金银并非天然是货币，但货币天然是金银。同理，疯癫并非天然是理性的他者，但理性天然地要把疯癫树立为它的他

① Foucault, *Dits et Écrits* I (1954—1975), Éditions Garlimard, 2001, p. 192.
② Ibid., p. 188.

者。这是因为，在现代性以理性为唯一法庭的氛围中，疯癫被认为是非理性的集中体现，是理性实施其权力的最佳对象和媒介，是唯一真正意义上的他者。

在文艺复兴时期，理性的绝对标准、资产阶级的划一秩序尚未完全确立，疯癫的地位也就暧昧不明。当此之时，疯癫经验呈现为互相矛盾的两种形式：它既体现为一种巨大的宇宙性的悲剧力量，又是由于人性的软弱而造成的道德过错。疯癫首先被看作是与宇宙性的力量相沟通的东西：人的动物性力量使自己从习惯性的束缚中摆脱出来，导向一种神秘的知识和潜在的智慧，这是最重要的一个方面。这与《词与物》中所描述的文艺复兴时的知识状况非常一致。在文艺复兴时期，人们往往不自觉地寻找物与物之间、词与词之间、词与物之间的相似性。这种情形造成了文艺复兴知识的零乱，它是片断的，是不成系统的，是一盘散沙。① 也就是说，文艺复兴的知识追求相似，但理智只能在相似之链中追逐，永远只能发现世界的片断的特征，不可能拥有完整的认识。在这种情形下，疯癫及其他非理性的经验并没有受到完全的排斥，因为疯癫的幻象恰恰会使人们认识到世界整体相似，使人们能够表达他们"对世界的种种威胁和种种秘密的猜测"②。但在另一方面，疯癫也同时被认为与宇宙性力量无关，它仅仅限于人自身之内：疯癫不是力量，而是软弱；不是在外的，而是在内的；不是真理的象征，而是梦想与幻觉。疯癫发生在具体的个人身上，它揭示的是人自身的真相，而不是世界之秘

---

① Foucault, *Les Mots et les Choses*, Éditions Garlimard，1997，p. 45.

② Foucault，*Histoire de la Folie à l'Âge Classique*，Éditions Garlimard，1972，p. 33.

密。既然疯癫是由于人的软弱导致的，而不是一种不可制服的宇宙力量，那么这就导向了道德问题。在文学和哲学的表达领域，对疯癫经验尤其采取了道德讽刺的姿态。①

按照福柯的说法，疯癫的双重经验一直到 16 世纪都是明显并存的。疯子就像宫廷小丑一样，可以做表演让人们欣赏，人们由疯癫反观理性。"愚人船"表明，疯子生活在文艺复兴世界的边缘：理性无疑要驯服疯癫，但还没有占据其所有领地。也就是说，尽管存在着排斥和放逐，疯癫仍然是理性世界的一部分，它还可以与理性对话，还没有成为受到彻底排斥的绝对他者。但是，随着古典时代的到来，理性与疯癫的关系完全改变了：疯子与其他所有具有非理性特征的人一道，被关进了具有半司法性质的、以禁闭为特征的"总医院"。道德评判已经毫无疑问地排斥了宇宙性力量的体验，疯癫被视为罪恶，它是有害的、非道德的，因此应当作为他者受到彻底的排斥。于是，"文艺复兴时期刚刚可以放声叫喊（但其暴烈已经得到控制）的疯癫在古典时期被强制地变得沉默无声"②。笛卡尔对待疯癫和培根对待假象的立场，典型地代表了早期现代哲学对待他者的姿态。古典知识的一般状况同样表明了这一点。按福柯的看法，古典知识完全以秩序观念为中心，"使得古典知识型之整体得以可能的东西首先是与关于秩序的知识的关系"③。一切知识都凭借符号按照同一与差异原则来使事物秩序化。

---

① Foucault, *Histoire de la Folie à l'Âge Classique*, Éditions Garlimard, 1972, p. 36.

② Ibid., p. 56.

③ Foucault, *Les Mots et les Choses*, Éditions Garlimard, 1997, p. 86.

在古典知识领域中，秩序的观念最为重要，任何不合秩序的东西都受到排斥。整个知识领域就像一张巨大的表格，所有知识都在一个同时系统中得以展示，所有事物要么在这一表格中找到自己的位置，要么放弃自己存在的权力。疯癫作为非理性的集中表现，显然被视为丧失了存在权力的他者："疯癫是直接的差异，纯粹的否定性，它被宣布为非存在。"①疯癫在禁闭和排斥中变得沉默无声，根本没有被纳入早期现代哲学的认知结构中。我们当然不能够说他者在早期现代社会中不存在，而是说他或它不具有核心的哲学地位，没有在认识论剧场中获得表演的机会。因为不能够被纳入普遍性秩序中，疯子之类的非理性者受到了排斥，被禁闭并因此没能够出场。从正面来说，由于关注同一性，他人没有独自出场。其实，正如我们在前面已经谈到的，笛卡尔等人偶尔也论及他人，但没有看到其异质性或他性。由于把人的本质确定为思维，由于把身体看作是外在的东西，"我"与他人的"同"被看作是一种不证自明的先验假定，或者说我们单凭判断就能够发现他人与"我"的"同"。

在社会领域中，更应该强化理性的秩序，应该把一切力量都纳入资产阶级的秩序之中。在理性的法庭中绝不允许任何反常的、异己的力量存在。于是各种各样的禁闭机构建立起来了。在这种大禁闭的氛围中，疯子最初并没有被单独关闭。原因就在于，疯子只是其他非理性的人中的一种，是普遍禁闭的对象之一。人们通常以经济和治安方面的原因来说明为什么要实行普遍禁闭。经济危机期间，失业严重，禁闭穷人和闲

---

① Foucault, *Histoire de la Folie à l'Âge Classique*, Éditions Garlimard, 1972, p. 200.

散人员可以减少治安问题；在经济复苏时，则可以强制他们成为廉价劳动力。但在福柯看来，道德方面的考虑更为突出。闲散是万恶之源，治疗手段则是劳动，应当将闲散强制改造为勤劳。正是基于劳动的这种道德含义，人们发现了疯子和其他人的不同：穷人和闲散人员可以被劳动改造，而疯子则不能，"他自己越过了资产阶级的秩序的疆界，并使自己隔离在这种神圣的伦理界线之外"①。其他非理性的人尚能服从"道德公约"，因此可以回到"我们"之中，而疯子始终无法回归资产阶级秩序中，这表明疯子是真正意义上的他者。

疯子在大禁闭的世界中占有非常特殊的位置：既然他无法被改造，也就不宜曝光，否则会给资产阶级社会抹黑。现代性的浪潮狂扫整个西方世界，而疯子居然无动于衷，具有"卫道夫地位"的总医院显然不能容忍这种"顽固不化"。理性不再愿意与疯癫保持联系，不再与它对话。疯子于是不再处于边缘地位，而是被彻底排斥在外，变成完完全全的他者、沉默无言的他者，他"完全被遗忘"。也就是说，疯癫作为非理性的集中表现，应当让其保持沉默，从而昭示理性的无往不胜，无所不能。在文艺复兴时期，疯子曾在光天化日之下四处乱闯，然而，"在不到半个世纪里，疯癫已被隔绝，并在禁闭堡垒中受到理性、道德规则及单调枯燥的夜晚的紧紧束缚"②。根据福柯的分析，这个时代一方面把疯癫看作是与理性对立的非理性，另一方面又把它归属于与人性对立的自然范畴、动物性范畴。前者意味着道德责难，后者意味着身体折磨。

---

① Foucault, *Histoire de la Folie à l'Âge Classique*, Éditions Garlimard, 1972, p. 85.

② Ibid., p. 91.

我们如果转换视角，就必须承认，疯癫仍然存在，只是它不再与理性直接发生关系，即不会发生冲突，更不存在着对话。按照福柯的意思，疯癫混杂在别的东西之中，它和这些东西一块呈现，但它的目的不是与理性对话或与理性相冲突，而是用不可言明的方式来默默无闻地为理性服务。这表明，疯癫以退隐的方式存在，"疯癫的某种不在场支配着疯癫经验"①。这种不在场恰恰表明了它的他性："疯癫在其存在方面是不明显的；但是，如果说它是不容置疑的，这是因为它是他者。"②我们并不是从疯癫自身的某种确定性出发，在其"直接性"中证明这种与理性明显不同的他性的。疯癫处于世界的另一极，它是具有外在性的他者。疯癫因此最多处于与理性的某种间接关系之中。福柯写道："面对理性，疯癫有双重存在形式，它既在另一边，又在理性的注视之下。"③也就是说，作为外在意义上的他者，疯子与理性截然分离，但与此同时，它们之间不可能没有关系：正是理性把疯癫禁闭了起来，并且时刻用警惕的目光防止它走出禁闭圈。

不管理性针对疯癫经验还是别的反常经验，都存在着明显的排斥机制，但其中也包含着某些含混的姿态。在 1968 年的一次讲座中，福柯表示，每一文化中都有一系列严密的分化行为，乱伦禁忌、疯癫的区分和某些宗教排斥都不过是一些特例。他注意到，这些行为其实是暧昧不明的，它们一方面标出了界限，与此同时又开辟了始终都有可能的越轨

---

① Foucault, *Histoire de la Folie à l' Âge Classique*, Éditions Garlimard, 1972, p. 198.

② Ibid. , p. 199.

③ Ibid. , p. 200.

空间。而这一越轨空间有它自己的结构和规律，它为每一个时代构成了我们可以称为"越轨系统"的东西。这一系统"与非法或犯罪、与革命、与古怪或反常、与所有这些偏离形式之外的形式都不相符合，但这些形式的每一种都至少表明了某种偏差"①。就西方社会而言，仍然影响着我们今日命运的分化出现在 18 世纪到 19 世纪的转折时期。在这一时期，"现代意识倾向于赋予反常与病理的区分为不正常、偏差、不理智、非法及犯罪以划定范围的权力"，但这种现代意识依然包含着某种含混性，"对于一切它证明为外来的东西，在进行判断时都给予排斥地位，在进行解释时则予以包含"②。最终说来，在福柯看来，不管演进如何，二分的要素没有改变，还是同样的要素被接受，同样的要素被拒斥。③

福柯注意到，现代社会对待疯癫经验的方式与古典时期有了较大不同，但这依然没有改变疯癫作为他者的地位。通常认为，现代的观点是将疯癫看作心理疾病，并试图对它加以"客观"而"科学"的解释；现代社会开始把疯子当人看，力图以科学的方式改变作为人类社会一员的疯癫者的悲惨处境，反对以残酷的方式对待他们。也就是说，疯子似乎属于"我们"，而不再是受到排斥的外在的他者。然而，在福柯看来，实际情况要复杂得多。科学观念和温情姿态只不过是医生以资产阶级的价值观对病人进行道德主宰的一种伪装。他因此这样表示：疯人院是"一个没有宗教的宗教领域，一个纯粹道德的领域，一个伦理划一的领域"④；

---

① Foucault, *Dits et Écrits I*（1954—1975），Éditions Garlimard, 2001, p. 652.

② Ibid., p. 652.

③ Ibid., p. 659.

④ Foucault, *Histoire de la Folie à l'Âge Classique*, Éditions Garlimard, 1972, p. 513.

医疗工作在这里只不过是道德教化的一部分，而医生和科学无非是"司法和道德上的保证而已"①。

非常明显，疯癫经验仍然没有获得自身价值，它仍然是理性或道德的沉默无言的他者。按福柯的意思，现代社会仍然要摆脱疯癫，为了达到这一目的，现代社会"在其注视和道德的牢狱中控制疯癫，诓骗疯癫"，它"通过将疯癫推至人自身内部的一个角落来让疯癫缴械投降"，其效果是"让人最终建立起一种我们称为心理学的从自己到自己的关系，疯癫理应不再是黑夜，而成为意识中的短暂阴影，以便人能够掌握疯癫的真相，并且在认识中解决它"②。人们总想在疯子的声音背后发现些什么，在片言只语中找到某种连续的东西，找出他们向理性、向道德回归的征兆，而没有听到他们自己的声音：精神分析"过去没有听到、将来也不会听到非理性的声音，不会为精神失常者们译解征兆"③。说到底疯子始终都是沉默的他者。

在福柯思想的后来发展中，他改变了《古典时代的疯癫史》中的分析方式。他发现，现代社会采取多种多样的方式来对付各种异质性力量，其立足点不是彻底排斥，而是改造和转化。福柯用"规训"概念来表示理性对于作为他者的非理性所实施的权力关系的新特质。《监视与惩罚》典型地代表了这种分析模式，它旨在探讨现代社会对于作为他者的罪犯的

---

① Foucault，*Histoire de la Folie à l'Âge Classique*，Éditions Garlimard，1972，p. 524.

② Foucault，*Dits et Écrits I*（1954—1975），Éditions Garlimard，2001，pp. 193-194.

③ Foucault，*Histoire de la Folie à l'Âge Classique*，Éditions Garlimard，1972，p. 530.

处置策略。尽管《性史》逐渐转向了自身技术问题，但其最初意图与《监视与惩罚》相同，表明权力对性经验实施某种控制与鼓动相结合的策略。现代社会往往根据某种有效的策略，把各种异质性的暴烈力量、把理性的他者转换成维护理性地位和权威的温驯而有用的工具。按照这种新的权力关系分析方式，我们不应该只盯着惩罚机制的压制性效果，我们不应该只看到维多利亚时代对性欲的压制性姿态，而应该看到这种压制或压抑同时伴随着生产性和鼓动性的方面。当然，福柯也提醒我们不要因此陷入温情的陷阱。现代惩罚制度看起来越来越重视心理方面，似乎缓和了对身体的控制和折磨。然而，心理控制的突出、身体折磨的缓和只不过是某种更巧妙的身体控制技术，它服从于一种新的关于身体的政治经济学，但并没有走向真正的进步。现代社会对性方面不断宽容，性欲话语越来越增殖，但我们不能因此就认为这种宽容和鼓动意味着解放和自由。我们应该从有关惩罚问题和性欲问题中看出现代性对待作为他者的非理性的新的控制策略。

就现代监狱制度而言，知识的作用和惩罚的人道化是两个非常值得注意的方面。首先，司法审判越来越经常地诉诸非司法领域的东西，在这里，"一种知识、各种技巧、各种'科学的'话语得以构成并与惩罚权的实践纠缠在一起"[1]。心理学和精神病学尤其扮演了非常重要的角色。其次，人们可以非常明显地看到立法的改进、进步及其导致的人道化和宽容。但是，福柯提醒我们，这两种情形掩饰了新的权力策略的机制及其产生的后果。在现代社会中，理性更多的是一个"阴谋家"，而不是一

---

[1] Foucault, *Surveiller et Punir*, Éditions Garlimard, 1975, p. 30.

位"专制君主"。它不任性地排斥或镇压作为异己的他者，而是以各种温和的方式，主要是一些规范性的步骤来把它们牢牢地控制住，使它们自觉地为理性的秩序充当有用的工具。福柯这样评论说："波德莱尔想象的资产阶级愚蠢而一本正经，这也太天真了，资产阶级聪明而玩世不恭。"①

透过研究惩罚方式的变化，透过阅读权力关系和对象关系的共同历史，福柯发现，惩罚的心灵化、人道化和宽容代表的不过是一种更精致的权力技巧。与专制时代只针对身体进行残酷的处置不同，现代社会实施的是惩罚（身体控制与心理控制）与生产（犯罪真相的揭示、犯罪的鼓动和利用）并行、身体技术（监禁、劳动改造）和心理技术（心理学、精神病学介入罪犯改造工作）共存策略。尽管不再使用暴力和流血的惩罚手段，而使用宽容的方式，现代监禁和强制劳动改造依然主要针对身体及其力量，为的是使之屈服并加以利用。正如我们在前面已经谈到的，当代社会的一切机构都具有同样的性质，也就是说，监禁具有独特性，但它同时也只是一整套治理技术中的一种。现代社会对个体采取一种排斥与规训相结合的控制策略：一方面，它对不合常规的个体（如越轨者）或未定型者（如儿童）采取隔离的方式（监狱、学校等机构的设置）；另一方面，它又对他进行改造或塑造，使之回归常规或社会化。实际情形要复杂得多。不管犯人还是未成年人，他们都不是外在的他者，他们处于某种边缘状态。这种边缘状态可能是对社会的一种威胁或抵制，但也可以成为实施社会控制的借口和工具。

① Foucault, *Dits et Écrits* Ⅰ（1954—1975）, Éditions Garlimard, 2001, p. 1616.

犯罪与惩罚的关系当然更为典型：社会并不打算一劳永逸地消除罪犯与犯罪，它在改造罪犯的同时，也在生产新的罪犯；而且往往利用罪犯来达到控制社会的目的。监狱制造了违法者，但违法者最终是有用的，无论在经济意义上还是政治意义上。① 福柯举了两个例子：比如，在从卖淫业获取利益方面，违法者就大有用处；又比如，在政治斗争和社会斗争中，罪犯被用来对付敌人，他们可以执行监视、渗透、阻止或破坏罢工的任务。在 18 世纪末期，人们梦想一个没有犯罪的社会。然而，福柯告诉我们的是："没有犯罪，就没有警察。"②真正说来，罪犯不是不变的实体，他一会儿属于"我们"，一会儿又归于作为另类的他者。倒过来也一样，"我们"往往也可能变成"他者"，变成某种不受我们支配的无形力量手中的"他者"。现代社会以温和的监视取代了严厉的惩罚，权力机制于是以更细微的方式存在。权力的发挥似乎趋于宽松，因为它不直接面对个体。但它有一只看不见的"手"，有一双无处不在的"眼"。我们看不到监视者在哪里，但我们的一举一动则完全在他的视野之内，在他的掌控之下。我们因此变成我们自己的他者，"别一种我们"。权力完全可以民主地实施，这是一个监视和规训的社会。在无形的监视之下，个体变成自觉服从的主体。这样，有犯罪经验的个体并没有被排斥在社会之外，因为监狱和社会中的任何其他机构一样，都是现代社会用来规训个体的工具。我们可以进而言之，没有什么外在的他者，我们每一个人都处在"同"与"异"的张力中，都处在理性社会的边

---

① Foucault, *Dits et Écrits I* (1954—1975), Éditions Garlimard, 2001, p. 1610.
② Ibid., p. 1616.

缘，都在不停地按照理性的要求转换自己的角色。

在性欲问题方面，性经验，尤其是性错乱无疑是理性的一个他者。有关性欲的真理赤裸裸地让人难以接受，在理性主义一统天下的情势下，性欲不得不进入自我掩饰状态，人们必须对之三缄其口。可是，有关性欲的话语却一直呈现出增长的态势。对于这个问题，福柯不像别人那样关心性压抑的存在还是不存在，而是说压抑是更复杂的策略的一部分，消极的压抑与积极的刺激实际上联系在一起。他在有关性欲的策略中发现了一个基本的矛盾：一方面，它让性欲成为一种禁忌；另一方面，它又不断地让人谈论性欲，让性欲说话。最终说来，人们透过禁忌的方式谈性欲："实际上，对于现代社会来说，最特殊的不是致力于让性欲停留在阴暗之中，而是在把它作为隐秘的同时，没完没了地去谈论它。"①禁忌的结果反而是性话语的不断增生。如果我们改变思考的视角，就不难明白这一矛盾：性欲是一种手段，权力透过它而得以实施；权力的目标不是压制，而是指向真理。但是，由于关涉性欲的真理过分令人难堪，以至于让人无法接受，所以人们不去直接张扬它，而是以反性错乱的方式揭示其真相。在有关性欲的宗教忏悔中，我们无疑最能看出这一策略来：牧师让忏悔者详细说性错误的每一个细节，这看似压制，实际上是为了从另一个角度来揭示性欲的真相。

权力感兴趣的正是透过压抑机制的产生来发现真理：我们有正当理由"要求性欲说出真相"，我们"要求它将我们的真相告诉我们"②。于

---

① Foucault, *Histoire de la Sexualité* Ⅰ: *La volonté de savoir*, Éditions Garlimard, 1984, p. 49.

② Ibid., p. 93.

是，最初是在宗教忏悔中，后来是在有关反性错乱的话题中，最后是在性科学中，有关我们自身的真理得以揭示。显然，权力利用性欲来生产知识，增殖话语，而不是压制性欲。也就是说，他者其实是我们认识自身真相的一面镜子。或许我们可以从儿童手淫问题中懂得这种权力策略是如何利用而不是排斥他者的。18 世纪早期，西方社会突然把儿童手淫看成一个严重的问题。人们把儿童手淫看作是突然出现的、会危及整个人类的瘟疫，从而对之百般责难。这是为什么呢？人们可能会说，儿童手淫突然成为发展中的资本主义社会所不能接受的他者。福柯认为，这种看法未免过于简单。事实上，更为重要的是，在那个时代，儿童与父母、与成人之间的关系正在调整和重组，人的童年成为父母、教育机构、公共卫生机构感兴趣的共同领域。

在身与心、健康与道德的教育和训练的十字路口，儿童的性欲成了权力的目标和工具，一种特殊的"儿童性欲"也就构成了。我们应当小心谨慎地对待它，应当经常监督它，因为它会威胁儿童身心健康，不利于下一代的培养。然而，这并不是问题的全部。现代社会的目标并不是禁止，而是利用儿童性欲来达到某种生产性目的。事实上，儿童性欲对于关心这一问题的人本身和儿童同样具有意义："儿童性欲成为父母的一个真正问题，一个论题，一种焦虑的源泉，对儿童和父母都有许多后果，关心孩子的性欲不仅是一个道德问题，而且是一个愉快的问题。"①福柯发现，对于父母和其他成人而言，关心儿童性欲成为一种"性刺激"和"满足"：他们在道德干预中享受愉快，在就该话题进行的交流中享受

① Foucault, *Politics*, *Philosophy*, *Culture*, Routledge(London)，1990，p. 114.

刺激。对于儿童而言，他们由于焦虑而不断强化手淫，同时在话语交流中获得了满足。

　　手淫实际上是无法阻止的，而且也是无害的，之所以受到压制，完全是因为它成为愉快、焦虑和权力关注的共同领域。人们常常把性欲描述为出于本性而与权力对立的一种固执的冲动，权力虽竭尽全力想征服它，却往往不能完全控制它。福柯却认为，情况刚好相反，性欲是通过权力关系来表现的：它表现在男人对女人、青年对老年、父母对后代、老师对学生、政府对居民等的关系中。而且，在权力关系中，性欲作为一个因素并不是最难驾驭的。相反，它是最有用、最温驯的因素。如果说监狱的目标是要造就温驯而有用的身体的话，那么现代性欲策略也不仅仅是压制，它同时考虑了性欲的利用价值。性欲成为权力实施的对象和工具，成为知识的一个对象，一个产生真理的领域。总之，透过一整套技术方法的采用，权力最终导致的不是对性欲的压制，而是性欲的生产：性欲成为一个温驯而有用的他者。

三、逻各斯中心论与他者

　　福柯重点考虑西方现代性进程中的同一与他者的关系，因此主要涉及对待西方文化内部的异己问题，即主流文化与非主流文化（亚文化、边缘文化）的关系问题。他似乎还比较"传统"，至少与萨特、梅洛-庞蒂一样，基本上还围绕西方文明自身的问题展开。当然，他的相关看法对后殖民主义影响甚大，并因此对文明间关系的思考具有十分重大的启示意义。这显然开辟了由"内部关系"走向"内外关系"的通道。德里达的情形稍有不同。他要考虑整个逻各斯中心论历史中的同一与他者的关系，尽管他最初的目标也是一种内部策略，但不可避免地直接导致了"内外关系"，即西方文化与非西方文化的关系问题。在德里达的整个思想历程中，他对逻各斯中心论的解构主要体现为他对理性中心论和种族中心论的批判反思。在本节中，我们将同时考察"内部关系"与"内外关系"，而哲学的命运或哲学与非哲学的关系问题乃是一个兼及两重关系的极佳视角。正因为如此，我们在这里并不打算涉及他关于他者问题的一切方面，而主要围绕着文化领域（尤其是哲学文化与非哲学文化的关系领域）进行。

我们前面已经谈到"延异"对于探讨德里达"原文字"问题的意义。这个"非概念的概念"或"非词的词"对于理解有关他者问题的思考同样非常重要。他非常强调沉默无声的"a"在 différance 中的作用，正是它的强行挤入，导致了发音上与它完全一样的"差异"（différence）向"延异"（différance）转换，导致了静态的"差异"或"对立"向"差异的展开"或"差异的生产"转换，并因此既摆脱了以二元对立为特征的传统的同一性思维模式，也摆脱了以颠倒的方式来改变原有秩序的尝试。通过让"a"侵占"e"的位置，德里达让表音文字中的沉默因素活动起来了，也可以说他让逻各斯中心论主宰下的一切沉默因素、一切异质因素都活跃起来了，从而让他者获得了应有的地位。然而"e"并没有完全"缴械投降"，它仍然有其"痕迹"，并因此仍然在暗中活动。就关注他者和他性而言，德里达尤其推动了"差异"的第二重含义（即"不同，他者，不能辨别"）的游戏性展开。"延异"于是开启了一种关于同一与他者关系的新逻辑。它当然不会求"同"，但也不会简单地求"异"，而是注意到了"同一"与"他者"之间的往复运动。

德里达常常将逻各斯中心论和种族中心论放在一起谈，这不过是要表明，逻各斯中心论有其特定的"地理"和"历史"含义，它"不可分割地与希腊和欧洲传统联系在一起"，是"一种独特的欧洲现象"①。简单地说，它乃是归属于西方人或西方文化的独特思维模式，它始终烙有西方历史进程的印迹。他这样写道："在原初的、非'相对主义'的意义上，逻各斯中心论是一种种族中心论的形而上学。它与西方的历史联系在一起。"②问题在于，这种源自某一地域、某个历史时期的思维方式始终具有成为普遍思维模式的雄心。在"哲学即普遍科学"的理想中，不管哲学家们的具体表述如何，他们其实都有一致的看法，"欧洲哲学"乃是一种"同语反复"③。简单地说，哲学是一种源自希腊的思维方式，无法在欧洲之外体会到其精神实质，因此可以说，"欧洲就是哲学"或"哲学就是欧洲"。哲学是一种最纯粹的理论形态，但它却成了欧洲中心论的集中体现或直接见证。同许多结构主义者或后结构主义者一样，德里达对逻各斯中心论的批判"天然地"包含着对"种族中心论"的批判。他试图在哲学文本或文学文本中展开解构工作，目的在于发现种族中心论是如何在传统哲学家及其追随者和反对者那里运作的，与此同时，他要在这些文本中展示种族中心论的内在矛盾和离心化的可能性。

尽管德里达主要读解的是柏拉图、卢梭、黑格尔、康德、胡塞尔、海德格尔等主流哲学家，但揭示的却是他们思想中的非主流的东西，或

---

① Kearney, *Dialogues with Contemporary Continental Thinkers*: *The Phenomenological Heritage*, Manchester University Press, 1984, pp. 115-116.

② Derrida, *De la Grammatologie*, Les Éditions de Minuit, 1967, p. 117.

③ Derrida, *L'Écriture et la Différence*, Éditions du Seuil, 1967, p. 120(Footnote 2).

者说他要以他们思想中的非主流方面来瓦解其主导倾向。与此同时，他真正感兴趣的则是列维纳斯、巴塔耶（Bataille）等与主流哲学拉开距离的哲学家，尤其非常关注那些与哲学有某些牵连的诗人和文学家，比如蓬热（Ponge）、索莱尔（Sollers）、布朗肖、阿尔托（Artaud）、马拉美等。对非主流倾向的这种关注导致他本人及他的读者也处于非主流状态。他虽然是巴黎高等师范学院和高等社会科学院的哲学机构的哲学教师，却有着非常强烈的边缘化感受："我得说我越来越感觉到我处在法国的边缘。也就是说我的作品的最热情、最富建设性的读者在法国之外。"①在一个非常包容外来文化和异质因素的国度中，具有绝对世界性影响的德里达却处于边缘化地位，甚至没有能够在本土成为教授，这从侧面证明了他性与他者问题的重要性。在他看来，"在哲学与非哲学之间并不存在一种静态的、明晰的界限"②，解构因此并不导致一种"反哲学的姿态"，它试图发现"一种非位置或非哲学位置"，让哲学可以借此原初地自我反思，并发现自己的他者。③ 这其实是某种暧昧不明的姿态，它不主张回归哲学，但又无法摆脱哲学话语。

在德里达眼里，哲学无疑是某种非常重要的思想形态，但思想还有其他形态。正因为如此，他需要考虑哲学与非哲学之间的复杂关系。而这里涉及两个主要问题：一方面，哲学是西方的，但在西方内部出现了

---

① ［法］雅克·德里达：《书写与差异》上册，"访谈代序"，5 页，北京，生活·读书·新知三联书店，2001。

② 同上书，"访谈代序"，9 页。

③ Kearney, *Dialogues with Contemporary Continental Thinkers*：*The Phenomenological Heritage*, Manchester University Press, 1984, p. 108.

对于哲学的越界，我们应该如何对待呢？另一方面，既然哲学是西方的，那么西方的哲学思维与非西方的非哲学思维之间的关系如何呢？就前者而言，德里达始终在探讨哲学与文学艺术之间的关系，其实就是在探讨西方文化的内部张力。在理性主义传统中，哲学是至上的，文学艺术服从于哲学，而在他及结构主义者和后结构主义者那里，学科界限的消失导致的是哲学与文学艺术的平等或哲学的至尊地位的丧失。更有甚者，与从前对文学艺术采取哲学的阅读相反，现在我们更应该对哲学进行类似于文学艺术的阅读。按照他的意见，解构旨在消除哲学与文学两者的界限，而"解构本身不是哲学，也不是文学"①。当然，德里达并不特别关心那种大写的文学，因为它不过是哲学的表现形式之一，始终受制于哲学的逻辑思维方式，尽管其中也包含许多异质的东西。他感兴趣的是那种在逻辑思维的边界上活动并因此使这一边界发生动摇的文学，如布朗肖、巴塔耶、贝克特等人的文学。② 就后者而言，德里达从一开始就在借鉴非西方的东西。比如，尽管他表示自己永远无法熟悉中国的语言和文化，但还是经常参照中国的思想和文化。他说过这样的话："从一开始，我对中国的参照（至少是想象的或幻觉式的参照），就占有非常重要的地位。当然我所参照的不必然是今日中国，但与中国的历史、文化、语言文字相关。"③他在另一处则说："从我的研究第一步和我

---

① 杜小真、张宁主编：《德里达中国讲演录》，70 页，北京，中央编译出版社，2003。

② Kearney，*Dialogues with Contemporary Continental Thinkers*：*The Phenomenological Heritage*，Manchester University Press，1984，p. 112.

③ ［法］雅克·德里达：《书写与差异》上册，"访谈代序"，5 页，北京，生活·读书·新知三联书店，2001。

最初的著作开始，中国文化和思想的问题就以根本的方式同文字和书写问题紧密相关，在我看来，这些问题对哲学思想和与之相关的一切的未来及我称为'解构'的工作都是不可回避的。"①更为重要的是，他始终密切关注哲学文化中的外来因素，比如，他对古代埃及文化、犹太基督教文化的接受。当然，这种"内部关系"和"内外关系"并不那么界限分明。

就"内部关系"而言，哲学与非哲学（文学艺术）的关系可以纳入声音与文字的关系中来处置。在逻各斯中心论传统中，声音与文字处于二元对立之中，前者对作为异质力量的后者具有支配性的地位。逻各斯意味着理性和秩序，而文字则意味着对理性和秩序的偏离，意味着差异。他说："我们之所以坚持把这种文字命名为差异，是因为在历史压抑的运作中，文字因其处境注定意指最可怕的差异。"②在德里达那里，文字就是非理性的代表，凡是在逻各斯中心论历史中受到压制的因素都可以称为文字。文字（及文学艺术）往往与激情、感觉、想象等方面联系在一起，它总是超出理性的控制之外，而声音中心论的捍卫者们则有意识地或无意识地压制它的逾越。在这些捍卫者看来，当语言学家们赋予文字以重要性时，他们显然受骗了，犯错误了，"他们的过失首先表现在道德方面，他们屈从于想象，屈从于感觉，屈从于情感，陷入了文字的圈套"，比如，索绪尔就认为，他们"屈从于'文字的诱惑'就是屈从于激情"，所以，"作为古老传统的道德家和心理学家"，索绪尔本人"分析和批评的则是激情"③。

----

① 杜小真、张宁主编：《德里达中国讲演录》，41 页，北京，中央编译出版社，2003。
② Derrida, *De la Grammatologie*, Les Éditions de Minuit, 1967, p. 80.
③ Ibid. , pp. 55-56.

　　德里达谈到了自己的解构与弗洛伊德压抑理论的关系。他表示，尽管有一些表面上的相似，解构逻各斯中心论并不意味着对哲学进行一种心理分析。德里达确实有一些类似于弗洛伊德的表述，确实谈到了压抑之类的现象：他"分析自柏拉图以来的对文字的历史抑制和压抑"，认为"这种抑制构成了作为知识型的哲学的起源，作为逻各斯与声音的统一的真理的起源"；但是，他同时告诉我们，应该注意到的是"抑制而非忘却"，是"抑制而非排斥"，也就是说，"抑制没有撇开、放逐、排斥某一外来力量，它包含的是在自我之内勾勒一种压抑空间的内在表象"，而且这种抑制也是一种"不成功的抑制"，它"处于历史的解体中"①。探讨声音与文字的关系并不是要简单地论及压抑与反压抑的关系，而是要处理文化内部的张力，即内部力量之间的"延异"关系。德里达对弗洛伊德的理论进行转化，在对其概念做适度的理论上的保留的同时，注意到"它们毫不例外地完全隶属于形而上学的历史，也即属于逻各斯中心论压制系统"②。

　　在逻各斯中心论传统中，文字只是某种"边缘"因素。这是西方哲学根据二元对立原则看待世界而造成的：心灵与身体、善与恶、男性与女性、所指与能指、语音与文字、在场与不在场都是对立的，而且有等级上的不同：前者高于后者，好于后者；优先的一方属于逻各斯，次要的一方属于文字。在这种区分中，文字实际上代表一切衍生的、边缘性的因素。逻各斯可以"言说"，而文字只能保持"沉默"。逻各斯中心论要压

---

① Derrida, *L' Écriture et la Différence*, Éditions du Seuil, 1967, p. 293.
② Ibid., p. 294.

制文字，因为文字是外在的、死的，并且它力图让内在的、活的语音死去。文字一直被看作是一种喜欢暴力的外来力量，一种死亡力量。语音是第一位的，文字是第二位的，但文字并不满足于派生地位，总是力图透过暴力颠覆活动来瓦解内在的宁静与和谐。于是，为了维护这种活的内在系统，文字就应当排斥死的、外在的东西。问题的关键在于，传统哲学并没有把文字抛在一边，而是不断地利用文字，利用这种对它既有用又具有威胁的工具。

无论如何，从总体上看，哲学作为一种用文字表达出来的东西，却始终在对文字进行贬低。比如，柏拉图和卢梭都著述颇丰，但却强烈地贬低文字。以文字的方式贬低文字，这是一种悖论，就其实质而言，它无疑表现为某种权宜之计。因为这种原因，"尽管西方哲学史中存在着那些差异和断裂，逻各斯中心论的主题却是恒常的：我们在所有地方都能找到它"①。德里达尤其提到了柏拉图、笛卡尔、康德、胡塞尔、海德格尔等人。在他看来，无论后辈对于前辈的批判，还是同辈之间的分歧，都不能瓦解他们在忠于逻各斯中心论范围内的密切一致，都不能掩盖他们回到希腊根基的"自然倾向"。然而，尽管哲学力图"成为放之四海而皆准"的东西，力图成为"普遍性"，尽管它"不简单的是一种话语或各种思想中的一种"，但是德里达还是相信，"哲学并非全部思想"，毕竟"非哲学的思想，超出了哲学的思想是可能存在的"；他同时承认，解构"从某种角度来说正是关于哲学的某种非哲学思想"②。

---

① ［法］雅克·德里达：《书写与差异》上册，"访谈代序"，11页，北京，生活·读书·新知三联书店，2001。

② 同上书，"访谈代序"，12页。

在德里达的游戏性读解中，传统哲学家对文字的贬低在不知不觉中消除了。这是因为，声音与文字不过是语言的两种载体，它们各得其所，各有所长，都是"原文字"的表现形式，它们始终处于"增补"游戏的链条之中，并因此成为非实体性的。如果说声音丧失了优势，这并不意味着文字会取而代之，正像弗洛伊德并不是要让力比多压倒意识一样，文字也并不因此会反过来排斥和压制声音。真正说来，德里达不仅要看到差异，而且还要让差异运作起来，他看到的是对立面之间的过渡关系。在《丧钟》中，通过将哲学大师黑格尔和文学大师日奈（Genet）并置，德里达开启的是哲学与非哲学，尤其是与文学之间的交融。他自己曾经表示，该书既非哲学作品，也非诗学作品，它其实意味着两者相互污染，并因此导致哲学和文学都不纯洁，从而通向某种在两者之外的选择。① 通过对哲学文本的文学阅读，通过对文学文本的哲学阅读，他尤其破除了哲学的"纯洁"，消解了哲学的"目标"。他要告诉我们的是，必须面对异质性，必须把差异的游戏进行下去，而不是维持某种静态的对立。我们在前面已经谈到德里达对福柯关于理性与疯癫关系的评论，他坚持认为笛卡尔没有特别地排斥疯癫。也就是说，疯癫其实与感性、睡梦、幻觉同命运。我们现在还要指出的是，在他看来，就算存在着理性与疯癫的对立，这种对立也不是特别地发生在古典时期。

在福柯眼里，希腊逻各斯"没有对立面"，在文艺复兴时期理性还能够容忍非理性与疯癫，但在古典时期，疯癫作为非理性的典型代表受到

---

① Kearney，*Dialogues with Contemporary Continental Thinkers*：*The Phenomenological Heritage*，Manchester University Press，1984，p. 122.

了理性的完全、彻底的排斥。按照德里达的推论，可以得出福柯本人没有做但会承认的一个预设："希腊逻各斯没有对立面，总而言之就是说，希腊人直接拥有基本的、原初的和未分化的逻各斯，在那里，全部一般矛盾、全部战争（这里所说的一切纷争）都只是在后来才出现。"[1]但德里达却表示，"福柯打算在其书中描写的那个排斥结构不是伴随古典理性诞生的。它在哲学中历经许多世纪才获得实现、确认和稳定。它乃是全部哲学史和全部理性史的关键。从这一点看，古典时代既没有特殊性也没有优先性"[2]。很显然，德里达并不特别地看重现代性问题，而是力图从整个西方传统的角度来考虑异质性问题。所以，他认为，应该一般地假定"理性有其对立面，有一个理性的他者"[3]。也就是说，在西方哲学文化中，疯癫等非理性经验自始至终都作为他者存在着：逻各斯中心论形而上学所固有的自我在场观念"依赖于与他性的对立关系"，换言之，"同一预设了异质性"[4]。他尤其注意到犹太—基督教这一"异质因素"。虽然说它大体上已经被希腊化了，但它曾经是、后来仍然是某种异质的力量，某种动摇哲学文化的自身封闭的力量，"我们可以争辩说这些原创的、异质的犹太教和基督教因素从来都没有被西方形而上学完全消除。它们在整整几个世纪中延续下来，威胁和动摇着西方哲学的确信无疑的'同一'。因此，对于希腊逻各斯的反复解构从我们文化的初始

---

① Derrida，*L' Écriture et la Différence*，Éditions du Seuil，1967，pp. 63-64.

② Ibid.，p. 64.

③ Ibid.，p. 65.

④ Kearney，*Dialogues with Contemporary Continental Thinkers：The Phenomenological Heritage*，Manchester University Press，1984，p. 117.

时期就已经在运作了"①。

在德里达看来，哲学的异质性因素始终以边缘的方式存在着，他甚至认为"他者先于哲学"②。在《哲学的边缘》中，德里达以"细读"的方式关注哲学的"边缘"问题。但他"将"了自己一"军"，他问《哲学的边缘》是不是"哲学的边缘"？如果说"不是"，那么哲学在它那里尚未进展到"边缘"，就还有"中心"论题。但"中心"论题是什么呢？只能是"边缘"问题，"边缘"于是成了"中心"，这就导致了明显的悖谬。但如果说"是"，问题依然存在：对于这些"边缘"问题，我们是不是应当继续探讨，以怎样的方式探讨？因此得到的是同样的悖谬。其实，不管怎样，探讨都是没有止境的。这两种情况都表明：哲学处于某种"垂死"状态，我们永远无法用"生""死"二元对立来解释它。换言之，二元对立模式根本无法应用于"边缘"问题。传统哲学往往只听自己说（理性的独白），听不到外面的、异己的声音。现在，我们并不是要强制它倾听来自外面的声音，而是要让它的"耳朵""脱臼"，让它听出自己内部也有"杂音"和"异调"，从而产生某种新的"音响效果"：多音齐鸣或百家争鸣。

所谓"边缘"问题，就是为传统的理性哲学所忽略了的问题，诸如文字问题、神话问题、隐喻问题、作品风格问题、署名问题、前言与正文关系问题都在此列。凡是受到理智之光照耀的东西，凡是自明的东西都是正题、主题；然而，总是存在着一些晦暗不明的东西妨碍着理解，暗中破坏着逻各斯的纯洁。传统的做法是压制这些东西，根本不愿意倾听

---

① Kearney，*Dialogues with Contemporary Continental Thinkers*：*The Phenomenological Heritage*，Manchester University Press，1984，p. 117.

② Ibid. ，p. 119.

这些"边缘"因素的呼声。在德里达看来，不重视"边缘"问题是不可能的。形而上学体系内部既然有那么一些尚未驯服的东西，这座大厦也就时刻有崩塌的危险。这不是说批评家刻意去寻找纰漏，实在是因为这些"边缘"因素导致了文本的自身解构。立足于"边缘"因素重新读解哲学史而不是完全把它扫荡出门，应该说与它还"藕断丝连"。德里达并不准备为哲学"送终"，他还没有为哲学掘墓。他只是要揭露哲学的"老底"，消解哲学的自大、自傲，并让它走出自我封闭的圆圈。所谓"哲学的终结"只不过是一种"诗意的比方"，只不过是要求文化多元共存的一种呼声而已。我们可以宣称哲学的某些方面已经或正在消逝，但我们也确信它在不断地长出嫩芽和新枝。

在德里达看来，哲学其实从来都没有真正忽略"边缘"问题，但它往往囿于自身的立场来处置。它自信能够把自身之外的东西纳入自身范围之内，让它们受到自己的支配。哲学话语"总是倾向于相信自己主宰着边缘"，它"根据全部可能的样式认识、构想、设定、拒绝边缘，从而趁机更好地处置它、逾越它"，它自身的边缘"必定不会对它保持为其外在"，它"因此把这一概念据为己有"，它"相信它控制了自己容器的边缘，并思考它的他者"①。他这样写道："哲学总是坚持这一点，思考它的他者。它的他者，即那限制它的东西，它在自己的本质、定义和生产中扬弃的东西。思考它的他者，仅仅是要去扬弃它所扬弃的东西，是要去开启它的方法步骤而不是超越边界？或者，这边缘总是倾斜地、出奇

---

① Derrida，*Marges de la Philosophie*，Les Éditions de Minuit，1972，p. l.

不意地为哲学知识留下了又一次打击？边缘或通道。"①很显然，在进行哲学"内部关系"的清理过程中，德里达看到的是"边缘"在传统哲学中的双重性质，它既在内又在外。尽管如此，哲学从总体上有其执着的信念，它更多地认同于自己的传统，而不是让自己滑向"边缘"。在黑格尔及此前的哲学家那里，认同传统显然不成为问题。哲学家始终不断地追求对起源的接近，其间出现的偏差和求异倾向不过是一些"意外"。而在黑格尔之后，伴随着"哲学终结论"的喧嚷，开始出现了一些新的情况。尽管如此，主导性的倾向并没有发生根本的改变。

　　面对这种情形，考察西方文化内部的哲学与非哲学关系，不得不开始求助于西方文化与非西方文化的外部关系。在德里达对列维纳斯"异质思维"的思考中，我们尤其看到的是这一方面。德里达和列维纳斯都属于犹太血统，接受的又都是西方教育，因此他们的思想中存在着哲学与非哲学的内在张力。德里达试图把列维纳斯思想纳入哲学终结论的背景下进行思考。他表示：哲学不管昨天已经死亡，还是知道自己处于垂死状态；不管是有朝一日会在历史中死亡，还是始终经历着末日；不管其死亡能够还是不能够为思想提供空间，这一切都是一些本身"不含答案的问题"，是哲学"不能解决的问题"②。这其实表明"哲学终结论"并不是一个简单的口号。问题还得诉诸哲学的历史，尤其应该关注哲学家们与希腊传统的关系。德里达以胡塞尔和海德格尔为例表明，欧洲哲学家或西方哲学家其实有三个不言而喻的共同意向。首先，"整个哲学史

---

① Derrida, *Marges de la Philosophie*, Les Éditions de Minuit, 1972, p. l.

② Derrida, *L' Écriture et la Différence*, Éditions du Seuil, 1967, p. 118.

是从希腊源头出发获得思考的"，虽然胡塞尔把柏拉图看作是哲学理性
和哲学任务的建构者，而海德格尔相反地认为柏拉图标志着存在思想在
哲学中被忘却并获得规定的环节，"他们之间的这种差异只因为其共同
的希腊根基才变得具有决定性"，而且"这种差异在全都服从相同主宰的
后代子孙中亲如手足"。其次，他们两人从各自不同的路径引入了关于
差异的考古学，然而他们"每次都规定了对形而上学的服从或超越，总
之，是对形而上学的还原，尽管这个姿态在他们各自那里甚至表面上有
着非常不同的意义"。最后，"伦理学范畴在他们那里不仅是与形而上学
截然分离的，而且被赋予不同于它自身的另一种东西，被赋予某种在先
的、更根本的要求"①。

　　在德里达看来，胡塞尔和海德格尔的这三点共同意向其实也就是所
有哲学家的共同意向，换言之是哲学之为哲学的"主题"。任何所谓"哲
学"，要么承认这三个主题，要么就得放弃作为哲学的权利。它们"预先
规定了逻各斯和世界性历史哲学的状况之整体，任何想要动摇它们的哲
学都不能不以臣服它们开始，或者说都不能不以摧毁自身作为哲学语言
的身份告终"②。德里达要告诉我们的其实是，哲学家们从来都没有一
以贯之的明确立场，哲学始终在其发展中产生偏离，但任何偏离又都受
到无形的牵制。为了批判、攻击和解构哲学传统，我们必须确定自己的
立足点。但我们立足于何处？在哲学之内还是哲学之外？如果立足于哲
学之内，我们就无法动摇哲学的根基，因为一切都归属于内部分歧。如

---

① Derrida, *L' Écriture et la Différence*, Éditions du Seuil, 1967, pp. 120-121.
② Ibid., p. 121.

果立足于哲学之外，我们就无"权"去批判和攻击哲学。真正说来，哲学有其自身发展的逻辑。尽管它始终包含着一系列内部对立和分歧，但最终是能够克服它们的，它们只不过是进展过程中的迂回和曲折而已。比如，对于胡塞尔来说，"危机意识只不过意味着某种先验主题的暂时的、却几乎必然的恢复"；在笛卡尔和康德那里，"这个先验主题本身已经开始去实现哲学作为科学的那个希腊构想"；而在海德格尔那里，"当他说思想长期以来、太长期以来处于干涸状态，就如同鱼儿上岸离水时，他要还给思想的元素仍然是希腊的元素，是关于存在的希腊之思，是由希腊人涌现和召唤的存在之思"①。这样说来，所有哲学形态，甚至包括走在后现代途中的海德格尔哲学，都以回到希腊为目标。德里达接受海德格尔解构西方哲学的努力，但他认为海德格尔最终还是一个思乡的游子，他"思乡般地渴望恢复专名，恢复存在的独特名称"②。

当然，在这一主流大潮中，确实也出现了某些突破这种回归希腊的努力，最重要的理论就是列维纳斯的他人哲学。相对于各种回归的努力，这一哲学以求异姿态给予我们以强烈的震撼，"在干涸深处，在不断扩大的沙漠中，这种从根本上不愿意再成为存在之思和现象性之思的思想，使我们对一种前所未有的解主题化和解占有充满梦想"③。列维纳斯先后受到胡塞尔的现象学认识论和海德格尔的现象学存在论的影响，本应追随他们回归希腊，现在却要走出希腊。这样一来，他仅仅局

---

①　Derrida, *L' Écriture et la Différence*, Éditions du Seuil, 1967, p. 122.

②　Kearney, *Dialogues with Contemporary Continental Thinkers：The Phenomenological Heritage*, Mnchester University Press, 1984, p. 110.

③　Derrida, *L' Écriture et la Différence*, Éditions du Seuil, 1967, p. 122.

限于"内部关系"就不够了，必须同时考虑"内外关系"。德里达注意到了列维纳斯在对待前述三个主题上与胡塞尔、海德格尔的差异，并借以展开他本人关于绝对他性的思考。第一，列维纳斯思想呼吁我们从"希腊逻各斯"中脱位，从"我们的同一性"中脱位，甚至从"一般同一性"中脱位；呼吁我们离开"希腊场域"，甚至离开"一般场域"，以便通向"某种既非源头也非场域"的地方，通向"某种呼吸"，通向"某种先知言语（不仅在柏拉图之前，不仅在前苏格拉底之前，甚至在所有希腊源头那里就已经呼出）"，通向"那个希腊的他者"①。但是，德里达要提出的相应问题是，希腊的他者是否就是非希腊的呢？尤其是它能否自命为非希腊的呢？第二，这种思想仍然打算在其最初的可能性中把自己定义为形而上学，但它打算扬弃形而上学的从属关系，想恢复这个概念来对抗整个出自亚里士多德的传统。② 问题在于，这种形而上学与希腊形而上学是相同的还是不同的？它能够达到解主题化的功效吗？第三，这个思想要从形而上学中呼唤伦理关系——与作为无限—他者的无限、与他人的非暴力关系，因为只有这种伦理关系能够打开超越的空间并解放形而上学。③ 这里涉及无限与整体的关系，德里达力图把无限看作是"延异"所要表达的东西，也就是说，和"延异"一样，无限乃是对黑格尔意义上的整体的突破。

在德里达看来，列维纳斯在很大程度上有别于哲学意义上的"希腊人"，尤其有别于胡塞尔和海德格尔"这两个仍然是希腊人的哲人"。这

① Derrida, *L' Écriture et la Différence*, Éditions du Seuil, 1967, p. 122.

② Ibid. , p. 123.

③ Ibid. , p. 123.

当然不是说列维纳斯就是一个真正的"犹太人"。其实，列维纳斯思想中包含着诸多含混的姿态，它的确不愿意回到希腊，但并没有因此完全脱离希腊并走向别处。正因为如此，它为德里达思考西方文化与非西方文化的关系提供了一个极好的范本。按照他的解读，这种思想"不想让自己认同于人们的所谓哲学明证性，甚至也不想去补充这种哲学明证性，但它无论如何也没有在其话语中将自己当作一种犹太神学或犹太神秘主义、一种教义、一种宗教，甚至一种道德来展开"，因为它"在最后时刻从不以希伯来论题或文本为权威依据"，它"要求通过诉诸经验本身而获得理解"，经验本身及在经验中最无法还原的东西是"朝向他者的通道和出口"，而"在最无法还原的他者中的他者本身乃是他人"①。希伯来与古希腊这两种源头，两种历史言说相互阐释、相互溢出，不存在向其中的一种螺旋式地回归的问题。于是，只有借助那种既依赖于哲学又超越于哲学的通道，德里达才能理解两者的关系，才能理解列维纳斯的思想。在接受访谈的时候，德里达表达了自己对两希关系的独特看法。他认为，引述乔伊斯在《尤利西斯》中的"希腊犹太即犹太希腊"来思考两者的关系是根本性的，但他本人的思想既非希腊的，也非犹太的。② 列维纳斯的思想中并没有明确的犹太指向，德里达迷恋于列维纳斯的理智生涯也并非因为他是犹太人，而是因为他"作为现象学家的哲学话语与作为塔木德阐释者的宗教语言之间的某种谨慎的连续"，真正说来，"一开始就让我最感兴趣的列维纳斯是一个致力于研究现象学并向现象学提出

---

① Derrida, *L'Écriture et la Différence*, Éditions du Seuil, 1967, p. 123.

② Kearney, *Dialogues with Contemporary Continental Thinkers: The Phenomenological Heritage*, Manchester University Press, 1984, p. 107.

他者问题的哲学家"①。

无论如何，列维纳斯开启了某种走出希腊中心的尝试。德里达认为，"走出希腊"在《胡塞尔现象学中的直观理论》一书中已经暗中获得预先思考。② 也就是说，在其研究胡塞尔的直观理论，同时也接受海德格尔的影响，从而明显处于现象学视域内的时期，列维纳斯已经暗中开始了从希腊传统中偏离。从柏拉图到胡塞尔，哲学坚持的是一种理论的姿态，"理念"这个概念所包含的理智直观或心灵洞察的观念主宰着哲学，这意味着哲学受制于"光"，而"步柏拉图后尘的现象学应该比所有其他哲学都要更多地受到光芒的照耀"，因为它"未能消除那种最后的幼稚，即注视的幼稚"，它"预先把存在规定为对象"③。我们在前面的有关章节中已经提到，柏拉图的"理念"（形式、相）意味着"看"，但这里的"看"是理智直观，是心灵之"看"，而非眼睛之"看"。列维纳斯明显否定对他人的"看"，不管像胡塞尔那样从认识论上"看"，还是像海德格尔那样从存在论上"看"，最终都会把他人对象化。这意味着"看"以"光"为前提，看的暴力其实就是"光"的暴力。这里的"光"就是理智之光，即笛卡尔所说的自然之光，其实就是理性，"光"的暴力也因此是理性的暴力。在存在之思的历史中，认知（savoir）、拥有（avoir）和权力（pouvoir）都以看（voir）为基础，因此都意味着自我针对对象的支配，都意味着回归自我与自我的关系，回归同一，并因此否定他者和差异。

---

① Kearney, *Dialogues with Contemporary Continental Thinkers*：*The Phenomeno-logical Heritage*, Manchester University Press, pp. 107-108.

② Derrida, *L' Écriture et la Différence*, Éditions du Seuil, 1967, p. 125.

③ Ibid. , p. 126.

就像从前的哲学形态一样，现象学和存在论仍然意味着"理性的独白"，意味着"光的孤独"，现象学和存在论"没有能够尊重他者的存在和意义"，因此"变成暴力的哲学"，而"透过它们，整个哲学传统也在其意义中、在其深处与同一的压迫和集权不可分割地联系在一起"①。确实，整个哲学传统都根据理性原则否定了他者的地位，尤其否定了其他文明具有的哲学地位。在《论文字学》中，德里达引述了三段涉及文字问题的"文字"作为题记，他从中看出的是逻各斯中心论所包含的种族中心论倾向。其实，黑格尔所说的"表音文字在己为己地最具智慧"就足以表明这一点。德里达写道，"由这三段文字构成的题记并不仅仅集中关注时时处处都支配着文字概念的种族中心论；它也不仅仅集中关注我们所谓逻各斯中心论：拼音文字（比如，字母文字）的形而上学，由于某些谜一般的但实质性的且不为某种单纯的历史相对主义所理解的理由，其实已经成为最原始和最强烈的种族中心论，如今将以单一秩序进行支配的方式强加给全球"②。表音文字的形而上学忘记了自己的出生地，不断拓展自己的边界并向全世界施加其决定性影响。德里达虽然较少直接探讨现代性问题，他其实应该注意到了，正是伴随着现代性进程，尤其是科学技术的发展，欧洲中心论获得了前所未有的"胜利"。当然，这不是说哲学本身或者形而上学取得了直接的胜利，而是以间接的方式获胜了。正如海德格尔在反思哲学的命运时看到的，哲学本是精神世界的灵魂，但它却未能征服整个世界，没有成为世界精神。不过，哲学逊位于自己的

---

① Derrida，*L' Écriture et la Différence*，Éditions du Minuit，1967，p. 136.

② Derrida，*De la Grammatologie*，Les Éditions de Minnit，1967，p. 11.

合法继承者科学技术，恰恰表明哲学的遗产不仅可以留给西方人，同时还会普遍地主宰世界。海德格尔说道："哲学之终结显示为一个科学技术世界以及相应于这个世界的社会秩序的可控制的设置的胜利。哲学之终结意味着植根于西方—欧洲思维的世界文明之开端。"①人们可能会拒绝作为"意识形态"的哲学，却能够接受"客观"的科学。问题在于，人们忘记了，科学乃是哲学家族的后裔，乃是全部哲学遗产的"理"所当然的传承者。

真正说来，欧洲中心论在不同时期有不同的表现形式，其中也出现过超越的努力，但最终还是没能跨越特定的界限。德里达告诉我们，直至 16 世纪，西方人还认为他们自己的表音文字是神亲手创造的最古老的文字。在 17 世纪，欧洲出现了某些抛弃"神学偏见"的努力，因为西方人开始认识到文字的多样性，"不足为怪，必然的离心化随着非西方文字成为可读的而产生"，只是在他们"认识到了文字系统的多样性之后"，只是在他们"为它们确定一种历史之后"，他们"才接受字母的历史"②。但是，这种最初的离心化是有很大局限性的。我们在关于语言问题的部分已经谈到，莱布尼茨试图以汉字为蓝本建立一种"普遍文字"，其工作在逻各斯中心论之内打开了一个缺口，但这丝毫没有中断逻各斯中心论。我们现在要说的是，按照德里达的意思，这种文字理想在一定程度上承认了异质因素，并打算借助异质因素来消除欧洲中心论的"神学偏见"，但却没有能够真正地做到。普遍文字理想只是逻各斯中

---

① ［德］海德格尔：《面向思的事情》，61 页，北京，商务印书馆，1996。

② Derrida，*De la Grammatologie*，Les Éditions de Minuit，1967，p. 112.

心论进程中的一段插曲，引进外来的东西丝毫不会改变其性质。莱布尼茨等人把汉字看作是一种理性的、哲学的文字，力图把它纳入理性主义的秩序中，显然没有承认它的真正独特性或异质性。这样一来，"汉字概念只是作为一种欧洲人的幻觉起作用"①。我们可能会认为西方文化是理性主义的，东方文化是神秘主义的，普遍文字理想却试图贯通两者。这其实意味着西方人"以己度人"，试图让"理性主义与神秘主义之间有某种共谋"，如此一来，"他人的文字每次都被纳入自家的方案"②。

尽管如此，德里达还注意到了这一点：理性主义传统从一开始就不纯洁，因为它始终在借助一些神秘的、外来的东西，尤其是借助一些来自东方的隐喻。从表面上看，自柏拉图到黑格尔，理性主义传统一直在抗拒隐喻的侵蚀，即使隐喻不可避免地在发挥作用，哲学家们也视而不见，或者说有意无意地把它纳入逻各斯的规范中。但是，自从理性主义的集大成者黑格尔去世以来，随着各种反（非）理性主义的兴起，哲学家们不再对隐喻置之不理，而是开始把它看作是哲学文本的一个重要方面。德里达发现，哲学文本中实际上充斥着隐喻，而且，隐喻不是偶然地出现在哲学文本中的。真正说来，没有隐喻，就没有哲学文本。哲学家们有意无意地使用隐喻，用以帮助阐明自己的观点和立场。我们在说"有意地使用"隐喻时，是指他们认识到了隐喻的力量，并运用它来服务于逻各斯；而说"无意地使用"时，指的则是隐喻在暗中起作用，并因此不断瓦解他们的"本意"。似乎还存在"活的隐喻"与"死的隐喻"之分，前

---

① Derrida, *De la Grammatologie*，Les Éditions de Minuit，1967，p. 119.
② Ibid.，p. 120.

者指的是隐喻还在产生作用的情形，而后者则与它被耗尽联系在一起。无论如何，整个哲学语言在其使用中都是隐喻性的，隐喻的力量已经渗透在哲学交流中，哲学家们甚至在"滥用"隐喻。

德里达在标题为《白色神话学》（*La Mythologie Blanche*）的长文中探讨了隐喻的地位问题。柏拉图文本中的"日喻"是西方哲学史或理性主义传统中最根本的隐喻，其实质是把"善"这一最高理念比作太阳。按德里达的看法，柏拉图哲学的最大秘密，其实就是要借助"日喻"这一最大的隐喻来消除隐喻。理性即太阳，太阳神阿波罗即理性之神。我们感知世界需要光源，认知理念世界也是如此。我们必须获得理智之光，我们因此应当崇拜理性的太阳。于是，理性在西方人（白种人）那里成为一种解释一切的神话。具体地讲，"白色神话学"即西方人的形而上学（哲学）。德里达写道："形而上学——集中反映西方文化的白色神话学，白种人把自己的神话，印欧神话，他的逻各斯，即他的方言的神话当作是他仍然愿意称为理性的东西的普遍形式。"[1]在这种形而上学中，理性排斥非理性，西方排斥非西方。在德里达的批评性读解中，这种理性神话既是西方人的防御机制，又表明了西方人的自以为是和故步自封。

理性是普遍原则，是绝对权威，一切其他形式都应当在理性的法庭中接受审判。理性自己是不容驳斥的，没有什么证据可以驳倒它，因为它只倾听那些于己有利的证据。假如挑战来自理性内部，这显然是局部问题，不会影响整体；假如挑战来自理性之外，它会自我辩护并声称，"你无法说服我，如果你根据理性的规则进行推理，我很容易反驳你的

---

① Derrida，*Marges de la Philosophie*，Les Éditions de Minuit，1972，p. 254.

证明"①。也就是说，你要挑战我，先得服从我的原则。这显然是一种诡诈，既然服从了理性这一大的原则，还有什么话可说呢？这表明了某种"不对等"。然而，德里达注意到，"这种日喻总是在自我扬弃"，它"总是会变成某本书中的干枯的花朵"②。德里达其实从"白"色神话中看到了西方哲学传统的致命弱点，它仿佛成了苍"白"的神话。白色神话学显然既意指理性神话是"白"种人所固有的、独有的，又意指它是苍"白"的、无力的。这是德里达字词游戏的一大杰作。

然而，这并不仅仅是一个字词问题，由洁"白"、清"白"到空"白"、苍"白"的过渡（度）是很有意味的：理性的自我辩护与防御机制是靠不住的，是挡不住攻击的，把理性作为公则是没有"理性根据"的。事实上文明世界的神话是五"光"十"色"的，并不局限于自然之"光"和单调的"白"色。不仅如此，五颜六"色"的存在及其混杂，使得逻各斯一开始就不"清"不"白"，使得它有许多需要填补的空"白"。柏拉图经常借用来自东方的神话，他的"白"色神话也因此早就变"色"了。在他的作品中，哲学原则和神话是契合的。德里达甚至认为，在苏格拉底和柏拉图那里，理性与非理性是经常转换的，逻各斯本来就有非理性的一面："这里应该谈到活的逻各斯的'非理性'，其陶醉人的、让人着迷的、炼金术般变幻的力量，这种力量使它与巫术和魔法联姻。"③理性并不高贵，它有其卑微的出身，正像理性之父苏格拉底出身卑微（其父为石匠，母为产婆）一样。解构性地读解柏拉图的日喻，意味着对西方理性主义进行全面的重

① Derrida, *Marges de la Philosophie*, Les Éditions de Minuit, 1972, p. 254.

② Ibid. , p. 324.

③ Derrida, *La Dissémination*, Éditions du Seuil, 1972, p. 143.

估。当然，德里达不是要借助日喻和其他神话来颠覆理性，而是要说明西方文化一开始就是多元的、开放的，现在也理应如此。

一谈到德里达批判种族中心论或西方中心论，我们国内的一些学者就会想到他会"走向东方"或"心系中国"，这其实是一个天大的误解。他自己曾经表示，"我经常参照非声音中心的文字，比如中国文字，就是说我不相信，也不愿意说中国是欧洲中心的边缘，也不要中国变成中心"①。事实上，其他文化也需要面对解构，"每一种文化和社会都要求一种作为促进其发展的一个实质性部分的内在批判或解构"，因为"每一种文化都被它的他者纠缠着"②。很显然，德里达着力强调的是文明间或文化间的异质性，非西方被看作是西方的绝对他者。他似乎不含偏见地对待各种文化。然而，细究起来，这里的"他者"免不了受到贬抑，因为它代表的乃是哲学的他者，一种没有上升到哲学层次的他者。真正说来，德里达本人对种族中心论的批判并没有因此走出西方人的视域。正像他认为莱布尼茨的普遍文字理想没有摆脱种族中心论，列维-斯特劳斯的人类学工作是一种"反种族中心论的种族中心论"一样，他本人依然处于种族中心论的阴影之下。斯皮瓦克在谈到《论文字学》时表示："逻各斯中心论与种族中心论的关系在题记的第一句话中就间接地包含了。然而，悖谬的是，差不多是以一种颠倒的种族中心论的方式，德里达坚持逻各斯中心论为西方的特产。他在其他地方经常提到，以至于引用乃

---

① 杜小真、张宁主编：《德里达中国讲演录》，46 页，北京，中央编译出版社，2003。

② Kearney, *Dialogues with Contemporary Continental Thinkers*：*The Phenomenological Heritage*，Manchester University Press，1984，p. 116.

是多余的。"①在她看来，中国或东方在德里达的文本中从来都不具有重要意义，"尽管在第一部分中谈到了对西方的东方式偏见，但东方在德里达的文本中从来没有获得认真的研究和解构"②。确实，德里达文本中偶尔提及的中国文化或汉字其实只是起润"色"或修饰作用。

德里达非常明确地认定，哲学虽然自称是普遍的，它其实是一种欧洲式的思维方式，是一种不断扩张其影响的特定思维。在接受海德格尔的影响后，他认定"哲学本质上不是一般的思想，哲学与一种有限的历史相连，与一种语言、一种古希腊的发明相连：哲学首先是一种古希腊的发明，其次经历了拉丁语与德语的'翻译'的转化等等，它是一种欧洲形态的东西"③，是"一种特殊的希腊—欧洲式的东西"④。从表面上看，他在限制哲学，其实骨子里却有着说不出的优越感。我们前面讲到，梅洛-庞蒂克服黑格尔和胡塞尔的偏见，承认中国和印度有哲学，而且这种哲学具有存在论指向，而德里达却回到了传统的偏见中，他明确认为"存在论是西方传统文化的主题"，而中国"没有存在论传统的文化"⑤。他进而认定这样一个"死理"：非西方世界最初是没有哲学的，如果说后来有了所谓哲学，那也一定是引进的。他这样说道："在西欧文化之外存在着同样具有尊严的各种思想与知识，但将它们叫作哲学是

---

① Spivak, "Translator's Preface", in Derrida, *Of Grammatology*, The John Hopkin Universtity Press, 1978, p. lxxxii.

② Ibid., p. lxxxii.

③ ［法］雅克·德里达：《书写与差异》上册，"访谈代序"，10 页，北京，生活·读书·新知三联书店，2001. 引文有改动。

④ 杜小真、张宁主编：《德里达中国讲演录》，82 页，北京，中央编译出版社，2003。

⑤ 同上书，158 页。

不合理的。因此，说中国的思想、中国的历史、中国的科学等没有问题，但显然去谈这些中国思想、中国文化在穿越欧洲模式之前为中国'哲学'，对我来说则是一个问题。而当它引进了欧洲模式之后，它也就变成欧洲式的了，至少部分如此。这也是马克思主义、中国式马克思主义问题的来源等。我想要说的是我对这种非欧洲的思想绝不缺乏敬意，它们可以是十分强有力的、十分必不可少的思想，但我们不能将之称为严格意义上的'哲学'。"①"不合理"一词在这里用得也实在是太妙了，因为我们前面讲到，德里达对西方人要求非西方人依据理性进行争论的霸权逻辑是持保留态度的。

就海德格尔以"思想"取代"哲学"②，而德里达本人称解构为"思想"而言，把非欧洲文化归属于"思想"范畴也不算贬抑。但否认一个民族具有哲学精神无论如何不可能是"褒"而只能是"贬"。德里达承认西方有其局限，因此要借助他者，但他更为推崇的还是自己的传统。他明确表示："我的解构工作是从指出西方希腊哲学、欧洲思想的局限开始的，但同时又尊重西方哲学这份遗产。"③他还表示，应该尊重其他思想，包括其他语言，但这依然脱离不了以自己为立足点。他就翻译问题表示，"我爱自己的语言，但正是因为我爱它，我才应当尊重别人的语言，我

① ［法］雅克·德里达：《书写与差异》上册，"访谈代序"，10 页，北京，生活·读书·新知三联书店，2001。引文有改动。

② 我们从海德格尔的《哲学的终结和思的任务》这样的标题中可以明显地看出这一点，有关具体论述请参见海德格尔的《面向思的事情》（58～76 页，北京，商务印书馆，1996）。

③ 杜小真、张宁主编：《德里达中国讲演录》，84 页，北京，中央编译出版社，2003。

赞成拯救一切语言"；在他看来，把一种文化的作品完全不加改变地搬到另一种文化中是不可能的，"要去翻译，但翻译不等于确保某种透明的交流"，翻译应当是"去写具有另一种命运的其他文本"，译本"是另一个历史，另一本书"①。译者显然有意或无意地根据自己所处文化的情形，增添许多新的东西，尽管这并不完全建立在主观的基础之上。德里达经常说到的"读就是写"在这里成了"译就是写"。不过，德里达在这里其实有一个无法克服的矛盾：引进到中国的马克思主义究竟是西方的还是中国的？如果是中国的，它承认了"译就是写"，但中国不就有了哲学，至少有了中国特色的马克思主义哲学？如果是西方的，它虽然表明了欧洲模式的引进导致了中国的"西化"，但却否定了"译就是写"，或者说否定了译文自有其命运的论点。

---

① ［法］雅克·德里达：《书写与差异》上册，"访谈代序"，24～25 页，北京，生活·读书·新知三联书店，2001。

结束语 | ## 当代法国哲学的整体图景

我们用"此在形而上学"来表达包括当代法国哲学在内的整个西方当代哲学的基本样态。我们承认，在诸如"哲学终结论""拒斥形而上学"之类的喧嚷中，依然谈论或维护某种形式的形而上学似乎不合时宜，但用"反形而上学"或"非形而上学"来概括我们所说的后期现代哲学和后现代哲学也确实不那么恰当。应该说科学主义思潮一度有比较明显的"反"形而上学倾向，但后来也发生了重大变化，以至于有人断言，在分析哲学的最新发展中，"形而上学已经恢复了它的中心地位"①。事实上，自20世纪80年代以来对心智哲学

---

① 参见苏珊·哈克为"当代世界学术名著哲学系列"丛书所写的总序，由中国人民大学出版社于2008年出版。

的普遍关注表明，当代分析哲学要完全摆脱传统是不可能的，因为"心身关系问题"乃是"存在论问题"①。而在人本主义思潮中，最基本的情形是对形而上学进行各种各样的"解释"与"解构"，它们大体上可以被放在康德意义上的"批判"的名下，其出发点不是置形而上学于死地，而是重新清理形而上学的谱系，发掘其更为丰富的内涵，从而始终与形而上学藕断丝连。如此说来，形而上学并没有终结，而是以某种或者说某些新的形式出现在人们面前。

我们不妨主要从人本主义思潮的角度进行一番清理。海德格尔的现象学以还原、解构和建构为其环节，它为我们展示了形而上学的丰富内涵，尤其揭示了主体形而上学的秘密。从"哲学的终结与思的任务"这类话题来看，他确乎在告别形而上学；而从他认定形而上学的基本问题是"究竟为什么存在者存在而无反倒不存在"②来看，他的思想，尤其是关于存在与存在者区分的思想仍然是形而上学的。海德格尔说尼采是最后一个形而上学家，最后一位柏拉图主义者，而德里达却说，"显然，人们对于海德格尔本人，对于弗洛伊德，以及其他一些人，也都可以这样来看待"③。德里达要把形而上学这顶高帽也赠送给海德格尔，这并非出于偶然。确实，他把胡塞尔和海德格尔都置于形而上学的边缘：他们都在进行某种告别形而上学的尝试，但却始终与之有着剪不断的牵连，

---

① Churchland, *Matter and Consciousness*, The MIT Press, 1994, p. 2.

② ［德］海德格尔：《形而上学导论》，3页，北京，商务印书馆，2005。引文将"在"改译为"存在"。

③ Derrida, *L' Écriture et la Différence*, Éditions du Seuil, 1967, p. 413.

因为"现象学批判形而上学就其实际而言只是为了恢复它"①。列维纳斯也认为海德格尔没有摆脱形而上学，他在谈及后者对于在场形而上学的批判时表示，"海德格尔在欢呼在场形而上学终结的同时，继续把存在看作是即将到来的在场"，而且此在概念也意味着"过去、现在和将来的共同在场"②。

萨特同样没有摆脱形而上学，因为他的哲学出自对黑格尔、胡塞尔和海德格尔哲学的人类学读解。德里达在谈到萨特时表示，"就它描述人的实在的结构而言，现象学存在论是一种哲学人类学"，不管"这种海德格尔—胡塞尔—黑格尔式的人类学"相对于"经典人类学"有多么明显的断裂，"一种形而上学的亲密性并没有中断"③。萨特确实没有摆脱形而上学，他在批判笛卡尔的心身二元论的同时，恢复了黑格尔思想中的"在己"与"为己"，以及"为我"与"为他"的二元对立。但是，德里达本人是不是远离了形而上学呢？他的解构思想与传统形而上学依然有着牵连，这种关系可以用"边缘或过渡"（limite 或 passage）④来表示。也就是说，这是一种过渡（度）关系，一种倾斜的关系，而不是一种正面关系。德里达至少还停留在"哲学的边缘"或者说"形而上学的边缘"。我们从这段话中可以明白德里达的基本立场："一方面强调瓦解形而上学的那种必要性，另一方面强调无须否定哲学，也无须去说哲学已经过时。这正

---

① Derrida, *Marges de la Philosophie*, Les Éditions de Minuit, 1972, p. 187.

② Kearney, *Dialogues with Contemporary Continental Thinkers: The Phenomenological Heritage*, Manchester University Press, 1984, p. 56.

③ Derrida, *Marges de la Philosophie*, Les Éditions de Minuit, 1972, p. 137.

④ Ibid., p. i.

是困难的来源，我一直就处在这种困难之中，（我承担，而且也接受的）这个困难就在于解构哲学又不瓦解它，不要轻易打发它或剥夺它的资格。我一直没有间断地处在这两极之间。"①

通常认为，解构以颠覆和反叛为特征，因此许多人一论及解构或德里达，言必称"反逻各斯中心论""反声音中心论""反在场形而上学"之类。其实，问题远没有那么简单。在《哲学的边缘》中，德里达明确表示，应该避免铭记在"反主义"（antisme）中的各种"反-"（anti-）形式的正面对抗、对立。② 在《论文字学》中，他告诉我们，"阅读要求至少在其轴线上是偏离经典历史范畴的：观念史的、文学史的范畴，或许尤其是哲学史的范畴"，但他接着说道，"不言而喻，围绕这一轴线，我们必须尊重经典范畴，或至少尝试这样做"③。在《立场》中，当谈到"终结"问题时，德里达则坦承，他"试图让自己维持在哲学话语的边沿"，而不轻易谈论"哲学的死亡"之类。④ 德里达当然不是传统哲学的固守者，但也不是其叛逆者，他有点像一个流浪汉。叛逆者不像固守者那样安居在原先的"家"中，但他总会找到一个新的"家"，而流浪汉不一样：一方面，他无"家"可归，但另一方面，他四海为"家"，因此占有开放的空间。作为一个解构批评家，德里达对传统文本尽其所用，但同时又加以变换和改造。流浪汉有其开放的逻辑：他既不说 either … or，也不说 both … and，

---

① ［法］雅克•德里达：《书写与差异》上册，"访谈代序"，4 页，北京，生活•读书•新知三联书店，2001。

② Derrida, *Marges de la Philosophie*, Les Éditions de Minuit, 1972, p. vii.

③ Derrida, *De la Grammatologie*, Les Éditionsde Minuit, 1967, pp. 7-8.

④ Derrida, *Position*, Les Éditions de Minuit, 1972, p. 14.

甚至也不说 neither … nor，然而，他与此同时并不抛弃如上任何一种。①

在哲学传统中存在着两极：一是建构，二是破坏。黑格尔和尼采分别是代表。黑格尔是设计和制造哲学、文化产品的工程师，致力于逻辑和知识体系的工程学建设。尼采是哲学、文化领域的爆破专家，他要拆毁已有的"上层建筑"。德里达对这两个人都表示过钦佩。我们在导论中提到，他认为自己始终无法超越黑格尔，每走一步都发现黑格尔等在前面，因此不应做一个反黑格尔主义者，而应当做"一个没有保留的黑格尔主义者"。尼采通常被认为是一个虚无主义者，但德里达却认可那个"肯定的"尼采、那个提倡生命主义的尼采。从总的情况看，德里达既不像黑格尔，也不像尼采，他并没有完全倒向任何一方。按照解构主义者米勒（Miller）的看法："解构主义既非虚无主义，亦非形而上学，而只不过就是作为阐释的阐释而已，即通过细读文本来厘清虚无主义中形而上学的内涵，以及形而上学中虚无主义的内涵。"②包括德里达在内的许多后现代哲学家的工作主要不是"守"与"护"，也不是"打"与"砸"，而是"抢"与"夺"：他们从哲学传统或文化传统中"抢""夺"各种有用的资源。

当然，我们不得不承认，20 世纪哲学，尤其是当代哲学的确在消解形而上学，至少在消解某些类型的形而上学。在从后期现代哲学向后现代哲学转折时，这种情形尤其得到了体现。正因为如此，当再用"形而上学"这样一个词汇的时候，我们就不免有些说不清道不明。如我们

---

① Ellis, *Against Deconstruction*, Princeton University Press, 1989, p. 6.
② 王逢振等编：《最新西方文论选》，167 页，桂林，漓江出版社，1991。

在《导论》中所说的，当代法国哲学集中体现了身体、语言、他者三大主题对主体形而上学的瓦解。然而，我们必须注意到的是，它们自身又成了形而上学的新主题。按照我们在前面各部分中的读解，不管法国后期现代哲学的人本主义传统还是法国后现代哲学的反人本主义传统，都围绕这三大主题展开。在人本主义传统中，身体始终是中心话题，他者问题和语言问题最初从属于身体问题，后来逐渐成为重要主题；在反人本主义传统中，语言问题一直居于核心地位，他者问题和身体问题最初从属于语言问题，随后逐渐成为重要的主题。"身体""语言""他者"是三个核心概念，但它们需要借助一些相关的概念来获得展开。我们在前面的探讨已经表明这一点：身体概念应该在主体概念的当代转换中进行理解，尤其应该注意到知觉概念和经验概念在界定身体主体时的意义；语言学转向在不同流派、不同哲学家那里表现得非常不同，语言问题也因此应该同时借助文本、文字及话语等概念来探讨；他者既涉及他人也涉及他物，最终表明的是"我"与他人之间、一种文明与另一种文明之间的差异，因此应该注意到他人、他者、他性三个概念之间的密切关联。

其实，关注这三大主题也是整个当代西方哲学的实际情形。简单地说，在探讨当代法国哲学的时候，我们时时处处都在借助当代德国哲学的资源，关于当代法国哲学的许多结论完全可以推广到当代德国哲学中去，以至于整个大陆哲学中去。当代法国哲学与英美科学主义或分析哲学传统似乎相去甚远，然而关于当代法国哲学的上述结论大体上说并不与之相悖。众所周知，语言学转向在分析哲学传统中最为明显，而其内部发展线索也最为清晰，甚至有些人在谈到语言哲学或者语言学转向时，特指的就是分析哲学传统中的情形。又比如，早期的分析哲学家们力图克服心身二元论，用"经验"这一中性的生理—心理要素把身心联系在一起，有点类同于现象学对"灵性化身体"和"处境化意识"的关注；而后来的分析哲学家则把心身二元论称为"笛卡尔神话"，认为它是"机器中的幽灵教条"，是"完全错误的"，它"在原则上而非在细节上是错误的"①，进而走向对心灵或意识的自然主义或生物学解释，这有点类似于结构主义和后结构主义对身体和文化的物化解释。② 就他人问题而言，分析哲学中存在着他心问题，也就是我们与我们自己之外的具有思想、感情和其他心理属性的人的认知关系问题：在早期分析哲学家那里，这一问题表现为以类比论证来确定他心认知的可能性与途径，而在后期的分析哲学家那里，这一问题则转变为他心认知的语言表述问题。③

---

① Ryle，*The Concept of Mind*，Penguin Books，1990，p. 17.

② 分析哲学家们关于心身关系问题的看法是多种多样的，一般说来，他们都主张抛弃传统的观念论、唯物论及二元论立场，但似乎并没有给出什么新解决。值得注意的当然是那些利用最新科学成就而提出的、带有自然主义倾向的解决身心关系的方案。比如，塞尔认为："'心身问题'的正确解决不在于否定心理现象的实在性，而在于正确地评价它们的生物学性质。"（Searle，*Intentionality：An Essay in the Philosophy of Mind*，Cambridge University Press，1983，p. ix）他进而表示，"意识是一种自然的生物学现象，它不那么容易与传统的心理和物理范畴中的任何一种合拍"（Searle，*The Mystery of Consciousness*，Granta publications，1998，p. xiv）。另有学者表示，"分析哲学从总体上是唯物论和经验论的"，而"分析的唯物论倾向于认为身体是一种相当复杂的物理客体"（Atkins，ed.，with commentary，*Self and Subjectivity*，Blackwell Publishing Ltd，2005，pp. 2-3）。这样的看法与结构—后结构主义的立场显然是非常接近的，都强调了身体的自然生理属性。

③ 可以参见牛津大学学者 Avramides 撰写的《他心》（*Other Minds*，Routledge，2001）。该书不仅详尽地分析了分析哲学传统的相关看法和争论（新笛卡尔主义与反笛卡尔主义之争），而且提供了从古代怀疑论（尤其是希腊怀疑论）到现代怀疑论（以笛卡尔为代表）、从唯理论（笛卡尔与马勒伯朗士）到早期现代经验论再到后期现代经验论[洛克、里德（Reid）、贝克莱（Berkeley）、密尔（Mill）、卡尔纳普、石里克（Schlick）、维特根斯坦前后期、斯特劳森（Strawson）、戴维森（Davidson）]关于他心问题的整体图景。

在分析哲学中，这三个主题是密切相关的，其总体目标是瓦解传统的意识哲学。在进入心智哲学阶段以后，这一点尤其明显。丘其兰(Churchland)表示，他的《物质与意识》主要探讨了四个问题，分别是："存在论问题"，也即"心身关系问题"，旨在评介关于这个问题的各种唯物论和二元论解决方案的优缺点；"语义问题"，关系到的是有关心理状态的语言表述；认识论问题，首先是他心问题，其次就是自我意识问题；方法问题，关系到承认什么类别的材料是合法的，即应该是以反思、行为，还是以神经科学为材料依据。① 很显然，在丘其兰那里，身体—心灵，语言—语义，自我—他人三个主题不可分割地关联在一起。其实，在其他分析哲学家那里也大同小异。在探讨这些主题时，分析哲学家都否定各种形式的二元论(实体二元论、属性二元论等)，尤其是否定纯粹意识的独立存在。尽管有些人反对回到唯物论(哲学行为主义、同一论的唯物论、取消的唯物论、功能主义等)，但他们至少承认意识依赖于大脑，并力求从神经生理学、人工智能和认知科学等学科寻找有用的资源。这一切都表明，他们都力图瓦解传统的意识哲学，并因此在瓦解意识哲学方面成为胡塞尔之后的现象学家的同路人。

回到当代法国哲学。在我们前面的论述中，逻各斯中心论与在场形而上学其实是对法国早期现代哲学的两种同样有效的表达，而法国后期现代哲学和法国后现代哲学乃是对它们两者的越来越明显的消解。早期现代哲学在逻各斯中心论或理性主义旗帜下容纳了三种"中心论"：一是

---

① Churchland，*Matter and Consciousness*，Contents and Chapter 1，The MIT Press，1994.

针对心身关系的理性主义的特殊形式，即先验观念论；二是针对声音与文字关系的理性主义的特殊形式，即声音中心论；三是针对同一与差异关系的理性主义的特殊形式，即种族中心论（人类中心论、西方中心论、自我中心论都是其不同层次的表达）。当代法国哲学从后期现代哲学到后现代哲学的发展，越来越强化了三种中心论的消解，而语言、身体和他者是三条最为重要的进路。我们可以确认，当代法国哲学中出现的是"身体—语言—他者"的"三位一体"关系。现象学—实存主义和结构—后结构主义两大传统各在不同时期从不同角度集中关注了该"三位一体"的不同方面，从而呈现出不同的"隐—显"或者"背景—图形"模式。第二次世界大战后达到顶峰状态的现象学—实存主义，从一开始就以克服心身二元对立为目标，从不同角度、不同程度地承认了被抑制的身体的地位，而结构—后结构主义推进了这种张扬身体的倾向；现象学—实存主义大约在 20 世纪 50 年代初开始关注语言问题，而结构主义的语言学模式也大致在这个时候获得确立；他者问题最初隐含在身体现象学和结构人类学中，60 年代以后才真正成为一个日益突出的核心主题。

首先，我们注意到的是身体在当代法国哲学中地位的凸显。我们从第二部分的考察中可以看出，身体其实是此在意识或处境意识的集中体现。当代法国哲学源于 3H 时代的哲学家们借助德国现象学方法对笛卡尔主义传统进行的批判反思。以笛卡尔为代表的早期现代哲学主要体现为强调内在性的意识哲学，在纯粹心灵和纯粹身体的二分中抑"身"扬"心"；但在法国后期现代哲学中，身体开始了造反之旅，以柏格森的生命哲学、萨特和梅洛-庞蒂的现象学—实存主义为代表的法国后期现代哲学开始消解意识哲学，不同程度地疏远心灵，通过强调心灵的肉身化和身体的灵性化而赋予身体以重要地位；但福柯、德勒兹等人所代表的法国后现代哲学推动的则是心灵和身体的物化进程，展现了欲望的极度张扬，力图消解意识哲学的最后残余。我们对身体问题在法国哲学中的谱系的清理，对萨特、梅洛-庞蒂、利科、亨利、列维纳斯、福柯、德里达、巴尔特、德勒兹等人的身体观的探讨，都旨在揭示身体在当代法国哲学及其转折中的命运。

其次，我们注意到的是语言在当代法国哲学中地位的提升。我们从第一部分的考察中可以看出，语言问题的日益突出导致了纯粹意识的自明性的丧失。当代法国哲学与以笛卡尔为代表的法国早期现代哲学中的语言观最初有很大程度上的连续性，但很快发生了重大断裂。在笛卡尔的意识哲学中，语言、表象、意识是三位一体的，语言被掩饰在表象分析或者说观念分析中，理想的"普遍语法"或"哲学语言"直接认定了语言的纯粹表象功能。在后期现代哲学家萨特那里，语言依然没有获得应有的地位，对散文语言的关注表明，他看到的还是语言的表象功能。由于梅洛-庞蒂和利科同时考虑实存与文化问题，语言的表象和创造性维度才一并获得揭示，语言的多样性存在才表现出来。在后现代哲学家那里，不仅语言学成为人文社会科学的典范，而且语言膨胀为哲学的核心主题，出现了从结构主义的索绪尔主义向后结构主义的"后索绪尔主义"的延续与转化。我们对语言问题在法国哲学中的谱系的清理，对萨特、梅洛-庞蒂、利科、列维-斯特劳斯、福柯、德里达等人的语言观的探讨，都旨在揭示语言在当代法国哲学及其转换中的命运。

最后，我们注意到的是他者在当代法国哲学中地位的浮现。从我们在下篇的考察中可以看出，他人或他者的浮现是对普遍意识或普遍理性主体的突破。法国后期现代哲学与早期现代哲学既有连续又有断裂：它们都表现为人本主义，但前者是一种人类中心论的人本主义，强调的是作为普遍理性主体的"我们"；后者则是自我中心论的人本主义，关注的是或与他人冲突或与他人共在的"自我"。早期现代人本主义以普遍性淹没或者同化他人，后期现代人本主义则把他人看作是敌人或盟友，而在法国后现代反人本主义哲学那里，重要的是清理他者的沉默史，展示他者的自身合法性。简而言之，在早期现代哲学中，普遍理性主体消融了他者，哲学在根本上就不存在所谓他者问题；后期现代哲学必须解决"我"的自我与别的自我的关系问题（或萨特意义上的冲突论或梅洛-庞蒂视野中的共在论）；而在后现代哲学中，一种关注绝对他性的他者观超越了自我与他人之间简单的同一（自身）与差异（他者）关系。我们对他人问题在法国哲学中的谱系的清理，对萨特、梅洛-庞蒂、利科、列维纳斯、列维-斯特劳斯、福柯、德里达、拉康等人的他人、他者观的探讨，都旨在揭示他者在当代法国哲学及其转换中的命运。

我们尤其应该强调三大主题之间的"三位一体"关系。身体问题与他者问题的密切相关是不言而喻的，因为他者问题的论证基本上借助身体这一中介；语言问题的探讨也因为语言隶属于文化世界（人类世界）或者由于其交流性而必然地与主体间性或者他者问题相关；语言与身体的关系似乎没有必然的关联，这在理想语言的形式语义学分析中的确如此，但在言语的语用学分析中，由于关注说话主体的实存处境，语言就脱离纯粹意识而与身体联系在一起了，言语和身体同时成为具有半透明性或者说拥有自身密度的东西。在现象学—实存主义中，身体表达与言语表达同等地意味着处境意识；在后结构主义的身体写作、愉悦写作中，语言与身体更加密切地汇合在一起了。

这三者的密切关联在前面提到的那些哲学家那里都明显地获得了表达。身体与他人的关系在萨特那里是非常明显的，因为他人和身体均是为己的"为他结构"所要探讨的问题。尽管他谈论语言甚少，但从"我们不得不借助别人的眼睛看我们，这意味着我们试图通过语言的揭示来领会我们的存在"①这句话里可以看出，语言与他人和身体也是密切相关的。简而言之，语言是我通过他人来把握为我的身体的方式。梅洛-庞蒂的出发点是在世存在，"就是内在地与世界、身体和他人沟通"②。与他人沟通必须借助语言，但语言是以知觉或者身体意向性为基础的语言，身体本身就是一种表达。在这一意义上，从下面这句话中，我们毫无疑问可以看出，身体、语言、他者三大主题在梅洛-庞蒂哲学中的相互关联："动作的沟通或理解通过我的意向和他人的动作、我的动作和在他人行为中显现的意向的相互关系得以实现。所发生的一切仿佛是他人的意向寓于我的身体中，或我的意向寓于他人的身体中。"③梅洛-庞蒂1951年在日内瓦国际会议上做的报告"人与厄运"，典型地表达了他力图通过身体、语言、他者三个角度来综合说明意识的处境化的立场。他谈到了身体和精神界限的消失，谈到了"我是他人，他人是我"的情形，谈到了意识与语言之间具有类同于意识与身体之间的一种奇特关系。④ 从这些论述中可以看

---

① Sartre, *L' Être et Néant*, Éditions Garlimard, 1996, p. 394.

② Merleau-Ponty, *Phénoménologie de la Perception*, Éditions Garlimard, 1997, p. 113.

③ Ibid., p. 215.

④ Merleau-Ponty, *Signes*, Édtions Garlimard, 1960, pp. 287-294.

出，梅洛-庞蒂哲学最为典型地实现了这三大主题的统一，三者在其思考中几乎具有同等的地位；也正是为了将三者统一起来，他不得不偏离现象学传统，借助结构分析的某些东西，并因此具有过渡性的意义。

我们在前面谈到，列维纳斯的全部作品直接探讨的是他者和他性问题。我们也已经谈到，他的哲学建立在"面孔"这一身体隐喻的基础上，他用面孔来代指他人，他人问题与身体问题在他的哲学中是不可分割的。同时，他人与面孔都是表达，都是话语，"面孔即含义（signification）"，是"没有语境的含义"，"面孔和话语是连在一起的"，"面孔在说话"，"它说话，在此正是它使一切话语成为可能并开始了一切话语"①。德里达在《暴力与形而上学》中指出，列维纳期思想中没有任何一个因素不涉及语言问题。② 总之，面孔这一概念典型地体现了身体、语言、他者三大主题的统一。

福柯哲学旨在探讨经验、知识和权力之间的关系，就其实质而言，乃是为了表明身体经验，尤其是反常经验在理性话语中的他者地位，从而体现出身体、语言和他者之间的复杂关系。我们说福柯的哲学关注知识型，但知识型的核心是话语规则。话语规则并不是一种客观规则，而是分化的、与求真意志相关的规则。它在控制作为他者的反常经验的同时，使之对象化并认识真相。从最终目标来说，我们应该剥离道德和知识（话语）对身体经验的覆盖，承认他者自身的地位，并因此回归活的身体经验。德里达更多地揭示了传统哲学中的"种族中心论"和"逻各斯中

---

① Levinas, *Ethique et Infini*：*Dialogues avec Philippe Nemo*, Libraire Arthème Fayard & Radio-France, 1982, pp. 90-92.

② Derrida, *L' Écriture et la Différence*, Éditions du Seuil, 1967, p. 109.

心论"的不可分割的统一。它们把非西方的、非理性的、非声音的东西当作他者对待，而身体也是他者中的一员。从表达真理的企求中退出，他的文字学追求的恰恰是身体经验的愉悦。显然，德里达依然在身体、语言和他者三大主题之间开展工作。

在法国早期现代哲学中，只因纯粹意识的霸权地位，身体作为物质性力量被排斥在观念分析之外；语言作为透明工具同样失落在无边的观念分析之中；由于观念分析针对的是普遍意识，他人也就消融或者同化在普遍理性主体中了。在法国后期现代哲学中，纯粹意识的地位逐渐衰退，经验身体的地位日益明显，在身体本身中体现出了身心交融；也正是因为纯粹意识的退场，不再存在着透明语言与意识的结盟，"介入意识"使个体和语言都为处境和历史所包围，语言处于表象与创造的张力之中；由于普遍意识的解体，他者的地位也提出来了，我们必须正视与他人或冲突或共存的关系，于是他人有了相对的地位。在法国后现代哲学中，身体越来越代表着欲望的膨胀，在后期现代哲学中开始张扬的身体经验现在被强化到极点，甚至可以说身体集中体现了人类文明的物化；语言更是空前地扩张，话语霸权和信息技术使人越来越陷入语言的牢笼；由于哲学研究向文化研究转折，多元共生的要求使他者的绝对他性成为更为核心的主题。

这样，从法国早期现代哲学到法国后期现代哲学，再到法国后现代哲学的过渡，就身体问题而言，存在着由心身二分的观念化身体到身心统一的灵性化身体，再到纯粹欲望的物质化身体的演化；就语言而言，存在着由透明的理想语言向半透明的生活语言，再向完全不透明的自足语言的变迁；而就他者而言，存在着从否定他性到相对他性，再到绝对他性的过渡。总之，身体、语言、他者构成一幅动态的整体图景，共同为我们展现了从法国早期现代哲学，到法国后期现代哲学再到法国后现代哲学的必然演进。这些或渐进或突变的趋势一步一步地动摇了公开的或隐蔽的意识哲学的地位，在扩大"主体"的外延和广度的同时，逐步掏空了法国早期现代哲学中的意识主体的内涵和深度，这导致意识哲学的最终解体。而这一切构成了我们所谓当代法国哲学以瓦解意识哲学为目标的感性智慧之旅。

参考文献

1. Askénazi etc. , *Analyses & Réflexions sur Claude Lévi-Strauss Tristes Tropiques：L'autre et l'ailleurs*, Ellipses Edition Marketing，1992.

2. Atkins，ed. with commentary, *Self and Subjectivity*, Blackwell Publishing Ltd，2005.

3. Avramides，*Other Minds*, Routledge，2001.

4. Bannet，*Structuralism and the Logic of Dissent*, Micmillan Presss LTD. ，1989.

5. Barbaras，*L'Autrui*, Éditions Quintette，1989.

6. Barbaras，*Le Tournant de l'Experience：Sur la philosophic de Merleau-Ponty*, Libraire Philosophique J. Vrin，1998.

7. Barthes，*S/Z*, Editions du Seuil，1976.

8. Barthes，*La Plaisir du Texte*, *Éditions* du Seuil，1982.

9. Beauvoir de. ，*Pour une Morale de l'Ambiguité*, Éditions Gallimard，1947.

10. Bergson, *Matière et Mémoire*, Quadridge/PUF, 1997.

11. Bergson, *L'Evolution Creatrice*, Quadridge/PUF, 1997.

12. Bergson, *Essai sur les Donnees Immediates de la Conscience*, Quadridge/PUF, 2003.

13. Bernard, *Le Corps*, Éditions du Seuil, 1995.

14. Brunschvicg, *Descartes et Pascal Lecteurs de Montaiïgne*, Pocket, 1995.

15. Bunnin & Tsui-James, The *Blackwell Companion to Philosophy*, Blackwell Publishing, 2003.

16. Butler, ed., *Cartesian Studies*, Basic Blackwell, 1972.

17. Calin & Sebbah, *Le Vocabulaire de Lévinas*, Ellipses Éditions Marketing S. A. , 2002.

18. Carbone, *La Visibilité de l'Invisible: Merleau-Ponty entre Cézanne et Proust*, Georg Olms Verlag AG, 2001.

19. Châtelet, *Histoire de la Philosophie: Idees, doctrines (le xx siecle)*, Librairie Hachette, 1973.

20. Châtelet, *Une Histoire de la Raison*, Éditions du Seuil, 1992.

21. Chiari, *Twentieth Century French Thought: From Bergson to Lévi-Strauss*, Gordian Press, 1975.

22. Churchland, *Matter and Consciousness*, The MIT Press, 1994.

23. Clarke, *Descartes's Theory of Mind*, Larendon Press, 2003.

24. Critchley & Bernasconi, *The Cambridge Companion to Levinas*, Cambridge University Press, 2002.

25. Critchley, *A Companion to Continental Philosophy*, Blackwell Publishers, LTD, 1998.

26. Dastur, *Chair et Langage*: *Essays sur Merleau-Ponty*, Encre Marine, 2001.

27. Deleuze, *Différence et Répétition*, PUF, 1985.

28. Deleuze, *Foucault*, PUF, 1986.

29. Deleuze, *Nietzche*, PUF, 1988.

30. Deleuze, *Nietzsche et Philosophie*, PUF, 1988.

31. Deleuze, *Le Bergsonisme*, PUF, 1998.

32. Deleuze & Guattari, *Anti-Oedipe*, PUF, 1980.

33. Deleuze & Guattari, *Mille Plateaux*, Les Éditions de Minuit, 1980.

34. Drefus & Rabinow: *Michel Foucault*: *Beyond Structuralism and Hermeneutics*, The University of Chicago Press, 1983.

35. Délivoyatzis, *La Dialectique du Phénomène*: *sur Merleau-Ponty*, Méridiens Klincksieck, 1987.

36. Derrida, *De la Grammatologie*, Les Éditions de Minuit, 1967.

37. Derrida, *L'Écritture et la Différence*, Éditions du Seuil, 1967.

38. Derrida, *Position*, Les Éditions de Minuit, 1972.

39. Derrida, *Marges de la Philosophie*, Les Éditions de Minuit, 1972.

40. Derrida, *La Dissémination*, Éditions du Seuil, 1972.

41. Derrida, *Of Grammatology*, The John Hopkins University Press, 1978.

42. Derrida, *La Voix et le Phénomène*, Quadrig/PUF, 1993.

43. Derrida, *Politiques de l' Amitié*, Éditions Galilée, 1994.

44. Derrida, *Le Toucher*, Jean-Luc Nancy, Éditions Galilée, 2000.

45. Desanti, *Introduction à la Phénoménologie*, Éditions Garlimard, 1994.

46. Descartes, *Méditation Métaphysiques*, Garnier-Flammarion, 1979.

47. Descartes, *Discours de la Méthode*; *Les Passions de l' Âme*, Book-king International, 1995.

48. Descombes, *Le Même et l' Autre*: *Quarante-cinq ans de Philosophie Française* (1933—1978), Les Éditions de Minuit, 1979.

49. Descombes, *Modern French Philosophy*, Cambridge University Press, 1980.

50. Descombes, *Philosophie par Gros Temps*, Les Éditions de Minuit, 1989.

51. Dias, *Poïetique du Sensible*, Presses Universitaires du Mirail, 2001.

52. Dufour-Kowalska: *Michel Henry*: *Un philosophe de la vie et de la praxis*, Librairie Philosophique J. Vrin, 1980.

53. Dupond, *Le Vocabulaire de Merleau-Ponty*, Ellipses Éditions Marketing S. A. , 2001.

54. Ellis, *Against Deconstruction*, Princeton University Press, 1989.

55. Eco, *Le Signe*, Éditions Labor, 1980.

56. Ferry & Renaut, *La Pensée 68*: *Essai sur l' anti-humanisme contemporain*, Éditions Garlimard, 1985.

57. Ferry & Renaut, *68 86 Itinéraires de l' Individu*, Éditions Garlimard, 1987.

58. Ferry & Renaut, *French Philosophy of the Sixties*, the University of Massachusettes Press, 1990.

59. Foucault, *Les Mots et les Choses*, Éditions Garlimard, 1997.

60. Foucault, *Histoire de la Folie à l' Âge Classique*, Éditions Garlimard, 1972.

61. Foucault, *L' Archéologie du Savoir*, Éditions Garlimard, 1989.

62. Foucault, *Dits et Écrits II* (*1976—1988*), Éditions Garlimard, 2001.

63. Foucault, *Dits et Écrits I* (*1954—1975*), Éditions Garlimard, 2001.

64. Foucault, *L'Ordre du Discours*, Éditions Garlimard, 1971.

65. Foucault, *Surveiller et Punir*, Éditions Garlimard, 1975.

66. Foucault, *Histoire de la Sexualité*, *I* . *La volonté de savoir*, Éditions Garlimard, 1984.

67. Foucault, *Histoire de la Sexualité*, *II* . *L' usage des plaisirs*, Éditions Garlimard, 1984.

68. Foucault, *Histoire de la Sexualité*, *III* . *Le souci de soi*, Éditions Garlimard, 1984.

69. Foucault, *L'Herméneutique du Sujet*, *Cours au Collège de France 1981—1982*, Seuil/Gallimard, 2001.

70. Foucault, *Politics*, *Philosophy*, *Culture*, Routledge (London), 1990.

71. Griffiths, ed. , *Contemporary French Philosophy*, Cambridge University Press, 1987.

72. Grondin，*Le Tournant Herméneutique de la Phénoménologie*，PUF，2003.

73. Gutting，*Foucault's Archaeology of Scientific Reason*，Cambridge University Press，1989.

74. Hadreas，*In Place of the Flawed Diamond：An Investigation of Merleau-Ponty's Philosophy*，Peter Lang，1986.

75. Heidsieck，*L' Ontologie de Meau-Ponty*，PUF，1971.

76. Heil，*Philosophy of Mind：A guide and anthology*，Oxford University Press，2004

77. Henry，*Philosophie et Phénoménologie du Corps*，PUF，1987（2e éd）.

78. Henry，*Phénoménologie Matérielle*，PUF，1990.

79. Henry，*Incarnation：Une philosophie de la chair*，Éditions du Seuil，2000.

80. Henry，*L'Essence de la Manifestation*，PUF，2003（2e éd）.

81. Huisman，*Histoire de la Philosophie Française*，Éditions Perrin，2002.

82. Huisman & Monier，*Visages de la Philosophie*，Éditions Arléa，2000.

83. Huneman & Kulich，*Introduction à la Phénoménologie*，Éditions Armand Colin，1997.

84. Husserl，*Meditations Cartesiennes*，Libraire Philosophique J. Vrin，1996.

85. Husserl，*Meditations Cartesinnes et les Conferences de Paris*，PUF，1991.

86. Hyppolite，*Introduction à la Philosophie de l'Histoire de Hegel*，Éditions du Seuil，1983.

87. Kelly，*Modern French Marxism*，The Johns Hopkins University Press，1982.

88. Kearney，*Dialogues with Contemporary Continental Thinkers：The Phenomenological Heritage*，Manchester University Press，1984.

89. Kenny，*Wittgenstein*，Allen Lane The Penguin Press，1973.

90. Kierkeggard，*Concluding Unscientific Postscript*，Princeton University Press，1968.

91. Kojève，*Introduction à la Lecture de Hegel*，Éditions Garlimard，1947.

92. Lacan，*Écrits*，Éditions du Seuil，1966.

93. Langer，*Merleau-Ponty's Phenomenology of Perception：A Guide and Commentary*，Macmillan Press，1989.

94. Leibniz，*New Essays on Human Understanding*，Cambridge University Press，1996.

95. Leibniz，*Philosophical Papers and Letters*，the University Press of Chicago，1956.

96. Leduc-Fayette，*Malebranche*，Ellipses Éditions Marketing S. A.，1998.

97. Lefeuvre，*Merleau-Ponty au-delà de la Phénoménologie*，Klincksieck，1976.

98. Levinas，*De l'Existence à l'Existant*，Libraire Philosophique J.

Vrin, 1947.

99. Levinas, *Théorie de l' Intuition de la Phénoménologie de Husserl*, Libraire Philosophique J. Vrin, 1963.

100. Levinas, *Humanism de l' Autre Homme*, Fata Morgana, 1973.

101. Levinas, *Le Temps et l' Autre*, Fata Morgana, 1979.

102. Levinas, *Ethique et Infini*, Librairie Arthème Fayard & Radio-France, 1982.

103. Levinas, *Hors Sujet*, Fata Morgana, 1987.

104. Levinas, *Liberté et Commandement*, Fata Morgana, 2007.

105. Levinas, *Totalité et Infini: Essai sur l' extériorité*, Martinus Nijhoff, 1968.

106. Levinas, *Autrement Qu' Être ou au-delà de l' Essence*, Martinus Nijhoff, 1978.

107. Levinas, *Entre Nou: Essais sur le penser-à-l'autre*, Éditions Grasset, 1991.

108. Lévi-Strauss, *Tristes Tropiques*, Éditions Plon, 1955.

109. Lévi-Strauss, *Anthropologie Structural*, Éditions Plon, 1955.

110. Lévi-Strauss, *La Pensée Sauvage*, Éditions Plon, 1965.

111. Locke, *An Essay Concerning Human Understanding*, Oxford University Press, 1975.

112. Lowe, *Locke*, Routledge, 2005.

113. Lyotard, *La Condition Postmoderne*, Les Éditions de Minuit, 1979.

114. Lyotard, *Phénoménologie*, PUF, 1999.

115. Macann, *Four Phenomenological Philosophers*：*Husserl*，*Heidegger*，*Sartre*，*Merleau-Ponty*，Routledge，1993.

116. Malebranche，*The Search after Truth*，Cambridge University Press，1997.

117. Malebranche，*Dialogues on Metaphysics and on Religion*，Cambridge University Press，1997.

118. Malebranche，*Treatise on Ethics*，Kluwer Academic Publishers，1993.

119. Marion，*Réduction et Donation：Recherches sur Husserl*，*Herdegger et la phénoménologie*，PUF，1989.

120. Marion，*Étant Donné：Essai d'une phénoménologie de la donation*，PUF，1998（2ᵉ éd）.

121. Mates，*The Philosophy of Leibniz：Metaphysics and Language*，Oxford University Press，1986.

122. McGinn，*The Character of Mind：An Introduction to the Philosophy of Mind*，Second Edition，Oxford University Press，1996.

123. McNeill & Feldman，*Continental Philosophy：An Anthology*，Blackwell Publishers，1998.

124. Merleau-Ponty，*Phénoménologie de la Perception*，Éditions Garlimard，1997.

125. Merleau-Ponty，*Les Aventure de la Dialectique*，Éditions Garlimard，2000.

126. Merleau-Ponty，*Signes*，Éditions Garlimard，1960.

127. Merleau-Ponty，*L'Oeil et l'Esprit*，Éditions Garlimard，1997.

128. Merleau-Ponty, *Le Visible et l' Invisible*, Éditions Garlimard, 1997.

129. Merleau-Ponty, *Résumés de Cours*, *Collège de France 1952—1960*, Éditions Garlimard, 1982.

130. Merleau-Ponty, *La Prose du Monde*, Éditions Garlimard, 1999.

131. Merleau-Ponty, *Humanisme et Terreur*, Éditions Garlimard, 1980.

132. Merleau-Ponty, *La Structure du Comportment*, Éditions, PUF/ Quadrige, 1990.

133. Merleau-Ponty, *La Nature*, Édition du Seuil, 1995.

134. Merleau-Ponty, *Sens et Non-sens*, Éditions Garlimard, 1996.

135. Merleau-Ponty, *Éloge de la Philosophie et Autres Essais*, Éditions Garlimard, 1996.

136. Merleau-Ponty, *Le Primat de la Perception et Ses Consequences Philosophiques*, Éditions Verdier, 1996.

137. Merleau-Ponty, *Notes de Cours 1959—1961*, Éditions Garlimard, 1996.

138. Merleau-Ponty, *Parcours 1935—1951*, Éditions Verdier, 1997.

139. Merleau-Ponty, *Parcours Deux 1951—1961*, Éditions Verdier, 2000.

140. Merleau-Ponty, *Psychilogie et Pédagogie de l' Enfant: Cours de Sorbonne 1949—1952*, Éditions Verdier, 2001.

141. Merleau-Ponty, *L' Union de l' Âme et du Corps Chez Malebranche*, *Biran et Bergson*, Libraire Philosophique J. Vrin, 2002.

142. Merrell, *Deconstruction Reframed*, Purdue University Press, 1989.

143. Mohanty & Mekenna, *Husserl's Phenomenology: A Textbook*, University Press of America, 1989.

144. Mongin，*Paul Ricoeur*，Édition du Seuil，1998.

145. Moran，*Introduction to Phenomenology*，Routledge，2000.

146. O'Connor，*John Locke*，Dover Publications Inc.，1967.

147. Petit，*The Concept of Structuralism*，The University of California Press，1979.

148. Ragland-Sullivan，*Jaques Lacan and Philosophy of Psychoanalysis*，University of Illinos Press，1986.

149. Revault D'Allonnes，*Merleau-Ponty：La chair du politique*，Éditions Michalon，2001.

150. Rice and Waugh，*Modern Literary Theory：A Reader*，Edward Arnold Press（London），1992.

151. Richir & Tassin，ed.，*Merleau-Ponty：Phénoménologie et éxperience*，Éditions J. Million，1992.

152. Ricoeur，*Philosophie de la Volonté Ⅰ：Le volontaire et l'involontaire*，Aubier Édition Montaigne，1950.

153. Ricoeur，*Philosophie de la Volonté Ⅱ：Finitude et culpabilité 1. L'homme faillible*，Aubier Édition Montaigne，1960.

154. Ricoeur，*Philosophie de la Volonté Ⅱ：Finitude et culpabilité 2. La symbolique du mal*，Aubier Édition Montaigne，1960

155. Ricoeur，*Histoire et Vérité*，Éditions du Seuil，1960.

156. Ricoeur，*De l'Interprétation：Essai sur Freud*，Éditions du Seuil，1965.

157. Ricoeur，*Le Conflict des Interprétations：Essais d'herméneutique*

Ⅰ，Éditions du Seuil，1969.

158. Ricoeur，*La Métaphore Vive*，Éditions du Seuil，1975.

159. Ricoeur，*The Philosophy of Paul Ricoeur：An Anthology of his Work*，ed. Reagan & Stewart，Beacon Press，1978.

160. Ricoeur，*Temps et Récit 1：L'intrigue et le récit historique*，Éditions du Seuil，1983.

161. Ricoeur，*Temps et Récit 2：La configuration dans le récit de fiction*，Éditions du Seuil，1984.

162. Ricoeur，*Temps et Récit 3：Le temps raconté*，Éditions du Seuil，1985.

163. Ricoeur，*Soi-même comme un Autre*，Éditions du Seuil，1990.

164. Robbins（edited），*Is It Righteous to Be? Interviews with Emmannuel Levina s*，Stanford University Press，2001.

165. Ryle，*The Concept of Mind*，Penguin Books，1990.

166. Sartre，*L'Être et Néant*，Éditions Garlimard，1996.

167. Ricoeur，*Qu'Est-ce Que la Littérature?* Éditions Garlimard，1948.

168. Ricoeur，*La Transcendance de l'Ego*，Libraire Philosophique J. Vrin，1965.

169. Soper，*Humanism and Anti-Humanism*，Huttchinson Press，1986.

170. Searle，*Intentionality：An Essay in the Philosophy of Mind*，Cambridge University Press，1983.

171. Searle，*The Mystery of Consciousness*，Granta publications，1998.

172. Searle，*Mind：A Brief Introduction*，Oxford University Press，2004.

173. West, *An Introduction to Continental Philosophy*, Polity Press, 1996.

174. Winkler, *The Cambridge Companion to Berkeley*, Cambridge University Press, 2005.

175. Wittgenstein, *Tractatus Logico-Philosophicus*, Routledge & Kegan Paul, 1961.

176. Wittgenstein, *Philosophical Investigations*, Basil Blackwell, 1968.

177. *Merleau-ponty*, Les Temps Modernes, № special 184—185, 1961.

178. *Emmanuel Levinas*, Rue Descartes, № 19, 1998.

179. *Chiasme International: Publication trilingue autour de la pensée de Merlaeu-Ponty*, Vrin; Mimesis; University of Memphis, 1999.

1. [法]笛卡尔:《第一哲学沉思集——反驳和答辩》,商务印书馆 1986 年版。

2. [法]笛卡尔:《探求真理的指导原则》,商务印书馆 1991 年版。

3. [法]笛卡尔:《谈谈方法》,商务印书馆 2000 年版。

4. [法]安托尼·阿尔诺、[法]克洛德·朗斯诺:《普遍唯理语法》,湖南教育出版社 2001 年版。

5. [法]帕斯卡尔:《思想录——论宗教和其他主题的思想》,商务印书馆 1995 年版。

6. [法]狄德罗:《狄德罗哲学选集》,商务印书馆 1997 年版。

7. [法]卢梭:《论科学与艺术》,商务印书馆 1959 年版。

8. [法]让-雅克·卢梭:《论语言的起源——兼论旋律与音乐的摹仿》,上海人民出版社 2003 年版。

9. [法]拉·梅特里:《人是机器》,商务印书馆 1996 年版。

10. ［法］柏格森：《材料与记忆》，华夏出版社 1999 年版。

11. ［法］H. 柏格森：《时间与自由意志》，商务印书馆 1958 年版。

12. ［法］亨利·柏格森：《创造进化论》，商务印书馆 2004 年版。

13. ［法］让-保罗·萨特：《存在与虚无》，生活·读书·新知三联书店 1987 年版。

14. ［法］让-保罗·萨特：《萨特文学论文集》，安徽文艺出版社 1998 年版。

15. ［法］萨特：《影像论》，中国人民大学出版社 1986 年版。

16. ［法］让·保尔·萨特：《自我的超越性——一种现象学描述初探》，商务印书馆 2001 年版。

17. ［法］让-保罗·萨特：《存在主义是一种人道主义》，上海译文出版社 1988 年版。

18. ［法］让-保罗·萨特：《辩证理性批判》上、下，安徽文艺出版社 1998 年版。

19. ［法］梅洛-庞蒂：《眼与心——梅洛-庞蒂现象学美学文集》，中国社会科学出版社 1992 年版。

20. ［法］莫里斯·梅洛-庞蒂：《哲学赞词》，商务印书馆 2000 年版。

21. ［法］莫里斯·梅洛-庞蒂：《知觉现象学》，商务印书馆 2001 年版。

22. ［法］莫里斯·梅洛-庞蒂：《知觉的首要地位及其哲学结论》，生活·读书·新知三联书店 2002 年版。

23. ［法］莫里斯·梅洛-庞蒂：《符号》，商务印书馆 2003 年版。

24. ［法］莫里斯·梅洛-庞蒂：《行为的结构》，商务印书馆 2005 年版。

25. ［法］莫里斯·梅洛-庞蒂：《世界的散文》，商务印书馆 2005 年版。

26. [法]保罗·里克尔:《恶的象征》,上海人民出版社 2003 年版。

27. [法]保尔·利科:《时间与叙事:虚构叙事中时间的塑形》卷二,生活·生书·新知三联书店 2003 年版。

28. [法]保罗·利科:《历史与真理》,上海译文出版社 2004 年版。

29. [法]让·华尔:《存在哲学》,生活·读书·新知三联书店 1987 年版。

30. [法]列维-斯特劳斯:《野性的思维》,商务印书馆 1987 年版。

31. [法]克洛德·莱维-斯特劳斯:《结构人类学》,上海译文出版社 1995 年版。

32. [法]列维-斯特劳斯:《忧郁的热带》,生活·读书·新知三联书店 2000 年版。

33. [法]拉康:《拉康选集》,上海三联书店 2001 年版。

34. [法]米歇尔·福柯:《知识考古学》,生活·读书·新知三联书店 1998 年版。

35. [法]米歇尔·福柯:《福柯集》,杜小真编选,上海远东出版社 1998 年版。

36. [法]米歇尔·福柯:《规训与惩罚——监狱的诞生》,生活·读书·新知三联书店 1999 年版。

37. [法]米歇尔·福柯:《必须保卫社会》,上海人民出版社 1999 年版。

38. [法]米歇尔·福柯:《词与物——人文科学考古学》,上海三联书店 2001 年版。

39. [法]米歇尔·福柯:《性经验史》(增订版),上海人民出版社 2002 年版。

40. ［法］米歇尔·福柯：《不正常的人》，上海人民出版社2003年版。

41. ［法］米歇尔·福柯：《主体解释学》，上海人民出版社2005年版。

42. ［法］米歇尔·福柯：《古典时代疯狂史》，生活·读书·新知三联书店2005年版。

43. ［法］雅克·德里达：《声音与现象——胡塞尔现象学中的符号问题导论》，商务印书馆1999年版。

44. ［法］雅克·德里达：《论文字学》，上海译文出版社2005年版。

45. ［法］雅克·德里达：《马克思的幽灵——债务国家、哀悼活动和新国际》，中国人民大学出版社1999年版。

46. ［法］雅克·德里达：《书写与差异》，生活·读书·新知三联书店2001年版。

47. ［法］雅克·德里达：《多重立场——与亨利·隆塞、朱莉·克里斯特娃、让-路易·乌德宾、居伊·斯卡培塔的会谈》，生活·读书·新知三联书店2004年版。

48. ［法］罗兰·巴尔特：《符号学原理——结构主义文学理论文选》，生活·读书·新知三联书店1988年版。

49. ［法］罗兰·巴尔特：《符号帝国》，商务印书馆1994年版。

50. ［法］罗兰·巴特：《S/Z》，上海人民出版社2000年版。

51. ［法］贝尔纳-亨利·雷威：《自由的冒险历程——法国知识分子历史之我见》，中央编译出版社2000年版。

52. ［法］贝尔纳·亨利·列维：《萨特的世纪——哲学研究》，商务印书馆2005年版。

53. ［法］吉尔·德勒兹：《哲学与权力的谈判——德勒兹访谈录》，商务印书馆 2000 年版。

54. [法]吉尔·德勒兹：《福柯 褶子》，湖南文艺出版社 2001 年版。

55. [法]让-弗朗索瓦·利奥塔：《后现代状况——关于知识的报告》，湖南美术出版社 1996 年版。

56. [法]弗朗索瓦·利奥塔：《非人——时间漫谈》，商务印书馆 2000 年版。

57. [法]阿兰·图海纳：《我们能否共同生存？——既彼此平等又互有差异——》，商务印书馆 2005 年版。

58. [瑞士]费尔迪南·德·索绪尔：《普通语言学教程》，商务印书馆 1999 年版。

59. [瑞士]皮亚杰：《结构主义》，商务印书馆 1984 年版。

60. [法]A.J. 格雷马斯：《结构语义学：方法研究》，生活·读书·新知三联书店 1999 年版。

61. [法]茨维坦·托多罗夫：《象征理论》，商务印书馆 2004 年版。

62. [古希腊]亚里士多德：《灵魂论及其他》，商务印书馆 1999 年版。

63. [荷兰]斯宾诺莎：《伦理学》，商务印书馆 1983 年版。

64. [荷兰]斯宾诺莎：《笛卡尔哲学原理》，商务印书馆 1980 年版。

65. [英]洛克：《人类理解论》上、下册，商务印书馆 1959 年版。

66. [德]莱布尼茨：《人类理智新论》(上下)，商务印书馆 1982 年版。

67. [英]休谟：《人性论》(上下)，商务印书馆 1980 年版。

68. [德]康德：《历史理性批判文集》，商务印书馆 1990 年版。

69. [德]康德：《任何一种能够作为科学出现的未来形而上学导论》，商务印书馆 1978 年版。

70. ［德］伊曼努尔·康德：《纯粹理性批判》，中国人民大学出版社 2004 年版。

71. ［德］谢林：《先验唯心论体系》，商务印书馆 1976 年版。

72. ［德］黑格尔：《精神现象学》上、下卷，商务印书馆 1981 年版。

73. ［德］黑格尔：《哲学史讲演录》第 4 卷，商务印书馆 1981 年版。

74. ［德］黑格尔：《小逻辑》，商务印书馆 1980 年版。

75. ［德］亨利希·海涅：《论浪漫派》，人民文学出版社 1979 年版。

76. ［德］弗里德里希·尼采：《权力意志——重估一切价值的尝试》，商务印书馆 1991 年版。

77. ［德］尼采：《希腊悲剧时代的哲学》，商务印书馆 1994 年版。

78. ［德］E. 卡西尔：《启蒙哲学》，山东人民出版社 1988 年版。

79. ［德］埃德蒙德·胡塞尔：《现象学的观念》，上海译文出版社 1986 年版。

80. ［德］埃德蒙德·胡塞尔：《欧洲科学危机和超验现象学》，上海译文出版社 1988 年版。

81. ［德］埃德蒙德·胡塞尔：《逻辑研究》第一卷，上海译文出版社 1994 年版。

82. ［德］埃德蒙德·胡塞尔：《胡塞尔选集》上、下，上海三联书店 1997 年版。

83. ［德］胡塞尔：《纯粹现象学通论：纯粹现象学和现象学哲学的观念》（第一卷），商务印书馆 1997 年版。

84. ［德］埃德蒙德·胡塞尔：《逻辑研究》第二卷，上海译文出版社 1999 年版。

85. [德]埃德蒙德·胡塞尔:《笛卡尔式的沉思——先验现象学引论》,中国城市出版社 2002 年版。

86. [德]马丁·海德格尔:《存在与时间》,生活·读书·新知三联书店1987 年版。

87. [德]海德格尔:《面向思的事情》,商务印书馆 2015 年版。

88. [德]马丁·海德格尔:《尼采》(上下卷),商务印书馆 2002 年版。

89. [德]海德格尔:《形而上学导论》,商务印书馆 2005 年版。

90. [德]伽达默尔:《科学时代的理性》,国际文化出版公司 1988 年版。

91. [德]汉斯-格奥尔格·加达默尔:《真理与方法——哲学诠释学的基本特征》(上卷),上海译文出版社 1992 年版。

92. [德]汉斯-格奥尔格·加达默尔:《哲学解释学》,上海译文出版社1994 年版。

93. [德]伽达默尔:《伽达默尔集》,上海远东出版社 1997 年版。

94. [德]于尔根·哈贝马斯:《后形而上学思想》,译林出版社 2001年版。

95. [美]爱德华·W. 萨义德:《东方学》,生活·读书·新知三联书店1999 年版。

96. [俄]巴赫金:《巴赫金文论选》,中国社会科学出版社 1996 年版。

97. [美]詹明信:《晚期资本主义的文化逻辑——詹明信批评理论文选》,北京,生活·读书·新知三联书店 1997 年版。

98. [美]赫伯特·施皮格伯格,《现象学运动》,商务印书馆 1995 年版。

99. [法]皮埃尔·特罗蒂尼翁:《当代法国哲学家》,生活·读书·新知三联书店 1992 年版。

100.［美］加里·古廷：《20世纪法国哲学》，江苏人民出版社2005年版。

101.［法］弗朗索瓦·多斯：《从结构到解构：法国20世纪思想主潮》上、下卷，中央编译出版社2004年版。

102.［美］L.德赖弗斯、保罗·拉比诺：《超越结构主义与解释学》，光明日报出版社1992年版。

103.［英］特伦斯·霍克斯：《结构主义和符号学》，上海译文出版社1987年版。

104.［比］J.M.布洛克曼：《结构主义：莫斯科——布拉格——巴黎》，商务印书馆1980年版。

105.［意］乔利奥·C.莱普斯基：《结构语言学通论》，中国社会科学出版社1986年版。

106.［日］鹫田清一：《梅洛·庞蒂：认识论的割断》，河北教育出版社2001年版。

107.［美］丹尼斯·托马斯·普里莫兹克：《梅洛-庞蒂》，中华书局2003年版。

108.［美］加勒特·汤姆森：《笛卡尔》，中华书局2002年版。

109.［英］阿兰·谢里登：《求真意志——密歇尔·福柯的心路历程》，上海人民出版社1997年版。

110.［日］筱原资明：《德鲁兹——游牧民》，河北教育出版社2001年版。

111.［美］乔纳森·卡勒尔：《罗兰·巴尔特》，生活·读书·新知三联书店1988年版。

112.［日］铃村和成：《巴特——文本的愉悦》，河北教育出版社2001

年版。

113. ［英］凯蒂·索珀：《人道主义与反人道主义》，华夏出版社 1999 年版。

114. ［德］恩斯特·贝勒尔：《尼采、海德格尔与德里达》，社会科学文献出版社 2001 年版。

115. ［美］约翰·布鲁德斯·华生：《行为主义》，浙江教育出版社 1998 年版。

116. ［美］肯特·戈尔茨坦：《机体论》，浙江教育出版社 2001 年版。

117. ［德］库尔特·考夫卡：《格式塔心理学原理》上，浙江教育出版社 1997 年版。

118. ［美］简·盖洛普：《通过身体思考》，江苏人民出版社 2005 年版。

119. ［法］马克·勒伯：《身体意象》，春风文艺出版社 1999 年版。

120. ［法］米歇尔·昂弗莱：《享乐的艺术——论享乐唯物主义》，生活·读书·新知三联书店 2003 年版。

121. ［美］彼得·布鲁克斯：《身体活——现代叙述中的欲望对象》，新星出版社 2005 年版。

122. ［美］华莱士·马丁：《当代叙事学》，北京大学出版社 1990 年版。

123. ［美］林赛·沃特斯：《审美权威主义批判——保尔·德曼、瓦尔特·本雅明、萨义德新论》，北京大学出版社 2000 年版。

124. ［苏］E. A. 楚尔加诺娃等：《当代国外文艺学——流派、趋向、问题》，上海译文出版社 1993 年版。

125. ［英］凯瑟琳·贝尔西：《批评的实践》，中国社会科学出版社 1993 年版。

126. ［德］古茨塔夫·勒内·豪克：《绝望与信心——论 20 世纪末的文学和艺术》，中国社会科学出版社 1992 年版。

127. ［奥］路·维特根什坦：《名理论（逻辑哲学论）》，北京大学出版社 1988 年版。

128. ［奥］维特根斯坦：《哲学研究》，商务印书馆 1996 年版。

129. ［英］迈克尔·达米特：《分析哲学的起源》，上海译文出版社 2005 年版。

130. ［美］约翰·塞尔：《心、脑与科学》，上海译文出版社 2006 年版。

131. ［美］约翰·R. 塞尔：《心灵的再发现》，中国人民大学出版社 2005 年版。

132. ［法］约翰·雷契：《敲开智者的脑袋——当代西方 50 位著名思想家的智慧人生》，新华出版社 2002 年版。

133. ［法］高宣扬：《布尔迪厄》，生智文化事业公司 2002 年版。

134. ［法］高宣扬：《利科的反思诠释学》，同济大学出版社 2004 年版。

135. ［法］高宣扬：《当代法国哲学导论》上、下卷，同济大学出版社 2004 年版。

136. ［法］高宣扬：《福柯的生存美学》，中国人民大学出版社 2005 年版。

137. 李幼蒸：《结构与意义——人文科学跨学科认识论研究》，中国社会科学出版社 1996 年版。

138. 冯俊等：《后现代主义哲学讲演录》，商务印书馆 2003 年版。

139. 冯俊：《法国近代哲学》，同济大学出版社 2004 年版。

140. 杜小真：《遥远的目光》，生活·读书·新知三联书店 2003 年版。

141. 杜小真：《一个绝望者的希望——萨特引论》，上海人民出版社

1988 年版。

142. 杜小真、张宁主编：《德里达中国讲演录》，中央编译出版社 2003 年版。

143. 尚杰：《归隐之路——20 世纪法国哲学的踪迹》，江苏人民出版社 2002 年版。

144. 莫伟民：《主体的命运——福柯哲学思想研究》，上海三联书店 1996 年版。

145. 于奇智：《凝视之爱——福柯医学历史哲学论稿》，中央编译出版社 2002 年版。

146. 尚新建：《重新发现直觉主义——柏格森哲学新探》，北京大学出版社 2000 年版。

147. 陈立胜：《自我与世界——以问题为中心的现象学运动研究》，广东人民出版社 1999 年版。

148. 倪梁康：《胡塞尔现象学概念通释》，生活·读书·新知三联书店 1999 年版。

149. 倪梁康：《现象学的始基——对胡塞尔〈逻辑研究〉的理解与思考》，广东人民出版社 2004 年版。

150. 欧阳谦：《20 世纪西方人学思想导论》，中国人民大学出版社 2002 年版。

151. 汪堂家等：《十七世纪形而上学》，人民出版社 2005 年版。

152. 栾栋：《感性学发微——美学与丑学的合题》，商务印书馆 1999 年版。

153. 刘润清编著：《西方语言学流派》，外语教学与研究出版社 1995

年版。

154. 赵敦华主编：《西方人学观念史》，北京出版社 2005 年版。

155. 黄颂杰等：《西方哲学多维透视》，上海人民出版社 2002 年版。

156. 涂纪亮主编：《现代欧洲大陆语言哲学》，中国社会科学出版社 1994 年版。

157. 洪汉鼎主编：《理解与解释——诠释学经典文选》，东方出版社 2001 年版。

158. 江怡主编：《走向新世纪的西方哲学》，中国社会科学出版社 1998 年版。

159. 江怡主编：《理性与启蒙：后现代经典文选》，东方出版社 2004 年版。

160. 王逢振等编：《最新西方文论选》，漓江出版社 1991 年版。

161. 汪民安、陈永国编：《尼采的幽灵——西方后现代语境中的尼采》，社会科学文献出版社 2001 年版。

162. 高新民、储昭华主编：《心灵哲学》，商务印书馆 2002 年版。

163. 张京媛主编：《新历史主义与文学批评》，北京大学出版社 1993 年版。

164. 杨大春：《解构理论》，扬智文化事业股份有限公司 1994 年版。

165. 杨大春：《傅柯》，生智出版社 1995 年版。

166. 杨大春：《德希达》，生智出版社 1995 年版。

167. 杨大春：《后结构主义》，扬智文化事业股份有限公司 1997 年版。

168. 杨大春：《文本的世界——从结构主义到后结构主义》，中国社会科学出版社 1998 年版。

169. 杨大春：《梅洛庞蒂》，生智文化事业有限公司 2003 年版。

170. 杨大春：《感性的诗学：梅洛-庞蒂与法国哲学主流》，人民出版社 2005 年版。

171. 杨大春：《杨大春讲梅洛-庞蒂》，北京大学出版社 2005 年版。

172. 杨大春：《身体的神秘——20 世纪法国哲学论丛》，人民出版社 2013 年版。

173. 杨大春：《20 世纪法国哲学的现象学之旅》，社会科学文献出版社 2014 年版。

174. 杨大春、尚杰主编：《当代法国哲学诸论题——法国哲学研究》，人民出版社 2005 年版。

第一版后记

《语言 身体 他者——当代法国哲学的三大主题》是本人独立完成的国家社科基金青年项目《当代法国哲学的三大主题》和浙江省社科基金项目《当代法国哲学研究》的最终成果。这其实完全是一个自选课题，如果得不到基金的资助，我当然也会尽力完成，但肯定要艰难得多。在书稿付梓出版之际，我想我应该感谢国家社科基金办公室、浙江省社科规划办公室、浙江大学人文社科处及有关评审专家的大力支持，因为基金的获得使我有了比较好的资料条件，使我能够多次参加学术交流，同时也能够让我满足学校最近几年的填表要求。虽然本书以当代法国哲学为对象进行集中探讨，但它的时空跨度要远远大得多。它集中体现了我多年来对西方哲学从早期现代到后期现代再到后现代的演进过程中的各种问题的思考。尽管其中包含着许多不成熟的地方，但它无论如何是我竭尽心力的探索，是一种非常有益的尝试。该成果于 2005 年年底完成并提交评审，此后，我一直在断断续续地进行修改，但没有对它做大的调整。修改完善是一件非常困难的任务，因为本书永远无法做到绝对让人满意的程度。利用获得浙江大学"新星计划"资助到牛津大学做访问研究的机会，结合英美分析哲学的背景，根据 Nicholas Bunnin 博士、Simon Critchley 教授、Marie-Anne Lescourret 教授的建议，我继续进行一些必要的拓展和深化。但是，我认为我并没有在原有基础上取得了任何实质性的突破。虽然，通过重读维特根斯坦的主要作品，以及阅读赖尔、塞尔、丘其兰等人的重要著作，我对 20 世纪哲学的一般背景有了更好的认识，但是我还是深深地体会到，要将两大传统放在同一平面上是非常困难的。说实在的，由于某些类似"认识论断裂"的因素，我无法充分地、具体地利用许多分析哲学的重要成果。尽管如此，通过阅读一些相关资料，我对自己的选题及选题的论证都更加充满信心，自认为本书的总体框架是经得起推敲的。我的看法是，分析哲学也面临着相同的哲学难题，只是处置的方式不大相同而已。

我不禁回想起多年来思考西方哲学从现代到后现代转折过程中的各种令人困惑的问题的"那些时候"，我会不停地寻找我在相关思考中留下的那些有形或无形的印迹，并有意识地、充分地加以利用。一些师长或读者朋友可能会觉得我的研究领域宽了一些，其实，我一直有自己的范式或框架，并因此尽量约束自己不去涉足那些虽然有利可图，但非兴趣所在的东西。在 1997 年留学法国的时候，我就定下目标，要重点关注

身体、语言、他者三个概念，并最终形成一个解释现代哲学演进的有效
框架。回顾自己的学术历程，我基本上是依循这一形成过程的框架来进
行的。我在人民出版社出版的博士论文《沉沦与拯救：克尔凯戈尔的精
神哲学研究》（1995），1997 年被收入东方出版社的《哥伦布丛书》，论文
关注的是克尔凯郭尔的"精神"概念。以克尔凯郭尔哲学为例，我试图对
现代哲学的总体演进做一般性描述，即后期现代哲学是如何通过关注意
志、情感、生命、实存而与早期现代意识哲学产生断裂的。在中国社会
科学出版社出版的《文本的世界——从结构主义到后结构主义》（1998）及
在台湾出版的小册子《解构理论》（1994）、《后结构主义》（1996）、《德希
达》（1996）、《傅柯》（1995）具体地描述了后期现代哲学，尤其是后现代
哲学突破早期现代意识哲学的语言之维。在人民出版社出版的《感性的
诗学：梅洛-庞蒂与法国哲学主流》（2005）则以梅洛-庞蒂的身体哲学为重
点探讨对象，同时考虑语言和他者问题，试图揭示后期现代哲学突破早
期现代意识哲学的身体之维。我计划再写一本关于他者、他人和他性的
书，我曾经将它作为选题来申报各类项目，但未如愿。尽管如此，我或
许还会在今后几年中予以实施。由于上述已经完成的或计划中的著作及
先行发表的一些论文打下了良好基础，又由于获得了相关基金的资助，
这本以语言、身体、他者三大主题为选题的综合性、总结性研究自然顺
利地得以完成。

　　我当然会不断地修正我的看法和观点，并因此使已经发表过的东西
在本书中发生了某些变化，使它们获得新的意义。它们既然成了一个更
系统或更宏大目标的材料，也就无法像原先那样囿于其自足的语言牢
笼，而必须进入新的游戏链条中。尽管如此，在本书出版之际，我还应

该感谢许多出版机构和杂志社(人民出版社、中国社会科学出版社、商务印书馆、北京大学出版社、台湾扬智文化公司、《哲学研究》《哲学动态》《自然辩证法通讯》《自然辩证法研究》《文史哲》《浙江学刊》《浙江社会科学》《江海学刊》《复旦学报》《浙江大学学报》《湖南社会科学》《南京社会科学》)及相关编辑,因为本书的许多论点和一些章节已经先期发表在它们的出版物中。作为一个年过不惑却始终面临诸多学术困惑的学人,我一直对来自师长和朋友的支持心存感激,某些重要的修正,或许是他们不经意地提醒的结果。课题完成后,由浙江省社会科学规划办公室组织有关专家进行了匿名评审,我最后也获得了经整理后的电子版评审意见。专家们对这一成果基本上持肯定态度,同时也提出了许多建设性的或批评性的意见和建议。尽管我不完全知道各位专家的名字,尤其无法把具体评审意见与评审人一一对应,但我看得出,他们都非常善意、非常真诚地对待这一成果,也都非常希望我能够交出一份真正有价值、不负学界期待的成果。我尽可能地在修改过程中参考了他们的建议和意见。在此非常感谢各位专家,也希望今后继续获得他们的支持、帮助和教诲。

根据出版社提供两份推荐信的要求,我请求杜小真老师和尚杰老师提供帮助,两位师长在百忙之中寄来了热情的推荐信。在这些年来的法国哲学学习和探索之旅中,我获得了他们极大的帮助和支持,我希望今后继续获得包括他们在内的各位师长和同人的帮助和支持。我还要感谢我的同事和朋友应奇教授为本书的出版提供的善意建议和极力推荐。我更应该感谢生活·读书·新知三联书店邀请的评审专家,是他们的积极评价决定了拙著的命运,而接受他们的建设性和批评性意见则使拙著更加完善。感谢博士后王礼平先生、博士生徐晟先生、硕士生刘诵小姐和段府先生，他们阅读了书稿并提出了许多建议和意见。感谢浙江大学"新星"出国计划的资助，使我能够拓展学术视野；感谢 Nicholas Bunnin 先生、Gabrielle Gralling 太太、Giovanni Levi 先生、李红、韩东晖、江怡、姚新中、张丽、伍晓明诸位对我及家人在英国访学时的关照。

杨大春
2005 年 12 月初稿完成于杭州
2007 年元月最终定稿于英国牛津

修订版后记

　　正如我在初版后记中所说的，本书是本人独立完成的国家社科基金项目《当代法国哲学的三大主题》和浙江省社科基金项目《当代法国哲学研究》的最终成果。本书试图"点""面""线"结合，从总体上把握 20 世纪法国哲学在第二次世界大战后的逻辑演进，对于自笛卡尔以来的大陆哲学传统，尤其是法国哲学传统的回溯也构成其重要内容。限于学识和精力，我一开始就没有像写教材那样全面铺开，而是立足于自己的偏好和选择。整本著作把萨特哲学及此前的法国哲学作为起点和背景，重点阐述的则是梅洛-庞蒂哲学和福柯哲学，同时辅以其他著名法国哲学家的相关思想。

　　在我看来，梅洛-庞蒂哲学和福柯哲学典型地结合了语言、身体和他者三大主题，围绕他们的思想来梳理当代法国哲学既是必要的，也是充分的。问题在于，我先前已经出版了关于梅洛-庞蒂的一本专著、两本小册子；关于福柯，我也写有一本小册子，在一本专著和一本小册子中则把他作为重点研究对象。因此，为了尽可能少地重复既有研究，我需要选择某些其他哲学家权为补充。在现象学—实存主义传统中，列维纳斯、利科和亨利是非常重要的代表人物，他们的著作都很好地体现了语言、身体、他者三大主题，但他们的侧重点各有不同，因此我选择利科关于语言和文本的思想、亨利关于身体和主体的思想、列维纳斯关于他者和他人的思想来补充梅洛-庞蒂在三大主题方面的思想。在结构—后结构主义传统中，我认为选择德里达作为福柯关于这三大主题的思想的补充既是必要的，也是充分的，正因如此，我在书中只需偶尔提及列维-斯特劳斯、巴尔特、拉康、德勒兹等人的相关思想。很显然，我对内容的选择和结构的安排是"别有用心的"。我愿意依照思维自身的逻辑，而不是完全受制于外在的因素来展开全书。

　　拙著出版后，有专家和读者提出了一些非常有见地的批评性和建设性的意见，特别指出我不应该忽视拉康。我非常感谢来自各方的建议和意见。但我同时认为，他们或许对我期望过高，从而忽视了我对自己提出的不那么宏大但自认为可靠且尽力就可以完成的目标。我当然可以多写一点拉康，但要把他纳入我关于法国哲学的总体思路中存在一些困难。简单地说，在现象学—实存主义时期，他对弗洛伊德的阐释，对萨特和梅洛-庞蒂确实有一些影响，但整个心理分析在现象学家们那里并没有获得充分的重视。在结构—后结构主义时代，心理分析确实有其重要性，但取而代之的心理分裂分析似乎更能代表时代的精神。拙著《20

世纪法国哲学的现象学之旅》涉及的人物更多，我依然没有充分重视拉康，这一切都源于我的工作的内在逻辑。在修订本中，我只是完善了我原先的思路，而不可能节外生枝，冲淡我试图表达的东西。因此，这一修订本没有对第一版做出大的修改，重点是修订一些错误，尤其在表述方面做出了不少新的努力，有些专有名词也采用了新的译名。我虽然对黑格尔没有深入研究，但他关于哲学和哲学史的一些原则性的看法深深地影响着我，这引发的是我关于逻辑和历史、观念和存在的关系的深刻思考。

我于 1983 年 9 月至 1987 年 6 月在四川大学哲学系读本科，获得我的第一个学位。我随后于 1987 年 9 月进入南京大学哲学系攻读硕士学位，1989 年 9 月转为直接攻博。我在南京大学求学到 1990 年 12 月底为止，前后共计 3 年半时间，没有能够获得任何学位。我不知道应该还是不应该用"肄业"来指我的这段求学经历。我于 1991 年 1 月因导师夏基松教授工作调动转入杭州大学哲学系继续攻读博士，于 1992 年 6 月在杭州大学获得我的最后学位。其实，听说导师要调动后，我立即着手准备博士论文，做好在南京大学提前毕业的准备。由于我硕士期间已经在资料搜集和阅读方面有了充分的积累，所以到 1990 年年底，我已经完成了关于克尔凯郭尔精神哲学的博士论文，但未能说服管理部门让我提前进行论文答辩。到杭州后，在等待答辩的同时，我开始把主要精力转向法国哲学。

我最初接触的是德里达的解构主义，随后接触到福柯及结构—后结构主义范围内的其他法国哲学家。除了修订出版的博士论文《沉沦与拯救：克尔凯戈尔的精神哲学研究》（人民出版社，1995）及从中抽出单独发表的《反讽与间接沟通——克尔凯戈尔对苏格拉底问题的消极解决》（《外国哲学》第 14 辑，1998）外，我在 20 世纪 90 年代发表的成果都属于法国结构—后结构主义范围。共计论文 6 篇，分别是：《解构批评的基本特征》（《哲学动态》，1994 年第 2 期）、《解构的保守性》（《哲学研究》，1995 年第 6 期）、《理性的分化和对策》（《哲学研究》，1996 年第 5 期）、《解构批评的困境》（《天津社会科学》，1996 年第 6 期）、《丧钟为谁而鸣：德里达与哲学终结论》（《哲学研究》，1997 年第 8 期）、《解构的踪迹：法国后结构主义概论》（《教学与研究》，1999 年第 5 期）。专著 1 部：《文本的世界——从结构主义到后结构主义》（中国社会科学出版社，1998）。此外，在台湾出版了《解构理论》（扬智文化事业股份有限公司，1994）、《德希达》（生智出版社，1996）、《傅柯》（生智出版社，1996）和《后结构主义》（扬智文化事业股份有限公司，1996）4 本小书（真正意义上的小册子，每本篇幅在 5 万字左右）。

最近，我所在的浙江大学哲学系准备出版一套"哲学文存"，我拟把这 4 本小册子连同 6 篇论文汇编成一本书，以纪念我的"解构岁月"或"后现代浪子时期"。我 1997 年到法国鲁昂大学哲学系做访问学者，开始接触梅洛-庞蒂和列维纳斯，因而从结构—后结构主义转向了现象学—实存主义。在不断回溯的过程中，我越来越多地接触萨特、马塞尔、柏格森、比朗及笛卡尔的哲学思想，同时也在更一般的背景中思考福柯和德里达的思想。在访学期间，我开始思考用语言、身体、他者三个范畴从总体上把握当代法国哲学的必要性和可能性。在千禧年后，我在重点处理教育部课题《梅洛-庞蒂与法国哲学主流》的同时，申报并完成了国家青年课题《当代法国哲学的三大主题》。从我接触法国哲学的顺序已经可以看出，拙著在研究对象上的选择是有"根"有"据"的，从另一方面体现了逻辑和历史相一致的原则。

在本书第一版的后记中我本来写有这样一段话："当然啦，我尤其要感谢生活·读书·新知三联书店的孙晓林老师，感谢她提议把本书列入'三联·哈佛燕京学术丛书'并为之付出的辛勤劳动。"但孙女士把这句话删除了。我现在重提这句话，借修订本出版的机会，真诚地感谢她的辛勤工作和厚爱。尽管与她从未谋面，联系也很少，但心里一直非常感谢她的大力支持。我再次感谢第一版后记中提到的那些老师和朋友。我在这里还要感谢我的两位学生，一是王蒙蒙，二是董梦璠，他们通读本书第一版及我原先的打印稿，提出了不少修改建议。我尤其要感谢北京师范大学出版社的饶涛先生、祁传华先生及其他同人把拙著纳入"走进哲学"丛书出版，感谢他们的辛勤工作。

杨大春
2020 年 4 月底于杭州

图书在版编目（CIP）数据

语言　身体　他者：当代法国哲学的三大主题 / 杨大春著. 一修订本.
—北京：北京师范大学出版社，2022.3
（走进哲学丛书）
ISBN 978-7-303-27306-5

Ⅰ.①语… Ⅱ.①杨… Ⅲ.①哲学－研究－法国 Ⅳ.①B565.5

中国版本图书馆 CIP 数据核字（2021）第 200833 号

营　销　中　心　电　话：010-58805385
北 京 师 范 大 学 出 版 社
主题出版与重大项目策划部　http://xueda.bnup.com

YUYAN SHENTI TAZHE DANGDAI FAGUO ZHEXUE
DE SANDA ZHUTI

出版发行：北京师范大学出版社　www.bnup.com
　　　　　北京市西城区新街口外大街 12-3 号
　　　　　邮政编码：100088
印　　刷：鸿博昊天科技有限公司
经　　销：全国新华书店
开　　本：730 mm×980 mm　1/16
印　　张：29.5
字　　数：337 千字
版　　次：2022 年 3 月第 1 版
印　　次：2022 年 3 月第 1 次印刷
定　　价：128.00 元

策划编辑：饶　涛　祁传华　　　责任编辑：张瑞军　张　爽
美术编辑：王齐云　　　　　　　装帧设计：王齐云
责任校对：郑淑莉　　　　　　　责任印制：赵　龙